第2版前言

全书围绕建设工程活动的全过程，重点阐述建设工程实践中遇到的案例，同时评析建设工程各个阶段所涉及的法律、法规以及重要的规范性文件，强调基础知识，注重理论联系实际，突出专业特色。

《建设工程法规》根据《中华人民共和国建筑法》《中华人民共和国招标投标法》《中华人民共和国合同法》《中华人民共和国劳动合同法》《建设工程安全生产管理条例》和《建设工程质量管理条例》等相关法律法规，结合相关执业资格考试内容，通过一系列典型案例解析，对建设工程法规概论、建设工程许可法规、建设工程造价咨询管理法规、建设工程招标投标法规、建设工程合同法规及劳动合同法规、建设工程监理法规、建设工程安全生产管理法规、建设工程质量管理法规、建设工程其他相关法律法规制度等10章内容进行了较为系统的阐述，通过对《建设工程法规》的学习，读者能够综合掌握建设工程法律法规基本知识以及实践案例。

《建设工程法规》具有三个显著的特点：第一，新颖性，《建设工程法规》以最新颁布或修改的法律法规为蓝本；第二，实用性，《建设工程法规》体系和内容与读者将要参加的建造师、监理师、造价师、七大员考试相衔接；第三，科学性，《建设工程法规》各章节安排合理，紧扣学习目标，按照最新法律、法规、司法解释编写内容，各章内容附有案例分析，力求通俗易懂。

该书适合于大中专建设类专业读者使用，也可供建设行业建造师、造价师、监理师、七大员培训学习参考，也可作为高等学校工程类专业的教学参考用书，还可供相关工程技术人员参考。

《建设工程法规》属于校企共同合作完成教材，编写过程中得到扬州建设集团有限公司大力支持，同时也为本书编写提供了丰富的工程案例素材。本书由李永生主编及统稿，其中第二章、第四章、第十章由李永生编写，第六章由王新、俞君宝编写,第五章、第九章由邹燕编写,第七章由周喆、张海捷编写,第八章由朱烨编写,第三章由宋海波编写,第一章由邹厚存编写。

本书在编写过程中参考了大量相关教材和标准规范等,未在书中一一注明出处,在此对有关文献和资料的作者一并致谢!

由于编者水平有限,本书难免出现疏漏和不妥之处,恳请读者批评指正。

编　者

2019 年 6 月

目 录

第一章
建设工程法规概论

第一节 建设法规的概念

建设法规是调整国家及其有关机构、企事业单位、社会团体、公民之间在建设活动或建设行政管理活动中发生的各种社会关系的法律、法规的统称。

建设法规是由国家立法机关或其授权的行政机关制定的。

建设法规的调整对象——建设活动中所发生的各种社会关系,它包括建设活动中所发生的行政管理关系、经济协作关系、民事关系。

第二节 建设工程法律体系

法律体系也称法的体系,通常指由一个国家现行的各个部门法构成的有机联系的统一整体。在我国法律体系中,根据所调整的社会关系性质不同,可以划分为不同的部门法。部门法又称法律部门,是根据一定标准、原则所制定的同类法律规范的总称。

建设工程法律体系,是指把已经制定的和需要制定的建设工程方面的法律、行政法规、部门规章和地方法规、地方规章有机结合起来,形成的一个相互联系、相互补充、相互协调的完整统一的体系。

一、法律体系的基本框架

2011 年 3 月 10 日,吴邦国委员长在十一届全国人民代表大会第四次会议上正式宣布:一个立足中国国情和实际、适应改革开放和社会主义现代化建设需要、集中体现党和人民意志的,以宪法为统帅,以宪法相关法、民法商法等多个法律部门的法律为主干,由法律、行政法规、地方性法规等多个层次的法律规范构成的中国特色社会主义法律体系已经形成,国家经济建设、政治建设、文化建设、社会建设以及生态文明建设的各个方面实现有法可依。

(一)宪法及宪法相关法

宪法是国家的根本大法,是特定社会政治经济和思想文化条件综合作用的产物,集中反映各种政治力量的实际对比关系,确认革命胜利成果和现实的民主政治,规定国家的根本任务和根本制度,即社会制度、国家制度的原则和国家政权的组织以及公民的基本权利义务等内容。

宪法相关法,是指《全国人民代表大会组织法》、《地方各级人民代表大会和地方各级人民政府组织法》、《全国人民代表大会和地方各级人民代表大会选举法》、《中华人民共和国国籍法》、《中华人民共和国国务院组织法》、《中华人民共和国民族区域自治法》等法律。

（二）民法商法

民法是规定并调整平等主体的公民间、法人间及公民与法人间的财产关系和人身关系的法律规范的总称。商法是调整市场经济关系中商人及其商事活动的法律规范的总称。

我国采用的是民商合一的立法模式。商法被认为是民法的特别法和组成部分。《中华人民共和国民法通则》（以下简称《民法通则》）、《中华人民共和国合同法》（以下简称《合同法》）、《中华人民共和国物权法》（以下简称《物权法》）、《中华人民共和国侵权责任法》（以下简称《侵权责任法》）、《中华人民共和国公司法》（以下简称《公司法》）、《中华人民共和国招标投标法》（以下简称《招标投标法》）等属于民法商法。

（三）行政法

行政法是调整行政主体在行使行政职权和接受行政法制监督过程中而与行政相对人、行政法制监督主体之间发生的各种关系，以及行政主体内部发生的各种关系的法律规范的总称。

作为行政法调整对象的行政关系，主要包括行政管理关系、行政法制监督关系、行政救济关系、内部行政关系。《中华人民共和国行政处罚法》（以下简称《行政处罚法》）、《中华人民共和国行政复议法》（以下简称《行政复议法》）、《中华人民共和国行政许可法》（以下简称《行政许可法》）、《中华人民共和国环境影响评价法》（以下简称《环境影响评价法》）、《中华人民共和国城市房地产管理法》（以下简称《城市房地产管理法》）、《中华人民共和国城乡规划法》（以下简称《城乡规划法》）、《中华人民共和国建筑法》（以下简称《建筑法》）等属于行政法。

（四）经济法

经济法是调整在国家协调、干预经济运行的过程中发生的经济关系的法律规范的总称。《中华人民共和国统计法》（以下简称《统计法》）、《中华人民共和国土地管理法》（以下简称《土地管理法》）、《中华人民共和国标准化法》（以下简称《标准化法》）、《中华人民共和国税收征收管理法》（以下简称《税收征收管理法》）、《中华人民共和国预算法》（以下简称《预算法》）、《中华人民共和国审计法》（以下简称《审计法》）、《中华人民共和国节约能源法》（以下简称《节约能源法》）、《中华人民共和国政府采购法》（以下简称《政府采购法》）、《中华人民共和国反垄断法》（以下简称《反垄断法》）等属于经济法。

（五）社会法

社会法是调整劳动关系、社会保障和社会福利关系的法律规范的总称。

社会法是在国家干预社会生活过程中逐渐发展起来的一个法律门类，所调整的是政府与社会之间、社会不同部分之间的法律关系。《中华人民共和国残疾人保障法》（以下简称《残疾人保障法》）、《中华人民共和国矿山安全法》（以下简称《矿山安全法》）、《中华人民共和国劳动法》（以下简称《劳动法》）、《中华人民共和国职业病防治法》（以下简称《职业病防治法》)、《中华人民共和国安全生产法》(以下简称《安全生产法》)、《中华人民共和国劳动合同法》(以下简称《劳动合同法》)等属于社会法。

（六）刑法

刑法是关于犯罪和刑罚的法律规范的总称。《中华人民共和国刑法》(以下简称《刑法》)是这一法律部门的主要内容。

（七）诉讼与非诉讼程序法

诉讼法指的是规范诉讼程序的法律的总称。我国有三大诉讼法,即《中华人民共和国民事诉讼法》(以下简称《民事诉讼法》)、《中华人民共和国刑事诉讼法》(以下简称《刑事诉讼法》)、《中华人民共和国行政诉讼法》(以下简称《行政诉讼法》)。非诉讼的程序法主要是《中华人民共和国仲裁法》(以下简称《仲裁法》)。

二、法的形式和效力层级

（一）法的形式

法的形式是指法律创制方式和外部表现形式。它包括4层含义:(1)法律规范创制机关的性质及级别;(2)法律规范的外部表现形式;(3)法律规范的效力等级;(4)法律规范的地域效力。法的形式决定于法的本质。在世界历史上存在过的法律形式主要有:习惯法、宗教法、判例、规范性法律文件、国际惯例、国际条约等。在我国,习惯法、宗教法、判例不是法的形式。

我国法的形式是制定法形式,具体可分为以下7类:

1. 宪法

宪法是由全国人民代表大会依照特别程序制定的具有最高效力的根本法。宪法是集中反映统治阶级的意志和利益,规定国家制度、社会制度的基本原则,具有最高法律效力的根本大法。其主要功能是制约和平衡国家权力,保障公民权利。宪法是我国的根本大法,在我国法律体系中具有最高的法律地位和法律效力,是我国最高的法律形式。

2. 法律

法律是指由全国人民代表大会和全国人民代表大会常务委员会制定颁布的规范性法律文件,即狭义的法律。法律分为基本法律和一般法律(又称非基本法律、专门法)两类。基本法律是由全国人民代表大会制定的调整国家和社会生活中带有普遍性的社会关系的规范性法律文件的统称,如刑法、民法、诉讼法以及有关国家机构的组织法等法律。一般法律是由全国人民代表大会常务委员会制定的调整国家和社会生活中某种具体社会关系或其中某一方面内容的规范性文件的统称。

依照《中华人民共和国立法法》(以下简称《立法法》)的规定,下列事项只能制定法律:(1)国家主权的事项;(2)各级人民代表大会、人民政府、人民法院和人民检察院的产生、组织和职权;(3)民族区域自治制度、特别行政区制度、基层群众自治制度;(4)犯罪和刑罚;(5)对公民政治权利的剥夺、限制人身自由的强制措施和处罚;(6)对非国有财产的征收;(7)民事基本制度;(8)基本经济制度以及财政、税收、海关、金融和外贸的基本制度;(9)诉讼和仲裁制度;(10)必须由全国人民代表大会及其常务委员会制定法律的其他事项。

建设法律既包括专门的建设领域的法律,也包括与建设活动相关的其他法律。例如,前者有《城乡规划法》《建筑法》《城市房地产管理法》等,后者有《民法通则》《合同法》《行政许可法》等。

3. 行政法规

行政法规是国家最高行政机关国务院根据宪法和法律就有关执行法律和履行行政管理职权的问题,以及依据全国人民代表大会及其常务委员会特别授权所制定的规范性文件的总称。

依照《立法法》的规定,国务院根据宪法和法律,制定行政法规。行政法规可以就下列事项作出规定:(1)为执行法律的规定需要制定行政法规的事项;(2)宪法规定的国务院行政管理职权的事项。应当由全国人民代表大会及其常务委员会制定法律的事项,国务院根据全国人民代表大会及其常务委员会的授权决定先制定的行政法规,经过实践检验,制定法律的条件成熟时,国务院应当及时提请全国人民代表大会及其常务委员会制定法律。

现行的建设行政法规主要有《建设工程质量管理条例》《建设工程安全生产管理条例》《建设工程勘察设计管理条例》《城市房地产开发经营管理条例》等。

4. 地方性法规、自治条例和单行条例

省、自治区、直辖市的人民代表大会及其常务委员会根据本行政区域的具体情况和实际需要,在不同宪法、法律、行政法规相抵触的前提下,可以制定地方性法规。较大的市的人民代表大会及其常务委员会根据本市的具体情况和实际需要,在不同宪法、法律、行政法规和本省、自治区的地方性法规相抵触的前提下,可以制定地方性法规,报省、自治区的人民代表大会常务委员会批准后施行。较大的市是指省、自治区的人民政府所在地的市,经济特区所在地的市和经国务院批准的较大的市。

地方性法规可以就下列事项作出规定:(1)为执行法律、行政法规的规定,需要根据本行政区域的实际情况作具体规定的事项;(2)属于地方性事务需要制定地方性法规的事项。

经济特区所在地的省、市的人民代表大会及其常务委员会根据全国人民代表大会的授权决定,制定法规,在经济特区范围内实施。民族自治地方的人民代表大会有权依照当地民族的政治、经济和文化的特点,制定自治条例和单行条例。自治区的自治条例和单行条例,报全国人民代表大会常务委员会批准后生效。自治州、自治县的自治条例和单行条例,报省、自治区、直辖市的人民代表大会常务委员会批准后生效。

目前,各地方都制定了大量的规范建设活动的地方性法规、自治条例和单行条例,如《北京市建筑市场管理条例》《天津市建筑市场管理条例》《新疆维吾尔自治区建筑市场管理条例》等。

5. 部门规章

国务院各部、委员会、中国人民银行、审计署和具有行政管理职能的直属机构,可以根据法律和国务院的行政法规、决定、命令,在本部门的权限范围内,制定规章。

部门规章规定的事项应当属于执行法律或者国务院的行政法规、决定、命令的事项,其名称可以是"规定"、"办法"和"实施细则"等。目前,大量的建设法规是以部门规章的方式发布,如住房和城乡建设部发布的《房屋建筑和市政基础设施工程质量监督管理规定》《房屋建筑和市政基础设施工程竣工验收备案管理办法》《市政公用设施抗灾设防管理规定》,国家发展和改革委员会发布的《招标公告发布暂行办法》《工程建设项目招标范围和规模标准规定》等。

涉及两个以上国务院部门职权范围的事项,应当提请国务院制定行政法规或者由国务院有关部门联合制定规章。目前,国务院有关部门已联合制定了一些规章,如 2001 年 7 月,原国家计委、国家经贸委、建设部、铁道部、交通部、信息产业部、水利部联合发布《评标委员会和评标方法暂行规定》等。

6. 地方政府规章

省、自治区、直辖市和较大的市的人民政府,可以根据法律、行政法规和本省、自治区、直辖市的地方性法规,制定规章。

地方政府规章可以就下列事项作出规定:(1)为执行法律、行政法规、地方性法规的规定需要制定规章的事项;(2)属于本行政区域的具体行政管理事项。目前,省、自治区、直辖市和较大的市的人民政府都制定了大量地方规章,如《重庆市建设工程造价管理规定》、《安徽省建设工程造价管理办法》、《宁夏回族自治区建设工程造价管理条例》、《宁波市建设工程造价管理办法》等。

7. 国际条约

国际条约是指我国与外国缔结、参加、签订、加入、承认的双边、多边的条约、协定和其他具有条约性质的文件。国际条约的名称,除条约外,还有公约、协议、协定、议定书、宪章、盟约、换文和联合宣言等。除我国在缔结时宣布持保留意见不受其约束的以外,这些条约的内容都与国内法具有一样的约束力,所以也是我国法的形式。例如,我国加入 WTO 后,WTO 中与工程建设有关的协定也对我国的建设活动产生约束力。

(二)法的效力层级

法的效力层级,是指法律体系中的各种法的形式,由于制定的主体、程序、时间、适用范围等的不同,具有不同的效力,形成法的效力等级体系。

1. 宪法至上

宪法是具有最高法律效力的根本大法,具有最高的法律效力。宪法作为根本法和母法,还是其他立法活动的最高法律依据。任何法律、法规都必须遵循宪法而产生,无论是维护社会稳定、保障社会秩序,还是规范经济秩序,都不能违背宪法的基本准则。

2. 上位法优于下位法

在我国法律体系中,法律的效力是仅次于宪法而高于其他法的形式。行政法规的法律地位和法律效力仅次于宪法和法律,高于地方性法规和部门规章。地方性法规的效力,高于本级和下级地方政府规章。省、自治区人民政府制定的规章的效力,高于本行政区域内的较大的市人民政府制定的规章。

自治条例和单行条例依法对法律、行政法规、地方性法规作变通规定的,在本自治地方适用自治条例和单行条例的规定。经济特区法规根据授权对法律、行政法规、地方性法规作变通规定的,在本经济特区适用经济特区法规的规定。

部门规章之间、部门规章与地方政府规章之间具有同等效力,在各自的权限范围内施行。

3. 特别法优于一般法

特别法优于一般法,是指公法权力主体在实施公权力行为中,当一般规定与特别规定不一致时,优先适用特别规定。《立法法》规定,同一机关制定的法律、行政法规、地方性法规、自治条例和单行条例、规章,特别规定与一般规定不一致的,适用特别规定。

4. 新法优于旧法

新法、旧法对同一事项有不同规定时,新法的效力优于旧法。《立法法》规定,同一机关制定的法律、行政法规、地方性法规、自治条例和单行条例、规章,新的规定与旧的规定不一致的,适用新的规定。

5. 需要由有关机关裁决适用的特殊情况

法律之间对同一事项的新的一般规定与旧的特别规定不一致,不能确定如何适用时,由全国人民代表大会常务委员会裁决。

行政法规之间对同一事项的新的一般规定与旧的特别规定不一致,不能确定如何适用时,由国务院裁决。

地方性法规、规章之间不一致时,由有关机关依照下列规定的权限作出裁决:(1)同一机关制定的新的一般规定与旧的特别规定不一致时,由制定机关裁决。(2)地方性法规与部门规章之间对同一事项的规定不一致,不能确定如何适用时,由国务院提出意见,国务院认为应当适用地方性法规的,应当决定在该地方适用地方性法规的规定;认为应当适用部门规章的,应当提请全国人民代表大会常务委员会裁决。(3)部门规章之间、部门规章与地方政府规章之间对同一事项的规定不一致时,由国务院裁决。

根据授权制定的法规与法律规定不一致,不能确定如何适用时,由全国人民代表大会常务委员会裁决。

6. 备案和审查

行政法规、地方性法规、自治条例和单行条例、规章应当在公布后的30日内,依照《立法法》的规定报有关机关备案。

国务院、中央军事委员会、最高人民法院、最高人民检察院和各省、自治区、直辖市的人民代表大会常务委员会认为行政法规、地方性法规、自治条例和单行条例同宪法或者法律相抵触的,可以向全国人民代表大会常务委员会书面提出进行审查的要求,由常务委员会工作机构分送有关的专门委员会进行审查、提出意见。其他国家机关和社会团体、企业事业组织以及公民认为行政法规、地方性法规、自治条例和单行条例同宪法或者法律相抵触的,可以向全国人民代表大会常务委员会书面提出进行审查的建议,由常务委员会工作机构进行研究,必要时,送有关的专门委员会进行审查、提出意见。

全国人民代表大会专门委员会在审查中认为行政法规、地方性法规、自治条例和单行条例同宪法或者法律相抵触的,可以向制定机关提出书面审查意见;也可以由法律委员会与有关的专门委员会召开联合审查会议,要求制定机关到会说明情况,再向制定机关提出书面审查意见。制定机关应当在两个月内研究提出是否修改的意见,并向全国人民代表大会法律委员会和有关的专门委员会反馈。

全国人民代表大会法律委员会和有关的专门委员会审查认为行政法规、地方性法规、自治条例和单行条例同宪法或者法律相抵触而制定机关不予修改的,可以向委员长会议提出书面审查意见和予以撤销的议案,由委员长会议决定是否提请常务委员会会议审议决定。

工程建设程序法规

第二章
施工许可法律制度

第一节　建筑许可法律制度概述

　　建设工程施工活动是一种专业性、技术性极强的特殊活动,对建设工程是否具备施工条件以及从事施工活动的单位和专业技术人员进行严格的管理和事前控制,对于规范建设市场秩序,保证建设工程质量和施工安全生产,提高投资效益,保障公民生命财产安全和国家财产安全,具有十分重要的意义。

　　《建筑法》规定,建筑工程开工前,建设单位应当按照国家有关规定向工程所在地县级以上人民政府建设行政主管部门申请领取施工许可证;但是,国务院建设行政主管部门确定的限额以下的小型工程除外。按照国务院规定的权限和程序批准开工报告的建筑工程,不再领取施工许可证。

　　施工许可制度是由国家授权的有关行政主管部门,在建设工程开工之前对其是否符合法定的开工条件进行审核,对符合条件的建设工程允许其开工建设的法定制度。建立施工许可制度,有利于保证建设工程的开工符合必要条件,避免不具备条件的建设工程盲目开工而给当事人造成损失或导致国家财产的浪费,从而使建设工程在开工后能够顺利实施,也便于有关行政主管部门了解和掌握所辖范围内有关建设工程的数量、规模以及施工队伍等基本情况,依法进行指导和监督,保证建设工程活动依法有序进行。

第二节　建设工程施工许可制度

一、施工许可证和开工报告的适用范围

　　我国目前对建设工程开工条件的审批,存在着颁发"施工许可证"和批准"开工报告"两种形式。多数工程是办理施工许可证,部分工程则为批准开工报告。

(一)施工许可证的适用范围

　　1. 需要办理施工许可证的建设工程

　　《建筑法》规定,建筑工程开工前,建设单位应当按照国家有关规定向工程所在地县级以上人民政府建设行政主管部门申请领取施工许可证。

　　《建筑工程施工许可管理办法》进一步规定,在中华人民共和国境内从事各类房屋建筑及其附属设施的建造、装修装饰和与其配套的线路、管道、设备的安装,以及城镇市政基础设

施工程的施工,建设单位在开工前应当依照本办法的规定,向工程所在地的县级以上人民政府建设行政主管部门申请领取施工许可证。

2. 不需要办理施工许可证的建设工程

(1)限额以下的小型工程

按照《建筑法》的规定,国务院建设行政主管部门确定的限额以下的小型工程,可以不申请办理施工许可证。

据此,《建筑工程施工许可管理办法》规定,工程投资额在30万元以下或者建筑面积在300平方米以下的建筑工程,可以不申请办理施工许可证。省、自治区、直辖市人民政府建设行政主管部门可以根据当地的实际情况,对限额进行调整,并报国务院建设行政主管部门备案。

(2)抢险救灾等工程

《建筑法》规定,抢险救灾及其他临时性房屋建筑和农民自建低层住宅的建筑活动,不适用本法。

由于这几类工程有其特殊性,应当从实际出发,不需要办理施工许可证。

3. 不重复办理施工许可证的建设工程

为避免同一建设工程的开工由不同行政主管部门重复审批的现象,《建筑法》规定,按照国务院规定的权限和程序批准开工报告的建筑工程,不再领取施工许可证。这有两层含义:一是实行开工报告批准制度的建设工程,必须符合国务院的规定,其他任何部门的规定无效;二是开工报告与施工许可证不要重复办理。

4. 另行规定的建设工程

军用房屋建筑工程有其特殊性。所以,《建筑法》规定,军用房屋建筑工程建筑活动的具体管理办法,由国务院、中央军事委员会依据本法制定。

(二)实行开工报告制度的建设工程

开工报告制度是我国沿用已久的一种建设项目开工管理制度。开工报告审查的内容主要包括:(1)资金到位情况;(2)投资项目市场预测;(3)设计图纸是否满足施工要求;(4)现场条件是否具备"三通一平"等的要求。

需要说明的是,国务院规定的开工报告制度,不同于建设监理中的开工报告工作。根据《建设工程监理规范》的规定,承包商即施工单位在工程开工前应按合同约定向监理工程师提交开工报告,经总监理工程师审定通过后,即可开工。虽然在字面上都是"开工报告",但二者之间有着诸多不同:(1)性质不同,前者是政府主管部门的一种行政许可制度,后者则是建设监理过程中的监理单位对施工单位开工准备工作的认可;(2)主体不同,前者是建设单位向政府主管部门申报,后者则是施工单位向监理单位提出;(3)内容不同,前者主要是建设单位应具备的开工条件,后者则是施工单位应具备的开工条件。

二、申请主体和法定批准条件

(一)施工许可证的申请主体

《建筑法》规定,建设单位应当按照国家有关规定向工程所在地县级以上人民政府建设行政主管部门申请领取施工许可证。

建设单位(又称业主或项目法人)是建设项目的投资者,为建设项目开工和施工单位进场做好各项前期准备工作,是建设单位应尽的义务。因此,施工许可证的申请领取,应该是由建设单位负责,而不是施工单位或者其他单位。

（二）施工许可证的法定批准条件

《建筑法》规定,申请领取施工许可证,应当具备下列条件:

1. 已经办理该建筑工程用地批准手续

《土地管理法》规定,任何单位和个人进行建设,需要使用土地的,必须依法申请使用国有土地。依法申请使用的国有土地包括国家所有的土地和国家征收的原属于农民集体所有的土地。经批准的建设项目需要使用国有建设用地的,建设单位应当持法律、行政法规规定的有关文件,向有批准权的县级以上人民政府土地行政主管部门提出建设用地申请,经土地行政主管部门审查,报本级人民政府批准。

办理用地批准手续是建设工程依法取得土地使用权的必经程序,也是建设工程取得施工许可的必要条件。

2. 在城市、镇规划区的建筑工程,已经取得规划许可证

在城市、镇规划区,规划许可证包括建设用地规划许可证和建设工程规划许可证。在乡、村庄规划区内进行乡镇企业、乡村公共设施和公益事业建设的,须核发乡村建设规划许可证。

（1）建设用地规划许可证

《城乡规划法》规定,在城市、镇规划区内以划拨方式提供国有土地使用权的建设项目,经有关部门批准、核准、备案后,建设单位应当向城市、县人民政府城乡规划主管部门提出建设用地规划许可申请,由城市、县人民政府城乡规划主管部门依据控制性详细规划核定建设用地的位置、面积、允许建设的范围,核发建设用地规划许可证。建设单位在取得建设用地规划许可证后,方可向县级以上地方人民政府土地主管部门申请用地,经县级以上人民政府审批后,由土地主管部门划拨土地。

以出让方式取得国有土地使用权的建设项目,在签订国有土地使用权出让合同后,建设单位应当持建设项目的批准、核准、备案文件和国有土地使用权出让合同,向城市、县人民政府城乡规划主管部门领取建设用地规划许可证。

（2）建设工程规划许可证

在城市、镇规划区内进行建筑物、构筑物、道路、管线和其他工程建设的建设单位或者个人应当向城市、县人民政府城乡规划主管都门或者省、自治区、直辖市人民政府确定的镇人民政府申请办理建设工程规划许可证。

上述两个规划许可证,分别是申请用地和确认有关建设工程符合城市规划要求的法律凭证。

3. 施工场地已经基本具备施工条件,需要征收房屋的,其进度符合施工要求

施工场地应该具备的基本施工条件,通常要根据建设工程项目的具体情况决定。例如:已进行场区的施工测量,设置永久性经纬坐标桩、水准基桩和工程测量控制网;搞好"三通一平"或"五通一平"或"七通一平";施工使用的生产基地和生活基地,包括附属企业、加工厂站、仓库堆场,以及办公、生活、福利用房等;强化安全管理和安全教育,在施工现场要设安全

纪律牌、施工公告牌、安全标志牌等。实行监理的建设工程,一般要由监理单位查看后填写"施工场地已具备施工条件的证明",并加盖单位公章确认。

房屋征收要根据城乡规划和国家专项工程的迁建计划以及当地政府的用地文件,拆除和迁移建设用地范围内的房屋及其附属物,并对原房屋及其附属物的所有人或使用人进行补偿和安置。房屋征收是一项复杂的综合性工作,必须按照计划和施工进度进行,过早或过迟都会造成损失和浪费。需要先期进行征收的,征收进度必须能满足建设工程开始施工和连续施工的要求。这也是申办施工许可的基本条件之一。

4. 已经确定施工企业

建设工程的施工必须由具备相应资质的施工企业来承担。因此,在建设工程开工前,建设单位必须依法通过招标或直接发包的方式确定承包该建设工程的施工企业,并签订建设工程承包合同,明确双方的责任、权利和义务。否则,建设工程的施工将无法进行。

5. 有满足施工需要的施工图纸及技术资料,施工图设计文件已按规定审查合格

《建设工程勘察设计管理条例》规定,编制施工图设计文件,应当满足设备材料采购、非标准设备制作和施工的需要,并注明建设工程合理使用年限。

技术资料一般包括地形、地质、水文、气象等自然条件资料和主要原材料、燃料来源,水电供应和运输条件等技术经济条件资料。掌握客观、准确、全面的技术资料,是实现建设工程质量和安全的重要保证。施工图设计文件不仅要满足施工需要,还应当按照规定进行审查。《建设工程质量管理条例》规定,施工图设计文件未经审查批准的,不得使用。

6. 有保证工程质量和安全的具体措施

工程质量和安全是工程建设的永恒主题。《建设工程质量管理条例》规定,建设单位在领取施工许可证或者开工报告前,应当按照国家有关规定办理工程质量监督手续。《建设工程安全生产管理条例》规定,建设单位在申请领取施工许可证时,应当提供建设工程有关安全施工措施的资料。建设行政主管部门在审核发放施工许可证时,应当对建设工程是否有安全施工措施进行审查,对没有安全施工措施的,不得颁发施工许可证。

据此,《建筑工程施工许可管理办法》中进一步规定,施工企业编制的施工组织设计中有根据建筑工程特点制定的相应质量、安全技术措施,专业性较强的工程项目编制了专项质量、安全施工组织设计,并按照规定办理了工程质量、安全监督手续。

7. 按照规定应当委托监理的工程已委托监理

根据《建筑法》的规定,国务院可以规定实行强制监理的建筑工程的范围。为此,《建设工程质量管理条例》明确规定,下列工程必须实行监理:(1)国家重点建设工程;(2)大中型公用事业工程;(3)成片开发建设的住宅小区工程;(4)利用外国政府或者国际组织贷款、援助资金的工程;(5)国家规定必须实行监理的其他工程。

因此,对于上述规定中应当委托监理的工程已委托监理是申办施工许可证的基本条件之一。

8. 建设资金已经落实

建设资金的落实是建设工程开工后能否顺利实施的关键。近年来,某些地方和建设单位无视国家有关规定和自身经济实力,在建设资金不落实或资金不足的情况下,盲目进行建设项目,强行要求施工企业垫资承包或施工,转嫁投资缺口,造成拖欠工程款的问题难以杜绝,不仅加重了施工企业的生产经营困难,影响了工程建设的正常进行,也扰乱了建设市场

的秩序。许多"烂尾楼"工程等都是建设资金不到位的结果。因此,在建设工程开工前,建设资金必须足额落实。

《建筑工程施工许可管理办法》明确规定,建设工期不足 1 年的,到位资金原则上不得少于工程合同价的 50%,建设工期超过 1 年的,到位资金原则上不得少于工程合同价的 30%。建设单位应当提供银行出具的到位资金证明,有条件的可以实行银行付款保函或者其他第三方担保。

9. 法律、行政法规规定的其他条件

由于施工活动本身很复杂,各类工程的施工方法、建设要求等也不同,申请领取施工许可证的条件很难在一部法律中采用列举的方式全部涵盖。而且,国家对建设活动的管理还在不断完善,施工许可证的申领条件也会发生变化。所以,《建筑法》为今后法律、行政法规可能规定的施工许可证申领条件作了特别规定。需要说明的是,只有全国人大及其常委会制定的法律和国务院制定的行政法规,才有权增加施工许可证新的申领条件,其他如部门规章、地方性法规、地方规章等都不得规定增加施工许可证的申领条件。

目前,已增加的施工许可证申领条件主要是监理和消防设计审核。

（1）按照《建筑法》的规定,国务院可以规定实行强制监理的建筑工程的范围。

（2）《消防法》规定,依法应当经公安机关消防机构进行消防设计审核的建设工程,未经依法审核或者审核不合格的,负责审批该工程施工许可的部门不得给予施工许可,建设单位、施工单位不得施工;其他建设工程取得施工许可后经依法抽查不合格的,应当停止施工。

需要注意的是,上述法定条件必须同时具备,缺一不可。建设行政主管部门应当自收到申请之日起 15 日内,对符合条件的申请颁发施工许可证。对于证明文件不齐全或者失效的,应当当场或者 5 日内一次告知建设单位需要补正的全部内容,审批时间可以自证明文件补正齐全后做相应顺延;对于不符合条件的,应当自收到申请之日起 15 日内书面通知建设单位,并说明理由。《建筑工程施工许可管理办法》还规定,必须申请领取施工许可证的建筑工程未取得施工许可证的,一律不得开工。任何单位和个人不得将应该申请领取施工许可证的工程项目分解为若干限额以下的工程项目,规避申请领取施工许可证。

三、延期开工、核验和重新办理批准的规定

（一）申请延期的规定

《建筑法》规定,建设单位应当自领取施工许可证之日起 3 个月内开工。因故不能按期开工的,应当向发证机关申请延期;延期以两次为限,每次不超过 3 个月。既不开工又不申请延期或者超过延期时限的,施工许可证自行废止。

由于施工活动不同于一般的生产活动,其受气候、经济、环境等因素的制约较大,根据客观条件的变化,允许适当延期还是必要的。当然,延期也要有必要的限制。

（二）核验施工许可证的规定

《建筑法》规定,在建的建筑工程因故中止施工的,建设单位应当自中止施工之日起一个月内,向发证机关报告,并按照规定做好建筑工程的维护管理工作。建筑工程恢复施工时,应当向发证机关报告。

所谓中止施工,是指建设工程开工后,在施工过程中因特殊情况的发生而中途停止施工的情形。中止施工的原因很复杂,如地震、洪水等不可抗力,以及宏观调控压缩基建规模、停建缓建建设工程等。

对于因故中止施工的,建设单位应当按照规定的时限履行相关义务或责任,以防止建设工程在中止施工期间遭受不必要的损失,保证在恢复施工时可以尽快启动。例如,建设单位与施工单位应当确定合理的停工部位,并协商提出善后处理的具体方案,明确双方的职责、权利和义务;建设单位应当派专人负责,定期检查中止施工工程的质量状况,发现问题及时解决;建设单位要与施工单位共同做好中止施工的工地现场安全、防火、防盗、维护等项工作,防止因工地脚手架、施工铁架、外墙挡板等腐烂、断裂、坠落、倒塌等导致发生人身安全事故,并保管好工程技术档案资料。

在恢复施工时,建设单位应当向发证机关报告恢复施工的有关情况。中止施工满一年的,在建设工程恢复施工前,建设单位还应当报发证机关核验施工许可证,看是否仍具备组织施工的条件,经核验符合条件的,应允许恢复施工,施工许可证继续有效;经核验不符合条件的,应当收回其施工许可证,不允许恢复施工,待条件具备后,由建设单位重新申领施工许可证。

(三)重新办理批准手续的规定

对于实行开工报告制度的建设工程,《建筑法》规定,按照国务院有关规定批准开工报告的建筑工程,因故不能按期开工或者中止施工的,应当及时向批准机关报告情况。因故不能按期开工超过6个月的,应当重新办理开工报告的批准手续。

按照国务院有关规定批准开工报告的建筑工程,一般都属于大中型建设项目。对于这类工程因故不能按期开工或者中止施工的,在审查和管理上更应该严格。

四、违法行为应承担的法律责任

办理施工许可证或开工报告涉及的违法行为应承担的主要法律责任如下:

(一)未经许可擅自开工应承担的法律责任

《建筑法》规定,违反本法规定,未取得施工许可证或者开工报告未经批准擅自施工的,责令改正,对不符合开工条件的责令停止施工,可以处以罚款。

《建设工程质量管理条例》规定,建设单位未取得施工许可证或者开工报告未经批准,擅自施工的,责令停止施工,限期改正,处工程合同价款1%以上2%以下的罚款。

(二)规避办理施工许可证应承担的法律责任

《建筑工程施工许可管理办法》规定,对于未取得施工许可证或者为规避办理施工许可证将工程项目分解后擅自施工的,由有管辖权的发证机关责令改正,对于不符合开工条件的,责令停止施工,并对建设单位和施工单位分别处以罚款。

(三)骗取和伪造施工许可证应承担的法律责任

《建筑工程施工许可管理办法》规定,对于采用虚假证明文件骗取施工许可证的,由原发证机关收回施工许可证,责令停止施工,并对责任单位处以罚款;构成犯罪的,依法追究刑事责任。

对于伪造施工许可证的,该施工许可证无效,由发证机关责令停止施工,并对责任单位处以罚款;构成犯罪的,依法追究刑事责任。对于涂改施工许可证的,由原发证机关责令改正,并对责任单位处以罚款;构成犯罪的,依法追究刑事责任。

(四) 对单位主管人员等处罚的规定

给予单位罚款处罚的,对单位直接负责的主管人员和其他直接责任人员处单位罚款数额5%以上10%以下罚款。单位及相关负责人收到处罚的,作为不良行为记录予以通报。

第三节　建筑企业从业资格制度

《建筑法》规定,从事建筑活动的建筑施工企业、勘察单位、设计单位和工程监理单位,应当具备下列条件:(1) 有符合国家规定的注册资本;(2) 有与其从事的建筑活动相适应的具有法定执业资格的专业技术人员;(3) 有从事相关建筑活动所应有的技术装备;(4) 法律、行政法规规定的其他条件。该法还规定,本法关于施工许可、建筑施工企业资质审查和建筑工程发包、承包、禁止转包,以及建筑工程监理、建筑工程安全和质量管理的规定,适用于其他专业建筑工程的建筑活动,具体办法由国务院规定。

《建设工程质量管理条例》进一步规定,施工单位应当依法取得相应等级的资质证书,并在其资质等级许可的范围内承揽工程。本条例所称建设工程,是指土木工程、建筑工程、线路管道和设备安装工程及装修工程。

2016年10月住房与城乡建设部经修改后发布的《建筑业企业资质管理规定》中规定,建筑业企业是指从事土木工程、建筑工程、线路管道设备安装工程的新建、扩建、改建等施工活动的企业。

一、企业资质的法定条件和等级

工程建设活动不同于一般的经济活动,其从业单位所具备条件的高低直接影响到建设工程质量和安全生产。因此,从事工程建设活动的单位必须符合相应的资质条件。

(一) 施工企业资质的法定条件

根据《建筑法》、《行政许可法》、《建设工程质量管理条例》、《建设工程安全生产管理条例》等法律、行政法规,《建筑业企业资质管理规定》中规定,企业应当按照其拥有的注册资本、专业技术人员、技术装备和已完成的建筑工程业绩等条件申请资质,经审查合格,取得建筑业企业资质证书后,方可在资质许可的范围内从事建筑施工活动。

1. 有符合规定的净资产

企业资产是指企业拥有和控制的能以货币计量的经济资源,包括各种财产、债权和其他权利。企业净资产是指企业的资产总额减去负债以后的净额。净资产是属于企业所有并可以自由支配的资产,即所有者权益。相对于注册资本而言,它能够更准确地体现企业的经济实力。所有建筑业企业都必须具备基本的责任承担能力。这是法律上权利和义务相一致、利益与风险一致原则的体现，是维护债权人利益的需要。显然，对净资产要求的全面提高意味着对企业资信要求的提高。

以建筑工程施工总承包企业为例，按照《建筑业企业资质等级标准》中规定：一级企业净资产一亿元以上；二级企业净资产 4 000 万元以上；三级企业净资产 800 万元以上。

2. 有符合规定的主要人员

工程建设施工活动是一种专业性、技术性很强的活动。因此，建筑业企业应当拥有注册建造师及其他注册人员、工程技术人员、施工现场管理人员和技术工人。但是，为了简化企业资质考核指标，2016 年 10 月住房与城乡建设部颁发的《关于简化建筑业企业资质标准部分指标的通知》要求，除各类别最低等级资质外，取消关于注册建造师、中级以上职称人员、持有岗位证书的现场管理人员、技术工人的指标考核。取消通信工程施工总承包三级资质标准中关于注册建造师的指标考核。

3. 有符合规定的已完成工程业绩

工程建设施工活动是一项重要的实践活动。有无承担过相应工程的经验及其业绩好坏，是衡量其实际能力和水平的一项重要标准。

《关于简化建筑业企业资质标准部分指标的通知》中要求，调整建筑工程施工总承包一级及以下资质的建筑面积考核指标。按照调整后的企业工程业绩考核指标，建筑工程施工总承包的一级企业：近 5 年承担过下列 4 类中的 2 类工程的施工总承包或主体工程承包，工程质量合格：（1）地上 25 层以上的民用建筑工程一项或地上 18～24 层的民用建筑工程 2 项；（2）高度 100 m 以上的构筑物各工程一项或高度 80～100 m（不含）的构筑物工程 2 项；（3）建筑面积 12 万 m² 以上的建筑工程一项或建筑面积 10 万 m² 以上的建筑工程 2 项；（4）钢筋混凝土结构单跨跨度 30 m 以上（或钢结构单跨 36 m 以上）的建筑工程一项或钢筋混凝土结构单跨跨度 27～30 m（不含）[或钢结构单跨 30～36 m（不含）]的建筑工程 2 项。

二级企业：近 5 年承担过下列 4 类中的 2 类工程的施工总承包或主体工程承包，工程质量合格：（1）地上 12 层以上的民用建筑工程一项或地上 8～11 层的民用建筑工程 2 项；（2）高度 50 m 以上的构筑物各工程一项或高度 35～50 m（不含）的构筑物工程 2 项；（3）建筑面积 6 万 m² 以上的建筑工程一项或建筑面积 5 万 m² 以上的建筑工程 2 项；（4）钢筋混凝土结构单跨跨度 21 m 以上（或钢结构单跨 24 m 以上）的建筑工程一项或钢筋混凝土结构单跨跨度 18～21 m（不含）[或钢结构单跨 21～24 m（不含）]的建筑工程 2 项。

三级企业不再要求已完成的工程业绩。

同时，《关于简化建筑业企业资质标准部分指标的通知》进一步规定，对申请建筑工程、市政公用工程施工总承包特级、一级资质的企业，未进入全国建筑市场监管与诚信信息发布平台的企业业绩，不作为有效业绩认定。

4. 有符合规定的技术装备

随着工程建设机械化程度的不断提高，大跨度、超高层、结构复杂的建设工程越来越多，施工单位必须拥有与其从事施工活动相适应的技术装备。同时，为提高机械设备的使用率和降低施工成本，我国的机械租赁市场发展也很快，许多大中型机械设备都可以采用租赁或融资租赁的方式取得。因此，目前的企业资质标准对技术装备的要求并不多，主要是企业应具有与承包工程范围相适应的施工机械和质量检测设备。

（二）施工企业的资质序列、类别和等级

1. 施工企业的资质序列

《建筑业企业资质管理规定》中规定，建筑业企业资质分为施工总承包资质、专业承包资质和施工劳务资质三个序列。

2. 施工企业的资质类别和等级

施工总承包、专业承包、劳务分包三个资质序列，分别按照工程性质和技术特点划分为若干资质类别；各资质类别又按照规定的条件划分为若干资质等级。施工劳务资质不分类别和等级。

《建筑业企业资质等级标准》规定，施工总承包企业资质序列设有12个类别，分别是建筑工程施工总承包、公路工程施工总承包、铁路工程施工总承包、港口与航道工程施工总承包、水利水电工程施工总承包、电力工程施工总承包、矿山工程施工总承包、冶炼工程施工总承包、化工石油工程施工总承包、市政公用工程施工总承包、通信工程施工总承包、机电工程施工总承包等12个资质类别；施工总承包资质一般分为4个等级，即特级、一级、二级和三级。

专业承包序列设有36个类别，分别是地基与基础工程、建筑装修装饰工程、建筑幕墙工程、预拌混凝土、古建筑工程、钢结构工程、消防设施工程、防水防腐保温工程、模板脚手架、起重设备安装工程、建筑机电安装工程、电子与智能化工程、环保工程、桥梁工程、隧道工程、公路路面工程、公路路基工程、公路交通工程、铁路电务工程、铁路铺轨架梁工程、铁路电气化工程、机场场道工程、民航空管工程及机场弱电系统工程、机场目视助航工程、港口与海岸工程、航道工程、通航建筑物工程、通航设备安装及水上交管工程、水工金属结构制作与安装、水利水电机电安装工程、河湖整治工程、输变电工程、核工程、海洋石油工程、城市及道路照明工程、特种工程。

（三）施工企业的资质许可

我国对建筑业企业的资质管理，实行分级实施与有关部门相配合的管理模式。

1. 施工企业资质管理体制

《建筑业企业资质管理规定》中规定，国务院建设主管部门负责全国建筑业企业资质的统一监督管理。国务院铁路、交通、水利、信息产业、民航等有关部门配合国务院建设主管部门实施相关资质类别建筑业企业资质的管理工作。

省、自治区、直辖市人民政府建设主管部门负责本行政区域内建筑业企业资质的统一监督管理。省、自治区、直辖市人民政府交通、水利、信息产业等有关部门配合同级建设主管部门实施本行政区域内相关资质类别建筑业企业资质的管理工作。

建筑业企业违法从事建筑活动的，违法行为发生地的县级以上地方人民政府建设主管部门或者其他有关部门应当依法查处，并将违法事实、处理结果或处理建议及时告知该建筑业企业的资质许可机关。

2. 施工企业资质的许可权限

（1）国务院建设主管部门负责实施下列建筑业企业资质的许可：① 施工总承包序列特级资质、一级资质及铁路工程施工总承包二级资质；② 专业承包序列公路、水运、水利、铁路、民航方面的专业承包壹级资质及铁路、民航方面的专业承包二级资质；涉及多个专业的专业承包一级资质。

（2）企业工商注册所在地的省、自治区、直辖市人民政府建设主管部门负责实施下列建筑业企业资质的许可：① 施工总承包序列二级资质及铁路、通信工程施工总承包三级资质；② 专业承包序列一级资质（不含公路、水运、水利、铁路、民航方面的专业承包序列一级资质及涉及多个专业 的专业承包一级资质）；③ 专业承包序列二级资质（不含民航、铁路方面的专业承包序列二级资质）；铁路方面专业承包三级资质；特种工程专业承包资质。

施工企业资质
证书的申请
延续和变更

（3）企业工商注册所在地设区的市人民政府建设主管部门负责实施下列建筑业企业的资质许可：① 施工总承包序列三级资质（不含铁路、通信工程施工总承包三级资质）；② 专业承包序列三级资质（不含铁路方面专业承包资质）及预拌混凝土、模板脚手架专业承包资质；③ 施工劳务资质；④ 燃气燃烧器具安装、维修企业资质。

二、禁止无资质或越级承揽工程的规定

施工单位的资质等级，是施工单位人员素质、资金数量、技术装备、管理水平、工程业绩等综合能力的体现，反映了该施工单位从事某项施工活动的资格和能力，是国家对建设市场准入管理的重要手段。为此，我国的法律规定施工单位除应具备企业法人营业执照外，还应取得相应的资质证书，并严格在其资质等级许可的经营范围内从事施工活动。

（一）禁止无资质承揽工程

《建筑法》规定，承包建筑工程的单位应当持有依法取得的资质证书，并在其资质等级许可的业务范围内承揽工程。

《建设工程质量管理条例》也规定，施工单位应当依法取得相应等级的资质证书，并在其资质等级许可的范围内承揽工程。《建设工程安全生产管理条例》进一步规定，施工单位从事建设工程的新建、扩建、改建和拆除等活动，应当具备国家规定的注册资本、专业技术人员、技术装备和安全生产等条件，依法取得相应等级的资质证书，并在其资质等级许可的范围内承揽工程。

近些年来，随着工程建设法规体系的不断完善和建设市场的整顿规范，公然以无资质的方式承揽建设工程特别是大中型建设工程的行为已极为罕见，往往是采取比较隐蔽的"挂靠"形式。《建筑法》明确规定，禁止总承包单位将工程分包给不具备相应资质条件的单位。建设部发布的《房屋建筑和市政基础设施工程施工分包管理办法》进一步规定，"分包工程承包人必须具有相应的资质，并在其资质等级许可的范围内承揽业务。严禁个人承揽分包工程业务。"但是，在专业工程分包或者劳务作业分包中仍存在着无资质承揽工程的现象。无资质承揽劳务分包工程，常见的是作为自然人的"包工头"，带领一部分农民工组成的施工队，与总承包企业或者专业承包企业签订劳务合同，或者是通过层层转包、层层分包"垫底"获签劳务合同。

需要指出的是，无资质承包主体签订的专业分包合同或者劳务分包合同都是无效合同。但是，当作为无资质的"实际施工人"的利益受到侵害时，其可以向合同相对方（即转包方或

违法分包方)主张权利,甚至可以向建设工程项目的发包方主张权利。《最高人民法院关于审理建设工程施工合同纠纷案件适用法律问题的解释》第 26 条规定,"实际施工人以转包人、违法分包人为被告起诉的,人民法院应当依法受理。实际施工人以发包人为被告主张权利的,人民法院可以追加转包人或者违法分包人为本案当事人,发包人只在欠付工程价款的范围内对实际施工人承担责任"。这样规定是在依法查处违法承揽工程的同时,也能使实际施工人的合法权益得到保障。

（二）禁止越级承揽工程

《建筑法》和《建设工程质量管理条例》均规定,禁止施工单位超越本单位资质等级许可的业务范围承揽工程。

同无资质承揽工程一样,随着法制的不断健全和建设市场秩序的整顿规范,以及市场竞争的加剧,建设单位对施工单位的要求也在不断提高,所以在施工总承包活动中超越资质承揽工程的现象已不多见。但是,在联合共同承包和分包工程活动中依然存在着超越资质等级承揽工程的问题。

1. 联合共同承包的有关法律规定

《建筑法》规定,两个以上不同资质等级的单位实行联合共同承包的,应当按照资质等级低的单位的业务许可范围承揽工程。

联合共同承包是国际工程承包的一种通行的做法,一般适用于大型或技术复杂的建设工程项目。采用联合承包的方式,可以优势互补,增加中标机会,并可降低承包风险。但是,施工单位应当在资质等级范围内承包工程,同样适用于联合共同承包。就是说,联合承包各方都必须具有与其承包工程相符合的资质条件,不能超越资质等级去联合承包。如果几个联合承包方的资质等级不一样,则须以低资质等级的承包方为联合承包方的业务许可范围。这样的规定,可以有效地避免在实践中以联合承包为借口进行"资质挂靠"的不规范行为。

2. 分包工程的有关法律规定

《建筑法》规定,禁止总承包单位将工程分包给不具备相应资质条件的单位。建设部《房屋建筑和市政基础设施工程施工分包管理办法》进一步规定,分包工程承包人必须具有相应的资质,并在其资质等级许可的范围内承揽业务。

《建设工程质量管理条例》规定了违法分包的 4 种情形,其中第一种情形就是:"本条例所称违法分包,是指下列行为:(1) 总承包单位将建设工程分包给不具备相应资质条件的单位的。"《房屋建筑和市政基础设施工程施工分包管理办法》也规定,"禁止将承包的工程进行违法分包。下列行为,属于违法分包:(1) 分包工程发包人将专业工程或者劳务作业分包给不具备相应资质条件的分包工程承包人的……"。

三、禁止以他企业或他企业以本企业名义承揽工程的规定

《建筑法》规定,禁止建筑施工企业超越本企业资质等级许可的业务范围或者以任何形式用其他建筑施工企业的名义承揽工程。禁止建筑施工企业以任何形式允许其他单位或者个人使用本企业的资质证书、营业执照,以本企业的名义承揽工程。《建设工程质量管理条例》也规定,禁止施工单位超越本单位资质等级许可的业务范围或者以其他施工单位的名义承揽工程。

在实践中，为在发承包竞争中争取到建设工程项目，一些施工单位因自身资质条件不符合发包工程所要求的资质条件，往往会采取一些手段骗取发包方的信任，包括借用其他施工单位的资质证书，以其他施工单位的名义承揽建设工程项目。这种做法，一方面扰乱了建设市场的秩序，另一方面也给建设工程留下了质量隐患。因为，借用他人名义的往往是自身资质等级不高、人员素质较差、管理水平落后的小企业或"包工头"，在拿到工程后还要向出借方交纳一大笔管理费，为了赚钱就只有依靠偷工减料、以次充好等非法手段。这就势必会给工程带来隐患。因此，法律明令禁止这种违法行为，不论是借用方还是出借方，都将受到法律的惩处。

此外，在分包工程中还要防止出现以他企业或他企业以本企业名义承揽工程的违法行为。《房屋建筑和市政基础设施工程施工分包管理办法》规定，分包工程发包人没有将其承包的工程进行分包，在施工现场所设项目管理机构的项目负责人、技术负责人、项目核算负责人、质量管理人员、安全管理人员不是工程承包人本单位人员的，视同允许他人以本企业名义承揽工程。

违法行为应承担的法律责任

第四节　专业技术人员执业资格制度

执业资格制度是指对具有一定专业学历和资历并从事特定专业技术活动的专业技术人员，通过考试和注册确定其执业的技术资格，获得相应文件签字权的一种制度。

专业技术人员职业资格制度是国际上通行的一种对技术技能人才的资格认证制度。

根据《职业资格制度暂行办法》（人职发[1995]6 号），国家按照有利于经济发展、社会公认、国际可比、事关公共利益的原则，在涉及国家、人民生命财产安全的专业技术工作领域，实行专业技术人员职业资格制度。

专业技术人员职业资格是对从事某一职业所必备的学识、技术和能力的基本要求，包括从业资格和执业资格。从业资格是政府规定专业技术人员从事某种专业技术性工作的学识、技术和能力的起点标准；执业资格是政府对某些责任较大，社会通用性强，关系公共利益的专业技术工作实行的准入控制，是专业技术人员依法独立开业或独立从事某种专业技术工作学识、技术和能力的必备标准。

执业资格考试由国家定期举行。考试实行全国统一大纲、统一命题、统一组织、统一时间，所取得的执业资格经注册后，全国范围有效。

目前，我国建设行业已建立了房地产估价师、监理工程师、注册建筑师、造价工程师、勘察设计注册工程师、注册城市规划师、房地产经纪人和建造师等八类执业资格制度，基本形成了以教育评估、执业实践、资格考试、注册管理、继续教育和信用档案为主要内容的管理体系。

一、建设工程专业人员执业资格的准入管理

《建筑法》规定，从事建筑活动的专业技术人员，应当依法取得相应的执业资格证书，并在执业资格证书许可的范围内从事建筑活动。因为，建设工程的技术要求比较复杂，建设工程的质量和安全生产直接关系到人身安全及公共财产安全，责任极为重大。因此，对从事建

设工程活动的专业技术人员,应当建立起必要的个人执业资格制度;只有依法取得相应执业资格证书的专业技术人员,方可在其执业资格证书许可的范围内从事建设工程活动。

我国对从事建设工程活动的单位实行资质管理制度比较早,较好地从整体上把住了单位的建设市场准入关,但对建设工程专业技术人员(即在勘察、设计、施工、监理等专业技术岗位上工作的人员)的个人执业资格的准入制度起步较晚,导致出现了一些高资质的单位承接建设工程,却由低水平人员甚至非专业技术人员来完成的现象,不仅影响了建设工程质量和安全,还影响到投资效益的发挥。因此,实行专业技术人员的执业资格制度,严格执行建设工程相关活动的准入与清出,有利于避免出现上述种种问题,并明确专业技术人员的责、权、利,保证建设工程确实由具有相应资格的专业技术人员主持完成设计、施工、监理等任务。

世界上发达国家大多对从事涉及公众生命和财产安全的建设工程活动的专业技术人员,实行了严格的执业资格制度,如美国、英国、日本、加拿大等。建造师执业资格制度起源于英国,迄今已有近160年的历史。许多发达国家不仅早已建立这项制度,1997年还成立了建造师的国际组织——国际建造师协会。我国在工程建设领域实行专业技术人员的执业资格制度,有利于促进与国际接轨,适应对外开放的需要,并可以同有关国家谈判执业资格对等互认,使我国的专业技术人员更好地进入国际建设市场。

我国工程建设领域最早建立的执业资格制度是注册建筑师制度,1995年9月国务院颁布了中华人民共和国《注册建筑师条例》;之后又相继建立了注册监理工程师、结构工程师、造价工程师等制度。2002年12月9日人事部、建设部(即现在的人力资源和社会保障部、住房和城乡建设部,下同)联合颁发了《建造师执业资格制度暂行规定》,标志着我国建造师制度的建立和建造师工作的正式启动。

二、建造师执业资格相关规定

注册建造师是指通过考核认定或考试合格取得中华人民共和国建造师资格证书,并按照规定注册,取得中华人民共和国建造师注册证书和执业印章,担任施工单位项目负责人及从事相关活动的专业技术人员。未取得注册证书和执业印章的,不得担任大中型建设工程项目的施工单位项目负责人,不得以注册建造师的名义从事相关活动。

《建造师执业资格制度暂行规定》中规定,建造师分为一级建造师和二级建造师。经国务院有关部门同意,获准在中华人民共和国境内从事建设工程项目施工管理的外籍及港、澳、台地区的专业人员,符合本规定要求的,也可报名参加建造师执业资格考试以及申请注册。

（一）建造师的受聘单位和执业岗位范围

《注册建造师管理规定》中规定,取得资格证书的人员应当受聘于一个具有建设工程勘察、设计、施工、监理、招标代理、造价咨询等一项或者多项资质的单位,经注册后方可从事相应的执业活动。担任施工单位项目负责人的,应当受聘并注册于一个具有施工资质的企业。

据此,建造师不仅可以在施工单位担任建设工程施工项目的项目经理,也可以在勘察、设计、监理、招标代理、造价咨询等单位或具有多项上述资质的单位执业。

《建造师执业资格制度暂行规定》中规定,建造师的执业范围包括:(1)担任建设工程项目施工的项目经理;(2)从事其他施工活动的管理工作;(3)法律、行政法规或国务院建设行政主管部门规定的其他业务。二级建造师可以担任二级及以下建筑业企业资质的建设工程项目施工的项目经理。

《注册建造师管理规定》中规定,注册建造师可以从事建设工程项目总承包管理或施工管理,建设工程项目管理服务,建设工程技术经济咨询,以及法律、行政法规和国务院建设主管部门规定的其他业务。

《注册建造师执业管理办法(试行)》规定,二级注册建造师可以承担中、小型工程施工项目负责人。各专业大、中、小型工程分类标准按《注册建造师执业工程规模标准》(建市[2007]171号)执行。注册建造师不得同时担任两个及以上建设工程施工项目负责人。发生下列情形之一的除外:(1)同一工程相邻分段发包或分期施工的;(2)合同约定的工程验收合格的;(3)因非承包方原因致使工程项目停工超过120天(含),经建设单位同意的。

注册建造师担任施工项目负责人期间原则上不得更换。如发生下列情形之一的,应当办理书面交接手续后更换施工项目负责人:(1)发包方与注册建造师受聘企业已解除承包合同的;(2)发包方同意更换项目负责人的;(3)因不可抗力等特殊情况必须更换项目负责人的。建设工程合同履行期间变更项目负责人的,企业应当于项目负责人变更5个工作日内报建设行政主管部门和有关部门及时进行网上变更。

注册建造师担任施工项目负责人,在其承建的建设工程项目竣工验收或移交项目手续办结前,除以上规定的情形外,不得变更注册至另一企业。

（二）建造师的基本权利和义务

《建造师执业资格制度暂行规定》中规定,建造师经注册后,有权以建造师名义担任建设工程项目施工的项目经理及从事其他施工活动的管理。

《注册建造师管理规定》进一步规定,注册建造师享有下列权利:(1)使用注册建造师名称;(2)在规定范围内从事执业活动;(3)在本人执业活动中形成的文件上签字并加盖执业印章;(4)保管和使用本人注册证书、执业印章;(5)对本人执业活动进行解释和辩护;(6)接受继续教育;(7)获得相应的劳动报酬;(8)对侵犯本人权利的行为进行申述。

建设工程施工活动中形成的有关工程施工管理文件,应当由注册建造师签字并加盖执业印章。施工单位签署质量合格的文件上,必须有注册建造师的签字盖章。

《注册建造师管理规定》中规定,担任建设工程施工项目负责人的注册建造师,应当按建设部《关于印发〈注册建造师施工管理签章文件目录〉(试行)的通知》和配套表格要求,在建设工程施工管理相关文件上签字并加盖执业印章,签章文件作为工程竣工备案的依据。注册建造师签章完整的工程施工管理文件方为有效。注册建造师有权拒绝在不合格或者有弄虚作假内容的建设工程施工管理文件上签字并加盖执业印章。

建设工程合同包含多个专业工程的,担任施工项目负责人的注册建造师,负责该工程施工管理文件签章。专业工程独立发包时,注册建造师执业范围涵盖该专业工程的,可担任该专业工程施工项目负责人。分包工程施工管理文件应当由分包企业注册建造师签章。分包企业签署质量合格的文件上,必须由担任总包项目负责人的注册建造师签章。

修改注册建造师签字并加盖执业印章的工程施工管理文件,应当征得所在企业同意后,由注册建造师本人进行修改;注册建造师本人不能进行修改的,应当由企业指定同等资格条件的注册建造师修改,并由其签字并加盖执业印章。

《注册建造师执业管理办法(试行)》规定,注册建造师注册证书和执业印章由本人保管,任何单位(发证机关除外)和个人不得扣押注册建造师注册证书或执业印章。

《建造师执业资格制度暂行规定》中规定,建造师在工作中,必须严格遵守法律、法规和行业管理的各项规定,恪守职业道德。建造师必须接受继续教育,更新知识,不断提高业务水平。

《注册建造师管理规定》进一步规定,注册建造师应当履行下列义务:(1)遵守法律、法规和有关管理规定,恪守职业道德;(2)执行技术标准、规范和规程;(3)保证执业成果的质量,并承担相应责任;(4)接受继续教育,努力提高执业水准;(5)保守在执业中知悉的国家秘密和他人的商业、技术等秘密;(6)与当事人有利害关系的,应当主动回避;(7)协助注册管理机关完成相关工作。

注册建造师不得有下列行为:(1)不履行注册建造师义务;(2)在执业过程中,索贿、受贿或者谋取合同约定费用外的其他利益;(3)在执业过程中实施商业贿赂;(4)签署有虚假记载等不合格的文件;(5)允许他人以自己的名义从事执业活动;(6)同时在两个或者两个以上单位受聘或者执业;(7)涂改、倒卖、出租、出借、复制或以其他形式非法转让资格证书、注册证书和执业印章;(8)超出执业范围和聘用单位业务范围内从事执业活动;(9)法律、法规、规章禁止的其他行为。

《注册建造师执业管理办法(试行)》还规定,注册建造师不得有下列行为:(1)不按设计图纸施工;(2)使用不合格建筑材料;(3)使用不合格设备、建筑构配件;(4)违反工程质量、安全、环保和用工方面的规定;(5)在执业过程中,索贿、行贿、受贿或者谋取合同约定费用外的其他不法利益;(6)签署弄虚作假或在不合格文件上签章的;(7)以他人名义或允许他人以自己的名义从事执业活动;(8)同时在两个或者两个以上企业受聘并执业;(9)超出执业范围和聘用企业业务范围从事执业活动;(10)未变更注册单位,而在另一家企业从事执业活动;(11)所负责工程未办理竣工验收或移交手续前,变更注册到另一企业;(12)伪造、涂改、倒卖、出租、出借或以其他形式非法转让资格证书、注册证书和执业印章;(13)不履行注册建造师义务和法律、法规、规章禁止的其他行为。

担任建设工程施工项目负责人的注册建造师在执业过程中,应当及时、独立完成建设工程施工管理文件签章,无正当理由不得拒绝在文件上签字并加盖执业印章。担任施工项目负责人的注册建造师应当按照国家法律法规、工程建设强制性标准组织施工,保证工程施工符合国家有关质量、安全、环保、节能等有关规定。担任施工项目负责人的注册建造师,应当按照国家劳动用工有关规定,规范项目劳动用工管理,切实保障劳务人员合法权益。担任建设工程施工项目负责人的注册建造师对其签署的工程管理文件承担相应责任。

建设工程发生质量、安全、环境事故时,担任该施工项目负责人的注册建造师应当按照有关法律法规规定的事故处理程序及时向企业报告,并保护事故现场,不得隐瞒。

《注册建造师管理规定》中规定,县级以上人民政府建设主管部门和有关部门履行监督检查职责时,有权采取下列措施:(1)要求被检查人员出示注册证书;(2)要求被检查人员所在聘用单位提供有关人员签署的文件及相关业务文档;(3)就有关问题询问签署文件的人员;(4)纠正违反有关法律、法规、本规定及工程标准规范的行为。

有下列情形之一的,注册机关依据职权或者根据利害关系人的请求,可以撤销注册建造师的注册:(1)注册机关工作人员滥用职权、玩忽职守作出准予注册许可的;(2)超越法定职权作出准予注册许可的;(3)违反法定程序作出准予注册许可的;(4)对不符合法定条件的申请人颁发注册证书和执业印章的;(5)依法可以撤销注册的其他情形。申请人以欺骗、贿赂等不正当手段获准注册的,应当予以撤销。

《注册建造师执业管理办法(试行)》规定,注册建造师违法从事相关活动的,违法行为发生地县级以上地方人民政府建设主管部门或有关部门应当依法查处,并将违法事实、处理结果告知注册机关;依法应当撤销注册的,应当将违法事实、处理建议及有关材料报注册机关,注册机关或有关部门应当在 7 个工作日内作出处理,并告知行为发生地人民政府建设行政主管部门或有关部门。

注册建造师异地执业的,工程所在地省级人民政府建设主管部门应当将处理建议转交注册建造师注册所在地省级人民政府建设主管部门,注册所在地省级人民政府建设主管部门应当在 14 个工作日内作出处理,并告知工程所在地省级人民政府建设行政主管部门。

(三)违法行为应承担的法律责任

建造师及建造师工作中违法行为应承担的主要法律责任如下:

1. 建造师注册违法行为应承担的法律责任

《注册建造师管理规定》中规定,隐瞒有关情况或者提供虚假材料申请注册的,建设主管部门不予受理或者不予注册,并给予警告,申请人 1 年内不得再次申请注册。

以欺骗、贿赂等不正当手段取得注册证书的,由注册机关撤销其注册,3 年内不得再次申请注册,并由县级以上地方人民政府建设主管部门处以罚款。其中没有违法所得的,处以 1 万元以下的罚款;有违法所得的,处以违法所得 3 倍以下且不超过 3 万元的罚款。

聘用单位为申请人提供虚假注册材料的,由县级以上地方人民政府建设主管部门或者其他有关部门给予警告,责令限期改正;逾期未改正的,可处以 1 万元以上 3 万元以下的罚款。

2. 建造师继续教育违法行为应承担的法律责任

《注册建造师继续教育管理暂行办法》规定,注册建造师应按规定参加继续教育,接受培训测试,不参加继续教育或继续教育不合格的不予注册。

对于采取弄虚作假等手段取得《注册建造师继续教育证书》的,一经发现,立即取消其继续教育记录,并记入不良信用记录,对社会公布。

3. 无证或未办理变更注册执业应承担的法律责任

《注册建造师管理规定》中规定,未取得注册证书和执业印章,担任大中型建设工程项目施工单位项目负责人,或者以注册建造师的名义从事相关活动的,其所签署的工程文件无效,由县级以上地方人民政府建设主管部门或者其他有关部门给予警告,责令停止违法活动,并可处以 1 万元以上 3 万元以下的罚款。

未办理变更注册而继续执业的,由县级以上地方人民政府建设主管部门或者其他有关部门责令限期改正;逾期不改正的,可处以 5 000 元以下的罚款。

4. 建造师执业活动中违法行为应承担的法律责任

《注册建造师管理规定》中规定,注册建造师在执业活动中有下列行为之一的,由县级以上地方人民政府建设主管部门或者其他有关部门给予警告,责令改正,没有违法所得的,处以 1 万元以下的罚款;有违法所得的,处以违法所得 3 倍以下且不超过 3 万元的罚款:(1) 不履行注册建造师义务;(2) 在执业过程中,索贿、受贿或者谋取合同约定费用外的其他利益;(3) 在执业过程中实施商业贿赂;(4) 签署有虚假记载等不合格的文件;(5) 允许他人以自己的名义从事执业活动;(6) 同时在两个或者两个以上单位受聘或者执业;(7) 涂改、倒卖、出租、出借或以其他形式非法转让资格证书、注册证书和执业印章;(8)超出执业范围和聘用单位业务范围内从事执业活动;(9)法律、法规、规章禁止的其他行为。

5. 未提供注册建造师信用档案信息应承担的法律责任

《注册建造师管理规定》中规定,注册建造师或者其聘用单位未按照要求提供注册建造师信用档案信息的,由县级以上地方人民政府建设主管部门或者其他有关部门责令限期改正;逾期未改正的,可处以1 000元以上1万元以下的罚款。

6. 政府主管部门及其工作人员违法行为应承担的法律责任

《注册建造师管理规定》中规定,县级以上人民政府建设主管部门及其工作人员,在注册建造师管理工作中,有下列情形之一的,由其上级行政机关或者监察机关责令改正,对直接负责的主管人员和其他直接责任人员依法给予处分;构成犯罪的,依法追究刑事责任:(1)对不符合法定条件的申请人准予注册的;(2)对符合法定条件的申请人不予注册或者不在法定期限内作出准予注册决定的;(3)对符合法定条件的申请不予受理或者未在法定期限内初审完毕的;(4)利用职务上的便利,收受他人财物或者其他好处的;(5)不依法履行监督管理职责或者监督不力,造成严重后果的。

7. 注册执业人员因过错造成质量事故应承担的法律责任

《建设工程质量管理条例》规定,违反本条例规定,注册建筑师、注册结构工程师、监理工程师等注册执业人员因过错造成质量事故的,责令停止执业1年;造成重大质量事故的,吊销执业资格证书,5年以内不予注册;情节特别恶劣的,终身不予注册(注:在《建设工程质量管理条例》颁布时,注册建造师制度尚未建立,但"等注册执业人员"对建造师应该是适用的)。

第五节 工程案例分析

【案例1】

（一）背景

某乡镇为改善当地的经济环境,大力发展果品产业。在镇政府的倡导下,某果品加工厂决定投资800万元投资建设果汁生产分厂,计划用地30亩,用于水果储存加工。经镇政府土地管理科批准,颁发了《建设工程用地许可证》和《建设工程用地规划许可证》。在工程建设中,县建设局在巡视过程中发现了此项违规建设,责令立即停工并限期拆除非法建筑,返还农业用地。

（二）问题

本案中果品加工厂有何过错,应如何处理?

（三）分析

《建筑法》第7条规定:"建筑工程开工前,建设单位应当按照国家有关规定向工程所在地县级以上人民政府建设行政主管部门申请领取施工许可证。"该果品加工厂未取得施工许可证,却擅自开工建设厂房和果库,属于违反施工许可法律规定的行为。按照《建筑法》第

64条规定:"违反本法规定,未取得施工许可证或者开工报告未经批准擅自施工的,责令改正,对不符合开工条件的责令停止施工,可以处以罚款。"《建设工程质量管理条例》第57条规定:"违反本条例规定,建设单位未取得施工许可证或者开工报告未经批准,擅自施工的,责令停止施工,限期改正,处工程合同价款1%以上2%以下的罚款。"据此,县建设局应当责令其停工并限期拆除非法建筑、返还农业用地,还可以根据具体情况处以工程合同价款1%以上2%以下的罚款。

此外,该果品加工厂开工建设所依据的《建设工程用地许可证》和《建设工程用地规划许可证》为镇政府土地管理科颁发,超越了法律规定的职权,还应当依据《城乡规划法》对有关机构和责任人作出相应处罚。

【案例2】

(一)背景

某房地产公司要开发建设一个大型多功能商业广场,以EPC模式发包给某建设集团,并于2010年3月20日申领到施工许可证,在按期开工后因故于2010年10月15日中止施工,直到2012年3月1日拟恢复施工。

(二)问题

(1)该商业广场项目应当由谁申领施工许可证?
(2)该商业广场项目中止施工后,最迟应当在何时向发证机关报告?
(3)2012年3月1日后恢复施工时应该履行哪些程序?

(三)分析

(1)《建筑法》第7条规定:"建筑工程开工前,建设单位应当按照国家有关规定向工程所在地县级以上人民政府建设行政主管部门申请领取施工许可证。"因此,申领施工许可证的主体应当为该房地产公司,即该商业广场项目的建设单位。

(2)《建筑法》第10条第1款规定:"在建的建筑工程因故中止施工的,建设单位应当自中止施工之日起1个月内,向发证机关报告,并按照规定做好建筑工程的维护管理工作,"据此,该房地产公司向发证机关报告的最后期限应为2010年11月15日。

(3)《建筑法》第10条第2款规定:"建筑工程恢复施工时,应当向发证机关报告;中止施工满1年的工程恢复施工前,建设单位应当报发证机关核验施工许可证。"据此,该房地产公司在恢复施工前应当向发证机关报告恢复施工的有关情况,并应当报发证机关核验施工许可证;经核验符合条件的,方可恢复施工。

【案例3】

(一)背景

甲钢铁公司(以下简称甲公司)与乙建筑公司(以下简称乙公司)签订了建筑安装工程承包合同,由乙公司负责承建甲公司的1号、2号住宅楼工程以及相应的安装工程,建筑面积

13 841 m²,承包工程总造价 1 873 万元。在施工期间,双方因工程款不能及时支付而多次发生纠纷。于是,乙公司向当地法院起诉,要求判定甲公司立即付清拖欠的工程款。据法院查明,甲公司提供的施工许可证是伪造的假施工许可证。

（二）问题

本案中甲公司有何违法行为,应该承担什么法律责任?

（三）分析

《建筑法》第 64 条规定:"违反本法规定,未取得施工许可证或者开工报告未经批准擅自施工的,责令改正,对不符合开工条件的责令停止施工,可以处以罚款。"《建筑工程施工许可管理办法》第 12 条第 1 款规定:"对于伪造施工许可证的,该施工许可证无效,由发证机关责令停止施工,并对责任单位处以罚款;构成犯罪的,依法追究刑事责任。"本案中的甲公司有两项违法行为,一是未取得施工许可证就让乙公司开始施工,二是伪造施工许可证。对此,应当依法责令停止施工,并对甲公司处以罚款;如果构成犯罪的,应当依法追究刑事责任。至于本案中的工程款纠纷,应当依照《合同法》等法律法规处理。

【案例 4】

（一）背景

某村镇企业(以下简称甲方)与本村一具有维修和承建小型非生产性建筑工程资质证书的工程队(以下简称乙方)订立了建筑工程承包合同。合同中规定:乙方为甲方建设框架结构的厂房,总造价为 98.9 万元;承包方式为包工包料;开、竣工日期为 2008 年 11 月 2 日至 2010 年 3 月 10 日。自开工至 2010 年底,甲方付给乙方工程款共 101.6 万元,到合同规定的竣工期限仍未能完工,并且部分工程质量不符合要求。为此,双方发生纠纷。

（二）问题

（1）本案中的乙方有何违法行为?
（2）本案中的违法行为应当承担哪些法律责任?

（三）分析

（1）《建筑法》和《建设工程质量管理条例》均明确规定,禁止施工单位超越本单位资质等级许可的业务范围承揽工程。本案中乙方资质证书的经营范围仅为维修和承建小型非生产性建筑工程,其违法行为是超越资质等级许可的业务范围承揽框架结构的生产性厂房工程。同时,甲方将工程发包给不具有相应资质条件的承包单位,也构成了违法行为。

（2）《建筑法》第 65 条规定:"发包单位将工程发包给不具有相应资质条件的承包单位的……责令改正,处以罚款。超越本单位资质等级承揽工程的,责令停止违法行为,处以罚款,可以责令停业整顿,降低资质等级;情节严重的,吊销资质证书;有违法所得的,予以没收。"《建设工程质量管理条例》第 54 条规定:"建设单位将建设工程发包给不具有相应资质等级的……施工单位……的,责令改正,处 50 万元以上 100 万元以下的罚款。"第 60 条规定:"……施工……超越本单位资质等级承揽工程的,责令停止违法行为……对施工单位处工程合同价款 2% 以上 4% 以下的罚款,可以责令停业整顿,降低资质等级;情节严重的,吊销资质证书;有违法所得的,予以没收。"据此,本案中的甲方、乙方应当分别受到相应的处罚。至于本案中的工程质量纠纷,则应当依据《合同法》、《建设工程质量管理条例》、《最高人民法院关于审理建设工程施工合同纠纷案件适用法律问题的解释》等有关规定办理。

【案例5】

(一)背景

某大学新校区的学生餐饮中心工程项目由甲公司总承包。该公司将工程项目的土石方工程分包给乙公司。乙公司则将土石方工程交由非本公司的王某,由王某组织人员负责土石方的开挖、装卸和运输,实行单独核算、自负盈亏。

(二)问题

(1)本案中的乙公司有何违法行为?
(2)对乙公司应当依法作何处理?

(三)分析

(1)本案中的乙公司以分包方式承接了土石方工程,但却允许非本公司的王某负责该土石方工程开挖、装卸和运输,并将现场全权交由王某负责,其技术、质量、安全管理及核算人员均由王某自行组织而非该分包公司的人员。按照《房屋建筑和市政基础设施工程施工分包管理办法》第 15 条第 2 款的规定,应视同允许他人以本企业名义承揽工程。

(2)《建设工程质量管理条例》第 61 条规定:"……施工……单位允许其他单位或者个人以本单位名义承揽工程的,责令改正,没收违法所得……对施工单位处工程合同价款 2%以上 4% 以下的罚款;可以责令停业整顿,降低资质等级;情节严重的,吊销资质证书。"据此,应当对乙公司作出相应的处罚。

【案例6】

(一)背景

某建设集团在 2011 年二级建造师注册过程中连续发生 4 人次违规行为:一是该公司李某和徐某在申请二级建造师注册时,隐瞒其已在另一个单位注册的事实,提供虚假材料;二是该公司张某在申请二级建造师注册时,未能完成建造师继续教育内容;三是该公司王某在申请二级建造师注册时,提供虚假材料,其实际年龄已 67 周岁。

(二)问题

本案中 4 名当事人的行为应当作何处理?

(三)分析

(1)《注册建造师管理规定》第 33 条规定:"隐瞒有关情况或者提供虚假材料申请注册

的,建设主管部门不予受理或者不予注册,并给予警告,申请人1年内不得再次申请注册。"本案中李某、徐某和王某等人隐瞒事实、提供虚假材料申请二级建造师注册的行为,均为违法行为,应当不予注册,给予警告,并在1年内不得再次申请注册。

(2)《注册建造师继续教育管理暂行办法》第26条规定:"注册建造师应按规定参加继续教育,接受培训测试,不参加继续教育或继续教育不合格的不予注册。"据此,本案中的张某未能完成建造师继续教育内容,按规定不能予以注册。

第三章
建设工程发承包法律制度

建设工程发包,是建设工程的建设单位(或总承包单位)将建设工程任务通过招标发包或直接发包的方式,交付给具有法定从业资格的单位完成,并按照合同约定支付报酬的行为。

建设工程承包,则是具有法定从业资格的单位依法承揽建设工程任务,通过签订合同确立双方的权利与义务,按照合同约定取得相应报酬,并完成建设工程任务的行为。

第一节 建设工程招标投标制度

建设工程招标投标,是建设单位对拟建的建设工程项目通过法定的程序和方式吸引承包单位进行公平竞争,并从中选择条件优越者来完成建设工程任务的行为。这是在市场经济条件下常用的一种建设工程项目交易方式。

一、建设工程法定招标的范围、招标方式和交易场所

(一)建设工程必须招标的范围

《招标投标法》规定,在中华人民共和国境内进行下列工程建设项目包括项目的勘察、设计、施工、监理以及与工程建设有关的重要设备、材料等的采购,必须进行招标:(1)大型基础设施、公用事业等关系社会公共利益、公众安全的项目;(2)全部或者部分使用国有资金投资或者国家融资的项目;(3)使用国际组织或者外国政府贷款、援助资金的项目。

《招标投标法实施条例》指出,工程建设项目是指工程以及与工程建设有关的货物、服务。工程是指建设工程,包括建筑物和构筑物的新建、改建、扩建及其相关的装修、拆除、修缮等;与工程建设有关的货物,是指构成工程不可分割的组成部分,且为实现工程基本功能所必需的设备、材料等;与工程建设有关的服务,是指为完成工程所需的勘察、设计、监理等服务。

经国务院批准的《工程建设项目招标范围和规模标准规定》进一步规定,关系社会公共利益、公众安全的基础设施项目的范围包括:(1)煤炭、石油、天然气、电力、新能源等能源项目;(2)铁路、公路、管道、水运、航空以及其他交通运输业等交通运输项目;(3)邮政、电信枢纽、通信、信息网络等邮电通讯项目;(4)防洪、灌溉、排涝、引(供)水、滩涂治理、水土保持、水利枢纽等水利项目;(5)道路、桥梁、地铁和轻轨交通、污水排放及处理、垃圾处理、地下管道、公共停车场等城市设施项目;(6)生态环境保护项目;(7)其他基础设施项目。

同时还规定,关系社会公共利益、公众安全的公用事业项目的范围包括:(1)供水、供电、供气、供热等市政工程项目;(2)科技、教育、文化等项目;(3)体育、旅游等项目;(4)卫生、社会福利等项目;(5)商品住宅,包括经济适用住房;(6)其他公用事业项目。

使用国有资金投资项目的范围包括：(1) 使用各级财政预算资金的项目；(2) 使用纳入财政管理的各种政府性专项建设基金的项目；(3) 使用国有企业事业单位自有资金，并且国有资产投资者实际拥有控制权的项目。

国家融资项目的范围包括：(1) 使用国家发行债券所筹资金的项目；(2) 使用国家对外借款或者担保所筹资金的项目；(3) 使用国家政策性贷款的项目；(4) 国家授权投资主体融资的项目。

使用国际组织或者外国政府贷款、援助资金的项目包括：(1) 使用世界银行、亚洲开发银行等国际组织贷款资金的项目；(2) 使用外国政府及其机构贷款资金的项目；(3) 使用国际组织或者外国政府援助资金的项目。

（二）建设工程必须招标的规模标准

按照《工程建设项目招标范围和规模标准规定》，必须招标范围内的各类工程建设项目，达到下列标准之一的，必须进行招标：(1) 施工单项合同估算价在人民币 200 万元以上的；(2) 重要设备、材料等货物的采购，单项合同估算价在人民币 100 万元以上的；(3) 勘察、设计、监理等服务的采购，单项合同估算价在人民币 50 万元以上的；(4) 单项合同估算价低于第(1)、(2)、(3)项规定的标准，但项目总投资额在人民币 3 000 万元以上的。

《招标投标法》规定，依法必须进行招标的项目，其招标投标活动不受地区或者部门的限制。任何单位和个人不得违法限制或者排斥本地区、本系统以外的法人或者其他组织参加投标，不得以任何方式非法干涉招标投标活动。

（三）可以不进行招标的建设工程项目

《招标投标法》规定，涉及国家安全、国家秘密、抢险救灾或者属于利用扶贫资金实行以工代赈、需要使用农民工等特殊情况，不适宜进行招标的项目，按照国家有关规定可以不进行招标。

《招标投标法实施条例》还规定，除《招标投标法》规定可以不进行招标的特殊情况外，有下列情形之一的，可以不进行招标：(1) 需要采用不可替代的专利或者专有技术；(2) 采购人依法能够自行建设、生产或者提供；(3) 已通过招标方式选定的特许经营项目投资人依法能够自行建设、生产或者提供；(4) 需要向原中标人采购工程、货物或者服务，否则将影响施工或者功能配套要求；(5) 国家规定的其他特殊情形。

此外，对于依法必须招标的具体范围和规模标准以外的建设工程项目，可以不进行招标，采用直接发包的方式。

（四）建设工程招标方式

1. 公开招标和邀请招标

《招标投标法》规定，招标分为公开招标和邀请招标。

公开招标，是指招标人以招标公告的方式邀请不特定的法人或者其他组织投标。依法必须进行招标的项目的招标公告，应当通过国家指定的报刊、信息网络或者其他媒介发布。

邀请招标，是指招标人以投标邀请书的方式邀请特定的法人或者其他组织投标。招标人采用邀请招标方式的，应当向三个以上具备承担招标项目的能力、资信良好的特定的法人或者其他组织发出投标邀请书。国务院发展计划部门确定的国家重点项目和省、自治区、直辖市人民政府确定的地方重点项目不适宜公开招标的，经国务院发展计划部门或者省、自治区、直辖市人民政府批准，可以进行邀请招标。

《招标投标法实施条例》进一步规定，国有资金占控股或者主导地位的依法必须进行招标的项目，应当公开招标；但有下列情形之一的，可以邀请招标：(1) 技术复杂、有特殊要求或者受自然环境限制，只有少量潜在投标人可供选择；(2) 采用公开招标方式的费用占项目合同金额的比例过大。

2. 总承包招标和两阶段招标

《招标投标法实施条例》规定，招标人可以依法对工程以及与工程建设有关的货物、服务全部或者部分实行总承包招标。以暂估价形式包括在总承包范围内的工程、货物、服务属于依法必须进行招标的项目范围且达到国家规定规模标准的，应当依法进行招标。以上所称暂估价，是指总承包招标时不能确定价格而由招标人在招标文件中暂时估定的工程、货物、服务的金额。

《招标投标法实施条例》还规定，对技术复杂或者无法精确拟定技术规格的项目，招标人可以分两阶段进行招标。第一阶段，投标人按照招标公告或者投标邀请书的要求提交不带报价的技术建议，招标人根据投标人提交的技术建议确定技术标准和要求，编制招标文件。第二阶段，招标人向在第一阶段提交技术建议的投标人提供招标文件，投标人按照招标文件的要求提交包括最终技术方案和投标报价的投标文件。

（五）建设工程招标投标交易场所

《招标投标法实施条例》规定，设区的市级以上地方人民政府可以根据实际需要，建立统一规范的招标投标交易场所，为招标投标活动提供服务。招标投标交易场所不得与行政监督部门存在隶属关系，不得以营利为目的。

国家鼓励利用信息网络进行电子招标投标。

二、招标基本程序和禁止肢解发包、限制排斥投标人的规定

（一）招标基本程序

《招标投标法》规定，招标投标活动应当遵循公开、公平、公正和诚实信用的原则。

建设工程招标的基本程序主要包括：履行项目审批手续、委托招标代理机构、编制招标文件及标底、发布招标公告或投标邀请书、资格审查、开标、评标、中标和签订合同，以及终止招标等。

1. 履行项目审批手续

《招标投标法》规定，招标项目按照国家有关规定需要履行项目审批手续的，应当先履行审批手续，取得批准。招标人应当有进行招标项目的相应资金或者资金来源已经落实，并应当在招标文件中如实载明。

《招标投标法实施条例》进一步规定，按照国家有关规定需要履行项目审批、核准手续的依法必须进行招标的项目，其招标范围、招标方式、招标组织形式应当报项目审批、核准部门审批、核准。项目审批、核准部门应当及时将审批、核准确定的招标范围、招标方式、招标组

织形式通报有关行政监督部门。

2. 委托招标代理机构

《招标投标法》规定,招标人具有编制招标文件和组织评标能力的,可以自行办理招标事宜。任何单位和个人不得强制其委托招标代理机构办理招标事宜。依法必须进行招标的项目,招标人自行办理招标事宜的,应当向有关行政监督部门备案。

《招标投标法实施条例》进一步规定,招标人具有编制招标文件和组织评标能力,是指招标人具有与招标项目规模和复杂程度相适应的技术、经济等方面的专业人员。

3. 编制招标文件、标底及工程量清单计价

《招标投标法》规定,招标人应当根据招标项目的特点和需要编制招标文件。招标文件应当包括招标项目的技术要求、对投标人资格审查的标准、投标报价要求和评标标准等所有实质性要求和条件以及拟签订合同的主要条款。国家对招标项目的技术、标准有规定的,招标人应当按照其规定在招标文件中提出相应要求。

《招标投标法》还规定:招标文件不得要求或者标明特定的生产供应者以及含有倾向或者排斥潜在投标人的其他内容。招标人对已发出的招标文件进行必要的澄清或者修改的,应当在招标文件要求提交投标文件截止时间至少15日前,以书面形式通知所有招标文件收受人。该澄清或者修改的内容为招标文件的组成部分。

招标人应当确定投标人编制投标文件所需要的合理时间;但是,依法必须进行招标的项目,自招标文件开始发出之日起至投标人提交投标文件截止之日止,最短不得少于20日。

《招标投标法实施条例》进一步规定,招标人可以对已发出的资格预审文件或者招标文件进行必要的澄清或者修改。澄清或者修改的内容可能影响资格预审申请文件或者投标文件编制的,招标人应当在提交资格预审申请文件截止时间至少3日前,或者投标截止时间至少15日前,以书面形式通知所有获取资格预审文件或者招标文件的潜在投标人;不足3日或者15日的,招标人应当顺延提交资格预审申请文件或者投标文件的截止时间。

《招标投标实施条例》还规定:招标人对招标项目划分标段的,应当遵守招标投标法的有关规定,不得利用划分标段限制或者排斥潜在投标人。依法必须进行招标的项目的招标人不得利用划分标段规避招标。招标人应当在招标文件中载明投标有效期。投标有效期从提交投标文件的截止之日起算。

潜在投标人或者其他利害关系人对招标文件有异议的,应当在投标截止时间10日前提出。招标人应当自收到异议之日起3日内作出答复;作出答复前,应当暂停招标投标活动。招标人编制招标文件的内容违反法律、行政法规的强制性规定,违反公开、公平、公正和诚实信用原则,影响潜在投标人投标的,依法必须进行招标的项目的招标人应当在修改招标文件后重新招标。

招标人可以自行决定是否编制标底。一个招标项目只能有一个标底。标底必须保密。接受委托编制标底的中介机构不得参加受托编制标底项目的投标,也不得为该项目的投标人编制投标文件或者提供咨询。招标人设有最高投标限价的,应当在招标文件中明确最高投标限价或者最高投标限价的计算方法。招标人不得规定最低投标限价。

4. 发布招标公告或投标邀请书

《招标投标法》规定,招标人采用公开招标方式的,应当发布招标公告。招标公告应当载明招标人的名称和地址、招标项目的性质、数量、实施地点和时间以及获取招标文件的办法

等事项。招标人采用邀请招标方式的,应当向三个以上具备承担招标项目的能力、资信良好的特定的法人或者其他组织发出投标邀请书。投标邀请书也应当载明招标人的名称和地址、招标项目的性质、数量、实施地点和时间以及获取招标文件的办法等事项。

《招标投标法》还规定:招标人可以根据招标项目本身的要求,在招标公告或者投标邀请书中,要求潜在投标人提供有关资质证明文件和业绩情况,并对潜在投标人进行资格审查。招标人不得以不合理的条件限制或者排斥潜在投标人,不得对潜在投标人实行歧视待遇。

招标人不得向他人透露已获取招标文件的潜在投标人的名称、数量以及可能影响公平竞争的有关招标投标的其他情况。招标人设有标底的,标底必须保密。招标人根据招标项目的具体情况,可以组织潜在投标人踏勘项目现场。

《招标投标法实施条例》进一步规定,招标人应当按照资格预审公告、招标公告或者投标邀请书规定的时间、地点发售资格预审文件或者招标文件。资格预审文件或者招标文件的发售期不得少于5日。招标人发售资格预审文件、招标文件收取的费用应当限于补偿印刷、邮寄的成本支出,不得以营利为目的。

5. 资格审查

资格审查分为资格预审和资格后审。

《招标投标法实施条例》有关资格预审的规定:

招标人采用资格预审办法对潜在投标人进行资格审查的,应当发布资格预审公告、编制资格预审文件。招标人应当合理确定提交资格预审申请文件的时间。依法必须进行招标的项目提交资格预审申请文件的时间,自资格预审文件停止发售之日起不得少于5日。

资格预审应当按照资格预审文件载明的标准和方法进行。国有资金占控股或者主导地位的依法必须进行招标的项目,招标人应当组建资格审查委员会审查资格预审申请文件。资格审查委员会及其成员应当遵守招标投标法和本条例有关评标委员会及其成员的规定。资格预审结束后,招标人应当及时向资格预审申请人发出资格预审结果通知书。未通过资格预审的申请人不具有投标资格。通过资格预审的申请人少于3个的,应当重新招标。

潜在投标人或者其他利害关系人对资格预审文件有异议的,应当在提交资格预审申请文件截止时间2日前提出。招标人应当自收到异议之日起3日内作出答复;作出答复前,应当暂停招标投标活动。招标人编制资格预审文件的内容违反法律、行政法规的强制性规定,违反公开、公平、公正和诚实信用原则,影响资格预审结果的,依法必须进行招标的项目的招标人应当在修改资格预审文件后重新招标。

《招标投标法》有关资格后审的规定,招标人采用资格后审办法对投标人进行资格审查的,应当在开标后由评标委员会按照招标文件规定的标准和方法对投标人的资格进行审查。

6. 开标

《招标投标法》规定,开标应当在招标文件确定的提交投标文件截止时间的同一时间公开进行;开标地点应当为招标文件中预先确定的地点。开标由招标人主持,邀请所有投标人参加。开标时,由投标人或者其推选的代表检查投标文件的密封情况,也可以由招标人委托的公证机构检查并公证;经确认无误后,由工作人员当众拆封,宣读投标人名称、投标价格和投标文件的其他主要内容。招标人在招标文件要求提交投标文件的截止时间前收到的所有投标文件,开标时都应当当众予以拆封、宣读。开标过程应当记录,并存档备查。

《招标投标法实施条例》进一步规定,招标人应当按照招标文件规定的时间、地点开标。

投标人少于 3 个的,不得开标;招标人应当重新招标。投标人对开标有异议的,应当在开标现场提出,招标人应当当场作出答复,并制作记录。

7. 评标

《招标投标法》有关评标的规定:

评标由招标人依法组建的评标委员会负责。招标人应当采取必要的措施,保证评标在严格保密的情况下进行。任何单位和个人不得非法干预、影响评标的过程和结果。

依法必须进行招标的项目,其评标委员会由招标人的代表和有关技术、经济等方面的专家组成,成员人数为 5 人以上单数,其中技术、经济等方面的专家不得少于成员总数的三分之二。与投标人有利害关系的人不得进入相关项目的评标委员会;已经进入的应当更换。评标委员会成员的名单在中标结果确定前应当保密。

评标委员会可以要求投标人对投标文件中含义不明确的内容作必要的澄清或者说明,但是澄清或者说明不得超出投标文件的范围或者改变投标文件的实质性内容。评标委员会应当按照招标文件确定的评标标准和方法,对投标文件进行评审和比较;设有标底的,应当参考标底。评标委员会经完成评标后,应当向招标人提出书面评标报告,并推荐合格的中标候选人。评标委员会经评审,认为所有投标都不符合招标文件要求的,可以否决所有投标。依法必须进行招标的项目的所有投标被否决的,招标人应当依法重新招标。

《招标投标法实施条例》关于评标的进一步规定:评标委员会成员应当依照招标投标法和本条例的规定,按照招标文件规定的评标标准和方法,客观、公正地对投标文件提出评审意见。招标文件没有规定的评标标准和方法不得作为评标的依据。评标委员会成员不得私下接触投标人,不得收受投标人给予的财物或者其他好处,不得向招标人征询确定中标人的意向,不得接受任何单位或者个人明示或者暗示提出的倾向或者排斥特定投标人的要求,不得有其他不客观、不公正履行职务的行为。

招标项目设有标底的,招标人应当在开标时公布。标底只能作为评标的参考,不得以投标报价是否接近标底作为中标条件,也不得以投标报价超过标底上下浮动范围作为否决投标的条件。有下列情形之一的,评标委员会应当否决其投标:(1) 投标文件未经投标单位盖章和单位负责人签字;(2) 投标联合体没有提交共同投标协议;(3) 投标人不符合国家或者招标文件规定的资格条件;(4) 同一投标人提交两个以上不同的投标文件或者投标报价,但招标文件要求提交备选投标的除外;(5) 投标报价低于成本或者高于招标文件设定的最高投标限价;(6) 投标文件没有对招标文件的实质性要求和条件作出响应;(7) 投标人有串通投标、弄虚作假、行贿等违法行为。

投标文件中有含义不明确的内容、明显文字或者计算错误,评标委员会认为需要投标人作出必要澄清、说明的,应当书面通知该投标人。投标人的澄清、说明应当采用书面形式,并不得超出投标文件的范围或者改变投标文件的实质性内容。评标委员会不得暗示或者诱导投标人作出澄清、说明,不得接受投标人主动提出的澄清、说明。

评标完成后,评标委员会应当向招标人提交书面评标报告和中标候选人名单。中标候选人应当不超过 3 个,并标明排序。评标报告应当由评标委员会全体成员签字。对评标结果有不同意见的评标委员会成员应当以书面形式说明其不同意见和理由,评标报告应当注明该不同意见。评标委员会成员拒绝在评标报告上签字又不书面说明其不同意见和理由的,视为同意评标结果。

8. 中标和签订合同

《招标投标法》规定,招标人根据评标委员会提出的书面评标报告和推荐的中标候选人确定中标人。招标人也可以授权评标委员会直接确定中标人。招标人和中标人应当自中标通知书发出之日起 30 日内,按照招标文件和中标人的投标文件订立书面合同。招标人和中标人不得再行订立背离合同实质性内容的其他协议。

《招标投标法实施条例》进一步规定,招标人和中标人应当依照招标投标法和本条例的规定签订书面合同,合同的标的、价款、质量、履行期限等主要条款应当与招标文件和中标人的投标文件的内容一致。

《最高人民法院关于审理建设工程施工合同纠纷案件适用法律问题的解释》第 21 条规定:"当事人就同一建设工程另行订立的建设工程施工合同与经过备案的中标合同实质性内容不一致的,应当以备案的中标合同作为结算工程价款的根据。"因此,招标人与中标人另行签订合同的行为属违法行为,所签订的合同是无效合同。

9. 终止招标

《招标投标法实施条例》规定,招标人终止招标的,应当及时发布公告,或者以书面形式通知被邀请的或者已经获取资格预审文件、招标文件的潜在投标人。已经发售资格预审文件、招标文件或者已经收取投标保证金的,招标人应当及时退还所收取的资格预审文件、招标文件的费用,以及所收取的投标保证金及银行同期存款利息。

(二)禁止肢解发包的规定

肢解发包是指建设单位将本应由一个承包单位整体承建完成的建设工程肢解成若干部分,分别发包给不同承包单位的行为。在实践中,由于一些发包单位肢解发包工程,使施工现场缺乏应有的组织协调,不仅承建单位之间容易出现推诿扯皮与掣肘,还会造成施工现场秩序混乱、责任不清,工期拖延,成本增加,甚至发生严重的建设工程质量和安全问题。肢解发包还往往与发包单位有关人员徇私舞弊、收受贿赂、索拿回扣等违法行为有关。

为此,《招标投标法》规定,招标项目需要划分标段、确定工期的,招标人应当合理划分标段、确定工期,并在招标文件中载明。《建筑法》还规定,提倡对建筑工程实行总承包,禁止将建筑工程肢解发包。建筑工程的发包单位可以将建筑工程的勘察、设计、施工、设备采购一并发包给一个工程总承包单位,也可以将建筑工程的勘察、设计、施工、设备采购的一项或者多项发包给一个工程总承包单位;但是,不得将应当由一个承包单位完成的建筑工程肢解成若干部分发包给几个承包单位。

《建设工程质量管理条例》进一步规定,建设单位不得将建设工程肢解发包。建设单位将建设工程肢解发包的,责令改正,处工程合同价款 0.5% 以上 1% 以下的罚款;对全部或者部分使用国有资金的项目,并可以暂停项目执行或者暂停资金拨付。

(三)禁止限制、排斥投标人的规定

《招标投标法》规定,依法必须进行招标的项目,其招标投标活动不受地区或者部门的限制。任何单位和个人不得违法限制或者排斥本地区、本系统以外的法人或者其他组织参加投标,不得以任何方式非法干涉招标投标活动。

《招标投标法实施条例》进一步规定,招标人不得以不合理的条件限制、排斥潜在投标人或者投标人。招标人有下列行为之一的,属于以不合理条件限制、排斥潜在投标人或者投标人:(1) 就同一招标项目向潜在投标人或者投标人提供有差别的项目信息;(2) 设定的资格、技术、商务条件与招标项目的具体特点和实际需要不相适应或者与合同履行无关;(3) 依法必须进行招标的项目以特定行政区域或者特定行业的业绩、奖项作为加分条件或者中标条件;(4) 对潜在投标人或者投标人采取不同的资格审查或者评标标准;(5) 限定或者指定特定的专利、商标、品牌、原产地或者供应商;(6) 依法必须进行招标的项目非法限定潜在投标人或者投标人的所有制形式或者组织形式;(7) 以其他不合理条件限制、排斥潜在投标人或者投标人。

招标人不得组织单个或者部分潜在投标人踏勘项目现场。

三、投标人、投标文件和投标保证金

(一) 投标人

《招标投标法》规定,投标人是响应招标、参加投标竞争的法人或者其他组织。投标人应当具备承担招标项目的能力;国家有关规定对投标人资格条件或者招标文件对投标人资格条件有规定的,投标人应当具备规定的资格条件。

《招标投标法实施条例》对投标人的有关规定:

投标人参加依法必须进行招标的项目的投标,不受地区或者部门的限制,任何单位和个人不得非法干涉。

与招标人存在利害关系可能影响招标公正性的法人、其他组织或者个人,不得参加投标。单位负责人为同一人或者存在控股、管理关系的不同单位,不得参加同一标段投标或者未划分标段的同一招标项目投标。违反以上规定的,相关投标均无效。

投标人发生合并、分立、破产等重大变化的,应当及时书面告知招标人。投标人不再具备资格预审文件、招标文件规定的资格条件或者其投标影响招标公正性的,其投标无效。

(二) 联合体投标

联合体投标是一种特殊的投标人组织形式,一般适用于大型的或结构复杂的建设项目。《招标投标法》规定:两个以上法人或者其他组织可以组成一个联合体,以一个投标人的身份共同投标。联合体各方均应当具备承担招标项目的相应能力;国家有关规定或者招标文件对投标人资格条件有规定的,联合体各方均应当具备规定的相应资格条件。由同一专业的单位组成的联合体,按照资质等级较低的单位确定资质等级。

联合体各方应当签订共同投标协议,明确约定各方拟承担的工作和责任,并将共同投标协议连同投标文件一并提交招标人。联合体中标的,联合体各方应当共同与招标人签订合同,就中标项目向招标人承担连带责任。招标人不得强制投标人组成联合体共同投标,不得限制投标人之间的竞争。

《招标投标法实施条例》进一步规定,招标人应当在资格预审公告、招标公告或者投标邀请书中载明是否接受联合体投标。招标人接受联合体投标并进行资格预审的,联合体应当在提交资格预审申请文件前组成。资格预审后联合体增减、更换成员的,其投标无效。联合体各方在同一招标项目中以自己名义单独投标或者参加其他联合体投标的,相关投标均无效。

（三）投标文件

1. 投标文件的内容要求

《招标投标法》规定，投标人应当按照招标文件的要求编制投标文件。投标文件应当对招标文件提出的实质性要求和条件作出响应。招标项目属于建设施工项目的，投标文件的内容应当包括拟派出的项目负责人与主要技术人员的简历、业绩和拟用于完成招标项目的机械设备等。

国家发展和改革委员会、财政部、住房和城乡建设部等 9 部门联合颁布的《〈标准施工招标资格预审文件〉和〈标准施工招标文件〉暂行规定》中进一步明确，投标文件应包括下列内容：(1) 投标函及投标函附录；(2) 法定代表人身份证明或附有法定代表人身份证明的授权委托书；(3) 联合体协议书；(4) 投标保证金；(5) 已标价工程量清单；(6) 施工组织设计；(7) 项目管理机构；(8) 拟分包项目情况表；(9) 资格审查资料；(10) 投标人须知前附表规定的其他材料。但是，投标人须知前附表规定不接受联合体投标的，或投标人没有组成联合体的，投标文件不包括联合体协议书。

2. 投标文件的修改与撤回

《招标投标法》规定，投标人在招标文件要求提交投标文件的截止时间前，可以补充、修改或者撤回已提交的投标文件，并书面通知招标人。补充、修改的内容为投标文件的组成部分。

《招标投标法实施条例》进一步规定，投标人撤回已提交的投标文件，应当在投标截止时间前书面通知招标人。

3. 投标文件的送达与签收

《招标投标法》规定，投标人应当在招标文件要求提交投标文件的截止时间前，将投标文件送达投标地点。招标人收到投标文件后，应当签收保存，不得开启。投标人少于 3 个的，招标人应当依法重新招标。在招标文件要求提交投标文件的截止时间后送达的投标文件，招标人应当拒收。

《招标投标法实施条例》进一步规定，未通过资格预审的申请人提交的投标文件，以及逾期送达或者不按照招标文件要求密封的投标文件，招标人应当拒收。招标人应当如实记载投标文件的送达时间和密封情况，并存档备查。

（四）投标保证金

《招标投标法实施条例》有关投标保证金的规定：

招标人在招标文件中要求投标人提交投标保证金的，投标保证金不得超过招标项目估算价的 2%。投标保证金有效期应当与投标有效期一致。依法必须进行招标的项目的境内投标单位，以现金或者支票形式提交的投标保证金应当从其基本账户转出。招标人不得挪用投标保证金。

实行两阶段招标的，招标人要求投标人提交投标保证金的，应当在第二阶段提出。招标人终止招标，已经收取投标保证金的，招标人应当及时退还所收取的投标保证金及银行同期存款利息。投标人撤回已提交的投标文件，招标人已收取投标保证金的，应当自收到投标人书面撤回通知之日起 5 日内退还。投标截止后投标人撤销投标文件的，招标人可以不退还投标保证金。

招标人最迟应当在书面合同签订后 5 日内向中标人和未中标的投标人退还投标保证金及银行同期存款利息。

四、禁止串通投标和其他不正当竞争行为的规定

《反不正当竞争法》规定,本法所称的不正当竞争,是指经营者违反本法规定,损害其他经营者的合法权益,扰乱社会经济秩序的行为。

在建设工程招标投标活动中,投标人的不正当竞争行为主要是:投标人相互串通投标、招标人与投标人串通投标、投标人以行贿手段谋取中标、投标人以低于成本的报价竞标、投标人以他人名义投标或者以其他方式弄虚作假骗取中标。

(一)禁止投标人相互串通投标

《反不正当竞争法》规定,投标者不得串通投标,抬高标价或者压低标价。《招标投标法》也规定,投标人不得相互串通投标报价,不得排挤其他投标人的公平竞争,损害招标人或者其他投标人的合法权益。

《招标投标法实施条例》有关禁止投标人相互串通的规定:

禁止投标人相互串通投标。有下列情形之一的,属于投标人相互串通投标:(1) 投标人之间协商投标报价等投标文件的实质性内容;(2) 投标人之间约定中标人;(3) 投标人之间约定部分投标人放弃投标或者中标;(4) 属于同一集团、协会、商会等组织成员的投标人按照该组织要求协同投标;(5) 投标人之间为谋取中标或者排斥特定投标人而采取的其他联合行动。

有下列情形之一的,视为投标人相互串通投标:(1) 不同投标人的投标文件由同一单位或者个人编制;(2) 不同投标人委托同一单位或者个人办理投标事宜;(3) 不同投标人的投标文件载明的项目管理成员为同一人;(4) 不同投标人的投标文件异常一致或者投标报价呈规律性差异;(5) 不同投标人的投标文件相互混装;(6) 不同投标人的投标保证金从同一单位或者个人的账户转出。

(二)禁止招标人与投标人串通投标

《反不正当竞争法》规定,投标者和招标者不得相互勾结,以排挤竞争对手的公平竞争。《招标投标法》也规定,投标人不得与招标人串通投标,损害国家利益、社会公共利益或者他人的合法权益。

《招标投标法实施条例》进一步规定,禁止招标人与投标人串通投标。有下列情形之一的,属于招标人与投标人串通投标:(1) 招标人在开标前开启投标文件并将有关信息泄露给其他投标人;(2) 招标人直接或者间接向投标人泄露标底、评标委员会成员等信息;(3) 招标人明示或者暗示投标人压低或者抬高投标报价;(4) 招标人授意投标人撤换、修改投标文件;(5) 招标人明示或者暗示投标人为特定投标人中标提供方便;(6) 招标人与投标人为谋求特定投标人中标而采取的其他串通行为。

(三)禁止投标人以行贿手段谋取中标

《反不正当竞争法》规定,经营者不得采用财物或者其他手段进行贿赂以销售或者购买商品。在账外暗中给予对方单位或者个人回扣的,以行贿论处;对方单位或者个人在账外暗

中收受回扣的,以受贿论处。《招标投标法》也规定,禁止投标人以向招标人或者评标委员会成员行贿的手段谋取中标。

投标人以行贿手段谋取中标是一种严重的违法行为,其法律后果是中标无效,有关责任人和单位要承担相应的行政责任或刑事责任,给他人造成损失的还应承担民事赔偿责任。

(四) 投标人不得以低于成本的报价竞标

低于成本的报价竞标不仅属不正当竞争行为,还易导致中标后的偷工减料,影响建设工程质量。《反不正当竞争法》规定,经营者不得以排挤竞争对手为目的,以低于成本的价格销售商品。《招标投标法》则规定,投标人不得以低于成本的报价竞标。中标人的投标应当符合下列条件之一……但是投标价格低于成本的除外。

(五) 投标人不得以他人名义投标或以其他方式弄虚作假骗取中标

《招标投标法》规定,投标人"不得以他人名义投标或者以其他方式弄虚作假,骗取中标"。《招标投标法实施条例》进一步规定,使用通过受让或者租借等方式获取的资格、资质证书投标的,属于招标投标法第 33 条规定的以他人名义投标。投标人有下列情形之一的,属于招标投标法第 33 条规定的以其他方式弄虚作假的行为:(1) 使用伪造、变造的许可证件;(2) 提供虚假的财务状况或者业绩;(3) 提供虚假的项目负责人或者主要技术人员简历、劳动关系证明;(4) 提供虚假的信用状况;(5) 其他弄虚作假的行为。

五、中标的法定要求和招标投标投诉处理

(一) 中标的法定要求

1. 公示中标候选人

《招标投标法实施条例》规定,依法必须进行招标的项目,招标人应当自收到评标报告之日起 3 日内公示中标候选人,公示期不得少于 3 日。

投标人或者其他利害关系人对依法必须进行招标的项目的评标结果有异议的,应当在中标候选人公示期间提出。招标人应当自收到异议之日起 3 日内作出答复;作出答复前,应当暂停招标投标活动。

2. 确定中标人

《招标投标法》规定,招标人根据评标委员会提出的书面评标报告和推荐的中标候选人确定中标人。招标人也可以授权评标委员会直接确定中标人。中标人的投标应当符合下列条件之一:(1) 能够最大限度地满足招标文件中规定的各项综合评价标准;(2) 能够满足招标文件的实质性要求,并且经评审的投标价格最低,但是投标价格低于成本的除外。在确定中标人前,招标人不得与投标人就投标价格、投标方案等实质性内容进行谈判。

《招标投标法实施条例》进一步规定,国有资金占控股或者主导地位的依法必须进行招标的项目,招标人应当确定排名第一的中标候选人为中标人。排名第一的中标候选人放弃中标、因不可抗力不能履行合同、不按照招标文件要求提交履约保证金,或者被查实存在影响中标结果的违法行为等情形,不符合中标条件的,招标人可以按照评标委员会提出的中标候选人名单排序依次确定其他中标候选人为中标人,也可以重新招标。

中标候选人的经营、财务状况发生较大变化或者存在违法行为,招标人认为可能影响其履约能力的,应当在发出中标通知书前由原评标委员会按照招标文件规定的标准和方法审查确认。

3. 中标通知书和报告招标投标情况

《招标投标法》规定,中标人确定后,招标人应当向中标人发出中标通知书,并同时将中标结果通知所有未中标的投标人。中标通知书对招标人和中标人具有法律效力。中标通知书发出后,招标人改变中标结果的,或者中标人放弃中标项目的,应当依法承担法律责任。

依法必须进行招标的项目,招标人应当自确定中标人之日起 15 日内,向有关行政监督部门提交招标投标情况的书面报告。

4. 履约保证金

《招标投标法》规定,招标文件要求中标人提交履约保证金的,中标人应当提交。

《招标投标法实施条例》进一步规定,履约保证金不得超过中标合同金额的 10%。中标人应当按照合同约定履行义务,完成中标项目。

(二)招标投标投诉与处理

1. 投诉的规定

《招标投标法实施条例》规定,投标人或者其他利害关系人认为招标投标活动不符合法律、行政法规规定的,可以自知道或者应当知道之日起 10 日内向有关行政监督部门投诉。投诉应当有明确的请求和必要的证明材料。

但是,对资格预审文件、招标文件、开标以及对依法必须进行招标项目的评标结果有异议的,应当依法先向招标人提出异议,其异议答复期间不计算在以上规定的期限内。

2. 投诉处理的规定

《招标投标法实施条例》规定,投诉人就同一事项向两个以上有权受理的行政监督部门投诉的,由最先收到投诉的行政监督部门负责处理。行政监督部门应当自收到投诉之日起 3 个工作日内决定是否受理投诉,并自受理投诉之日起 30 个工作日内作出书面处理决定;需要检验、检测、鉴定、专家评审的,所需时间不计算在内。投诉人捏造事实、伪造材料或者以非法手段取得证明材料进行投诉的,行政监督部门应当予以驳回。

行政监督部门处理投诉,有权查阅、复制有关文件、资料,调查有关情况,相关单位和人员应当予以配合。必要时,行政监督部门可以责令暂停招标投标活动。行政监督部门的工作人员对监督检查过程中知悉的国家秘密、商业秘密,应当依法予以保密。

违法行为应承担的法律责任

第二节　建设工程承包制度

建设工程承包制度包括总承包、共同承包、分包等制度。

《建筑法》规定,建筑工程实行招标发包的,发包单位应当将建筑工程发包给依法中标的承包单位。建筑工程实行直接发包的,发包单位应当将建筑工程发包给具有相应资质条件的承包单位。

承包建筑工程的单位应当持有依法取得的资质证书，并在其资质等级许可的业务范围内承揽工程。禁止建筑施工企业超越本企业资质等级许可的业务范围或者以任何形式用其他建筑施工企业的名义承揽工程。禁止建筑施工企业以任何形式允许其他单位或者个人使用本企业的资质证书、营业执照，以本企业的名义承揽工程。

按照合同约定，建筑材料、建筑构配件和设备由工程承包单位采购的，发包单位不得指定承包单位购入用于工程的建筑材料、建筑构配件和设备或者指定生产厂、供应商。

一、建设工程总承包的规定

总承包通常分为工程总承包和施工总承包两大类。

《建筑法》规定，建筑工程的发包单位可以将建筑工程的勘察、设计、施工、设备采购一并发包给一个工程总承包单位，也可以将建筑工程勘察、设计、施工、设备采购的一项或者多项发包给一个工程总承包单位。

工程总承包是指从事工程总承包的企业受建设单位的委托，按照工程总承包合同的约定，对工程项目的勘察、设计、采购、施工、试运行（竣工验收）等实行全过程或若干阶段的承包。施工总承包是指发包人将全部施工任务发包给具有施工总承包资质的建筑业企业，由施工总承包企业按照合同的约定向建设单位负责，承包完成施工任务。

（一）工程总承包的方式

工程总承包是国际通行的工程建设项目组织实施方式，有利于发挥具有较强技术力量和组织管理能力的大承包商的专业优势，综合协调工程建设中的各种关系，强化统一指挥和组织管理，保证工程质量和进度，提高投资效益。

按照2003年原建设部发布的《关于培育发展工程总承包和工程项目管理企业的指导意见》，工程总承包主要有下列方式：

1. 设计采购施工（EPC）/交钥匙总承包

设计采购施工总承包是指工程总承包企业按照合同约定，承担工程项目的设计、采购、施工、试运行服务等工作，并对承包工程的质量、安全、工期、造价全面负责。

交钥匙总承包是设计采购施工总承包业务和责任的延伸，最终是向建设单位提交一个满足使用功能、具备使用条件的工程项目。

2. 设计—施工总承包（D-B）

设计—施工总承包是指工程总承包企业按照合同约定，承担工程项目设计和施工，并对承包工程的设计和施工的质量、安全、工期、造价负责。

3. 设计—采购总承包（E-P）

设计—采购总承包是指工程总承包企业按照合同约定，承担工程项目设计和采购工作，并对工程项目设计和采购的质量、进度等负责。

4. 采购—施工总承包（P-C）

采购—施工总承包是指工程总承包企业按照合同约定，承担工程项目的采购和施工，并对承包工程的采购和施工的质量、安全、工期、造价负责。

（二）总承包企业的资质管理

我国对工程总承包不设立专门的资质。凡具有工程勘察、设计或施工总承包资质的企业,均可依法从事资质许可范围内相应等级的建设工程总承包业务。但是,承接施工总承包业务的,必须是取得施工总承包资质的企业。

《关于培育发展工程总承包和工程项目管理企业的指导意见》中提出,鼓励具有工程勘察、设计或施工总承包资质的勘察、设计和施工企业,通过改造和重组,建立与工程总承包业务相适应的组织机构、项目管理体系,充实项目管理专业人员,提高融资能力,发展成为具有设计、采购、施工(施工管理)综合功能的工程公司,在其勘察、设计或施工总承包资质等级许可的工程项目范围内开展工程总承包业务。工程勘察、设计、施工企业也可以组成联合体对工程项目进行联合总承包。

《建设工程勘察设计资质管理规定》中规定,取得工程勘察、工程设计资质证书的企业,可以从事资质证书许可范围内相应的建设工程总承包业务。《建筑业企业资质管理规定》也规定,取得建筑业企业资质证书的企业,可以从事资质许可范围相应等级的建设工程总承包业务。

我国建筑业企业资质分为施工总承包、专业承包和劳务分包三个序列。取得施工总承包资质的企业,可以承接施工总承包工程。施工总承包企业可以对所承接的施工总承包工程内各专业工程全部自行施工,也可以将专业工程或劳务作业依法分包给具有相应资质的专业承包企业或劳务分包企业。

（三）工程总承包单位与工程项目管理

工程项目管理是指从事工程项目管理的企业受建设单位委托,按照合同约定,代表建设单位对工程项目的组织实施进行全过程或若干阶段的管理和服务。工程项目管理企业不直接从事该工程项目的勘察、设计、施工等,也不与该工程项目的总承包企业或勘察、设计、供货、施工等企业签订合同,但可以按合同约定,协助业主与工程项目的总承包企业或勘察、设计、供货、施工等企业签订合同,并受业主委托监督合同的履行。

《关于培育发展工程总承包和工程项目管理企业的指导意见》中指出,工程总承包单位可以接受建设单位委托,按照合同约定承担工程项目管理业务,但不应在同一个工程项目上同时承担工程总承包和工程项目管理业务,也不应与承担工程总承包或者工程项目管理业务的另一方企业有隶属关系或者其他利害关系。

（四）总承包单位的责任

《建筑法》规定,建筑工程总承包单位按照总承包合同的约定对建设单位负责;分包单位按照分包合同的约定对总承包单位负责。总承包单位和分包单位就分包工程对建设单位承担连带责任。

《建设工程质量管理条例》进一步规定,建设工程实行总承包的,总承包单位应当对全部建设工程质量负责;建设工程勘察、设计、施工、设备采购的一项或者多项实行总承包的,总承包单位应当对其承包的建设工程或者采购的设备的质量负责。总承包单位依法将建设工程分包给其他单位的,分包单位应当按照分包合同的约定对其分包工程的质量向总承包单位负责,总承包单位与分包单位对分包工程的质量承担连带责任。

据此,无论是工程总承包还是施工总承包,由于承包合同的签约主体都是建设单位和总承包单位,总承包单位均应按照承包合同约定的权利义务向建设单位负责。如果分包工程发生问题,总承包单位不得以分包工程已分包他人为由推卸自己的总承包责任,而应与分包单位就分包工程承担连带责任。

连带责任是我国民事立法中的一项重要民事责任制度。《民法通则》第 87 条规定,"负有连带义务的每个债务人,都负有清偿全部债务的义务,履行了义务的人,有权要求其他负有连带义务的人偿付他应当承担的份额。"总承包单位与分包单位就分包工程承担连带责任,就是当分包工程发生了质量责任或者违约责任时,建设单位可以向总承包单位请求赔偿,也可以向分包单位请求赔偿,在总承包单位或分包单位进行赔偿后,一方有权依据分包合同对于不属于自己责任的赔偿向另一方进行追偿。连带责任也不仅限于连带赔偿责任,还有其他履行工程义务的连带责任。因此,总承包单位除了应加强自行完成工程部分的管理外,还有责任强化对分包单位分包工程的监管。

二、建设工程共同承包的规定

共同承包是指由两个以上具备承包资格的单位共同组成非法人的联合体,以共同的名义对工程进行承包的行为。这是在国际工程发承包活动中较为通行的一种做法,可有效地规避工程承包风险。

(一)共同承包的适用范围

《建筑法》规定,大型建筑工程或者结构复杂的建筑工程,可以由两个以上的承包单位联合共同承包。

作为大型的建筑工程或结构复杂的建筑工程,一般是投资额大、技术要求复杂和建设周期长,潜在风险较大,如果采取联合共同承包的方式,有利于更好发挥各承包单位在资金、技术、管理等方面优势,增强抗风险能力,保证工程质量和工期,提高投资效益。至于中小型或结构不复杂的工程,则无需采用共同承包方式,完全可由一家承包单位独立完成。

(二)共同承包的资质要求

《建筑法》规定,两个以上不同资质等级的单位实行联合共同承包的,应当按照资质等级低的单位的业务许可范围承揽工程。

这主要是为防止以联合共同承包为名而进行"资质挂靠"的不规范行为。

(三)共同承包的责任

《招标投标法》规定,联合体中标的,联合体各方应当共同与招标人签订合同,就中标项目向招标人承担连带责任。《建筑法》也规定,共同承包的各方对承包合同的履行承担连带责任。

共同承包各方应签订联合承包协议,明确约定各方的权利、义务以及相互合作、违约责任承担等条款。各承包方就承包合同的履行对建设单位承担连带责任。如果出现赔偿责任,建设单位有权向共同承包的任何一方请求赔偿,而被请求方不得拒绝,在其支付赔偿后可依据联合承包协议及有关各方过错大小,有权对超过自己应赔偿的那部分份额向其他方进行追偿。

三、建设工程分包的规定

建设工程施工分包可分为专业工程分包与劳务作业分包:(1)专业工程分包,是指施工总承包企业将其所承包工程中的专业工程发包给具有相应资质的其他建筑业企业完成的活动。(2)劳务作业分包,是指施工总承包企业或者专业承包企业将其承包工程中的劳务作业发包给劳务分包企业完成的活动。

(一)分包工程的范围

《建筑法》规定,建筑工程总承包单位可以将承包工程中的部分工程发包给具有相应资质条件的分包单位。禁止承包单位将其承包的全部建筑工程转包给他人,禁止承包单位将其承包的全部建筑工程肢解以后以分包的名义分别转包给他人。施工总承包的,建筑工程主体结构的施工必须由总承包单位自行完成。

《招标投标法实施条例》规定,中标人不得向他人转让中标项目,也不得将中标项目肢解后分别向他人转让。中标人按照合同约定或者经招标人同意,可以将中标项目的部分非主体、非关键性工作分包给他人完成。接受分包的人应当具备相应的资格条件,并不得再次分包。中标人应当就分包项目向招标人负责,接受分包的人就分包项目承担连带责任。

据此,总承包单位承包工程后可以全部自行完成,也可以将其中的部分工程分包给其他承包单位完成,但依法只能分包部分工程,并且是非主体、非关键性工作;如果是施工总承包,其主体结构的施工则须由总承包单位自行完成。这主要是防止以分包为名而发生转包行为。

《房屋建筑和市政基础设施工程施工分包管理办法》还规定,分包工程发包人可以就分包合同的履行,要求分包工程承包人提供分包工程履约担保;分包工程承包人在提供担保后,要求分包工程发包人同时提供分包工程付款担保的,分包工程发包人应当提供。

(二)分包单位的条件与认可

《建筑法》规定,建筑工程总承包单位可以将承包工程中的部分工程发包给具有相应资质条件的分包单位;但是,除总承包合同中约定的分包外,必须经建设单位认可。禁止总承包单位将工程分包给不具备相应资质条件的单位。《招标投标法》也规定,接受分包的人应当具备相应的资格条件。

承包工程的单位须持有依法取得的资质证书,并在资质等级许可的业务范围内承揽工程。这一规定同样适用于工程分包单位。不具备资质条件的单位不允许承包建设工程,也不得承接分包工程。《房屋建筑和市政基础设施工程施工分包管理办法》还规定,严禁个人承揽分包工程业务。

总承包单位如果要将所承包的工程再分包给他人,应当依法告知建设单位并取得认可。这种认可应当依法通过两种方式:(1)在总承包合同中规定分包的内容;(2)在总承包合同中没有规定分包内容的,应当事先征得建设单位的同意。但是,劳务作业分包由劳务作业发包人与劳务作业承包人通过劳务合同约定,可不经建设单位认可。需要说明的是,分包工程须经建设单位认可,并不等于建设单位可以直接指定分包人。《房屋建筑和市政基础设施工程施工分包管理办法》规定,"建设单位不得直接指定分包工程承包人。"对于建设单位推荐的分包单位,总承包单位有权作出拒绝或者采用的选择。

（三）分包单位不得再分包

《建筑法》规定，禁止分包单位将其承包的工程再分包。《招标投标法》也规定，接受分包的人不得再次分包。

这主要是防止层层分包，"层层剥皮"，导致工程质量安全和工期等难以保障。为此，《房屋建筑和市政基础设施工程施工分包管理办法》中规定，除专业承包企业可以将其承包工程中的劳务作业发包给劳务分包企业外，专业分包工程承包人和劳务作业承包人都必须自行完成所承包的任务。

（四）转包和违法分包的界定

按照我国法律的规定，转包是必须禁止的，而依法实施的工程分包则是允许的。因此，违法分包同样是在法律的禁止之列。

《建设工程质量管理条例》规定，违法分包，是指下列行为：（1）总承包单位将建设工程分包给不具备相应资质条件的单位的；（2）建设工程总承包合同中未有约定，又未经建设单位认可，承包单位将其承包的部分建设工程交由其他单位完成的；（3）施工总承包单位将建设工程主体结构的施工分包给其他单位的；（4）分包单位将其承包的建设工程再分包的。

作为转包，是指承包单位承包建设工程后，不履行合同约定的责任和义务，将其承包的全部建设工程转给他人或者将其承包的全部建设工程肢解以后以分包的名义分别转给其他单位承包的行为。

《房屋建筑和市政基础设施工程施工分包管理办法》中规定，分包工程发包人应当设立项目管理机构，组织管理所承包工程的施工活动。项目管理机构应当具有与承包工程的规模、技术复杂程度相适应的技术、经济管理人员。其中，项目负责人、技术负责人、项目核算负责人、质量管理人员、安全管理人员必须是本单位的人员（即与本单位有合法的人事或者劳动合同、工资以及社会保险关系的人员）。分包工程发包人将工程分包后，未在施工现场设立项目管理机构和派驻相应人员，并未对该工程的施工活动进行组织管理的，视同转包行为。

（五）分包单位的责任

《建筑法》规定，建筑工程总承包单位按照总承包合同的约定对建设单位负责；分包单位按照分包合同的约定对总承包单位负责。总承包单位和分包单位就分包工程对建设单位承担连带责任。《招标投标法》也规定，中标人应当就分包项目向招标人负责，接受分包的人就分包项目承担连带责任。

我国对工程总分包、联合承包的连带责任均是由法律做出的规定，属法定连带责任。连带责任通常可分为法定连带责任和约定连带责任。约定连带责任是依照当事人之间事先的相互约定而产生的连带责任；法定连带责任则是根据法律规定而产生的连带责任。

违法行为应承担的法律责任

第三节 工程案例分析

【案例7】

（一）背景

某工程项目,建设单位通过招标选择了一家具有相应资质的监理单位中标,并在中标通知书发出后与该监理单位签订了监理合同,后双方又签订了一份监理酬金比中标价降低8％的协议。在施工公开招标中,有 A、B、C、D、E、F、G、H 等施工企业报名投标,经资格预审均符合资格预审公告的要求,但建设单位以 A 施工企业是外地企业为由,坚持不同意其参加投标。

（二）问题

（1）建设单位与监理单位签订的监理合同有何违法行为? 应分别如何处罚?

（2）外地施工企业是否有资格参加本工程项目的投标? 建设单位的做法应如何处罚?

（三）分析

（1）《招标投标法》第46条规定:"招标人和中标人应当按照招标文件和中标人的投标文件订立书面合同。招标人和中标人不得再行订立背离合同实质性内容的其他协议。"《招标投标法实施条例》第57条第1款又作了进一步规定:"招标人和中标人应当依照招标投标法和本条例的规定签订书面合同,合同的标的、价款、质量、履行期限等主要条款应当与招标文件和中标人的投标文件的内容一致。招标人和中标人不得再行订立背离合同实质性内容的其他协议。"本案中的建设单位与监理单位签订监理合同之后,又签订了一份监理酬金比中标价降低8％的协议,属再行订立背离合同实质性内容其他协议的违法行为。对此,应当依据《招标投标法》第59条关于"招标人与中标人不按照招标文件和中标人的投标文件订立合同的,或者招标人、中标人订立背离合同实质性内容的协议的,责令改正;可以处中标项目金额5‰以上10‰以下的罚款"的规定,予以相应的处罚。

（2）《招标投标法》第6条规定:"依法必须进行招标的项目,其招标投标活动不受地区或者部门的限制。任何单位和个人不得违法限制或者排斥本地区、本系统以外的法人或者其他组织参加投标,不得以任何方式非法干涉招标投标活动。"本案中的建设单位以 A 施工企业是外地企业为由,不同意其参加投标,是一种限制或者排斥本地区以外法人参加投标的违法行为。A 施工企业经资格预审符合资格预审公告的要求,是有资格参加本工程项目投标的。对此,《招标投标法》第51条规定:"招标人以不合理的条件限制或者排斥潜在投标人的,对潜在投标人实行歧视待遇的,强制要求投标人组成联合体共同投标的,或者限制投标人之间竞争的,责令改正,可以处1万元以上5万元以下的罚款。"

【案例 8】

（一）背景

有一省重点工程项目由于工程复杂、技术难度高，一般施工队伍难以胜任，建设单位便自行决定采取邀请招标方式，于 9 月 28 日向通过资格预审的 A、B、C、D、E 等 5 家施工企业发出了投标邀请书。这 5 家施工企业均接受了邀请，并于规定时间购买了招标文件。按照招标文件的规定，10 月 18 日下午 4 时为提交投标文件的截止时间，10 月 21 日下午 2 时在建设单位办公大楼第 2 会议室开标。A、B、D、E 施工企业均在此截止时间之前提交了投标文件。但 C 施工企业却因中途堵车，于 10 月 18 日下午 5 时才将投标文件送达。10 月 21 日下午 2 时，当地招投标监管机构在该建设单位办公大楼第 2 会议室主持了开标。

（二）问题

(1) 该建设单位自行决定采取邀请招标的做法是否合法？为什么？
(2) 建设单位是否可以接收 C 施工企业的投标文件？为什么？
(3) 开标应当由谁主持？

（三）分析

(1) 不合法。《招标投标法》第 11 条规定："国务院发展计划部门确定的国家重点项目和省、自治区、直辖市人民政府确定的地方重点项目不适宜公开招标的，经国务院发展计划部门或者省、自治区、直辖市人民政府批准，可以进行邀请招标。"因此，本案中的建设单位擅自决定对省重点工程项目采取邀请招标的做法，违反了《招标投标法》的有关规定，是不合法的。

(2) 不能接收。《招标投标法》第 28 条第 2 款规定："在招标文件要求提交投标文件的截止时间后送达的投标文件，招标人应当拒收。"《招标投标法实施条例》第 36 条第 1 款规定："未通过资格预审的申请人提交的投标文件，以及逾期送达或者不按照招标文件要求密封的投标文件，招标人应当拒收。"据此，建设单位应当对 C 施工企业逾期送达的投标文件予以拒收。如果未依法拒收而接受的，按照《招标投标法实施条例》第 64 条的规定："招标人有下列情形之一的，由有关行政监督部门责令改正，可以处 10 万元以下的罚款……（四）接受应当拒收的投标文件。招标人有前款……第四项所列行为之一的，对单位直接负责的主管人员和其他直接责任人员依法给予处分。"

(3)《招标投标法》第 35 条规定："开标由招标人主持，邀请所有投标人参加。"据此，本案中由当地招投标监管机构主持开标是不合法的。

【案例 9】

（一）背景

柴某与姜某是老乡，二人在外打拼了多年，一直想承揽一项大的建筑装饰业务。某市一商业大厦的装饰工程公开招标，当时柴某、姜某均没有符合承揽该工程的资质等级证书。为了得到该装饰工程,柴某、姜某以缴纳高额管理费和其他优厚条件,分别借用了A装饰公司、B装饰公司的资质证书并以其名义报名投标。这两家装饰公司均通过了资格预审。之后,柴某与姜某商议,由柴某负责与招标方协调,姜某负责联系另外一家入围装饰公司的法定代表人张某,与张某串通投标价格,约定事成之后利益共享,并签订利益共享协议。为了增加中标的可能性,他们故意让入围的一家资质等级较低的装饰公司在投标时报高价,而柴某借用的资质等级高的A装饰公司则报较低价格。就这样,柴某终以借用的A装饰公司名义成功中标,拿下了该项装饰工程。

（二）问题

（1）柴某与姜某的有哪些违法行为？
（2）该违法行为应当受到何种处罚？

（三）分析

（1）柴某与姜某有两项违法行为:一是弄虚作假,以他人名义投标。《招标投标法》第33条规定:"投标人不得以低于成本的报价竞标,也不得以他人名义投标或者以其他方式弄虚作假,骗取中标。"《招标投标法实施条例》第42条进一步规定:"使用通过受让或者租借等方式获取的资格、资质证书投标的,属于招标投标法第33条规定的以他人名义投标。"二是串通投标。《招标投标法》第32条规定:"投标人不得相互串通投标报价,不得排挤其他投标人的公平竞争,损害招标人或者其他投标人的合法权益。投标人不得与招标人串通投标,损害国家利益、社会公共利益或者他人的合法权益。"《招标投标法实施条例》第39条进一步规定:"有下列情形之一的,属于投标人相互串通投标:(1)投标人之间协商投标报价等投标文件的实质性内容;(2)投标人之间约定中标人;(3)投标人之间约定部分投标人放弃投标或者中标……(5)投标人之间为谋取中标或者排斥特定投标人而采取的其他联合行动。"

（2）对于以他人名义投标的违法行为,《招标投标法》第54条规定:"投标人以他人名义投标或者以其他方式弄虚作假,骗取中标的,中标无效,给招标人造成损失的,依法承担赔偿责任;构成犯罪的,依法追究刑事责任。依法必须进行招标的项目的投标人有前款所列行为尚未构成犯罪的,处中标项目金额5‰以上10‰以下的罚款,对单位直接负责的主管人员和其他直接责任人员处单位罚款数额5%以上10%以下的罚款;有违法所得的,并处没收违法所得;情节严重的,取消其1年至3年内参加依法必须进行招标的项目的投标资格并予以公告,直至由工商行政管理机关吊销营业执照。"《招标投标法实施条例》第68条进一步规定:"投标人有下列行为之一的,属于招标投标法第54条规定的情节严重行为,由有关行政监督部门取消其1年至3年内参加依法必须进行招标的项目的投标资格……(2)3年内2次以上使用他人名义投标;(3)弄虚作假骗取中标给招标人造成直接经济损失30万元以上;(4)其他弄虚作假骗取中标情节严重的行为。投标人自本条第2款规定的处罚执行期限届满之日起3年内又有该款所列违法行为之一的,或者弄虚作假骗取中标情节特别严重的,由工商行政管理机关吊销营业执照。"此外,对出让或者出租资质证书供他人投标的,《招标投标法实施条例》第69条规定:"出让或者出租资格、资质证书供他人投标的,依照法律、行政法规的规定给予行政处罚;构成犯罪的,依法追究刑事责任。"

对于串通投标的违法行为,《招标投标法》第53条规定:"投标人相互串通投标或者与招标人串通投标的……中标无效，处中标项目金额5‰以上10‰以下的罚款，对单位直接负责的主管人员和其他直接责任人员处单位罚款数额5%以上10%以下的罚款；有违法所得的，并处没收违法所得；情节严重的，取消其1年至2年内参加依法必须进行招标的项目的投标资格并予以公告，直至由工商行政管理机关吊销营业执照；构成犯罪的，依法追究刑事责任。给他人造成损失的，依法承担赔偿责任。"《招标投标法实施条例》第67条进一步规定："投标人有下列行为之一的，属于招标投标法第53条规定的情节严重行为，由有关行政监督部门取消其1年至2年内参加依法必须进行招标的项目的投标资格：(1)以行贿谋取中标；(2)3年内2次以上串通投标；(3)串通投标行为损害招标人、其他投标人或者国家、集体、公民的合法利益，造成直接经济损失30万元以上；(4)其他串通投标情节严重的行为。投标人自本条第2款规定的处罚执行期限届满之日起3年内又有该款所列违法行为之一的，或者串通投标、以行贿谋取中标情节特别严重的，由工商行政管理机关吊销营业执照。"

对于构成犯罪的，《刑法》第223条规定："投标人相互串通投标报价，损害招标人或者其他投标人利益，情节严重的，处3年以下有期徒刑或者拘役，并处或者单处罚金。投标人与招标人串通投标，损害国家、集体、公民的合法利益的，依照前款的规定处罚。"

【案例10】

（一）背景

某建筑工程公司法定代表人李某与个体经营者张某是老乡。张某要求以该公司的名义承接一些工程施工业务，双方便签订了一份承包合同，约定张某可使用该公司的资质证书、营业执照等承接工程，每年上交承包费20万元，如不能按时如数上交承包费，该公司有权解除合同。合同签订后，张某利用该公司的资质证书、营业执照等多次承揽工程施工业务，但年底只向该公司上交了8万元的承包费。为此，该公司与张某发生激烈争执，并诉至法院。

（二）问题

（1）该建筑工程公司与张某存在何种违法行为？
（2）该建筑工程公司的违法行为应当受到什么处罚？

（三）分析

（1）本案中该建筑工程公司将资质证书、营业执照等出借给张某，允许以其名义对外承揽工程，属于违法行为。《建筑法》第26条第2款明确规定："禁止建筑施工企业以任何形式允许其他单位或者个人使用本企业的资质证书、营业执照，以本企业的名义承揽工程。"
（2）《建筑法》第66条规定："建筑施工企业转让、出借资质证书或者以其他方式允许他人以本企业的名义承揽工程的，责令改正，没收违法所得，并处罚款。"《建设工程质量管理条例》第61条进一步规定："违反本条例规定，勘察、设计、施工、工程监理单位允许其他单位或者个人以本单位名义承揽工程的，责令改正，没收违法所得……对施工单位处工程合同价款2%以上4%以下的罚款；可以责令停业整顿，降低资质等级；情节严重的，吊销资质证书。"据此，该建筑工程公司将被责令改正，没收违法所得，处工程合同价款2%以上4%以下的罚款；根据情节，还可能被责令停业整顿，降低资质等级，甚至吊销资质证书。

【案例11】

（一）背景

A施工公司中标了某大型建设项目的桩基工程施工任务，但该公司拿到桩基工程后，由于施工力量不足，就将该工程全部转交给了具有桩基施工资质的B公司。双方还签订了《桩基工程施工合同》，就合同单价、暂定总价、工期、质量、付款方式、结算方式以及违约责任等进行了约定。在合同签订后，B公司组织实施并完成了该桩基工程施工任务。建设单位在组织竣工验收时，发现有部分桩基工程质量不符合规定的质量标准，便要求A公司负责返工、修理，并赔偿因此造成的损失。但A公司以该桩基工程已交由B公司施工为由，拒不承担任何的赔偿责任。

（二）问题

（1）A公司在该桩基工程的承包活动中有何违法行为？
（2）A公司是否应对该桩基工程的质量问题承担赔偿责任？

（三）分析

（1）本案中A公司存在着严重违法的转包行为。《建筑法》第28条规定："禁止承包单位将其承包的全部建筑工程转包给他人，禁止承包单位将其承包的全部建筑工程肢解以后以分包的名义分别转包给他人。"《建设工程质量管理条例》第78条进一步明确规定："本条例所称转包，是指承包单位承包建设工程后，不履行合同约定的责任和义务，将其承包的全部建设工程转给他人或者将其承包的全部建设工程肢解以后以分包的名义分别转给其他单位承包的行为。"

（2）A公司不仅应对该桩基工程的质量问题依法承担连带赔偿责任，还应当接受相应的行政处罚。《建筑法》第67条规定："承包单位将承包的工程转包的……责令改正，没收违法所得，并处罚款，可以责令停业整顿，降低资质等级；情节严重的，吊销资质证书。承包单位有以上规定的违法行为的，对因转包工程或者违法分包的工程不符合规定的质量标准造成的损失，与接受转包或者分包的单位承担连带赔偿责任。"《建设工程质量管理条例》第62备进一步规定："违反本条例规定，承包单位将承包的工程转包或者违法分包的，责令改正，没收违法所得……对施工单位处工程合同价款0.5%以上1%以下的罚款；可以责令停业整顿，降低资质等级；情节严重的，吊销资质证书。"

第四章
建设工程造价管理制度

第一节　建设工程造价管理概述

为保障国家及社会公众利益,维护公平竞争秩序和有关各方合法权益,各企事业单位及从业人员要贯彻执行国家的宏观经济政策和产业政策,遵守国家和地方的法律、法规及有关规定,自觉遵守工程造价咨询行业自律组织的各项制度和规定,并接受工程造价咨询行业自律组织的业务指导。

一、政府部门的行政管理

政府设置了多层管理机构,明确了管理权限和职责范围,形成了一个严密的建设工程造价宏观管理组织系统。国务院建设主管部门在全国范围内行使建设管理职能,在建设工程造价管理方面的主要职能包括:

(1)组织制定建设工程造价管理有关法规、规章并监督其实施;

(2)组织制定全国统一经济定额并监督指导其实施;

(3)制定工程造价咨询企业的资质标准并监督其执行;

(4)负责全国工程造价咨询企业资质管理工作,审定甲级工程造价咨询企业的资质;

(5)制定工程造价管理专业技术人员执业资格标准并监督其执行;

(6)监督管理建设工程造价管理的有关行为。

各省、自治区、直辖市和国务院其他主管部门的建设管理机构在其管辖范围内行使相应的管理职能;省辖市和地区的建设管理部门在所辖地区行使相应的管理职能。

二、行业协会的自律管理

中国建设工程造价管理协会是我国建设工程造价管理的行业协会。此外,在全国各省、自治区、直辖市及一些大中城市,也先后成立了建设工程造价管理协会,对工程造价咨询工作及造价工程师的执业活动实行行业服务和自律管理。

中国建设工程造价管理协会作为建设工程造价咨询行业的自律性组织,其行业管理的主要职能包括:

(1)研究工程造价咨询与管理改革和发展的理论、方针、政策,参与相关法律法规、行业政策及行业标准规范的研究制定;

(2)制定并组织实施工程造价咨询行业的规章制度、职业道德准则、咨询业务操作规程等行规行约,推动工程造价行业诚信建设,开展工程造价咨询成果文件质量检查等活动,建立和完善工程造价行业自律机制；

（3）研究和探讨工程造价行业改革与发展中的热点、难点问题,开展行业的调查研究工作,倾听会员的呼声,向政府有关部门反映行业和会员的建议和诉求,维护会员的合法权益,发挥联系政府与企业间的桥梁和纽带作用；

（4）接受政府部门委托,协助开展工程造价咨询行业的日常管理工作。开展注册造价工程师考试、注册及继续教育、造价员队伍建设等具体工作；

（5）组织行业培训,开展业务交流,推广工程造价咨询与管理方面的先进经验,开展工程造价先进单位会员、优秀个人会员及优秀工程造价咨询成果评选和推介等活动；

（6）办好协会的网站,出版《工程造价管理》期刊,组织出版有关工程造价专业和教育培训等书籍,开展行业宣传和信息咨询服务；

（7）维护行业的社会形象和会员的合法权益,协调会员和行业内外关系,受理工程造价咨询行业中执业违规的投诉,对违规者实行行业惩戒或提请政府主管部门进行行政处罚；

（8）代表中国工程造价咨询行业和中国注册造价工程师与国际组织及各国同行建立联系,履行相关国际组织成员应尽的职责和义务,为会员开展国际交流与合作提供服务；

（9）指导中价协各专业委员会和各地方造价协会的业务工作；

（10）完成政府及其部门委托或授权开展的其他工作。

地方建设工程造价管理协会作为建设工程造价咨询行业管理的地方性组织,在业务上接受中国建设工程造价管理协会的指导,协助地方政府建设主管部门和中国建设工程造价管理协会进行本地区建设工程造价咨询行业的自律管理。

第二节　建设工程造价咨询企业管理

工程造价咨询企业是指接受委托,对建设项目投资、工程造价的确定与控制提供专业咨询服务的企业。工程造价咨询企业从事工程造价咨询活动,应当遵循独立、客观、公正、诚实信用的原则,不得损害社会公共利益和他人的合法权益。

一、工程造价咨询企业资质等级标准

工程造价咨询企业资质等级分为甲级、乙级。

（一）甲级资质标准

（1）已取得乙级工程造价咨询企业资质证书满 3 年；

（2）企业出资人中,注册造价工程师人数不低于出资人总人数的 60%,且其出资额不低于企业注册资本总额的 60%；

（3）技术负责人已取得造价工程师注册证书,并具有工程或工程经济类高级专业技术职称,且从事工程造价专业工作 15 年以上；

（4）专职从事工程造价专业工作的人员（以下简称专职专业人员）不少于 20 人,其中,具有工程或者工程经济类中级以上专业技术职称的人员不少于 16 人,取得造价工程师注册证书的人员不少于 10 人,其他人员具有从事工程造价专业工作的经历；

（5）企业与专职专业人员签订劳动合同,且专职专业人员符合国家规定的职业年龄（出

资人除外);

（6）专职专业人员人事档案关系由国家认可的人事代理机构代为管理；

（7）企业注册资本不少于人民币 100 万元；

（8）企业近 3 年工程造价咨询营业收入累计不低于人民币 500 万元；

（9）具有固定的办公场所,人均办公建筑面积不少于 10 m^2；

（10）技术档案管理制度、质量控制制度、财务管理制度齐全；

（11）企业为本单位专职专业人员办理的社会基本养老保险手续齐全；

（12）在申请核定资质等级之日前 3 年内无违规行为。

（二）乙级资质标准

（1）企业出资人中,注册造价工程师人数不低于出资人总人数的 60%,且其出资额不低于注册资本总额的 60%；

（2）技术负责人已取得造价工程师注册证书,并具有工程或工程经济类高级专业技术职称,且从事工程造价专业工作 10 年以上；

（3）专职专业人员不少于 12 人,其中,具有工程或者工程经济类中级以上专业技术职称的人员不少于 8 人,取得造价工程师注册证书的人员不少于 6 人,其他人员具有从事工程造价专业工作的经历；

（4）企业与专职专业人员签订劳动合同,且专职专业人员符合国家规定的职业年龄（出资人除外）；

（5）专职专业人员人事档案关系由国家认可的人事代理机构代为管理；

（6）企业注册资本不少于人民币 50 万元；

（7）具有固定的办公场所,人均办公建筑面积不少于 10 m^2；

（8）技术档案管理制度、质量控制制度、财务管理制度齐全；

（9）企业为本单位专职专业人员办理的社会基本养老保障手续齐全；

（10）暂定期内工程造价咨询营业收入累计不低于人民币 50 万元；

（11）在申请核定资质等级之日前 3 年内无违规行为。

二、工程造价咨询企业的业务承接

工程造价咨询企业应当依法取得工程造价咨询企业资质,并在其资质等级许可的范围内从事工程造价咨询活动。工程造价咨询企业依法从事工程造价咨询活动,不受行政区域限制。甲级工程造价咨询企业可以从事各类建设项目的工程造价咨询业务；乙级工程造价咨询企业可以从事工程造价 5 000 万元人民币以下的各类建设项目的工程造价咨询业务。

（一）业务范围

工程造价咨询业务范围包括：

（1）建设项目建议书及可行性研究投资估算、项目经济评价报告的编制和审核；

（2）建设项目概预算的编制与审核,并配合设计方案比选、优化设计、限额设计等工作进行工程造价分析与控制；

（3）建设项目合同价款的确定（包括招标工程工程量清单和标底、投标报价的编制和审核);合同价款的签订与调整(包括工程变更、工程洽商和索赔费用的计算)与工程款支付,工程结算及竣工结(决)算报告的编制与审核等;

(4) 工程造价经济纠纷的鉴定和仲裁的咨询;

(5) 提供工程造价信息服务等。

工程造价咨询企业可以对建设项目的组织实施进行全过程或者若干阶段的管理和服务。

（二）执业

1. 咨询合同及其履行

工程造价咨询企业在承接各类建设项目的工程造价咨询业务时,可以参照《建设工程造价咨询合同》(示范文本)与委托人签订书面工程造价咨询合同。

工程造价咨询企业从事工程造价咨询业务,应当按照有关规定的要求出具工程造价成果文件。工程造价成果文件应当由工程造价咨询企业加盖有企业名称、资质等级及证书编号的执业印章,并由执行咨询业务的注册造价工程师签字、加盖执业印章。

2. 执业行为准则

工程造价咨询企业在执业活动中应遵循下列执业行为准则:

(1) 执行国家的宏观经济政策和产业政策,遵守国家和地方的法律、法规及有关规定,维护国家和人民的利益;

(2) 接受工程造价咨询行业自律组织业务指导,自觉遵守本行业的规定和各项制度,积极参加本行业组织的业务活动;

(3) 按照工程造价咨询单位资质证书规定的资质等级和服务范围开展业务,只承担能够胜任的工作;

(4) 具有独立执业的能力和工作条件,竭诚为客户服务,以高质量的咨询成果和优良服务,获得客户的信任和好评;

(5) 按照公平、公正和诚信的原则开展业务,认真履行合同,依法独立自主开展经营活动,努力提高经济效益;

(6) 靠质量、靠信誉参加市场竞争,杜绝无序和恶性竞争,不得利用与行政机关、社会团体以及其他经济组织的特殊关系搞业务垄断;

(7) 以人为本,鼓励员工更新知识,掌握先进的技术手段和业务知识,采取有效措施组织、督促员工接受继续教育;

(8) 不得在解决经济纠纷的鉴证咨询业务中分别接受双方当事人的委托;

(9) 不得阻挠委托人委托其他工程造价咨询单位参与咨询服务,共同提供服务的工程造价咨询单位之间应分工明确,密切协作,不得损害其他单位的利益和名誉;

(10) 保守客户的技术和商务秘密,客户事先允许和国家另有规定的除外。

（三）企业分支机构

工程造价咨询企业设立分支机构的,应当自领取分支机构营业执照之日起 30 日内,持下列材料到分支机构工商注册所在地省、自治区、直辖市人民政府建设主管部门备案:

(1) 分支机构营业执照复印件;

（2）工程造价咨询企业资质证书复印件；

（3）拟在分支机构执业的不少于3名注册造价工程师的注册证书复印件；

（4）分支机构固定办公场所的租赁合同或产权证明。

省、自治区、直辖市人民政府建设主管部门应当在接受备案之日起20日内，报国务院建设主管部门备案。

分支机构从事工程造价咨询业务，应当由设立该分支机构的工程造价咨询企业负责承接工程造价咨询业务、订立工程造价咨询合同、出具工程造价成果文件。分支机构不得以自己名义承接工程造价咨询业务、订立工程造价咨询合同、出具工程造价成果文件。

（四）跨省区承接业务

工程造价咨询企业跨省、自治区、直辖市承接工程造价咨询业务的，应当自承接业务之日起30日内到建设工程所在地省、自治区、直辖市人民政府建设主管部门备案。

三、工程造价咨询企业的法律责任

（一）资质申请或取得的违规责任

申请人隐瞒有关情况或者提供虚假材料申请工程造价咨询企业资质的，不予受理或者不予资质许可，并给予警告，申请人在1年内不得再次申请工程造价咨询企业资质。

以欺骗、贿赂等不正当手段取得工程造价咨询企业资质的，由县级以上地方人民政府建设主管部门或者有关专业部门给予警告，并处1万元以上3万元以下的罚款，申请人3年内不得再次申请工程造价咨询企业资质。

（二）经营违规的责任

未取得工程造价咨询企业资质从事工程造价咨询活动或者超越资质等级承接工程造价咨询业务的，出具的工程造价成果文件无效，由县级以上地方人民政府建设主管部门或者有关专业部门给予警告，责令限期改正，并处1万元以上3万元以下的罚款。

工程造价咨询企业不及时办理资质证书变更手续的，由资质许可机关责令限期办理；逾期不办理的，可处以1万元以下的罚款。

有下列行为之一的，由县级以上地方人民政府建设主管部门或者有关专业部门给予警告，责令限期改正，逾期未改正的，可处以5 000元以上2万元以下的罚款：

（1）新设立的分支机构不备案的；

（2）跨省、自治区、直辖市承接业务不备案的。

（三）其他违规责任

工程造价咨询企业有下列行为之一的，由县级以上地方人民政府建设主管部门或者有关专业部门给予警告，责令限期改正，并处以1万元以上3万元以下的罚款：

（1）涂改、倒卖、出租、出借资质证书，或者以其他形式非法转让资质证书；

（2）超越资质等级业务范围承接工程造价咨询业务；

（3）同时接受招标人和投标人或两个以上投标人对同一工程项目的工程造价咨询业务；

（4）以给予回扣、恶意压低收费等方式进行不正当竞争；

（5）转包承接的工程造价咨询业务；

（6）法律、法规禁止的其他行为。

第三节　建设工程造价专业人员资格管理

在我国建设工程造价管理活动中，从事建设工程造价管理的专业人员可以分为两个级别，即注册造价工程师和造价员（本书略）。

一、注册造价工程师执业资格考试

注册造价工程师是指通过全国造价工程师执业资格统一考试或者资格认定、资格互认，取得中华人民共和国造价工程师执业资格，并注册取得中华人民共和国造价工程师注册执业证书和执业印章，从事工程造价活动的专业人员。未取得注册证书和执业印章的人员，不得以注册造价工程师的名义从事工程造价活动。

注册造价工程师执业资格考试实行全国统一大纲、统一命题、统一组织的办法。原则上每年举行1次。

（一）报考条件

凡中华人民共和国公民，工程造价或相关专业大专及其以上学历，从事工程造价业务工作一定年限后，均可参加注册造价工程师执业资格考试。

（二）考试科目

造价工程师执业资格考试分为4个科目："工程造价管理基础理论与相关法规"、"工程造价计价与控制"、"建设工程技术与计量（土建工程或安装工程）"和"工程造价案例分析"。

对于长期从事工程造价管理业务工作的技术人员，符合一定的学历和专业年限条件的，可免试"工程造价管理基础理论与相关法规"、"建设工程技术与计量"2个科目，只参加"工程造价计价与控制"和"工程造价案例分析"2个科目的考试。

4个科目分别单独考试、单独计分。参加全部科目考试的人员，须在连续的2个考试年度通过；参加免试部分考试科目的人员，须在1个考试年度内通过应试科目。

（三）证书取得

注册造价工程师执业资格考试合格者，由省、自治区、直辖市人事部门颁发国务院人事主管部门统一印制、国务院人事主管部门和建设主管部门统一用印的造价工程师执业资格证书，该证书全国范围内有效，并作为造价工程师注册的凭证。

二、注册造价工程师执业资格注册

注册造价工程师实行注册执业管理制度。取得造价工程师执业资格的人员，经过注册方能以注册造价工程师的名义执业。

（一）初始注册

取得注册造价工程师执业资格证书的人员，受聘于一个工程造价咨询企业或者工程建设领域的建设、勘察设计、施工、招标代理、工程监理、工程造价管理等单位，可自执业资格证书签发之日起1年内向聘用单位工商注册所在地的省、自治区、直辖市人民政府建设主管部门或者国务院有关部门提出注册申请。申请初始注册的，应当提交下列材料：

（1）初始注册申请表；

（2）执业资格证件和身份证件复印件；

（3）与聘用单位签订的劳动合同复印件；

（4）工程造价岗位工作证明。

受聘于具有工程造价咨询资质的中介机构的，应当提供聘用单位为其交纳的社会基本养老保险凭证、人事代理合同复印件，或者劳动、人事部门颁发的离退休证复印件。外国人、台港澳人员应当提供外国人就业许可证书、台港澳人员就业证书复印件。

逾期未申请注册的，须符合继续教育的要求后方可申请初始注册。初始注册的有效期为4年。

（二）延续注册

造价工程师注册有效期满需继续执业的，应当在注册有效期满30日前，按照规定的程序申请延续注册。延续注册的有效期为4年。申请延续注册的，应当提交下列材料：

（1）延续注册申请表；

（2）注册证书；

（3）与聘用单位签订的劳动合同复印件；

（4）前一个注册期内的工作业绩证明；

（5）继续教育合格证明。

（三）变更注册

在注册有效期内，注册造价工程师变更执业单位的，应当与原聘用单位解除劳动合同，并按照规定的程序办理变更注册手续。变更注册后延续原注册有效期。申请变更注册的，应当提交下列材料：

（1）变更注册申请表；

（2）注册证书；

（3）与新聘用单位签订的劳动合同复印件；

（4）与原聘用单位解除劳动合同的证明文件。

受聘于具有工程造价咨询资质的中介机构的，应当提供聘用单位为其交纳的社会基本养老保险凭证、人事代理合同复印件，或者劳动、人事部门颁发的离退休证复印件。外国人、台港澳人员应当提供外国人就业许可证书、台港澳人员就业证书复印件。

（四）不予注册的情形

有下列情形之一的，不予注册：

（1）不具有完全民事行为能力的；

（2）申请在 2 个或者 2 个以上单位注册的；

（3）未达到造价工程师继续教育合格标准的；

（4）前一个注册期内工作业绩达不到规定标准或未办理暂停执业手续而脱离工程造价业务岗位的；

（5）受刑事处罚，刑事处罚尚未执行完毕的；

（6）因工程造价业务活动受刑事处罚，自刑事处罚执行完毕之日起至申请注册之日止不满 5 年的；

（7）因前项规定以外原因受刑事处罚，自处罚决定之日起至申请注册之日止不满 3 年的；

（8）被吊销注册证书，自被处罚决定之日起至申请注册之日止不满 3 年的；

（9）以欺骗、贿赂等不正当手段获准注册被撤销，自被撤销注册之日起至申请注册之日止不满 3 年的；

（10）法律、法规规定不予注册的其他情形。

三、注册造价工程师执业

（一）执业范围

注册造价工程师的执业范围包括：

（1）建设项目建议书、可行性研究投资估算的编制和审核，项目经济评价，工程概算、预算、结算、竣工结（决）算的编制和审核；

（2）工程量清单、标底（或者控制价）、投标报价的编制和审核，工程合同价款的签订及变更、调整、工程款支付与工程索赔费用的计算；

（3）建设项目管理过程中设计方案的优化、限额设计等工程造价分析与控制，工程保险理赔的核查；

（4）工程经济纠纷的鉴定。

注册造价工程师应当在本人承担的工程造价成果文件上签字并盖章。修改经注册造价工程师签字盖章的工程造价成果文件，应当由签字盖章的注册造价工程师本人进行；注册造价工程师本人因特殊情况不能进行修改的.应当由其他注册造价工程师修改，并签字盖章；修改工程造价成果文件的注册造价工程师对修改部分承担相应的法律责任。

（二）权利和义务

（1）注册造价工程师享有下列权利：

① 使用注册造价工程师名称；

② 依法独立执行工程造价业务；

③ 在本人执业活动中形成的工程造价成果文件上签字并加盖执业印章；

④ 发起设立工程造价咨询企业；

⑤ 保管和使用本人的注册证书和执业印章；

⑥ 参加继续教育。

（2）注册造价工程师应当履行下列义务：

① 遵守法律、法规和有关管理规定，恪守职业道德；

② 保证执业活动成果的质量；

③ 接受继续教育，提高执业水平；

④ 执行工程造价计价标准和计价方法；

⑤ 与当事人有利害关系的，应当主动回避；

⑥ 保守在执业中知悉的国家秘密和他人的商业、技术秘密。

四、注册造价工程师继续教育

注册造价工程师在每一注册期内应当达到注册机关规定的继续教育要求。注册造价工程师继续教育分为必修课和选修课，每一注册有效期各为60学时。经继续教育达到合格标准的，颁发继续教育合格证明。注册造价工程师继续教育，由中国建设工程造价管理协会负责组织。

第四节　工程案例分析

【案例12】

（一）背景

某实行监理的工程，施工合同价为15 000万元，合同工期为18个月，预付款为合同价的20%，预付款自第7个月起在每月应支付的进度款中扣回300万元，直至扣完为止，保留金按进度款的5%从第1个月开始扣除。

工程施工到第5个月，监理工程师检查发现第3个月浇筑的混凝土工程出现细微裂缝。经查验分析，产生裂缝的原因是由于混凝土养护措施不到位所致，须进行裂缝处理。为此，项目监理机构提出："出现细微裂缝的混凝土工程暂按不合格项目处理，第3个月已付该部分工程款在第5个月的工程进度款中扣回，在细微裂缝处理完毕并验收合格后的次月再支付"。经计算，该混凝土工程的直接工程费为200万元，取费费率：措施费为直接工程费的5%，间接费费率为8%，利润率为4%，综合计税系数为3.41%。

施工单位委托一家具有相应资质的专业公司进行裂缝处理，处理费用为4.8万元，工作时间为10天。该工程施工到第6个月，施工单位提出补偿4.8万元和延长10天工期的申请。

该工程前7个月施工单位实际完成的进度款见下表。

施工单位按月完成的进度款一览表

施工单位实际完成的进度款						
时间/月	1	2	3	4	5	6	7
实际完成的进度款/万元	200	300	500	500	600	800	800

（二）问题

（1）项目监理机构在前 3 个月可签认的工程进度款分别是多少（考虑扣保留金）？

（2）写出项目监理机构对混凝土工程中出现细微裂缝质量问题的处理程序。

（3）计算出现细微裂缝的混凝土工程的造价。项目监理机构是否应同意施工单位提出的补偿 4.8 万元和延长 10 天工期的要求？说明理由。

（4）如果第 5 个月无其他异常情况发生，计算该月项目监理机构可签认的工程进度款。

（5）如果施工单位按项目监理机构要求执行，在第 6 个月将裂缝处理完成并验收合格，计算第 7 个月项目监理机构可签认的工程进度款。

（三）分析

（1）项目监理机构在前 3 个月可签认的工程进度款：

第 1 个月签认的进度款＝200 万元×（1－5％）＝190 万元。

第 2 个月签认的进度款＝300 万元×（1－5％）＝285 万元。

第 3 个月签认的进度款＝500 万元×（1－5％）＝475 万元。

（2）项目监理机构对混凝土工程出现细微裂缝质量问题的处理程序：

① 当发生工程质量问题时，监理工程师首先应判断其严重程度。对可以通过返修或返工弥补的质量问题可签发监理通知，责成施工单位写出质量问题调查报告，提出处理方案，填写监理通知回复单报监理工程师审核后，批复承包单位处理，必要时应经建设单位和设计单位认可，处理结果应重新进行验收。

② 对需要加固补强的质量问题，或质量问题的存在影响下道工序和分项工程的质量时，应签发工程暂停令，指令施工单位停止有质量问题部位和与其有关联部位及下道工序的施工。必要时，应要求施工单位采取防护措施，责成施工单位写出质量问题调查报告，由设计单位提出处理方案，并征得建设单位同意，批复承包单位处理。处理结果应重新进行验收。

③ 施工单位接到监理通知后，在监理工程师的组织参与下，尽快进行质量问题调查并完成报告编写。

④ 监理工程师审核、分析质量问题调查报告，判断和确认质量问题产生的原因。

⑤ 在原因分析的基础上，认真审核签认质量问题处理方案。

⑥ 指令施工单位按既定的处理方案实施处理并进行跟踪检查。

⑦ 质量问题处理完毕，监理工程师应组织有关人员对处理的结果进行严格的检查、鉴定和验收，写出质量问题处理报告，报建设单位和监理单位存档。

（3）出现细微裂缝的混凝土工程的造价＝200 万元×（1＋5％）（1＋8％）（1＋4％）（1＋3.41％）＝243.92 万元。

项目监理机构不应同意施工单位提出的费用补偿 4.8 万元和延长 10 天工期的要求。

理由：产生裂缝的原因是由于混凝土养护措施不到位所致，这属于施工单位应承担的责任。

（4）第 5 个月项目监理机构可签认的工程进度款＝600 万元×（1－5％）－243.92 万元＝326.08 万元。

(5) 第 7 个月项目监理机构可签认的工程进度款＝800 万元×(1－5％)－300 万元＋243.92 万元＝703.92 万元。

【案例 13】

(一) 背景

某实施监理的工程,建设单位与施工单位按照《建设工程施工合同(示范文本)》签订的施工合同约定:工程合同价为 200 万元,工期 6 个月;预付款为合同价的 15％;工程进度款按月结算;保留金总额为合同价的 3％,按每月进度款(含工程变更和索赔费用)的 10％扣留,扣完为止;预付款在工程的最后三个月等额扣回。施工过程中发生设计变更时,增加的工程量采用以直接费为计算基础的工料单价法计价,间接费费率 8％,利润率 5％,综合计税系数 3.41％;发生窝工时,按人员窝工费 50 元/工日、施工设备闲置费 1 000 元/台班补偿。工程实施过程中发生下列事件:

(1) 基础工程施工中,遇勘探中未探明的地下障碍物。施工单位处理该障碍物导致直接工程费增加 10 万元,措施费增加 2 万元,人员窝工 60 工日,施工设备闲置 3 台班,影响工期 3 天。

(2) 为了保持总工期不变,建设单位要求施工单位加快基础工程的施工进度。施工单位同意按照建设单位的要求赶工,但需增加赶工费 5 万元。为此,施工单位提出了费用补偿要求。

(3) 主体结构工程施工时,施工单位为了保证工程质量,采取了相应的技术措施,为此增加了工程费用 2 万元;项目监理机构收到施工单位主体结构工程验收申请后,及时组织了验收,验收结论合格。施工单位以通过验收为由向项目监理机构提交申请,要求建设单位支付增加的 2 万元工程费用。

(4) 经项目监理机构审定的施工单位各月实际进度款(含工程变更和索赔费用)见下表:

施工单位按月完成的进度款一览表

施工单位实际完成的进度款						
时间/月	1	2	3	4	5	6
实际完成的进度款/万元	40	50	40	35	30	25

(二) 问题

(1) 在背景(1)中,施工单位应得到多少费用补偿(计算结果保留两位小数)?说明理由。

(2) 在背景(2)中,项目监理机构是否应批准施工单位的赶工费用补偿?说明理由。

(3) 在背景(3)中,项目监理机构是否应同意增加 2 万元工程费用的要求?说明理由。

(4) 该工程保留金总额为多少?依据施工单位按月完成的进度款一览表,该工程每个月应扣保留金多少?总监理工程师每个月应签发的实际付款金额是多少?

（三）分析

（1）应补偿的费用为(100 000＋20 000)×1.08×1.05×1.034 1＋(60×50＋3×1 000)×1.034 1＝146 924.9 元＝14.69 万元，理由：在施工过程中遇到勘探中未探明的地下障碍物，不属承包商责任，对所造成的费用增加和工期延误理应补偿。

（2）应批准。理由：造成工期延误属非施工单位原因，且赶工的要求是建设单位提出来的。

（3）不同意。理由：承包商采取措施确保工程质量是承包人履行合同的责任，况且合同价款已包含此类措施费用。

（4）保留金总额＝200 万元×3％＝6 万元

第一个月应扣留保留金 40 万元×10％＝4 万元

第二个月应扣留保留金＝min{6－4,50×10％}＝2 万元

预付款总额＝200 万元×15％＝30 万元，最后三个月每月应扣回预付款 30÷3＝10 万元

监理工程师每月应签发：

第一个月：40－4＝36 万

第二个月：50－2＝48 万

第三个月：40 万

第四个月：35－10＝25 万

第五个月：30－10＝20 万

第六个月：25－10＝15 万

第五章
建设工程监理制度

第一节　建设工程监理概述

一、建设工程监理概念

建设工程监理也叫工程建设监理,属于国际上业主项目管理的范畴。

《工程建设监理规定》第三条明确提出:建设工程监理是指监理单位受项目法人的委托,依据国家批准的工程项目建设文件、有关工程建设的法律、法规和工程建设监理合同及其他工程建设合同,对工程建设实施的监督管理。

建设工程监理可以是建设工程项目活动的全过程监理,也可以是建设工程项目某一实施阶段的监理,如设计阶段监理、施工阶段监理等。我国目前应用最多的是施工阶段监理。

二、建设工程监理特点

《工程建设监理规定》第十八条规定:监理单位是建筑市场的主体之一,建设监理是一种高智能的有偿技术服务。

监理单位与项目法人之间是委托与被委托的合同关系,与被监理单位是监理与被监理关系。

监理单位应按照"公正、独立、自主"的原则,开展工程建设监理工作,公平地维护项目法人和被监理单位的合法权益。

可见,监理是一种有偿的工程咨询服务;是受项目法人委托进行的;监理的主要依据是法律、法规、技术标准、相关合同及文件;监理的准则是守法、诚信、公正和科学。

建设工程监理有以下特点:

（一）服务性

工程监理机构受业主的委托进行工程建设的监理活动,它提供的不是工程任务的承包,而是服务,工程监理机构将尽一切努力进行项目的目标控制,但它不可能保证项目的目标一定实现,它也不可能承担由于不是它的缘故而导致项目目标的失控。

《工程建设监理规定》第十一条规定:监理单位承担监理业务,应当与项目法人签订书面工程建设监理合同。工程建设监理合同的主要条款是:监理的范围和内容、双方的权利与义务、监理费的计取与支付、违约责任、双方约定的其他事项。第十二条规定:监理费从工程概算中列支,并核减建设单位的管理费。

《建设工程监理规范》(GB50319—2013)要求：建设单位与承包单位之间与建设工程合同有关的联系活动应通过监理单位进行。

（二）独立性

从事工程建设监理活动的监理单位是直接参与工程项目建设的"三方当事人"之一。它与项目建设单位、承建商之间的关系是平等的、横向的。在工程项目建设中，监理单位是独立的一方。

（三）公正性

监理成败的关键在很大程度上取决于能否与承建单位以及与项目建设单位进行良好合作、相互支持、相互配合。在这一切都需要以监理的公正性作为基础。公正性是监理行业的必然要求，它是社会公认的职业准则，也是监理单位和监理工程师的基本职业道德准则。

（四）科学性

工程建设监理以协助建设单位实现其投资目的为己任，力求在预定的投资、进度、质量目标内实现工程项目。而当今工程规模日趋庞大，功能、标准要求越来越高，新技术、新工艺、新材料不断涌现，参加组织和建设的单位越来越多，市场竞争日益激烈，风险日渐增加。所以，只有不断地采用新的更加科学的思想、理论、方法、手段才能驾驭工程项目建设监理。

三、监理制度和作用

我国的建设工程监理制于 1988 年开始试点，1997 年《中华人民共和国建筑法》以法律制度的形式做出规定，"国家推行建筑工程监理制度"，从而使建设工程监理在全国范围内进入全面推行阶段，从法律上明确了监理制度的法律地位。

建设监理是商品经济发展的产物。工业发达国家的资本占有者，在进行一项新的投资时，需要一批有经验的专家进行投资机会分析，制定投资决策；项目确立后，又需要专业人员组织招标活动，从事项目管理和合同管理工作。建设监理业务便应运而生，而且随着商品经济的发展，不断得到充实完善，逐渐成为建设程序的组成部分和工程实施惯例。推行建设工程监理制度的目的是确保工程建设质量和安全，提高工程建设水平，充分发挥投资效益。

第二节　建设工程监理范围和规模标准

为了有效发挥建设工程监理的作用，加大推行监理的力度，根据《中华人民共和国建筑法》，国务院公布的《建设工程质量管理条例》对实行强制性监理的工程范围做了原则性的规定，原建设部又进一步在 2001 年颁布得《建设工程监理范围和规模标准规定》(86 号令)中对实行强制性监理的工程范围做了具体规定。

下列建设工程必须实行监理：

一、国家重点建设工程

国家重点建设工程，是指依据《国家重点建设项目管理办法》所确定的对国民经济和社会发展有重大影响的骨干项目。

二、大中型公用事业工程

大中型公用事业工程，是指项目总投资额在 3 000 万元以上的下列工程项目：

（1）供水、供电、供气、供热等市政工程项目；

（2）科技、教育、文化等项目；

（3）体育、旅游、商业等项目；

（4）卫生、社会福利等项目；

（5）其他公用事业项目。

三、成片开发建设的住宅小区工程

成片开发建设的住宅小区工程，建筑面积在 5 万平方米以上的住宅建设工程必须实行监理；5 万平方米以下的住宅建设工程，可以实行监理，具体范围和规模标准，由省、自治区、直辖市人民政府建设行政主管部门规定。

为了保证住宅质量，对高层住宅及地基、结构复杂的多层住宅应当实行监理。

四、利用外国政府或者国际组织贷款、援助资金的工程

利用外国政府或者国际组织贷款、援助资金的工程范围包括：

（1）使用世界银行、亚洲开发银行等国际组织贷款资金的项目；

（2）使用国外政府及其机构贷款资金的项目；

（3）使用国际组织或者国外政府援助资金的项目。

五、国家规定必须实行监理的其他工程

国家规定必须实行监理的其他工程是指：

（1）项目总投资额在 3 000 万元以上关系社会公共利益、公众安全的下列基础设施项目：

① 煤炭、石油、化工、天然气、电力、新能源等项目；

② 铁路、公路、管道、水运、民航以及其他交通运输业等项目；

③ 邮政、电信枢纽、通信、信息网络等项目；

④ 防洪、灌溉、排涝、发电、引（供）水、滩涂治理、水资源保护、水土保持等水利建设项目；

⑤ 道路、桥梁、地铁和轻轨交通、污水排放及处理、垃圾处理、地下管道、公共停车场等城市基础设施项目；

⑥ 生态环境保护项目；

⑦ 其他基础设施项目。

（2）学校、影剧院、体育场馆项目。

国务院建设行政主管部门商同国务院有关部门后，可以对本规定确定的必须实行监理的建设工程具体范围和规模标准进行调整。

第三节 建设工程监理实施

一、建设工程监理实施程序

(一)确定项目总监理工程师,成立项目监理机构

监理单位应根据建设工程的规模、性质、业主对监理的要求,委派称职的人员担任项目总监理工程师,总监理工程师是一个建设工程监理工作的总负责人,他对内向监理单位负责,对外向业主负责。

监理机构的人员构成是监理投标书中的重要内容,是业主在评标过程中认可的。总监理工程师在组建项目监理机构时,应根据监理大纲内容和签订的委托监理合同内容组建,并在监理规划和具体实施计划执行中进行及时的调整。

(二)编制建设工程监理规划

建设工程监理规划是开展工程监理活动的纲领性文件,其内容本书不做详细介绍。

(三)规范化地开展监理工作

监理工作的规范化体现在:
(1)工作的时序性。这是指监理的各项工作都应按一定的逻辑顺序先后展开。
(2)职责分工的严密性。建设工程监理工作是由不同专业、不同层次的专家群体共同来完成的,他们之间严密的职责分工是协调进行监理工作的前提和实现监理目标的重要保证。
(3)工作目标的确定性。在职责分工的基础上,每一项监理工作的具体目标都应是确定的,完成的时间也应有时限规定,从而能通过报表资料对监理工作及其效果进行检查和考核。

(四)参与验收,签署建设工程监理意见

建设工程施工完成以后,监理单位应在正式验交前组织竣工预验收,在预验收中发现的问题,应及时与施工单位沟通,提出整改要求。监理单位应参加业主组织的工程竣工验收,签署监理单位意见。

(五)向业主提交建设工程监理档案资料

建设工程监理工作完成后,监理单位向业主提交的监理档案资料应在委托监理合同文件中约定。如在合同中没有作出明确规定,监理单位一般应提交:设计变更、工程变更资料,监理指令性文件,各种签证资料等档案资料。

(六)监理工作总结

监理工作完成后,项目监理机构应及时从两方面进行监理工作总结。其一,是向业主提

交的监理工作总结,其主要内容包括:委托监理合同履行情况概述,监理任务或监理目标完成情况的评价,由业主提供的供监理活动使用的办公用房、车辆、试验设施等的清单,表明监理工作终结的说明等。其二,是向监理单位提交的监理工作总结,其主要内容包括:(1)监理工作的经验,可以是采用某种监理技术、方法的经验,也可以是采用某种经济措施、组织措施的经验,以及委托监理合同执行方面的经验或如何处理好与业主、承包单位关系的经验等;(2)监理工作中存在的问题及改进的建议。

二、建设工程监理实施原则

监理单位受业主委托对建设工程实施监理时,应遵守以下基本原则:

(一)公正、独立、自主的原则

监理工程师在建设工程监理中必须尊重科学、尊重事实,组织各方协同配合,维护有关各方的合法权益。为此,必须坚持公正、独立、自主的原则。业主与承建单位虽然都是独立运行的经济主体,但他们追求的经济目标有差异,监理工程师应在按合同约定的权、责、利关系的基础上,协调双方的一致性。只有按合同的约定建成工程,业主才能实现投资的目的,承建单位也才能实现自己生产的产品的价值,取得工程款和实现盈利。

(二)权责一致的原则

监理工程师承担的职责应与业主授予的权限相一致。监理工程师的监理职权,依赖于业主的授权。这种权利的授予,除体现在业主与监理单位之间签订的委托监理合同之中,而且还应作为业主与承建单位之间建设工程合同的合同条件。因此,监理工程师在明确业主提出的监理目标和监理工作内容要求后,应与业主协商,明确相应的授权,达成共识后明确反映在委托监理合同中及建设工程合同中。据此,监理工程师才能开展监理活动。总监理工程师代表监理单位全面履行建设工程委托监理合同,承担合同中确定的监理方向业主方所承担的义务和责任。因此,在委托监理合同实施中,监理单位应给总监理工程师充分授权,体现权责一致的原则。

(三)总监理工程师负责制的原则

总监理工程师是工程监理全部工作的负责人。要建立和健全总监理工程师负责制,就要明确权、责、利关系,健全项目监理机构,具有科学的运行制度、现代化的管理手段,形成以总监理工程师为首的高效能的决策指挥体系。

总监理工程师负责制的内涵包括:

(1)总监理工程师是工程监理的责任主体。责任是总监理工程师负责制的核心,它构成了对总监理工程师的工作压力与动力,也是确定总监理工程师权力和利益的依据。所以总监理工程师应是向业主和监理单位所负责任的承担者。

(2)总监理工程师是工程监理的权力主体。根据总监理工程师承担责任的要求,总监理工程师全面领导建设工程的监理工作,包括组建项目监理机构,主持编制建设工程监理规划,组织实施监理活动,对监理工作总结、监督、评价。

（四）严格监理、热情服务的原则

严格监理，就是各级监理人员严格按照国家政策、法规、规范、标准和合同控制建设工程的目标，依照既定的程序和制度，认真履行职责，对承建单位进行严格监理。

监理工程师还应为业主提供热情的服务，"应运用合理的技能，谨慎而勤奋地工作"。由于业主一般不熟悉建设工程管理与技术业务，监理工程师应按照委托监理合同的要求多方位、多层次地为业主提供良好的服务，维护业主的正当权益。但是，不能因此而一味向各承建单位转嫁风险，从而损害承建单位的正当经济利益。

（五）综合效益的原则

建设工程监理活动既要考虑业主的经济效益，也必须考虑与社会效益和环境效益的有机统一。建设工程监理活动虽经业主的委托和授权才得以进行，但监理工程师应首先严格遵守国家的建设管理法律、法规、标准等，以高度负责的态度和责任感，既对业主负责，谋求最大的经济效益，又要对国家和社会负责，取得最佳的综合效益。只有在符合宏观经济效益、社会效益和环境效益的条件下，业主投资项目的微观经济效益才能得以实现。

第四节　监理执业资格制度

一、监理职业资格概述

为了加强对注册监理工程师的管理，维护公共利益和建筑市场秩序，提高工程监理质量与水平，根据《中华人民共和国建筑法》《建设工程质量管理条例》等法律法规，制定《注册监理工程师管理规定》。

中华人民共和国境内注册监理工程师的注册、执业、继续教育和监督管理，适用本规定。

本规定所称注册监理工程师，是指经考试取得中华人民共和国监理工程师资格证书（以下简称资格证书），并按照本规定注册，取得中华人民共和国注册监理工程师注册执业证书（以下简称注册证书）和执业印章，从事工程监理及相关业务活动的专业技术人员。

未取得注册证书和执业印章的人员，不得以注册监理工程师的名义从事工程监理及相关业务活动。

国务院建设主管部门对全国注册监理工程师的注册、执业活动实施统一监督管理。

县级以上地方人民政府建设主管部门对本行政区域内的注册监理工程师的注册、执业活动实施监督管理。

二、监理工程师注册制度

注册监理工程师实行注册执业管理制度。

取得资格证书的人员，经过注册方能以注册监理工程师的名义执业。

注册监理工程师依据其所学专业、工作经历、工程业绩，按照《工程监理企业资质管理规定》划分的工程类别，按专业注册。每人最多可以申请两个专业注册。

取得资格证书的人员申请注册，由省、自治区、直辖市人民政府建设主管部门初审，国务院建设主管部门审批。

取得资格证书并受聘于一个建设工程勘察、设计、施工、监理、招标代理、造价咨询等单位的人员,应当通过聘用单位向单位工商注册所在地的省、自治区、直辖市人民政府建设主管部门提出注册申请;省、自治区、直辖市人民政府建设主管部门受理后提出初审意见,并将初审意见和全部申报材料报国务院建设主管部门审批;符合条件的,由国务院建设主管部门核发注册证书和执业印章。

省、自治区、直辖市人民政府建设主管部门在收到申请人的申请材料后,应当即时作出是否受理的决定,并向申请人出具书面凭证;申请材料不齐全或者不符合法定形式的,应当在 5 日内一次性告知申请人需要补正的全部内容。逾期不告知的,自收到申请材料之日起即为受理。

对申请初始注册的,省、自治区、直辖市人民政府建设主管部门应当自受理申请之日起 20 日内审查完毕,并将申请材料和初审意见报国务院建设主管部门。国务院建设主管部门自收到省、自治区、直辖市人民政府建设主管部门上报材料之日起,应当在 20 日内审批完毕并作出书面决定,并自作出决定之日起 10 日内,在公众媒体上公告审批结果。

对申请变更注册、延续注册的,省、自治区、直辖市人民政府建设主管部门应当自受理申请之日起 5 日内审查完毕,并将申请材料和初审意见报国务院建设主管部门。国务院建设主管部门自收到省、自治区、直辖市人民政府建设主管部门上报材料之日起,应当在 10 日内审批完毕并作出书面决定。

对不予批准的,应当说明理由,并告知申请人享有依法申请行政复议或者提起行政诉讼的权利。

注册证书和执业印章是注册监理工程师的执业凭证,由注册监理工程师本人保管、使用。

注册证书和执业印章的有效期为 3 年。

初始注册者,可自资格证书签发之日起 3 年内提出申请。逾期未申请者,须符合继续教育的要求后方可申请初始注册。

申请初始注册,应当具备以下条件:

(1) 经全国注册监理工程师执业资格统一考试合格,取得资格证书;

(2) 受聘于一个相关单位;

(3) 达到继续教育要求;

(4) 没有本规定第十三条所列情形。

初始注册需要提交下列材料:

(1) 申请人的注册申请表;

(2) 申请人的资格证书和身份证复印件;

(3) 申请人与聘用单位签订的聘用劳动合同复印件;

(4) 所学专业、工作经历、工程业绩、工程类中级及中级以上职称证书等有关证明材料;

(5) 逾期初始注册的,应当提供达到继续教育要求的证明材料。

注册监理工程师每一注册有效期为 3 年,注册有效期满需继续执业的,应当在注册有效期满 30 日前,按照本规定第七条规定的程序申请延续注册。延续注册有效期 3 年。延续注册需要提交下列材料:

（1）申请人延续注册申请表；

（2）申请人与聘用单位签订的聘用劳动合同复印件；

（3）申请人注册有效期内达到继续教育要求的证明材料。

在注册有效期内，注册监理工程师变更执业单位，应当与原聘用单位解除劳动关系，并按本规定第七条规定的程序办理变更注册手续，变更注册后仍延续原注册有效期。

变更注册需要提交下列材料：

（1）申请人变更注册申请表；

（2）申请人与新聘用单位签订的聘用劳动合同复印件；

（3）申请人的工作调动证明（与原聘用单位解除聘用劳动合同或者聘用劳动合同到期的证明文件、退休人员的退休证明）。

申请人有下列情形之一的，不予初始注册、延续注册或者变更注册：

（1）不具有完全民事行为能力的；

（2）刑事处罚尚未执行完毕或者因从事工程监理或者相关业务受到刑事处罚，自刑事处罚执行完毕之日起至申请注册之日止不满2年的；

（3）未达到监理工程师继续教育要求的；

（4）在两个或者两个以上单位申请注册的；

（5）以虚假的职称证书参加考试并取得资格证书的；

（6）年龄超过65周岁的；

（7）法律、法规规定不予注册的其他情形。

注册监理工程师有下列情形之一的，其注册证书和执业印章失效：

（1）聘用单位破产的；

（2）聘用单位被吊销营业执照的；

（3）聘用单位被吊销相应资质证书的；

（4）已与聘用单位解除劳动关系的；

（5）注册有效期满且未延续注册的；

（6）年龄超过65周岁的；

（7）死亡或者丧失行为能力的；

（8）其他导致注册失效的情形。

注册监理工程师有下列情形之一的，负责审批的部门应当办理注销手续，收回注册证书和执业印章或者公告其注册证书和执业印章作废：

（1）不具有完全民事行为能力的；

（2）申请注销注册的；

（3）有本规定第十四条所列情形发生的；

（4）依法被撤销注册的；

（5）依法被吊销注册证书的；

（6）受到刑事处罚的；

（7）法律、法规规定应当注销注册的其他情形。

注册监理工程师有前款情形之一的，注册监理工程师本人和聘用单位应当及时向国务院建设主管部门提出注销注册的申请；有关单位和个人有权向国务院建设主管部门举报；县级以上地方人民政府建设主管部门或者有关部门应当及时报告或者告知国务院建设主管部门。

被注销注册者或者不予注册者，在重新具备初始注册条件，并符合继续教育要求后，可以按照本规定第七条规定的程序重新申请注册。

三、监理工程师执业制度

取得资格证书的人员，应当受聘于一个具有建设工程勘察、设计、施工、监理、招标代理、造价咨询等一项或者多项资质的单位，经注册后方可从事相应的执业活动。从事工程监理执业活动的，应当受聘并注册于一个具有工程监理资质的单位。

注册监理工程师可以从事工程监理、工程经济与技术咨询、工程招标与采购咨询、工程项目管理服务以及国务院有关部门规定的其他业务。

工程监理活动中形成的监理文件由注册监理工程师按照规定签字盖章后方可生效。

修改经注册监理工程师签字盖章的工程监理文件，应当由该注册监理工程师进行；因特殊情况，该注册监理工程师不能进行修改的，应当由其他注册监理工程师修改，并签字、加盖执业印章，对修改部分承担责任。

注册监理工程师从事执业活动，由所在单位接受委托并统一收费。

因工程监理事故及相关业务造成的经济损失，聘用单位应当承担赔偿责任；聘用单位承担赔偿责任后，可依法向负有过错的注册监理工程师追偿。

四、监理工程师继续教育制度

注册监理工程师在每一注册有效期内应当达到国务院建设主管部门规定的继续教育要求。继续教育作为注册监理工程师逾期初始注册、延续注册和重新申请注册的条件之一。

继续教育分为必修课和选修课，在每一注册有效期内各为48学时。

五、注册监理工程师的权利和义务

注册监理工程师享有下列权利：

（1）使用注册监理工程师称谓；

（2）在规定范围内从事执业活动；

（3）依据本人能力从事相应的执业活动；

（4）保管和使用本人的注册证书和执业印章；

（5）对本人执业活动进行解释和辩护；

（6）接受继续教育；

（7）获得相应的劳动报酬；

（8）对侵犯本人权利的行为进行申诉。

注册监理工程师应当履行下列义务：

（1）遵守法律、法规和有关管理规定；

（2）履行管理职责，执行技术标准、规范和规程；

（3）保证执业活动成果的质量，并承担相应责任；

（4）接受继续教育，努力提高执业水准；

（5）在本人执业活动所形成的工程监理文件上签字、加盖执业印章；

（6）保守在执业中知悉的国家秘密和他人的商业、技术秘密；

（7）不得涂改、倒卖、出租、出借或者以其他形式非法转让注册证书或者执业印章；

（8）不得同时在两个或者两个以上单位受聘或者执业；

（9）在规定的执业范围和聘用单位业务范围内从事执业活动；

（10）协助注册管理机构完成相关工作。

六、注册监理工程师的法律责任

隐瞒有关情况或者提供虚假材料申请注册的，建设主管部门不予受理或者不予注册，并给予警告，1 年之内不得再次申请注册。

以欺骗、贿赂等不正当手段取得注册证书的，由国务院建设主管部门撤销其注册，3 年内不得再次申请注册，并由县级以上地方人民政府建设主管部门处以罚款，其中没有违法所得的，处以 1 万元以下罚款，有违法所得的，处以违法所得 3 倍以下且不超过 3 万元的罚款；构成犯罪的，依法追究刑事责任。

违反本规定，未经注册，擅自以注册监理工程师的名义从事工程监理及相关业务活动的，由县级以上地方人民政府建设主管部门给予警告，责令停止违法行为，处以 3 万元以下罚款；造成损失的，依法承担赔偿责任。

违反本规定，未办理变更注册仍执业的，由县级以上地方人民政府建设主管部门给予警告，责令限期改正；逾期不改的，可处以 5 000 元以下的罚款。

注册监理工程师在执业活动中有下列行为之一的，由县级以上地方人民政府建设主管部门给予警告，责令其改正，没有违法所得的，处以 1 万元以下罚款，有违法所得的，处以违法所得 3 倍以下且不超过 3 万元的罚款；造成损失的，依法承担赔偿责任；构成犯罪的，依法追究刑事责任：

（1）以个人名义承接业务的；

（2）涂改、倒卖、出租、出借或者以其他形式非法转让注册证书或者执业印章的；

（3）泄露执业中应当保守的秘密并造成严重后果的；

（4）超出规定执业范围或者聘用单位业务范围从事执业活动的；

（5）弄虚作假提供执业活动成果的；

（6）同时受聘于两个或者两个以上的单位，从事执业活动的；

（7）其他违反法律、法规、规章的行为。

有下列情形之一的，国务院建设主管部门依据职权或者根据利害关系人的请求，可以撤销监理工程师注册：

（1）工作人员滥用职权、玩忽职守颁发注册证书和执业印章的；

（2）超越法定职权颁发注册证书和执业印章的；

（3）违反法定程序颁发注册证书和执业印章的；

（4）对不符合法定条件的申请人颁发注册证书和执业印章的；

（5）依法可以撤销注册的其他情形。

县级以上人民政府建设主管部门的工作人员，在注册监理工程师管理工作中，有下列情形之一的，依法给予处分；构成犯罪的，依法追究刑事责任：

(1) 对不符合法定条件的申请人颁发注册证书和执业印章的;

(2) 对符合法定条件的申请人不予颁发注册证书和执业印章的;

(3) 对符合法定条件的申请人未在法定期限内颁发注册证书和执业印章的;

(4) 对符合法定条件的申请不予受理或者未在法定期限内初审完毕的;

(5) 利用职务上的便利,收受他人财物或者其他好处的;

(6) 不依法履行监督管理职责,或者发现违法行为不予查处的。

第五节　工程案例分析

【案例 14】

(一) 背景

某实行监理的工程,实施过程中发生下列事件:

事件 1:建设单位于 2005 年 11 月底向中标的监理单位发出监理中标通知书,监理中标价为 280 万元;建设单位与监理单位协商后,于 2006 年 1 月 10 日签订了委托监理合同。监理合同约定:合同价为 260 万元;因非监理单位原因导致监理服务期延长,每延长一个月增加监理费 8 万元;监理服务自合同签订之日起开始,服务期 26 个月。

建设单位通过招标确定了施工单位,并与施工单位签订了施工承包合同,合同约定:开工日期为 2006 年 2 月 10 日,施工总工期为 24 个月。

事件 2:由于吊装作业危险性较大,施工项目部编制了专项施工方案,并送现场监理员签收。吊装作业前,塔式起重机司机使用风速仪检测到风力过大,拒绝进行吊装作业。施工项目经理便安排另一名塔式起重机司机进行吊装作业,监理员发现后立即向专业监理工程师汇报,该专业监理工程师回答说:这是施工单位内部的事情。

事件 3:监理员将施工项目部编制的专项施工方案交给总监理工程师后,发现现场吊装作业塔式起重机发生故障。为了不影响进度,施工项目经理调来另一台塔式起重机,该塔式起重机比施工方案确定的塔式起重机吨位稍小,但经安全检测可以使用。监理员立即将此事向总监理工程师汇报,总监理工程师以专项施工方案未经审查批准就实施为由,签发了停止吊装作业的指令。施工项目经理签收暂停令后,仍要求施工人员继续进行吊装。总监理工程师报告了建设单位,建设单位负责人称工期紧迫,要求总监理工程师收回吊装作业暂停令。

事件 4:由于施工单位的原因,施工总工期延误 5 个月,监理服务期达 30 个月。监理单位要求建设单位增加监理费 32 万元,而建设单位认为监理服务期延长是施工单位造成的,监理单位对此负有责任,不同意增加监理费。

(二) 问题

(1) 指出事件 1 中建设单位做法的不妥之处,写出正确做法。

(2) 指出事件 2 中专业监理工程师的不妥之处,写出正确做法。

(3) 指出事件 2 和事件 3 中施工项目经理在吊装作业中的不妥之处,写出正确做法。

（4）分别指出事件 3 中建设单位、总监理工程师工作中的不妥之处,写出正确做法。

（5）事件 4 中,监理单位要求建设单位增加监理费是否合理? 说明理由。

（三）分析

（1）事件 1 中建设单位的不妥之处以及正确做法:

不妥之处一:建设单位与监理单位经协商后确定合同价为 260 万元。

正确做法:应以中标价 280 万元作为合同价。

不妥之处二:建设单位与监理单位协商后于 2006 年 1 月 10 日签订委托监理合同。

正确做法:应在中标通知书发出后的 30 天内(即 2005 年 12 月底),订立书面合同。

（2）事件 2 中专业监理工程师的不妥之处:对违章进行吊装作业置之不理。

正确做法:专业监理工程师应及时下达监理工程师通知,要求停止吊装作业。

（3）事件 2 中项目经理在吊装作业中的不妥之处:在风力过大的情况下安排塔式起重机司机进行吊装作业。

正确做法:不应安排吊装作业。

事件 3 中项目经理在吊装作业中的不妥之处:在未经审核批准专项施工方案的前提下,要求施工人员进行吊装作业。

正确做法:专项施工方案经施工单位技术负责人、总监理工程师签字后才可进行吊装作业。

（4）事件 3 中建设单位的不妥之处:要求总监理工程师收回吊装作业暂停令。

正确做法:不应该要求收回暂停令。

事件 3 中总监理工程师的不妥之处:没有及时将吊装作业情况报告建设单位。

正确做法:总监理工程师在发出暂停施工指令时应及时报告建设单位。

（5）事件 4 中,监理单位要求建设单位增加监理费是合理的。

理由:监理单位是受建设单位的委托,对施工单位进行监督管理。监理单位与建设单位有合同关系,而与施工单位并没有合同关系,由于建设单位与施工单位存在合同关系,对监理单位而言,因施工单位的原因造成监理服务期延长的责任应由建设单位承担。

【案例 15】

（一）背景

某实行监理的工程,建设单位与总承包单位按《建设工程施工合同(示范文本)》签订了施工合同,总承包单位按合同约定将一专业工程分包。

施工过程中发生下列事件:

事件 1:工程开工前,总监理工程师在熟悉设计文件时发现部分设计图样有误,即向建设单位进行了口头汇报。建设单位要求总监理工程师组织召开设计交底会,并向设计单位指出设计图样中的错误,在会后整理会议纪要。

在工程定位放线期间,总监理工程师指派专业监理工程师审查分包单位资格报审表及相关资料,安排监理员到现场复验总承包单位报送的原始基准点、基准线和测量控制点。

事件 2:由建设单位负责采购的一批材料,因规格、型号与合同约定不符,施工单位不予接收保管，建设单位要求项目监理机构协调处理。

事件3：专业监理工程师现场巡视时发现，总承包单位在某隐蔽工程施工时，未通知项目监理机构即进行隐蔽。

事件4：工程完工后，总承包单位在自查自评的基础上填写了工程竣工报验单，连同全部竣工资料报送项目监理机构，申请竣工验收。总监理工程师认为施工过程均按要求进行了验收，便签署了竣工报验单，并向建设单位提交了竣工验收报告和质量评估报告，建设单位收到该报告后，即将工程投入使用。

（二）问题

（1）分别指出事件1中建设单位、总监理工程师的不妥之处，写出正确做法。

（2）事件1中，专业监理工程师在审查分包单位的资格时，应审查哪些内容？

（3）针对事件2，项目监理机构应如何协调处理？

（4）针对事件3，写出总承包单位的正确做法。

（5）分别指出事件4中总监理工程师、建设单位的不妥之处，写出正确做法。

（三）分析

（1）事件1中建设单位的不妥之处以及正确做法：

不妥之处：建设单位要求总监理工程师组织召开设计交底会。

正确做法：由建设单位组织设计交底会。

不妥之处：建设单位要求总监理工程师向设计单位提出设计图样中的错误。

正确做法：总监理工程师对设计图样中存在的问题通过建设单位向设计单位提出书面意见和建议。

事件1中总监理工程师的不妥之处以及正确做法：

不妥之处：总监理工程师对发现的设计图样的错误口头向建设单位汇报。

正确做法：应以书面形式向建设单位汇报。

不妥之处：在工程定位放线期间指派专业监理工程师审查分包单位资质报审表及相关资料。

正确做法：应在分包工程开工前进行审查。

不妥之处：安排监理员复验原始基准点、基准线和测量控制点。

正确做法：应安排专业监理工程师复验。

（2）事件1中，专业监理工程师在审查分包单位的资格时，应审查的内容包括：

分包单位的营业执照、企业资质等级证书、特殊行业施工许可证、国外（境外）企业在国内承包工程许可证；

分包单位的业绩；

拟分包工程的内容和范围；

专职管理人员和特种作业人员的资格证、上岗证。

（3）针对事件2，项目监理机构与施工单位协调，要求施工单位代为调换，但发生的费用由建设单位承担。

（4）针对事件3，总承包单位的正确做法：工程具备了隐蔽条件，总承包单位进行自检，自检合格后,并在隐蔽前 48 小时以书面形式通知监理工程师,待验收合格后方可进行隐蔽。

(5)事件 4 中总监理工程师的不妥之处:认为施工过程均按要求进行了验收,便签署了竣工报验单,并向建设单位提交了竣工验收报告和质量评估报告。

正确做法:在收到总承包单位报送的工程竣工报验单和全部竣工资料后,总监理工程师应组织专业监理工程师,依据法律、法规、工程建设强制性标准、设计文件及施工合同,对承包单位报送的竣工资料进行审查,并对工程质量进行竣工预验收。对存在的问题,应及时要求承包单位整改。整改完毕后由总监理工程师签署工程竣工报验单,并在此基础上提出工程质量评估报告。工程质量评估报告应经总监理工程师和监理单位技术负责人审核签字,而竣工验收报告是在竣工验收合格后,由总监理工程师会同参加验收的各方签署竣工验收报告。

事件 4 中建设单位的不妥之处:收到竣工验收报告和质量评估报告后即将工程投入使用。

正确做法:建设单位收到竣工验收报告后,应组织勘察、设计、施工、监理、质量监督机构和其他有关方面的专家组成验收组,对工程进行验收。工程经验收合格后方可投入使用。

【案例 16】

(一)背景

某实行监理的工程,建设单位通过招标选定了甲施工单位,施工合同中约定:施工现场的建筑垃圾由甲施工单位负责清除,其费用包干并在清除后一次性支付;甲施工单位将混凝土钻孔灌注桩分包给乙施工单位。建设单位、监理单位和甲施工单位共同考察确定商品混凝土供应商后,甲施工单位与商品混凝土供应商签订了混凝土供应合同。

施工过程中发生下列事件:

事件 1:甲施工单位委托乙施工单位清除建筑垃圾,并通知项目监理机构对清除的建筑垃圾进行计量。因清除建筑垃圾的费用未包含在甲、乙施工单位签订的分包合同中,乙施工单位在清除完建筑垃圾后向甲施工单位提出费用补偿要求。随后,甲施工单位向项目监理机构提出付款申请,要求建设单位一次性支付建筑垃圾清除费用。

事件 2:在混凝土钻孔灌注桩施工过程中,遇到地下障碍物,使桩不能按设计的轴线施工。乙施工单位向项目监理机构提交了工程变更申请,要求绕开地下障碍物进行钻孔灌注桩施工。

事件 3:项目监理机构在钻孔灌注桩验收时发现,部分钻孔灌注桩的混凝土强度未达到设计要求,经查是商品混凝土质量存在问题。项目监理机构要求乙施工单位进行处理,乙施工单位处理后,向甲施工单位提出费用补偿要求。甲施工单位以混凝土供应商是建设单位参与考察确定的为由,要求建设单位承担相应的处理费用。

(二)背景

(1)事件 1 中,项目监理机构是否应对建筑垃圾清除进行计量?是否应对建筑垃圾清除费签署支付凭证?说明理由。

(2)事件 2 中,乙施工单位向项目监理机构提交工程变更申请是否正确?说明理由。

写出项目监理机构处理该工程变更的程序。

（3）事件 3 中,项目监理机构对乙施工单位提出要求是否妥当? 说明理由。写出项目监理机构对钻孔灌注桩混凝土强度未达到设计要求问题的处理程序。

（4）事件 3 中,乙施工单位向甲施工单位提出费用补偿要求是否妥当? 说明理由。甲施工单位要求建设单位承担相应的处理费用是否妥当? 说明理由。

（三）分析

（1）事件 1 中项目监理机构不应对建筑垃圾清除进行计量。

理由:施工合同约定,建筑垃圾清除费用实行包干。

事件 1 中,项目监理机构应对建筑垃圾清除费签署支付凭证。

理由:施工合同约定,建筑垃圾清除费用在清除后一次性支付。

（2）事件 2 中,乙施工单位向项目监理机构提交工程变更申请是不正确的。

理由:乙施工单位与建设单位没有任何合同关系。

项目监理机构处理该工程变更的程序:项目监理单位接到甲施工单位提交的工程变更申请后,应由总监理工程师组织专业监理工程师根据实际情况和工程变更有关的资料进行审查,审查同意后,由建设单位转交原设计单位编制设计变更文件,并对工程变更的费用和工期作出评估,总监理工程师就工程变更费用及工期的评估情况与甲施工单位和建设单位进行协调,最后由总监理工程师签发工程变更单。

（3）事件 3 中,项目监理机构对乙施工单位提出要求不妥当。

理由:为了准确地区分合同责任,项目监理机构就分包工程施工发布的任何指示均应发给总承包商。

项目监理机构对钻孔灌注桩混凝土强度未达到设计要求问题的处理程序:总监理工程师签发工程暂停令,指令甲施工单位停工进行整改,并要求写出质量问题调查报告,征得建设单位同意后,批复甲施工单位处理,处理结果要重新进行验收。

（4）事件 3 中,乙施工单位向甲施工单位提出费用补偿要求妥当。

理由:商品混凝土供应商是与甲施工单位签订的混凝土供应合同。

事件 3 中,甲施工单位要求建设单位承担相应的处理费用不妥当。

理由:建设单位是对商品混凝土供应商的确认,并不承担质量不符合要求的责任。

【案例 17】

（一）背景

某实行监理的工程,施工合同采用《建设工程施工合同(示范文本)》,合同约定,吊装机械闲置补偿费 600 元/台班,单独计算,不进入直接费。经项目监理机构审核批准的施工总进度计划如下图所示(时间单位:月)。

施工过程中发生下列事件:

事件 1:开工后,建设单位提出工程变更,致使工作 E 的持续时间延长 2 个月,吊装机械闲置 30 台班。

事件 2:工作 C 开始后,受当地百年一遇洪水影响,该工作停工 1 个月,吊装机械闲置 15

台班、其他机械设备损坏及停工损失合计 25 万元。

事件 3：工作 I 所安装的设备由建设单位采购。建设单位在没有通知施工单位共同清点的情况下，就将该设备存放在施工现场。施工单位安装前，发现设备的部分部件损坏，调换损坏的部件使工作 I 的持续时间延长 1 个月，发生费用 1.6 万元。对此，建设单位要求施工单位承担部件损坏的责任。

事件 4：工作 K 开始之前，建设单位又提出工程变更，致使该工作提前 2 个月完成，因此，建设单位提出要将原合同工期缩短 2 个月，项目监理机构认为不妥。

（二）问题

（1）确定初始计划的总工期，并确定关键线路及工作 E 的总时差。

（2）事件 1 发生后，吊装机械闲置补偿费为多少？工程延期为多少？说明理由。

（3）事件 2 发生后，项目监理机构应批准的费用补偿为多少？应批准的工程延期为多少？说明理由。

（4）指出事件 3 中建设单位的不妥之处，说明理由。项目监理机构应如何批复所发生的费用和工程延期问题？说明理由。

（5）事件 4 发生后，预计工程实际工期为多少？项目监理机构认为建设单位要求缩短合同工期不妥是否正确？说明理由。

（三）分析

（1）初始计划的总工期＝(3＋4＋2＋3＋5＋3)个月＝20 个月。

关键线路为 A—D—F—I—K—M。

工作 E 的总时差＝[20-(3＋3＋4＋5＋3)]个月＝2 个月。

（2）事件 1 发生后，吊装机械闲置补偿费＝600 元/台班×30 台班＝18 000 元。

事件 1 发生后，工程不会延期。

理由：由于工作 E 有 2 个月的总时差，因此工作 E 的持续时间延长 2 个月不会影响到总工期。

（3）事件 2 发生后，项目监理机构不应批准费用补偿。

理由：百年一遇的洪水属于不可抗力事件，不可抗力事件发生后，承包人的机械设备损失及停工损失由承包人承担。

事件 2 发生后，项目监理机构不应批准工程延期。

理由：工作 C 有 2 个月的总时差，虽然该工作停工 1 个月，但没有超过其总时差，不会影响到总工期，因此，不应批准工程延期。

（4）事件 3 中建设单位的不妥之处：在没有通知施工单位共同清点的情况下，将其采购的设备存放在施工现场。

理由：建设单位在其所供应的材料设备到提货前 24 小时应以书面形式通知承包人，由承包人派人与发包人共同清点。双方共同清点接收后，由承包人妥善保管，发包人支付相应的保管费用。

项目监理机构应同意给予施工单位补偿费用 1.6 万元，并延长工期 1 个月。

理由：建设单位采购的材料设备在未通知施工单位进行验收就存放于施工现场，由此发生的损坏丢失由发包人负责,而且工作 I 为关键工作。

(5)事件 4 发生后,预计工程实际工期为 18 个月。

项目监理机构认为建设单位要求缩短合同工期不妥是不正确的。

理由:造成工作 K 提前 2 个月完成的原因是工程变更,因此可以要求缩短工期。

【案例 18】

(一)背景

某大型商业建筑工程项目,主体建筑物 10 层。在主体工程进行到第二层时,该层的 100 根钢筋混凝土柱已浇注完成并拆模后,监理人员发现混凝土外观质量不良,表面疏松,怀疑其混凝土强度不够,设计要求混凝土抗压强度达到 C18 的等级,于是要求承包商出示有关混凝土质量的检验与试验资料和其他证明材料。承包商向监理单位出示其对 9 根柱施工时混凝土抽样检验和试验结果,表明混凝土抗压强度值(28 天强度)全部达到或超过 C18 的设计要求,其中最大值达到了 C30 即 30 MPa。

(二)背景

(1)你作为监理工程师应如何判断承包商这批混凝土结构施工质量是否达到了要求?

(2)如果监理方组织复核性检验结果证明该批混凝土全部未达到 C18 的设计要求,其中最小值仅有 8 MPa 即仅达到 C8,应采取什么处理决定?

(3)如果承包商承认他所提交的混凝土检验和试验结果不是按照混凝土检验和试验规程及规定在现场抽取试样进行试验的,而是在试验室内,按照设计提出的最优配合比进行配制和制取试件后进行试验的结果。对于这起质量事故,监理单位应承担什么责任? 承包方应承担什么责任?

(4)如果查明发生的混凝土质量事故主要是由于业主提供的水泥质量问题导致混凝土强度不足,而且在业主采购及向承包商提供这批水泥时,均未向监理方咨询和提供有关信息,协助监理方掌握材料质量和信息。虽然监理方与承包商都按规定对业主提供的材料进行了进货抽样检验,并根据检验结果确认其合格而接受。试问在这种情况下,业主及监理单位应当承担什么责任?

(三)分析

(1)作为监理工程师为了准确判断混凝土的质量是否合格,应当在有承包方在场的情况下组织自身检验力量或聘请有权威性的第三方检测机构,或是承包商在监理方的监督下,对第二层主体结构的钢筋混凝土柱,用钻取混凝土芯的方法,钻取试件再分别进行抗压强度试验,取得混凝土强度的数据,进行分析鉴定。

(2)采取全部返工重做的处理决定,以保证主体结构的质量。承包方应承担为此所付出的全部费用。

(3)承包方不按合同标准规范与设计要求进行施工和质量检验与试验,应承担工程质量责任,承担返工处理的一切有关费用和工期损失责任。监理单位未能按照建设部有关规定实行见证取样,认真、严格地对承包方的混凝土施工和检验工作进行监督、控制,使施工单位的施工质量得不到严格的、及时的控制和发现,以致出现严重的质量问题,造成重大经济损失和工期拖延,属于严重失误,监理单位应承担不可推卸的间接责任,并应按合同的约定课以罚金。

(4)业主向承包商提供了质量不合格的水泥,导致出现严重的混凝土质量问题,业主应承担其质量责任,承担质量处理的一切费用并给承包商延长工期。监理单位及施工单位都按规定对水泥等材料质量和施工质量进行了抽样检验和试验,不承担质量责任。

【案例 19】

(一)背景

为了加强我国与国际上各国的政治、经济交往与合作,决定由政府投资在某市修建一个高标准、高质量、供国际高层人员集会活动的国际会议中心。该工程项目位于该市环境幽雅、风景优美的地区。该工程项目已通过招标确定由某承包公司 A 总承包并签订了施工合同,还与监理公司 B 签订了委托监理合同。监理机构在该工程项目实施中遇到了以下几种情况。

(1)该地区地质情况不良,且极为复杂多变,施工可能十分困难,为了保证工程质量,总承包商决定将基础工程施工发包给一个专业基础工程公司 C。

(2)整个工程质量标准要求极高,建设单位要求监理机构要把住所使用的主要材料、设备进场的质量关。

(3)建设单位还要求监理机构对于主要的工程施工,无论是钢筋混凝土主体结构,还是精美的装饰工程,都要求严格把好每一道工序施工质量关,要达到合同规定的高标准和高的质量保证率。

(4)建设单位要求必须确保所使用的混凝土拌合料、砂浆材料和钢筋混凝土承重结构及承重焊缝的强度达到质量要求的标准。

(5)在修建沟通该会议中心与该市市区和主干高速公路相衔接的高速公路支线的初期,监理工程师发现发包该路基工程的施工队填筑路基的质量没有达到规定的质量要求。监理工程师指令暂停施工,并要求返工重做。但是,承包方对此拖延,拒不进行返工,并通过有关方面"劝说"监理方同意不进行返工,双方坚持不下持续很久,影响了工程正常进展。

(6)在进行某层钢筋混凝土楼板浇注混凝土施工过程中,土建监理工程师得悉该层楼板钢筋施工虽已经过监理工程师检查认可签证,但其中设计预埋的电气暗管却未通知电气监理工程师检查签证。此时混凝土已浇筑了全部工程量的五分之一。

(二)问题

(1)监理工程师进行施工过程质量控制的手段主要有哪几方面?

(2)针对上述几种情况,你认为监理工程师应当分别运用什么手段以保证质量?请逐次作出回答。

(3)为了确保作业质量,在出现什么情况下,总监理工程师有权行使质量控制权,下达停工令,及时进行质量控制?

（三）分析

（1）监理工程师进行施工过程质量控制的手段主要有以下五个方面：

① 通过审核有关技术文件、报告或报表等手段进行控制；

② 通过下达指令文件和一般管理文书的手段进行控制（一般是以通知的方式下达）；

③ 通过进行现场监督和检查的手段进行控制（包括旁站监督、巡视检查和平等检验）；

④ 通过规定质量监控工作程序，要求按规定的程序工作和活动；

⑤ 利用支付控制权的手段进行控制。

（2）针对题示所提出的6种情况，监理工程师应采用以下手段进行控制（逐项对应解答）。

① 首先通过审核分包商的资质证明文件控制分包商的资质（审核文件、报告的手段）；然后通过审查总包商提交的施工方案（实际为分包商提出的基础施工方案）控制基础施工技术，以保证基础施工质量。

② 保证进场材料、设备的质量可采取以下手段：

a. 通过审查进场材料、设备的出厂合格证、材质化验单、试验报告等文件、报表、报告进行控制；

b. 通过平行检验方式进行现场监督检查控制。

③ 通过规定质量监控程序严把每道工序的施工质量关；通过现场巡视及旁站监督严把施工过程关。

④ 通过旁站监督和见证取样控制混凝土拌和料、砂浆及承重结构质量。

⑤ 通过下达暂停施工的指令中止不合格填方继续扩大；通过停止支付工程款的手段促使承包方返工。

⑥ 通过下达暂停施工的指令的手段，防止质量问题恶化与扩大；通过下达质量通知单进行调查、检查，提出处理意见；通过审查与批准处理方案，下达返工或整改的指令，进行质量控制。

（3）在出现下列情况下，总监理工程师有权下达停工令，及时进行质量控制：

① 施工中出现质量异常，承包方未能扭转异常情况者；

② 隐蔽工程未依法检验确认合格，擅自封闭者；

③ 已发生质量问题迟迟不作处理，或如不停工，质量情况可能继续发展；

④ 未经监理工程师审查同意，擅自变更设计或修改图纸；

⑤ 未经合法审查或审查不合格的人员进入现场施工；

⑥ 使用的材料、半成品未经检查认可，或检查认为不合格的进入现场并使用；

⑦ 擅自使用未经监理方审查认可或资质不合格的分包单位进场施工。

【案例20】

（一）背景

监理单位承担了某工程的施工阶段监理任务，该工程由甲施工单位总承包。甲施工单位选择了经建设单位同意并经监理单位进行资质审查合格的乙施工单位作为分包。施工过程中发生了以下事件：

事件1：专业监理工程师在熟悉图纸时发现，基础工程部分设计内容不符合国家有关工程质量标准和规范。总监理工程师随即致函设计单位要求改正并提出更改建议方案。设计单位研究后，口头同意了总监理工程师的更改方案，总监理工程师随即将更改的内容写成监理指令通知甲施工单位执行。

事件2：施工过程中，专业监理工程师发现乙施工单位施工的分包工程部分存在质量隐患，为此，总监理工程师同时向甲、乙两施工单位发出了整改通知。甲施工单位回函称：乙施工单位施工的工程是经建设单位同意进行分包的，所以本单位不承担该部分工程的质量责任。

事件3：专业监理工程师在巡视时发现，甲施工单位在施工中使用未经报验的建筑材料，若继续施工，该部位将被隐蔽。因此，立即向甲施工单位下达了暂停施工的指令（因甲施工单位的工作对乙施工单位有影响，乙施工单位也被迫停工）。同时，指示甲施工单位将该材料进行检验，并报告了总监理工程师。总监理工程师对该工序停工予以确认，并在合同约定的时间内报告了建设单位。检验报告出来后，证实材料合格，可以使用，总监理工程师随即指令施工单位恢复了正常施工。

事件4：乙施工单位就上述停工自身遭受的损失向甲施工单位提出补偿要求，而甲施工单位称：此次停工系执行监理工程师的指令，乙施工单位应向建设单位提出索赔。

事件5：对上述施工单位的索赔建设单位称：本次停工系监理工程师失职造成，且事先未征得建设单位同意。因此，建设单位不承担任何责任，由于停工造成施工单位的损失应由监理单位承担。

（二）问题

（1）请指出总监理工程师上述行为的不妥之处并说明理由。总监理工程师应如何正确处理？

（2）甲施工单位的答复是否妥当？为什么？总监理工程师签发的整改通知是否妥当？为什么？

（3）专业监理工程师是否有权签发本次暂停令？为什么？下达工程暂停令的程序有无不妥之处？请说明理由。

（4）甲施工单位的说法是否正确？为什么？乙施工单位的损失应由谁承担？

（5）建设单位的说法是否正确？为什么？

（三）分析

（1）不应直接致函设计单位。

理由：无权进行设计变更。

正确处理：发现问题应向建设单位报告，由建设单位向设计单位提出变更要求。

（2）甲施工单位的答复不妥。

理由：分包单位的任何违约行为导致工程损害或给建设单位造成的损失，总承包单位承担连带责任。

总监理工程师签发的整改通知不妥。

理由：整改通知单应签发给甲施工单位，因乙施工单位和建设单位没有合同关系。

（3）专业监理工程师无权签发《工程暂停令》。

理由：因这是总监理工程师的权力。

程序有不妥之处。

理由：专业监理工程师应报告总监理工程师，由总监理工程师签发工程暂停令。

（4）不正确。

理由：乙施工单位与建设单位没有合同关系（或答"甲、乙施工单位有合同关系"），乙施工单位的损失应由甲施工单位承担。

（5）不正确。

理由：因监理工程师是在合同授权内履行职责，施工单位所受的损失不应由监理单位承担。

【案例 21】

（一）背景

建设单位将一热电厂建设工程项目的土建工程和设备安装工程施工任务分别发包给某土建施工单位和某设备安装单位。经总监理工程师审核批准，土建施工单位又将桩基础施工分包给一专业基础工程公司。

建设单位与土建施工单位和设备安装单位分别签订了施工合同和设备安装合同。在工程延期方面，合同中约定，业主违约一天应补偿承包方 5 000 元人民币，承包方违约一天应罚款 5 000 元人民币。

该工程所用的桩是钢筋混凝土预制桩，共计 1 200 根。预制桩由建设单位供应。

按施工总进度计划的安排，规定桩基础施工应从 5 月 10 日开工至 5 月 20 日完工。但在施工过程中，由于建设单位供应预制桩不及时，使桩基础施工在 5 月 13 日才开工；5 月 13 日至 5 月 18 日基础工程公司的打桩设备出现故障不能施工；5 月 19 日至 5 月 22 日又出现了属于不可抗力的恶劣天气无法施工。

（二）问题

（1）在上述工期拖延中，监理工程师应如何处理？

（2）土建施工单位应获得的工期补偿和费用补偿各为多少？

（3）设备安装单位的损失应由谁承担责任，应补偿的工期和费用是多少？

（4）施工单位向建设单位索赔的程序如何？

（三）分析

（1）对于上述工程拖期，监理工程师可做出如下的处理：

① 从 5 月 10 日至 5 月 13 日共 3 天，属于建设单位原因造成的拖期，应给予施工单位工期和费用的补偿。

② 从 5 月 13 日至 5 月 18 日共 6 天，不属于不可抗力的原因造成的拖期，由施工单位承担发生的费用，工期不予顺延。

③ 从 5 月 19 日至 5 月 22 日共 4 天,属于不可抗力的原因造成的拖期,施工单位承担发生的费用,工期给予顺延。

（2）应予以补偿的具体数额为:

土建施工单位应获得的工期补偿为 3＋4＝7(天)。

土建施工单位应获得的费用补偿这 3×5 000－6×5 000＝－15 000(元),即应扣款 1.5万元。

（3）设备安装单位的损失应由建设单位负责。因为设备安装单位与建设单位有合同关系,它与土建施工单位无合同关系。

设备安装单位应获工期补偿 3＋6＋4＝13(天)。应获费用补偿为 13×5 000＝65 000(元)

（4）施工单位可按下列程序以书面形式向建设单位索赔:

① 索赔事件发生后 28 天内,向监理方发出索赔意向通知;

② 发出索赔意向通知后 28 天内,向监理方提出延长工期和补偿经济损失的索赔报告及有关资料;

③ 监理方在收到施工单位送交的索赔报告和有关资料后,于 28 天内给予签复,或要求施工单位进一步补充索赔理由和证据;

④ 监理方在收到施工单位送交的索赔报告和有关资料后 25 天内未予答复或未对施工单位作进一步要求,视为该项索赔已经认可。

【案例 22】

（一）背景

某实施项目监理的工程,在钢结构工程施工前,工程设计单位将由其技术人员编制好的技术交底书提交建设单位,经建设单位工程负责人审查后,正式实施。

（二）问题

（1）以上说法的不妥之处有哪些? 请指出来并说出正确的做法。

（2）技术交底书要报监理工程师的工程有哪些?

（三）分析

（1）不妥之处和正确做法如下:

① 不妥之处:工程设计单位的技术人员编制技术交底书。

正确做法:工程项目经理部的主管技术人员编制技术交底书。

② 不妥之处:技术交底书提交建设单位。

正确做法:技术交底书应提交项目总工程师批准。

③ 不妥之处:经建设单位工程负责人审查后实施。

正确做法:经项目监理单位监理工程师审查后实施。

（2）关键部位或技术难度大、施工复杂的检验批、分项工程施工前,承包单位的技术交底书应报监理工程师。

【案例23】

（一）背景

某项工程，钢筋混凝土大板结构，地下2层，地上18层，基础为整体底板，混凝土工程量为840 m³，底板底标高－6 m，钢门窗框，木门，采用集中空调设备。施工组织设计确定，土方采用大开挖放坡施工方案，开挖土方工期20天，浇筑底板混凝土24小时连续施工需4天。

事件1：施工单位在合同协议条款约定的开工日期前8天提交了一份请求报告，报告请求延期10天开工，其理由为：

（1）电力部门通知，施工用电变压器在开工4天后才能安装完毕；

（2）由铁路部门运输的5台施工单位自有施工主要机械在开工后8天才能运输到施工现场；

（3）为工程开工所必需的辅助施工设施在开工后10天才能投入使用。

事件2：基坑开挖进行18天时，发现－6 m地基仍为软土地基，与地质报告不符。监理工程师及时进行了以下工作：

（1）通知施工单位配合勘察单位利用2天时间查明地基情况。

（2）通知业主与设计单位洽商修改基础设计，设计时间为5天交图。确定局部基础深度加深到－7.5 m，混凝土工程量增加70 m³。

（3）通知施工单位修改土方施工方案，加深开挖，增大放坡，开挖土方需要4天。

事件3：工程所需的200个钢门窗框是由业主负责供货，钢门窗框运达施工单位工地仓库，并经入库验收。施工过程中监理工程师进行质量检验时，发现有10个钢窗框有较大变形，即下令施工单位拆除，经检查原因属于钢窗框使用材料不符合要求。

事件4：业主供货，由施工单位选择的分包商将集中空调安装完毕，进行联动无负荷试车时需电力部门和施工单位及有关外部单位进行某些配合工作。试车检验结果表明，该集中空调设备的某些主要部件存在严重质量问题，需要更换。

（二）问题

（1）监理工程师接到报告后应如何处理，为什么？

（2）① 监理工程师应核准哪些项目的工期顺延？应同意延期几天？

② 对哪些项目(列出项目名称内容)应核准经济补偿？

（3）对此事故监理工程师应如何处理？

（4）① 按照合同规定的责任，试车应由谁组织？

② 监理工程师应如何处理？

（三）分析

（1）监理工程师接到报告后应该：

① 予以认可，因外网电力供应由业主负责。

② 不予认可，因属施工单位自有机械延误，应由施工单位负责。

③ 不予认可,因准备辅助施工设施属施工准备工作的一部分,应由施工单位负责。

监理工程师应同意延期 4 天开工。

(2)① 应核准延长工期的项目天数为:地质勘探时间 2 天;修改设计时间 5 天;增加浇筑混凝土工作量时间 1 天,即 $(7.5-6)\times 4/6=1$

加深土方开挖的时间:4 天

② 应核准经济补偿项目:增加土方工程量费用;增加混凝土工程量费用;监理工程师对核实的人工窝工和机械停工费用应批准经济补偿。

(3)监理工程师应报告业主,督促施工单位重新安装合格的钢窗框,并检查验收,造成的工期延长给予顺延,造成的经济损失给予补偿。

(4)① 试车应由业主组织;

② 监理工程师应督促施工单位更换部件,经检验认可后报告业主重新组织试车,造成的工期延长给予顺延,造成的经济损失给予补偿。

【案例 24】

(一)背景

某建设工程项目,建设单位委托某监理公司负责施工阶段,目前正在施工,在工程施工中发生如下事件:

(1)监理工程师在施工准备阶段组织了施工图纸的会审,施工过程中发现由于施工图的错误,造成承包商停工 2 天,承包商提出工期费用索赔报告。业主代表认为监理工程师对图纸会审监理不力,提出要扣监理费 1 000 元。

(2)监理工程师在施工准备阶段,审核了承包商的施工组织设计并批准实施,施工过程中发现施工组织设计有错误,造成停工一天,承包商认为:施工组织设计监理工程师已审核批准,现在出现错误是监理工程师的责任。承包商向监理工程师出工期费用索赔。业主代表认为监理工程师监理不力,提出要扣监理费 1 000 元。

(3)由于承包商的错误造成了返工。承包商向监理工程师提出工期费用索赔,业主代表认为监理工程师对工程质量监理不力,提出要扣监理费 1 000 元。

(4)监理工程师检查了承包商的隐蔽工程,并按合格签证验收。但是事后再检查发现不合格。承包商认为:隐蔽监理工程师已按合格签证验收,现在却判为不合格,是监理工程师的责任造成的。

承包商向监理工程师提出工期费用索赔报告。

业主代表认为监理工程师对工程质量监理不力,提出要扣监理费 1 000 元。

(5)监理工程师检查了承包商的管材并签证了合格可以使用,事后发现承包商在施工中使用的管材不是送检的管材,重新检验后不合格,马上向承包商下达停工令,随后下达了监理通知书,指令承包商返工,把不合格的管材立即撤出工地,按第一次检验样品进货,并报监理工程师重新检验合格后才可用于工程。为此停工 2 天,承包商损失 5 万元。

承包商向监理工程师提出工期费用索赔报告。

业主代表认为监理工程师对工程质量监理不力,提出要扣监理费 1 000 元。

（二）问题

（1）监理工程师怎样处理索赔报告？监理工程师承担什么责任？设计院承担什么责任？承包商承担什么责任？业主承担什么责任？业主扣监理费对吗？

（2）监理工程师怎样处理索赔报告？设计院承担什么责任？监理工程师承担什么责任？承包商承担什么责任？业主承担什么责任？业主扣监理费对吗？

（3）监理工程师怎样处理索赔报告？监理工程师承担什么责任？设计院承担什么责任？承包商承担什么责任？业主承担什么责任？业主扣监理费对吗？

（4）监理工程师怎样处理索赔报告？监理工程师承担什么责任？承包商承担什么责任？业主承担什么责任。

（5）监理工程师怎样处理索赔报告？监理工程师承担什么责任？承包商承担什么责任？业主承担什么责任？

（三）分析

（1）① 监理工程师批准工期费用索赔,图纸出问题是业主的责任。

② 监理工程师不承担责任,监理工程师履行了图纸会审的职责,图纸的错误不是监理工程师造成的。监理工程师对施工图纸的会审,不免除设计院对施工图纸的质量责任。

③ 设计院应当承担设计图纸的质量责任。

④ 承包商没有责任,是业主的原因。

⑤ 业主应当承担补偿承包商工期费用的责任。

⑥ 业主扣监理费不对,监理工程师对图纸的质量没有责任。

（2）① 监理工程师不批准工期费用索赔,施工组织设计有错误是承包商的责任。

② 监理工程师不承担责任,监理工程师履行施工组织设计审核的职责,施工组织设计有错误不是监理工程师造成的。监理工程师对施工组织设计的审核批准,不免除承包商对施工组织设计的质量责任。

③ 设计院没有责任,是承包商的原因。

④ 承包商有责任,是承包商自己的原因。

⑤ 业主没有责任,是承包商的原因。

⑥ 业主扣监理费不对,监理工程师对施工组织设计的质量没有责任。

（3）① 监理工程师不批准工期费用索赔,返工是承包商的责任。

② 监理工程师不承担责任,监理工程师履行了检验职责,没有错误的决定。返工的原因不是监理工程师造成的。

③ 设计院没有责任,是承包商的原因。

④ 承包商有责任,是承包商自己的原因。

⑤ 业主没有责任,是承包商的原因。

⑥ 业主扣监理费不对,监理工程师对返工没有责任。

（4）① 监理工程师不批准工期费用索赔,隐蔽工程不合格是承包商的责任。监理工程师即使已检查合格,事后检查又发现不合格,仍然是承包商的责任,承包商应当按照监理工程师的指令返工修复,直到合格。

② 监理工程师应当承担监理责任,监理工程师履行了检验职责,但是有错误的决定。但是返工的原因不是监理工程师造成的。是承包商的工程质量本身就不合格,监理工程师误判为合格,但是监理工程师及时地纠正了错误。

③ 设计院没有责任,是承包商的原因。

④ 承包商有责任,是承包商自己的原因。

⑤ 业主没有责任,是承包商的原因。

⑥ 业主扣监理费不对,监理工程师的失误不是故意的,监理工程师及时地纠正了错误,没有给业主造成直接经济损失,不应赔偿。

(5)① 监理工程师不批准工期费用索赔,管材不合格是承包商的责任。是承包商偷换了管材,违反了合同的约定。

② 监理工程师应当承担失职责任,监理工程师履行了检验职责,但是没有发现钢管被偷换。但是钢管被偷换不是监理工程师造成的。监理工程师及时地纠正了承包商错误。

③ 设计院没有责任,是承包商的原因。

④ 承包商有责任,是承包商自己的原因。

⑤ 业主没有责任,是承包商的原因。

⑥ 业主扣监理费不对,监理工程师的失误没有给业主造成直接经济损失,不应赔偿。

【案例 25】

(一)背景

某建筑公司通过投标承接了本市某房地产开发企业的一栋钢筋混凝土剪力墙结构住宅楼,承包商在完成室外装修后,发现该建筑物向西北方向倾斜,该建筑公司采取了在倾斜一侧减载与在对应一侧加载、注浆、高压粉喷、增加锚杆静压桩等抢救措施,但无济于事,该房地产开发企业为确保工程质量和施工人员的人身安全,主动要求并报政府同意,采取上层结构 6~18 层定向爆破拆除的措施,从根本上消除了该栋楼的质量隐患。

在事故调查过程中,出现了以下不同的处理意见:

(1)工程勘察单位根据要求进行了工程勘察,并提交了详细的工程勘察资料,因此工程勘察单位不承担任何质量责任。

(2)建设单位为了加快进度,牺牲工程质量,并且未按规定委托监理单位对工程建设实施监理,因此建设单位应对工程质量事故负责。而设计单位是根据建设单位要求所进行的设计和处理,因此设计单位对质量事故不承担责任。

(3)施工单位在施工过程中及时提出问题,并提出加固补强方案,因此施工单位对该工程质量事故不承担任何责任。

(4)因建设单位及时采取爆破拆除措施,确保了相邻建筑和住户的生命财产安全,因此该质量事故不是重大质量事故。

为了降低成本,项目经理通过关系购进廉价暖气管道,并隐瞒了工地甲方和监理人员,工程完工后,通过验收交付使用单位使用,过了保修期后的某一冬季,大批用户暖气漏水。

（二）背景

（1）处理工程质量事故的程序有哪些？

（2）判断事故处理意见是否妥当？

（3）暖气漏水的责任是否应由施工单位承担？为什么？

（三）分析

（1）处理工程质量事故的程序是：

① 事故调查：了解事故情况，并确定是否需要采取防护措施；

② 分析调查结果，找出事故的主要原因；

③ 确定是否需要处理，若需处理，施工确定处理方案；

④ 事故处理；

⑤ 检查事故处理结果是否达到要求；

⑥ 事故处理结论；

⑦ 提交处理方案。

（2）判断事故处理意见的正确与否如下：

① 工程勘察单位不承担任何质量事故是正确的；

② 工程设计单位对工程质量事故不承担责任是错误的；

③ 施工单位对工程质量事故不承担任何责任是错误的；

④ 该质量事故不是重大质量事故是错误的。

（3）虽然已过保修期，但施工单位仍要对该质量问题负责。原因是：该质量问题的发生是由于施工单位采用不合格材料造成，是施工过程中造成的质量隐患，不属于保修的范围，因此不存在过了保修期的说法。

【案例26】

（一）背景

某国家机关新建一办公楼，建筑面积 50 000 m²，通过招投标手续，确定了由某建筑公司进行施工，并及时签署了施工合同。双方签订施工合同后，该建筑公司又进行了劳务招标，最终确定江苏某劳务公司为中标单位，并与其签订了劳务分包合同，在合同中明确了双方的权利和义务。该工程由本市某监理单位实施监理任务。该建筑公司为了承揽该项施工任务，采取了低报价策略而获得中标，在施工中，为了降低成本，施工单位采用了一个小砖厂的价格便宜的砖，在砖进场前未向管理单位申报。在施工过程中，屋面带挂板大挑檐悬挑部分根部突然断裂。建设单位未按规定办理工程质量监督手续。经事故调查、原因分析，发现造成该质量事故的主要原因是施工队伍素质差，致使受力钢筋反向，构件厚度控制不严而导致事故发生。

（二）问题

（1）该建筑公司对砖的选择和进场的做法是否正确？如果不正确，施工单位应如何做？

（2）施工单位的现场质量检查的内容有哪些？

（3）施工单位为了降低成本，对材料的选择应如何去做才能保证其质量？

（4）对该起质量事故该市监理公司是否应承担责任？原因是什么？

（5）政府对建设工程质量监督的职能是什么？

（三）分析

（1）施工单位在砖进场前未向监理申报的做法是错误的。

正确做法：施工单位运进砖前，应向项目监理机构提交《工程材料报审表》，同时附有砖的出厂合格证、技术说明书、按规定要求进行送检的检验报告，经监理工程师审查并确认其质量合格后，方准进场。

（2）施工单位现场质量检查的内容：

① 开工前检查；

② 工序交接检查；

③ 隐蔽工程检查；

④ 停工后复工前的检查；

⑤ 分项分部工程完工后，应经检查认可，签署验收记录后，才允许进行下一工程项目施工；

⑥ 成品保护检查。

（3）施工单位为了降低成本，对材料的选择应该这样做才能保证质量：

① 掌握材料信息，优选供货厂家；

② 合理组织材料供应，确保施工正常进行；

③ 合理组织材料使用，减少材料损失；

④ 加强材料检查验收，严把材料质量关；

⑤ 要重视材料的使用认证，以防错用或使用不合格的材料；

⑥ 加强现场材料管理。

（4）对该起质量事故该市监理公司应承担责任。

原因是：监理单位接受了建设单位委托，并收取了监理费用，具备了承担责任的条件，而施工过程中，监理人员未能发现钢盘位置反向，构件厚度不严等质量问题，因此必须承担相应责任。

（5）政府质量监督的职能包括两大方面：一是监督工程建设的各方主体（包括建设单位、施工单位、材料设备供应单位、设计勘察单位和监理单位等）的质量行为是否符合国家法律法规及各项制度的规定；二是监督检查工程实体的施工质量，尤其是地基基础、主体结构、专业设备安装等涉及结构安全和使用功能的施工质量。

【案例27】

（一）背景

某监理单位与某市中心医院签订了委托监理合同，承担工程项目全部建设工程的监理任务。

（二）问题

（1）监理单位在施工招标阶段的建设监理工作主要内容有哪些？

（2）监理单位的监理工作内容主要涉及哪些阶段？

（三）分析

（1）施工招标阶段建设监理工作的主要内容：

① 拟定建设工程施工招标方案并征得业主同意；

② 准备建设工程施工招标条件；

③ 办理施工招标申请；

④ 协助业主编写施工招标文件；

⑤ 标底经业主认可后，报送所在地方建设主管部门审核；

⑥ 协助业主组织建设工程施工招标工作；

⑦ 组织现场勘察与答疑会，回答投标人提出的问题；

⑧ 协助业主开标、评标及定标工作；

⑨ 协助业主与中标单位商签施工合同。

（2）监理单位的管理工作内容主要涉及的阶段有：立项阶段；设计阶段；施工招标阶段；材料、设备采购供应阶段；施工准备阶段；施工阶段；施工验收阶段。

第六章
建设工程合同和劳动合同法律制度

第一节　建设工程合同制度

建设工程合同是承包人进行工程建设，发包人支付价款的合同。建设工程合同可分为建设工程勘察合同、建设工程设计合同、建设工程施工合同。

建设工程合同的订立，应当遵循平等原则、自愿原则、公平原则、诚实信用原则、合法原则等。

一、建设工程施工合同的法定形式和内容

建设工程施工合同是建设工程合同中的重要部分，是指施工人（承包人）根据发包人的委托，完成建设工程项目的施工工作，发包人接受工作成果并支付报酬的合同。

（一）建设工程施工合同的法定形式

《合同法》规定，当事人订立合同，有书面形式、口头形式和其他形式。法律、行政法规规定采用书面形式的，应当采用书面形式。当事人约定采用书面形式的，应当采用书面形式。

书面形式合同的内容明确，有据可查，对于防止和解决争议有积极意义。口头形式合同具有直接、简便、快速的特点，但缺乏凭证，一旦发生争议，难以取证，且不易分清责任。其他形式合同，可以根据当事人的行为或者特定情形推定合同的成立，也可以称之为默示合同。

《合同法》明确规定，建设工程合同应当采用书面形式。

（二）合同的内容

合同的内容，即合同当事人的权利、义务，除法律规定的以外，主要由合同的条款确定。合同的内容由当事人约定，一般包括以下条款：(1)当事人的名称或者姓名和住所；(2)标的，如有形财产、无形财产、劳务、工作成果等；(3)数量，应选择使用共同接受的计量单位、计量方法和计量工具；(4)质量，国家有强制性标准的，必须按照强制性标准执行，并可约定质量检验方法、质量责任期限与条件、对质量提出异议的条件与期限等；(5)价款或者报酬，应规定清楚计算价款或者报酬的方法；(6)履行期限、地点和方式；(7)违约责任可在合同中约定定金、违约金、赔偿金额以及赔偿金的计算方法等；(8)解决争议的方法。

当事人在合同中特别约定的条款，也作为合同的主要条款。

（三）建设工程施工合同的内容

《合同法》规定，施工合同的内容包括工程范围、建设工期、中间交工工程的开工和竣工

时间、工程质量、工程造价、技术资料交付时间、材料和设备供应责任、拨款和结算、竣工验收、质量保修范围和质量保证期、双方相互协作等条款。

1. 工程范围

工程范围是指施工的界区,是施工人进行施工的工作范围。

2. 建设工期

建设工期是指施工人完成施工任务的期限。在实践中,有的发包人常常要求缩短工期,施工人为了赶进度,往往导致严重的工程质量问题。因此,为了保证工程质量,双方当事人应当在施工合同中确定合理的建设工期。

3. 中间交工工程的开工和竣工时间

中间交工工程是指施工过程中的阶段性工程。为了保证工程各阶段的交接,顺利完成工程建设,当事人应当明确中间交工工程的开工和竣工时间。

4. 工程质量

工程质量条款是明确施工人施工要求,确定施工人责任的依据。施工人必须按照工程设计图纸和施工技术标准施工,不得擅自修改工程设计,不得偷工减料。发包人也不得明示或者暗示施工人违反工程建设强制性标准,降低建设工程质量。

5. 工程造价

工程造价是指进行工程建设所需的全部费用,包括人工费、材料费、施工机械使用费、措施费等。在实践中,有的发包人为了获得更多的利益,往往压低工程造价,而施工人为了盈利或不亏本,不得不偷工减料、以次充好,结果导致工程质量不合格,甚至造成严重的工程质量事故。因此,为了保证工程质量,双方当事人应当合理确定工程造价。

6. 技术资料交付时间

技术资料主要是指勘察、设计文件以及其他施工人据以施工所必需的基础资料。当事人应当在施工合同中明确技术资料的交付时间。

7. 材料和设备供应责任

材料和设备供应责任,是指由哪一方当事人提供工程所需材料设备及其应承担的责任。材料和设备可以由发包人负责提供,也可以由施工人负责采购。如果按照合同约定由发包人负责采购建筑材料、构配件和设备的,发包人应当保证建筑材料、构配件和设备符合设计文件和合同要求。施工人则须按照工程设计要求、施工技术标准和合同约定,对建筑材料、构配件和设备进行检验。

8. 拨款和结算

拨款是指工程款的拨付。结算是指施工人按照合同约定和已完工程量向发包人办理工程款的清算。拨款和结算条款是施工人请求发包人支付工程款和报酬的依据。

9. 竣工验收

竣工验收条款一般应当包括验收范围与内容、验收标准与依据、验收人员组成、验收方式和日期等内容。

10. 质量保修范围和质量保证期

建设工程质量保修范围和质量保证期,应当按照《建设工程质量管理条例》的规定执行。

11. 双方相互协作条款

双方相互协作条款一般包括双方当事人在施工前的准备工作,施工人及时向发包人提出开工通知书、施工进度报告书、对发包人的监督检查提供必要协助等。

（四）建设工程施工合同发承包双方的主要义务

1. 发包人的主要义务

（1）不得违法发包

《合同法》规定，发包人不得将应当由一个承包人完成的建设工程肢解成若干部分发包给几个承包人。

（2）提供必要施工条件

发包人未按照约定的时间和要求提供原材料、设备、场地、资金、技术资料的，承包人可以顺延工程日期，并有权要求赔偿停工、窝工等损失。

（3）及时检查隐蔽工程

隐蔽工程在隐蔽以前，承包人应当通知发包人检查。发包人没有及时检查的，承包人可以顺延工程日期，并有权要求赔偿停工、窝工等损失。

（4）及时验收工程

建设工程竣工后，发包人应当根据施工图纸及说明书、国家颁发的施工验收规范和质量检验标准及时进行验收。

（5）支付工程价款

发包人应当按照合同约定的时间、地点和方式等，向承包人支付工程价款。

2. 承包人的主要义务

（1）不得转包和违法分包工程

承包人不得将其承包的全部建设工程转包给第三人，不得将其承包的全部建设工程肢解以后以分包的名义分别转包给第三人。禁止承包人将工程分包给不具备相应资质条件的单位。禁止分包单位将其承包的工程再分包。

（2）自行完成建设工程主体结构施工

建设工程主体结构的施工必须由承包人自行完成。承包人将建设工程主体结构的施工分包给第三人的，该分包合同无效。

（3）接受发包人有关检查

发包人在不妨碍承包人正常作业的情况下，可以随时对作业进度、质量进行检查。隐蔽工程在隐蔽以前，承包人应当通知发包人检查。

（4）交付竣工验收合格的建设工程

建设工程竣工经验收合格后，方可交付使用；未经验收或者验收不合格的，不得交付使用。

（5）建设工程质量不符合约定的无偿修理

因施工人的原因致使建设工程质量不符合约定的，发包人有权要求施工人在合理期限内无偿修理或者返工、改建。经过修理或者返工、改建后，造成逾期交付的，施工人应当承担违约责任。

二、建设工程工期和支付价款的规定

（一）建设工程工期

《建设工程施工合同（示范文本）》规定，工期是指在合同协议书约定的承包人完成工程所需的期限。包括按照合同约定所作的期限变更。

开工及开工日期、工程暂停施工、工期顺延、竣工日期等,直接决定了工期天数。

1. 开工及开工日期

开工日期是指发包人、承包人在协议书中约定,承包人开始施工的绝对或相对的日期。

承包人应当按照协议书约定的开工日期开工。承包人不能按时开工,应当不迟于协议书约定的开工日期前 7 天,以书面形式向工程师(指本工程监理单位委派的总监理工程师或发包人指定的履行本合同的代表,下同)提出延期开工的理由和要求。工程师应当在接到延期开工申请后的 48 小时内以书面形式答复承包人。工程师在接到延期开工申请后 48 小时内不答复,视为同意承包人要求,工期相应顺延。工程师不同意延期要求或承包人未在规定时间内提出延期开工要求,工期不予顺延。

因发包人原因不能按照协议书约定的开工日期开工,工程师应以书面形式通知承包人,推迟开工日期。发包人赔偿承包人因延期开工造成的损失,并相应顺延工期。

2. 暂停施工

工程师认为确有必要暂停施工时,应当以书面形式要求承包人暂停施工,并在提出要求后 48 小时内提出书面处理意见。承包人应当按工程师要求停止施工,并妥善保护已完工程。承包人实施工程师作出的处理意见后,可以书面形式提出复工要求,工程师应当在 48 小时内给予答复。工程师未能在规定时间内提出处理意见,或收到承包人复工要求后 48 小时内未予答复,承包人可自行复工。

因发包人原因造成停工的,由发包人承担所发生的追加合同价款,赔偿承包人由此造成的损失,相应顺延工期。因承包人原因造成停工的,由承包人承担发生的费用,工期不予顺延。

3. 工期顺延

因以下原因造成工期延误,经工程师确认,工期相应顺延:(1) 发包人未能按合同的约定提供图纸及开工条件;(2) 发包人未能按约定日期支付工程预付款、进度款,致使施工不能正常进行;(3) 工程师未按合同约定提供所需指令、批准等,致使施工不能正常地进行;(4) 设计变更和工程量增加;(5) 一周内非承包人原因停水、停电、停气造成停工累计超过 8 小时;(6) 不可抗力;(7) 合同中约定或工程师同意工期顺延的其他情况。

承包人在工期可以顺延的情况发生后 14 天内,就延误的工期以书面形式向工程师提出报告。工程师在收到报告后 14 天内予以确认,逾期不予确认也不提出修改意见,视为同意顺延工期。

4. 竣工日期

竣工日期是指发包人、承包人在协议书中约定,承包人完成承包范围内工程的绝对或相对的日期。

承包人必须按照协议书约定的竣工日期或工程师同意顺延的工期竣工。因承包人原因不能按照协议书约定的竣工日期或工程师同意顺延的工期竣工的,承包人承担违约责任。施工中发包人如需提前竣工,双方协商一致后应签订提前竣工协议,作为合同文件组成部分。提前竣工协议应包括承包人为保证工程质量和安全采取的措施、发包人为提前竣工提供的条件以及提前竣工所需的追加合同价款等内容。

《最高人民法院关于审理建设工程施工合同纠纷案件适用法律问题的解释》规定,当事人对建设工程实际竣工日期有争议的,按照以下情形分别处理:(1) 建设工程经竣工验收合格的,以竣工验收合格之日为竣工日期;(2)承包人已经提交竣工验收报告,发包人拖延验收的,以承包人提交验收报告之日为竣工日期;(3)建设工程未经竣工验收,发包人擅自使用的,以转移占有建设工程之日为竣工日期。

(二)工程价款的支付

按照合同约定的时间、金额和支付条件支付工程价款,是发包人的主要合同义务,也是承包人的主要合同权利。

《合同法》规定,合同生效后,当事人就质量、价款或者报酬、履行地点等内容没有约定或者约定不明确的,可以协议补充;不能达成补充协议的,按照合同有关条款或者交易习惯确定。

如果按照合同有关条款或者交易习惯仍不能确定的,《合同法》规定,价款或者报酬不明确的,按照订立合同时履行地的市场价格履行;依法应当执行政府定价或者政府指导价的,按照规定履行;履行期限不明确的,债务人可以随时履行,债权人也可以随时要求履行,但应当给对方必要的准备时间。

1. 支付工程竣工结算价款的前提条件和支付程序

《合同法》规定,验收合格的,发包人应当按照约定支付价款,并接收该建设工程。据此,工程经竣工验收合格是承包人取得工程价款的前提条件。

工程预付款、进度款的支付程序按照合同约定进行。工程竣工结算价款的支付程序一般为:(1)承包人向发包人递交竣工结算报告及完整的结算资料;(2)发包人对承包人的竣工结算报告及结算资料进行审核;(3)发包人确认竣工结算报告后通知经办银行向承包人支付工程竣工结算价款;(4)发包人、承包人对工程竣工结算价款发生争议时,按照合同约定的争议解决条款处理。

2. 合同价款的确定

招标工程的合同价款由发包人、承包人依据中标通知书中的中标价格在协议书内约定。非招标工程的合同价款由发包人、承包人依据工程预算书在协议书内约定。合同价款在协议书内约定后,任何一方不得擅自改变。

合同价款的确定方式有固定价格合同、可调价格合同、成本加酬金合同,双方可在专用条款内约定采用其中一种。

此外,对于"黑白合同"的纠纷,《最高人民法院关于审理建设工程施工合同纠纷案件适用法律问题的解释》第 21 条规定:当事人就同一建设工程另行订立的建设工程施工合同与经过备案的中标合同实质性内容不一致的,应当以备案的中标合同作为结算工程价款的根据。

3. 合同价款的调整

《建筑工程施工发包与承包计价管理办法》中规定,发承包双方应当在合同中约定,发生下列情形时合同价款的调整方法:(1)法律、法规、规章或者国家有关政策变化影响合同价款的;(2)工程造价管理机构发布价格调整信息的;(3)经批准变更设计的;(4)发包方更改审定批准的施工组织设计造成费用增加的;(5)双方约定的其他因素。

4. 解决工程价款结算争议的规定

(1)视为发包人认可承包人的单方结算价

《最高人民法院关于审理建设工程施工合同纠纷案件适用法律问题的解释》规定,当事人约定,发包人收到竣工结算文件后,在约定期限内不予答复,视为认可竣工结算文件的,按照约定处理。承包人请求按照竣工结算文件结算工程价款的,应予支持。

（2）对工程量有争议的工程款结算

《最高人民法院关于审理建设工程施工合同纠纷案件适用法律问题的解释》规定,当事人对工程量有争议的,按照施工过程中形成的签证等书面文件确认。承包人能够证明发包人同意其施工,但未能提供签证文件证明工程量发生的,可以按照当事人提供的其他证据确认实际发生的工程量。

（3）欠付工程款的利息支付

发包人拖欠承包人工程款,不仅应当支付工程款本金,还应当支付工程款利息。

《最高人民法院关于审理建设工程施工合同纠纷案件适用法律问题的解释》规定,当事人对欠付工程价款利息计付标准有约定的,按照约定处理;没有约定的,按照中国人民银行发布的同期同类贷款利率计息。

利息从应付工程价款之日计付。当事人对付款时间没有约定或者约定不明的,下列时间视为应付款时间:① 建设工程已实际交付的,为交付之日;② 建设工程没有交付的,为提交竣工结算文件之日;③ 建设工程未交付,工程价款也未结算的,为当事人起诉之日。

（4）工程垫资的处理

《最高人民法院关于审理建设工程施工合同纠纷案件适用法律问题的解释》规定,当事人对垫资和垫资利息有约定,承包人请求按照约定返还垫资及其利息的,应予支持,但是约定的利息计算标准高于中国人民银行发布的同期同类贷款利率的部分除外。

当事人对垫资没有约定的,按照工程欠款处理。当事人对垫资利息没有约定,承包人请求支付利息的,不予支持。

（5）承包人工程价款的优先受偿权

《合同法》第 286 条规定,发包人未按照约定支付价款的,承包人可以催告发包人在合理期限内支付价款。发包人逾期不支付的,除按照建设工程的性质不宜折价、拍卖的以外,承包人可以与发包人协议将该工程折价,也可以申请人民法院将该工程依法拍卖。建设工程的价款就该工程折价或拍卖的价款优先受偿。

三、建设工程赔偿损失的规定

（一）赔偿损失概念和特征

赔偿损失,是指合同违约方因不履行或不完全履行合同义务而给对方造成的损失,依法或依据合同约定赔偿对方所蒙受损失的一种违约责任形式。

《合同法》规定,当事人一方不履行合同义务或者履行合同义务不符合约定,应当承担继续履行、采取补救措施或者赔偿损失等违约责任。

赔偿损失具有以下特征:（1）赔偿损失是合同违约方违反合同义务所产生的责任形式。（2）赔偿损失具有补偿性,是强制违约方给非违约方所受损失的一种补偿。（3）赔偿损失具有一定的任意性。当事人订立合同时,可以预先约定对违约的赔偿损失的计算方法,或者直接约定违约方付给非违约方一定数额的金钱。当事人也可以事先约定免责的条款。（4）赔偿损失以赔偿非违约方实际遭受的全部损害为原则。

（二）承担赔偿损失责任的构成要件

承担赔偿损失责任的构成要件是：(1) 具有违约行为；(2) 造成损失后果；(3) 违约行为与财产等损失之间有因果关系；(4) 违约人有过错，或者虽无过错，但法律规定应当赔偿。

（三）赔偿损失的范围

《合同法》规定，当事人一方不履行合同义务或者履行合同义务不符合约定，给对方造成损失的，损失赔偿额应当相当于因违约所造成的损失，包括合同履行后可以获得的利益，但不得超过违反合同一方订立合同时预见到或者应当预见到的因违反合同可能造成的损失。

赔偿损失范围包括直接损失和间接损失。直接损失是指财产上的直接减少。间接损失（又称所失利益），是指失去的可以预期取得的利益。可以预期取得的利益（也称可得利益），是指利润而不是营业额。

（四）约定赔偿损失与法定赔偿损失

《合同法》规定，当事人可以约定一方违约时应当根据违约情况向对方支付一定数额的违约金，也可以约定因违约产生的损失赔偿额的计算方法。约定的违约金低于造成的损失的，当事人可以请求人民法院或者仲裁机构予以增加；约定的违约金过分高于造成的损失的，当事人可以请求人民法院或者仲裁机构予以适当减少。

法定赔偿损失，是指根据法律规定的赔偿范围、损失计算原则与标准，确定赔偿损失的金额。

一般来说，赔偿损失的主要形式是法定赔偿损失，而约定赔偿损失是为了弥补法定赔偿损失的不足。在确定了适用约定赔偿损失还是法定赔偿损失的情况下，原则上约定赔偿损失优先于法定赔偿损失。作为约定赔偿损失，一旦发生违约并造成受害人的损害以后，受害人不必证明其具体损害范围即可依据约定赔偿损失条款而获得赔偿。例如，双方事先约定，一方违约后应支付另一方 10 万元赔偿金，当一方违约时，另一方只需证明该方已构成违约并使其遭受损害，而不必证明自己遭受多少损失，就可以要求对方支付 10 万元的赔偿金。如果当事人只是约定了损失赔偿额的计算方法，那么受害人还应当证明其实际遭受的损害。

（五）赔偿损失的限制

1. 赔偿损失的可预见性原则

《合同法》规定，赔偿损失不得超过违反合同一方订立合同时预见到或者应当预见到的违反合同可能造成的损失。

据此，只有当违约所造成的损害是违约方在订约时可以预见的情况下，方能认为损害结果与违约行为之间具有因果关系，违约方才应当对这些损害承担赔偿责任。如果损害是不可预见的，则违约方不应赔偿。

2. 采取措施防止损失的扩大

《合同法》规定，当事人一方违约后，对方应当采取适当措施防止损失的扩大；没有采取适当措施致使损失扩大的，不得就扩大的损失要求赔偿。当事人因防止损失扩大而支出的合理费用，由违约方承担。

对于当事人一方违反合同的,另一方不能任凭损失的扩大,在接到对方的通知后,应当及时采取措施防止损失扩大,即使没有接到对方通知,也应当采取适当措施;如果没有及时采取措施致使损失扩大的,无权就扩大的损失部分请求赔偿。

(六)建设工程施工合同中的赔偿损失

1. 发包人应当承担的赔偿损失

(1)未及时检查隐蔽工程造成的损失

《合同法》规定,隐蔽工程在隐蔽以前,承包人应当通知发包人检查。发包人没有及时检查的,承包人可以顺延工程日期,并有权要求赔偿停工、窝工等损失。

(2)未按照约定提供原材料、设备等造成的损失

发包人未按照约定的时间和要求提供原材料、设备、场地、资金、技术资料的,承包人可以顺延工程日期,并有权要求赔偿停工、窝工等损失。

(3)因发包人原因致使工程中途停建、缓建造成的损失

因发包人的原因致使工程中途停建、缓建的,发包人应当采取措施弥补或者减少损失,赔偿承包人因此造成的停工、窝工、倒运、机械设备调迁、材料和构件积压等损失和实际费用。

(4)提供图纸或者技术要求不合理且怠于答复等造成的损失

承揽人(承包人)发现定做人(发包人)提供的图纸或者技术要求不合理的,应当及时通知定做人(发包人)。因定做人(发包人)怠于答复等原因造成承揽人(承包人)损失的,应当赔偿损失。

(5)中途变更承揽工作要求造成的损失

定做人(发包人)中途变更承揽工作的要求,造成承揽人(承包人)损失的,应当赔偿损失。

(6)要求压缩合同约定工期造成的损失

《建设工程安全生产管理条例》规定,建设单位有下列行为之一的……造成损失的,依法承担赔偿责任……(2)要求施工单位压缩合同约定的工期的……

(7)验收违法行为造成的损失

《建设工程质量管理条例》规定,建设单位有下列行为之一的……造成损失的,依法承担赔偿责任:① 未组织竣工验收,擅自交付使用的;② 验收不合格,擅自交付使用的;③ 对不合格的建设工程按照合格工程验收的。

2. 承包人应当承担的赔偿损失

(1)转让、出借资质证书等造成的损失

《建筑法》规定,建筑施工企业转让、出借资质证书或者以其他方式允许他人以本企业的名义承揽工程的……对因该项承揽工程不符合规定的质量标准造成的损失,建筑施工企业与使用本企业名义的单位或者个人承担连带赔偿责任。

(2)转包、违法分包造成的损失

承包单位将承包的工程转包的,或者违反规定进行分包的……对因转包工程或者违法分包的工程不符合规定的质量标准造成的损失,与接受转包或者分包的单位承担连带赔偿责任。

（3）偷工减料等造成的损失

建筑施工企业在施工中偷工减料的,使用不合格的建筑材料、建筑构配件和设备的,或者有其他不按照工程设计图纸或者施工技术标准施工的行为的……造成建筑工程质量不符合规定的质量标准的,负责返工、修理,并赔偿因此造成的损失。

（4）与监理单位串通造成的损失

工程监理单位与承包单位串通,为承包单位谋取非法利益,给建设单位造成损失的,应当与承包单位承担连带赔偿责任。

（5）不履行保修义务造成的损失

建筑施工企业违反规定,不履行保修义务或者拖延履行保修义务的……并对在保修期内因屋顶、墙面渗漏、开裂等质量缺陷造成的损失,承担赔偿责任。

（6）保管不善造成的损失

《合同法》规定,承揽人（承包人）应当妥善保管定做人（发包人）提供的材料以及完成的工作成果,因保管不善造成毁损、灭失的,应当承担损害赔偿责任。

（7）合理使用期限内造成的损失

因承包人的原因致使建设工程在合理使用期限内造成人身和财产损害的,承包人应当承担损害赔偿责任。

四、无效合同和效力待定合同的规定

（一）无效合同

无效合同是指合同内容或者形式违反了法律、行政法规的强制性规定和社会公共利益,因而不能产生法律约束力,不受到法律保护的合同。

无效合同的特征是:（1）具有违法性;（2）具有不可履行性;（3）自订立之时就不具有法律效力。

1. 无效合同的类型

《合同法》规定,有下列情形之一的,合同无效:

（1）一方以欺诈、胁迫的手段订立合同,损害国家利益

所谓欺诈,是指故意隐瞒真实情况或者故意告知对方虚假的情况,欺骗对方,诱使对方做出错误的意思表示而与之订立合同。所谓胁迫,是指行为人以将要发生的损害或者以直接实施损害相威胁,使对方当事人产生恐惧而与之订立合同。

（2）恶意串通,损害国家、集体或者第三人利益

所谓恶意串通,是指合同双方当事人非法勾结,为牟取私利而共同订立的损害国家、集体或者第三人利益的合同。在实践中,常见的还有代理人与第三人勾结,订立合同,损害被代理人利益的行为。

（3）以合法形式掩盖非法目的

又称伪装合同,即行为人为达到非法目的以迂回的方法避开法律或者行政法规的强制性规定。

（4）损害社会公共利益

损害社会公共利益的合同,实质上是违反了社会主义的公共道德,破坏了社会经济秩序

和生活秩序。例如,与他人签订合同出租赌博场所。

(5) 违反法律、行政法规的强制性规定

法律、行政法规中包含强制性规定和任意性规定。强制性规定排除了合同当事人的意思自由,即当事人在合同中不得协议排除法律、行政法规的强制性规定,否则将构成无效合同;对于任意性规定,当事人可以约定排除,如当事人可以约定商品的价格等。

应当指出的是,法律是指全国人大及其常委会颁布的法律,行政法规是指由国务院颁布的法规。在实践中,有的将仅违反了地方规定的合同认定为无效是违法的。

2. 无效的免责条款

免责条款,是指当事人在合同中约定免除或者限制其未来责任的合同条款;免责条款无效,是指没有法律约束力的免责条款。

《合同法》规定,合同中的下列免责条款无效:(1) 造成对方人身伤害的;(2) 因故意或者重大过失造成对方财产损失的。

造成对方人身伤害就侵犯了对方的人身权,造成对方财产损失就侵犯了对方的财产权。人身权和财产权是法律赋予的权利,如果合同中的条款对此予以侵犯,该条款就是违法条款,这样的免责条款是无效的。

3. 建设工程无效施工合同的主要情形

《最高人民法院关于审理建设工程施工合同纠纷案件适用法律问题的解释》规定,建设工程施工合同具有下列情形之一的,应当根据《合同法》第52条第5项的规定(即违反法律、行政法规的强制性规定),认定无效:(1) 承包人未取得建筑施工企业资质或者超越资质等级的;(2) 没有资质的实际施工人借用有资质的建筑施工企业名义的;(3) 建设工程必须进行招标而未招标或者中标无效的。

同时还规定,承包人非法转包、违法分包建设工程或者没有资质的实际施工人借用有资质的建筑施工企业名义与他人签订建设工程施工合同的行为无效。

4. 无效合同的法律后果

《合同法》规定,无效的合同或者被撤销的合同自始没有法律约束力。合同部分无效,不影响其他部分效力的,其他部分仍然有效。

合同无效、被撤销或者终止的,不影响合同中独立存在的有关解决争议方法的条款的效力。

合同无效或者被撤销后,因该合同取得的财产,应当予以返还;不能返还或者没有必要返还的,应当折价补偿。有过错的一方应当赔偿对方因此所受到的损失,双方都有过错的,应当各自承担相应的责任。

5. 无效施工合同的工程款结算

《最高人民法院关于审理建设工程施工合同纠纷案件适用法律问题的解释》规定,建设工程施工合同无效,但建设工程经竣工验收合格,承包人请求参照合同约定支付工程价款的,应予支持。

建设工程施工合同无效,且建设工程经竣工验收不合格的,按照以下情形分别处理:(1) 修复后的建设工程经竣工验收合格,发包人请求承包人承担修复费用的,应予支持;(2) 修复后的建设工程经竣工验收不合格,承包人请求支付工程价款的,不予支持。

（二）效力待定合同

效力待定合同是指合同虽然已经成立，但因其不完全符合有关生效要件的规定，其合同效力能否发生尚未确定，一般须经有权人表示承认才能生效。

《合同法》规定的效力待定合同有三种，即限制行为能力人订立的合同，无权代理人订立的合同，无处分权人处分他人的财产订立的合同。

1. 限制行为能力人订立的合同

《合同法》规定，限制民事行为能力人订立的合同，经法定代理人追认后，该合同有效，但纯获利益的合同或者与其年龄、智力、精神健康状况相适应而订立的合同，不必经法定代理人追认。

相对人可以催告法定代理人在1个月内予以追认。法定代理人未作表示的，视为拒绝追认。合同被追认之前，善意相对人有撤销的权利。撤销应当以通知的方式作出。

2. 无权代理人订立的合同

行为人没有代理权、超越代理权或者代理权终止后以被代理人名义订立的合同，未经被代理人追认，对被代理人不发生效力，由行为人承担责任。

相对人可以催告被代理人在1个月内予以追认。被代理人未作表示的，视为拒绝追认。合同被追认之前，善意相对人有撤销的权利。撤销应当以通知的方式作出。

3. 无权处分行为

无处分权的人处分他人财产，经权利人追认或者无处分权的人订立合同后取得处分权的，该合同有效。

五、合同的履行、变更、转让、撤销和终止

（一）合同的履行

《合同法》规定，当事人应当按照约定全面履行自己的义务。当事人应当遵循诚实信用原则，根据合同的性质、目的和交易习惯履行通知、协助、保密等义务。

合同生效后，当事人不得因姓名、名称的变更或者法定代表人、负责人、承办人的变动而不履行合同义务。

（二）合同的变更

当事人协商一致，可以变更合同。法律、行政法规规定变更合同应当办理批准、登记等手续的，依照其规定。当事人对合同变更的内容约定不明确的，推定为未变更。

1. 合同的变更须经当事人双方协商一致

如果双方当事人就变更事项达成一致意见，则变更后的内容取代原合同的内容，当事人应当按照变更后的内容履行合同。如果一方当事人未经对方同意就改变合同的内容，不仅变更的内容对另一方没有约束力，其做法还是一种违约行为，应当承担违约责任。

2. 合同变更须遵循法定的程序

法律、行政法规规定变更合同事项应当办理批准、登记手续的，应当依法办理相应手续。如果没有履行法定程序，即使当事人已协议变更了合同，其变更内容也不发生法律效力。

3. 对合同变更内容约定不明确的推定

合同变更的内容必须明确约定。如果当事人对于合同变更的内容约定不明确,则将被推定为未变更。任何一方不得要求对方履行约定不明确的变更内容。

(三)合同权利义务的转让

1. 合同权利的转让

(1)合同权利的转让范围

《合同法》规定,债权人可以将合同的权利全部或者部分转让给第三人,但有下列情形之一的除外:

① 根据合同性质不得转让的权利。主要是指合同是基于特定当事人的身份关系订立的,如果合同权利转让给第三人,会使合同的内容发生变化,违反当事人订立合同的目的,使当事人的合法利益得不到应有的保护。

② 按照当事人约定不得转让的权利。当事人订立合同时可以对权利的转让做出特别约定,禁止债权人将权利转让给第三人。这种约定只要是当事人真实意思的表示,同时不违反法律禁止性规定,即对当事人产生法律的效力。债权人如果将权利转让给他人,其行为将构成违约。

③ 依照法律规定不得转让的权利。我国一些法律中对某些权利的转让作出了禁止性规定。如《担保法》第 61 条规定,"最高额抵押的主合同债权不得转让。"对于这些规定,当事人应当严格遵守,不得擅自转让法律禁止转让的权利。

(2)合同权利的转让应当通知债务人

《合同法》规定,债权人转让权利的,应当通知债务人。未经通知,该转让对债务人不发生效力。债权人转让权利的通知不得撤销,但经受让人同意的除外。

需要说明的是,债权人转让权利应当通知债务人,未经通知的转让行为对债务人不发生效力,但债权人债权的转让无需得到债务人的同意。这一方面是尊重债权人对其权利的行使,另一方面也防止债权人滥用权利损害债务人的利益。当债务人接到权利转让的通知后,权利转让即行生效,原债权人被新的债权人替代,或者新债权人的加入使原债权人不再完全享有原债权。

(3)债务人对让与人的抗辩

《合同法》规定,债务人接到债权转让通知后,债务人对让与人的抗辩,可以向受让人主张。

抗辩权是指债权人行使债权时,债务人根据法定事由对抗债权人行使请求权的权利。债务人的抗辩权是其固有的一项权利,并不随权利的转让而消灭。在权利转让的情况下,债务人可以向新债权人行使该权利。受让人不得以任何理由拒绝债务人权利的行使。

(4)从权利随同主权利转让

《合同法》规定,债权人转让权利的,受让人取得与债权有关的从权利,但该从权利专属于债权人自身的除外。

2. 合同义务的转让

《合同法》规定,债务人将合同的义务全部或者部分转移给第三人的,应当经债权人同意。

合同义务转移分为两种情况：一是合同义务的全部转移，在这种情况下，新的债务人完全取代了旧的债务人，新的债务人负责全面履行合同义务；另一种情况是合同义务的部分转移，即新的债务人加入到原债务中，与原债务人一起向债权人履行义务。无论是转移全部义务还是部分义务，债务人都需要征得债权人同意。未经债权人同意，债务人转移合同义务的行为对债权人不发生效力。

3. 合同中权利和义务的一并转让

《合同法》规定，当事人一方经对方同意，可以将自己在合同中的权利和义务一并转让给第三人。

权利和义务一并转让，是指合同一方当事人将其权利和义务一并转移给第三人，由第三人全部地承受这些权利和义务。权利义务一并转让的后果，导致原合同关系的消灭，第三人取代了转让方的地位，产生出一种新的合同关系。只有经对方当事人同意，才能将合同的权利和义务一并转让。如果未经对方同意，一方当事人擅自一并转让权利和义务的，其转让行为无效，对方有权就转让行为对自己造成的损害，追究转让方的违约责任。

（四）可撤销合同

所谓可撤销合同，是指因意思表示不真实，通过有撤销权的机构行使撤销权，使已经生效的意思表示归于无效的合同。

1. 可撤销合同的种类

《合同法》规定，下列合同，当事人一方有权请求人民法院或者仲裁机构变更或者撤销：① 因重大误解订立的。② 在订立合同时显失公平的。一方以欺诈、胁迫的手段或者乘人之危，使对方在违背真实意思的情况下订立合同，受损害方有权请求人民法院或者仲裁机构变更或者撤销。当事人请求变更的，人民法院或者仲裁机构不得撤销。

（1）因重大误解订立的合同

所谓重大误解，是指误解者作出意思表示时，对涉及合同法律效果的重要事项存在着认识上的显著缺陷，其后果是使误解者的利益受到较大的损失，或者达不到误解者订立合同的目的。这种情况的出现，并不是由于行为人受到对方的欺诈、胁迫或者对方乘人之危而被迫订立的合同，而是由于行为人自己的大意、缺乏经验或者信息不通而造成的。

（2）在订立合同时显失公平的合同

所谓显失公平的合同，就是一方当事人在紧迫或者缺乏经验的情况下订立的使当事人之间享有的权利和承担的义务严重不对等的合同。如标的物的价值与价款过于悬殊，承担责任或风险显然不合理的合同，都可称为显失公平的合同。

（3）以欺诈、胁迫的手段或者乘人之危订立的合同

一方以欺诈、胁迫的手段订立合同，如果损害国家利益的，按照《合同法》的规定属无效合同。如果未损害国家利益，则受欺诈、胁迫的一方可以自主决定该合同有效或者请求撤销。

2. 合同撤销权的行使

《合同法》规定，有下列情形之一的，撤销权消灭：（1）具有撤销权的当事人自知道或者应当知道撤销事由之日起一年内没有行使撤销权；（2）具有撤销权的当事人知道撤销事由后明确表示或者以自己的行为放弃撤销权。

需要注意的是,行使撤销权应当在知道或者应当知道撤销事由之日起1年内行使,并应当向人民法院或者仲裁机构申请。

3. 被撤销合同的法律后果

《合同法》规定,无效的合同或者被撤销的合同自始没有法律约束力。合同无效、被撤销或者终止的,不影响合同中独立存在的有关解决争议方法的条款的效力。

（五）合同的终止

合同的终止,是指依法生效的合同,因具备法定的或当事人约定的情形,合同的债权、债务归于消灭,债权人不再享有合同的权利,债务人也不必再履行合同的义务。

《合同法》规定,有下列情形之一的,合同的权利义务终止:(1) 债务已经按照约定履行;(2) 合同解除;(3) 债务相互抵消;(4) 债务人依法将标的物提存;(5) 债权人免除债务;(6) 债权债务同归于一人;(7) 法律规定或者当事人约定终止的其他情形。

1. 合同解除的特征

合同的解除,是指合同有效成立后,当具备法律规定的合同解除条件时,因当事人一方或双方的意思表示而使合同关系归于消灭的行为。

合同解除具有如下特征:(1) 合同的解除适用于合法有效的合同,而无效合同、可撤销合同不发生合同解除。(2) 合同解除须具备法律规定的条件。非依照法律规定,当事人不得随意解除合同。我国法律规定的合同解除条件主要有约定解除和法定解除。(3) 合同解除须有解除的行为。无论哪一方当事人享有解除合同的权利,其必须向对方提出解除合同的意思表示,才能达到合同解除的法律后果。(4) 合同解除使合同关系自始消灭或者向将来消灭,可视为当事人之间未发生合同关系,或者合同尚存的权利义务不再履行。

2. 合同解除的种类

合同的解除分为两大类:

(1) 约定解除合同。《合同法》第93条规定,当事人协商一致,可以解除合同。当事人可以约定一方解除合同的条件。解除合同的条件成就时,解除权人可以解除合同。

(2) 法定解除合同。《合同法》第94条规定,有下列情形之一的,当事人可以解除合同:① 因不可抗力致使不能实现合同目的;② 在履行期限届满之前,当事人一方明确表示或者以自己的行为表明不履行主要债务;③ 当事人一方延迟履行主要债务,经催告后在合理期限内仍未履行;④ 当事人一方延迟履行债务或者有其他违约行为致使不能实现合同目的;⑤ 法律规定的其他情形。

法定解除是法律直接规定解除合同的条件,当条件具备时,解除权人可直接行使解除权;约定解除则是双方的法律行为,单方行为不能导致合同的解除。

3. 解除合同的程序

《合同法》规定,当事人一方依照本法第93条第2款、第94条的规定主张解除合同的,应当通知对方。合同自通知到达对方时解除。对方有异议的,可以请求人民法院或者仲裁机构确认解除合同的效力。法律、行政法规规定解除合同应当办理批准、登记等手续的,依照其规定。

当事人对异议期限有约定的依照约定,没有约定的,最长期3个月。

4. 施工合同的解除

（1）发包人解除施工合同

《最高人民法院关于审理建设工程施工合同纠纷案件适用法律问题的解释》规定，承包人具有下列情形之一，发包人请求解除建设工程施工合同的，应予支持：① 明确表示或者以行为表明不履行合同主要义务的；② 合同约定的期限内没有完工，且在发包人催告的合理期限内仍未完工的；③ 已经完成的建设工程质量不合格，并拒绝修复的；④ 将承包的建设工程非法转包、违法分包的。

（2）承包人解除施工合同

《最高人民法院关于审理建设工程施工合同纠纷案件适用法律问题的解释》规定，发包人具有下列情形之一，致使承包人无法施工，且在催告的合理期限内仍未履行相应义务，承包人请求解除建设工程施工合同的，应予支持：① 未按约定支付工程价款的；② 提供的主要建筑材料、建筑构配件和设备不符合强制性标准的；③ 不履行合同约定的协助义务的。

（3）施工合同解除的法律后果

《最高人民法院关于审理建设工程施工合同纠纷案件适用法律问题的解释》规定，建设工程施工合同解除后，已经完成的建设工程质量合格的，发包人应当按照约定支付相应的工程价款；已经完成的建设工程质量不合格的，参照本解释第 3 条规定处理。因一方违约导致合同解除的，违约方应当赔偿因此而给对方造成的损失。

该《解释》第 3 条规定，建设工程施工合同无效，且建设工程经竣工验收不合格的，按照以下情形分别处理：① 修复后的建设工程经竣工验收合格，发包人请求承包人承担修复费用的，应予支持；② 修复后的建设工程经竣工验收不合格，承包人请求支付工程价款的，不予支持。

六、违约责任及违约责任的免除

（一）违约责任的概念和特征

违约责任，是指合同当事人因违反合同义务所承担的责任。

《合同法》规定，当事人一方不履行合同义务或者履行合同义务不符合约定的，应当承担继续履行、采取补救措施或者赔偿损失等违约责任。

违约责任具有如下特征：（1）违约责任的产生是以合同当事人不履行合同义务为条件的。（2）违约责任具有相对性。（3）违约责任主要具有补偿性，即旨在弥补或补偿因违约行为造成的损害后果。（4）违约责任可以由合同当事人约定，但约定不符合法律要求的，将会被宣告无效或被撤销。（5）违约责任是民事责任的一种形式。

（二）当事人承担违约责任应具备的条件

《合同法》规定：当事人一方明确表示或者以自己的行为表明不履行合同义务的，对方可以在履行期限届满之前要求其承担违约责任。

承担违约责任，首先是合同当事人发生了违约行为，即有违反合同义务的行为；其次，非违约方只需证明违约方的行为不符合合同约定，便可以要求其承担违约责任，而不需要证明其主观上是否具有过错；第三，违约方若想免于承担违约责任，必须举证证明其存在法定的或约定的免责事由,而法定免责事由主要限于不可抗力,约定的免责事由主要是合同中的免责条款。

(三)承担违约责任的种类

合同当事人违反合同义务,承担违约责任的种类主要有:继续履行、采取补救措施、停止违约行为、赔偿损失、支付违约金或定金等。

守约方可以要求违约方停止违约行为,采取补救措施,继续履行合同约定;可以按照合同约定,要求违约方支付违约金或没收定金。如果守约方发生的经济损失大于违约金或定金的,守约方可以主张违约方按照实际损失予以赔偿。

1. 继续履行

《合同法》规定,当事人一方不履行合同义务或者履行合同义务不符合约定的,应当承担继续履行、采取补救措施或者赔偿损失等违约责任。

继续履行是一种违约后的补救方式,是否要求违约方继续履行是非违约方的一项权利。继续履行可以与违约金、定金、赔偿损失并用,但不能与解除合同的方式并用。

2. 违约金和定金

违约金有法定违约金和约定违约金两种:由法律规定的违约金为法定违约金;由当事人约定的违约金为约定违约金。

《合同法》规定,当事人可以约定一方违约时应当根据违约情况向对方支付一定数额的违约金,也可以约定因违约产生的损失赔偿额的计算方法。

约定的违约金低于造成的损失的,当事人可以请求人民法院或者仲裁机构予以增加;约定的违约金过分高于造成的损失的,当事人可以请求人民法院或者仲裁机构予以适当减少。

当事人可以依照《担保法》约定一方向对方给付定金作为债权的担保。债务人履行债务后,定金应当抵作价款或者收回。给付定金的一方不履行约定的债务的,无权要求返还定金;收受定金的一方不履行约定的债务的,应当双倍返还定金。

当事人既约定违约金,又约定定金的,一方违约时,对方可以选择适用违约金或者定金条款。

(四)违约责任的免除

在合同履行过程中,如果出现法定的免责条件或合同约定的免责事由,违约人将免于承担违约责任。我国的《合同法》仅承认不可抗力为法定的免责事由。

《合同法》规定,因不可抗力不能履行合同的,根据不可抗力的影响,部分或者全部免除责任,但法律另有规定的除外。当事人迟延履行后发生不可抗力的,不能免除责任。本法所称不可抗力,是指不能预见、不能避免并不能克服的客观情况。

当事人一方因不可抗力不能履行合同的,应当及时通知对方,以减轻可能给对方造成的损失,并应当在合理期限内提供证明。

七、建设工程合同示范文本的性质与作用

《合同法》规定,当事人可以参照各类合同的示范文本订立合同。

（一）合同示范文本的作用

合同示范文本，是指由规定的国家机关事先拟定的对当事人订立合同起示范作用的合同文本。多年的实践表明，如果缺乏合同示范文本，一些当事人签订的合同不规范，条款不完备，漏洞较多，将给合同履行带来很大困难，不仅影响合同履约率，还导致合同纠纷增多，解决纠纷的难度增大。

《国务院办公厅转发国家工商行政管理局关于在全国逐步推行经济合同示范文本制度请示的通知》中指出，在全国逐步推行经济合同示范文本制度，即：对各类经济合同的主要条款、式样等制定出规范的、指导性的文本，在全国范围内积极提倡、宣传，逐步引导当事人在签订经济合同时采用，以实现经济合同签订的规范化。

推行这一制度，有助于当事人了解、掌握有关法律法规，使合同的签订合法规范，避免缺款少项和当事人意思表示不真实、不确切，防止出现显失公平和违法条款；也便于合同管理机关加强监督检查，有利于仲裁机构和人民法院及时解决合同纠纷，保护当事人合法权益，保障国家和社会公共利益。

（二）建设工程合同示范文本

国务院建设行政主管部门和国务院工商行政管理部门，相继制定了《建设工程勘察合同（示范文本）》、《建设工程设计合同（示范文本）》、《建设工程委托监理合同（示范文本）》、《建设工程施工合同（示范文本）》、《建设工程施工专业分包合同（示范文本）》、《建设工程施工劳务分包合同（示范文本）》。

2017年9月住房和城乡建设部、工商行政管理总局联合颁布的《建设工程施工合同（示范文本）》，由合同协议书、通用合同条款、专用合同条款三部分组成。

（三）合同示范文本的法律地位

合同示范文本对当事人订立合同起参考作用，但不要求当事人必须采用合同示范文本，即合同的成立与生效同当事人是否采用合同示范文本无直接关系。合同示范文本具有引导性、参考性，但无法律强制性，为非强制性使用文本。

第二节　劳动合同及劳动关系制度

劳动合同是在市场经济体制下，用人单位与劳动者进行双向选择、确定劳动关系、明确双方权利与义务的协议，是保护劳动者合法权益的基本依据。

所谓劳动关系，是指劳动者与用人单位在实现劳动过程中建立的社会经济关系。由于存在着劳动关系，劳动者和用人单位都要受劳动法律的约束与规范。

一、劳动合同订立的规定

（一）订立劳动合同应当遵守的原则

《劳动合同法》规定，订立劳动合同，应当遵循合法、公平、平等自愿、协商一致、诚实信用的原则。用人单位招用劳动者,不得要求劳动者提供担保或者以其他名义向劳动者收取财物;不得扣押劳动者的居民身份证或者其他证件。

（二）劳动合同的种类

《劳动合同法》规定,劳动合同分为固定期限劳动合同、无固定期限劳动合同和以完成一定工作任务为期限的劳动合同。

1. 劳动合同期限

劳动合同的期限是指劳动合同的有效时间,是劳动关系当事人双方享有权利和履行义务的时间。它一般始于劳动合同的生效之日,终于劳动合同的终止之时。

劳动合同期限由用人单位和劳动者协商确定,是劳动合同的一项重要内容。无论劳动者与用人单位建立何种期限的劳动关系,都需要双方将该期限用合同的方式确认下来,否则就不能保证劳动合同内容的实现,劳动关系将会处于一个不确定状态。劳动合同期限是劳动合同存在的前提条件。

2. 固定期限劳动合同

固定期限劳动合同,是指用人单位与劳动者约定合同终止时间的劳动合同,即劳动合同双方当事人在劳动合同中明确规定了合同效力的起始和终止的时间。劳动合同期限届满,劳动关系即告终止。固定期限劳动合同可以是 1 年、2 年,也可以是 5 年、10 年,甚至更长时间。但是,超过两次签订固定期限的劳动合同,在劳动者没有《劳动合同法》第 39 条和第 40 条第 1 项、第 2 项规定的情形,且劳动者本人又没有提出订立固定期限劳动合同的,用人单位就应当与劳动者签订无固定期限劳动合同。

3. 无固定期限劳动合同

无固定期限劳动合同,是指用人单位与劳动者约定无确定终止时间的劳动合同。无确定终止时间的劳动合同并不是没有终止时间,一旦出现了法定的解除情形(如到了法定退休年龄)或者双方协商一致解除的,无固定期限劳动合同同样可以解除。

用人单位与劳动者协商一致,可以订立无固定期限劳动合同。有下列情形之一,劳动者提出或者同意续订、订立劳动合同的,除劳动者提出订立固定期限劳动合同外,应当订立无固定期限劳动合同:(1) 劳动者在该用人单位连续工作满 10 年的;(2) 用人单位初次实行劳动合同制度或者国有企业改制重新订立劳动合同时,劳动者在该用人单位连续工作满 10 年且距法定退休年龄不足 10 年的;(3) 连续订立 2 次固定期限劳动合同,且劳动者没有《劳动合同法》第 39 条和第 40 条第 1 项、第 2 项规定的情形,续订劳动合同的。

需要注意的是,用人单位自用工之日起满 1 年不与劳动者订立书面劳动合同的,则视为用人单位与劳动者已订立无固定期限劳动合同。

4. 以完成一定工作任务为期限的劳动合同

以完成一定工作任务为期限的劳动合同,是指用人单位与劳动者约定以某项工作的完成为合同期限的劳动合同。

（三）劳动合同的基本条款

劳动合同应当具备以下条款:(1) 用人单位的名称、住所和法定代表人或者主要负责人;(2) 劳动者的姓名、住址和居民身份证或者其他有效身份证件号码;(3) 劳动合同期限;

（4）工作内容和工作地点；（5）工作时间和休息休假；（6）劳动报酬；（7）社会保险；（8）劳动保护、劳动条件和职业危害防护；（9）法律、法规规定应当纳入劳动合同的其他事项。

劳动合同除上述规定的必备条款外，用人单位与劳动者可以约定试用期、培训、保守秘密、补充保险和福利待遇等其他事项。

（四）订立劳动合同应当注意的事项

1. 建立劳动关系即应订立劳动合同

用人单位自用工之日起即与劳动者建立劳动关系。《劳动合同法》规定，建立劳动关系，应当订立书面劳动合同。已建立劳动关系，未同时订立书面劳动合同的，应当自用工之日起1个月内订立书面劳动合同。用人单位未在用工的同时订立书面劳动合同，与劳动者约定的劳动报酬不明确的，新招用的劳动者的劳动报酬应当按照企业的或者同行业的集体合同规定的标准执行；没有集体合同的，用人单位应当对劳动者实行同工同酬。用人单位与劳动者在用工前订立劳动合同的，劳动关系自用工之日起建立。

合同有书面形式、口头形式和其他形式。按照《劳动合同法》的规定，除了非全日制用工（即以小时计酬为主，劳动者在同一用人单位一般平均每日工作时间不超过4小时，每周工作时间累计不超过24小时的用工形式）可以订立口头协议外，建立劳动关系应当订立书面劳动合同。如果没有订立书面合同，不订立书面合同的一方将要承担相应的法律后果。劳动合同文本由用人单位和劳动者各执一份。

2. 劳动报酬和试用期

劳动合同对劳动报酬和劳动条件等标准约定不明确，引发争议的，用人单位与劳动者可以重新协商；协商不成的，适用集体合同规定；没有集体合同或者集体合同未规定劳动报酬的，实行同工同酬；没有集体合同或者集体合同未规定劳动条件等标准的，适用国家有关规定。

劳动合同期限3个月以上不满1年的，试用期不得超过1个月；劳动合同期限1年以上不满3年的，试用期不得超过2个月；3年以上固定期限和无固定期限的劳动合同，试用期不得超过6个月。同一用人单位与同一劳动者只能约定1次试用期。以完成一定工作任务为期限的劳动合同或者劳动合同期限不满3个月的，不得约定试用期。试用期包含在劳动合同期限内。劳动合同仅约定试用期的，试用期不成立，该期限为劳动合同期限。

劳动者在试用期的工资不得低于本单位相同岗位最低档工资或者劳动合同约定工资的80%，并不得低于用人单位所在地的最低工资标准。在试用期中，除劳动者有《劳动合同法》第39条和第40条第1项、第2项规定的情形外，用人单位不得解除劳动合同。用人单位在试用期解除劳动合同的，应当向劳动者说明理由。

3. 劳动合同的生效与无效

劳动合同由用人单位与劳动者协商一致，并经用人单位与劳动者在劳动合同文本上签字或者盖章生效。双方当事人签字或者盖章时间不一致的，以最后一方签字或者盖章的时间为准；如果一方没有写签字时间，则另一方写明的签字时间就是合同生效时间。

下列劳动合同无效或者部分无效：（1）以欺诈、胁迫的手段或者乘人之危，使对方在违背真实意思的情况下订立或者变更劳动合同的；（2）用人单位免除自己的法定责任、排除劳动者权利的；（3）违反法律、行政法规强制性规定的。对于部分无效的劳动合同，只要不影响其他部分效力的,其他部分仍然有效。劳动合同被确认无效,劳动者已付出劳动的,用人单位应当向劳动者支付劳动报酬。劳动报酬的数额,参照本单位相同或者相近岗位劳动者的劳动报酬确定。

对劳动合同的无效或者部分无效有争议的,由劳动争议仲裁机构或者人民法院确认。

(五)集体合同

企业职工一方与用人单位通过平等协商,可以就劳动报酬、工作时间、休息休假、劳动安全卫生、保险福利等事项订立集体合同。集体合同草案应当提交职工代表大会或者全体职工讨论通过。集体合同由工会代表企业职工一方与用人单位订立;尚未建立工会的用人单位,由上级工会指导劳动者推举的代表与用人单位订立。企业职工一方与用人单位还可订立劳动安全卫生、女职工权益保护、工资调整机制等专项集体合同。集体合同中劳动报酬和劳动条件等标准不得低于当地人民政府规定的最低标准;用人单位与劳动者订立的劳动合同中劳动报酬和劳动条件等标准不得低于集体合同规定的标准。

集体合同订立后,应当报送劳动行政部门;劳动行政部门自收到集体合同文本之日起15日内未提出异议的,集体合同即行生效。依法订立的集体合同对用人单位和劳动者具约束力。

用人单位违反集体合同,侵犯职工劳动权益的,工会可以依法要求用人单位承担责任;因履行集体合同发生争议,经协商解决不成的,工会可以依法申请仲裁、提起诉讼。

二、劳动合同的履行、变更、解除和终止

(一)劳动合同的履行和变更

劳动合同一经依法订立便具有法律效力。用人单位与劳动者应当按照劳动合同的约定,全面履行各自的义务。当事人双方既不能只履行部分义务,也不能擅自变更合同,更不能任意不履行合同或者解除合同,否则将承担相应的法律责任。

1. 用人单位应当履行向劳动者支付劳动报酬的义务

用人单位应当按照劳动合同约定和国家规定,向劳动者及时足额支付劳动报酬。劳动报酬是指劳动者为用人单位提供劳动而获得的各种报酬,通常包括三个部分:(1)货币工资,包括各种工资、奖金、津贴、补贴等;(2)实物报酬,即用人单位以免费或低于成本价提供给劳动者的各种物品和服务等;(3)社会保险,即用人单位为劳动者支付的医疗、失业、养老、工伤等保险金。

用人单位和劳动者可以在法律允许的范围内对劳动报酬的金额、支付时间、支付方式等进行平等协商。劳动报酬的支付要遵守国家的有关规定:(1)用人单位支付劳动者的工资不得低于当地的最低工资标准;(2)工资应当以货币形式按月支付劳动者本人,即不得以实物或有价证券等形式代替货币支付;(3)用人单位应当依法向劳动者支付加班费。(4)劳动者在法定休假日、婚丧假期间、探亲假期间、产假期间和依法参加社会活动期间以及非因劳动者原因停工期间,用人单位应当依法支付工资。

用人单位拖欠或者未足额支付劳动报酬的,劳动者可以依法向当地人民法院申请支付令,人民法院应当依法发出支付令。

2. 依法限制用人单位安排劳动者的加班

用人单位应当严格执行劳动定额标准,不得强迫或者变相强迫劳动者加班。用人单位安排加班的,应当按照国家有关规定向劳动者支付加班费。

3. 劳动者有权拒绝违章指挥、冒险作业

《劳动合同法》规定,劳动者对危害生命安全和身体健康的劳动条件,有权对用人单位提出批评、检举和控告。

劳动者拒绝用人单位管理人员违章指挥、强令冒险作业的,不视为违反劳动合同。

4. 用人单位发生变动不影响劳动合同的履行

用人单位如果变更名称、法定代表人、主要负责人或者投资人等事项,不影响劳动合同的履行。

用人单位发生合并或者分立等情况,原劳动合同继续有效,劳动合同由承继其权利和义务的用人单位继续履行。

5. 劳动合同的变更

用人单位与劳动者协商一致,可以变更劳动合同约定的内容。变更劳动合同,应当采用书面形式。变更后的劳动合同文本由用人单位和劳动者各执一份。

变更劳动合同时应当注意:(1) 必须在劳动合同依法立立之后,在合同没有履行或者尚未履行完毕之前的有效时间内进行;(2) 必须坚持平等自愿、协商一致的原则,即须经用人单位和劳动者双方当事人的同意;(3) 不得违反法律法规的强制性规定;(4) 劳动合同的变更须采用书面形式。

（二）劳动合同的解除和终止

劳动合同的解除,是指当事人双方提前终止劳动合同、解除双方权利义务关系的法律行为,可分为协商解除、法定解除和约定解除三种情况。劳动合同的终止,是指劳动合同期满或者出现法定情形以及当事人约定的情形而导致劳动合同的效力消灭,劳动合同即行终止。

1. 劳动者可以单方解除劳动合同的规定

劳动者提前 30 日以书面形式通知用人单位,可以解除劳动合同。劳动者在试用期内提前 3 日通知用人单位,可以解除劳动合同。

《劳动合同法》第 38 条规定,用人单位有下列情形之一的,劳动者可以解除劳动合同:(1) 未按照劳动合同约定提供劳动保护或者劳动条件的;(2) 未及时足额支付劳动报酬的;(3) 未依法为劳动者缴纳社会保险费的;(4) 用人单位的规章制度违反法律、法规的规定,损害劳动者权益的;(5) 因《劳动合同法》第 26 条第 1 款规定的情形致使劳动合同无效的;(6) 法律、行政法规规定劳动者可以解除劳动合同的其他情形。

用人单位以暴力、威胁或者非法限制人身自由的手段强迫劳动者劳动的,或者用人单位违章指挥、强令冒险作业危及劳动者人身安全的,劳动者可以立即解除劳动合同,不需事先告知用人单位。

2. 用人单位可以单方解除劳动合同的规定

《劳动合同法》在赋予劳动者单方解除权的同时,也赋予用人单位对劳动合同的单方解除权,以保障用人单位的用工自主权。

《劳动合同法》第 39 条规定,劳动者有下列情形之一的,用人单位可以解除劳动合同:

(1)在试用期间被证明不符合录用条件的;(2)严重违反用人单位的规章制度的;(3)严重失职,营私舞弊,给用人单位造成重大损害的;(4)劳动者同时与其他用人单位建立劳动关系,对完成本单位的工作任务造成严重影响,或者经用人单位提出,拒不改正的;(5)因《劳动合同法》第 26 条第 1 款第 1 项规定的情形致使劳动合同无效的;(6)被依法追究刑事责任的。

《劳动合同法》第 40 条规定,有下列情形之一的,用人单位提前 30 日以书面形式通知劳动者本人或者额外支付劳动者 1 个月工资后,可以解除劳动合同:(1)劳动者患病或者非因工负伤,在规定的医疗期满后不能从事原工作,也不能从事由用人单位另行安排的工作的;(2)劳动者不能胜任工作,经过培训或者调整工作岗位,仍不能胜任工作的;(3)劳动合同订立时所依据的客观情况发生重大变化,致使劳动合同无法履行,经用人单位与劳动者协商,未能就变更劳动合同内容达成协议的。

3.用人单位经济性裁员的规定

经济性裁员是指用人单位由于经营不善等经济原因,一次性辞退部分劳动者的情形。经济性裁员仍属用人单位单方解除劳动合同。

有下列情形之一,需要裁减人员 20 人以上或者裁减不足 20 人但占企业职工总数 10%以上的,用人单位提前 30 日向工会或者全体职工说明情况,听取工会或者职工的意见后,裁减人员方案经向劳动行政部门报告,可以裁减人员:(1)依照企业破产法规定进行重整的;(2)生产经营发生严重困难的;(3)企业转产、重大技术革新或者经营方式调整,经变更劳动合同后,仍需裁减人员的;(4)其他因劳动合同订立时所依据的客观经济情况发生重大变化,致使劳动合同无法履行的。

裁减人员时,应当优先留用下列三种人员:(1)与本单位订立较长期限的固定期限劳动合同的;(2)与本单位订立无固定期限劳动合同的;(3)家庭无其他就业人员,有需要扶养的老人或者未成年人的。用人单位在 6 个月内重新招用人员的,应当通知被裁减的人员,并在同等条件下优先招用被裁减人员。

4.用人单位不得解除劳动合同的规定

为了保护一些特殊群体劳动者的权益,《劳动合同法》第 42 条规定,劳动者有下列情形之一的,用人单位不得依照该法第 40 条、第 41 条的规定解除劳动合同:(1)从事接触职业病危害作业的劳动者未进行离岗前职业健康检查,或者疑似职业病病人在诊断或者医学观察期间的;(2)在本单位患职业病或者因工负伤并被确认丧失或者部分丧失劳动能力的;(3)患病或者非因工负伤,在规定的医疗期内的;(4)女职工在孕期、产期、哺乳期的;(5)在本单位连续工作满 15 年,且距法定退休年龄不足 5 年的;(6)法律、行政法规规定的其他情形。

用人单位违反《劳动合同法》规定解除或者终止劳动合同,劳动者要求继续履行劳动合同的,用人单位应当继续履行;劳动者不要求继续履行劳动合同或者劳动合同已经不能继续履行的,用人单位应当依法向劳动者支付赔偿金。赔偿金标准为经济补偿标准的 2 倍。

5.劳动合同的终止

《劳动合同法》第 44 条规定,有下列情形之一的,劳动合同终止:(1)劳动合同期满的;(2)劳动者开始依法享受基本养老保险待遇的;(3)劳动者死亡,或者被人民法院宣告死亡或者宣告失踪的;(4)用人单位被依法宣告破产的;(5)用人单位被吊销营业执照、责令关闭、撤销或者用人单位决定提前解散的;(6)法律、行政法规规定的其他情形。

但是,在劳动合同期满时,有《劳动合同法》第42条规定的情形之一的,劳动合同应当继续延续至相应的情形消失时才能终止。但是,在本单位患有职业病或者因工负伤并被确认丧失或者部分丧失劳动能力的劳动者的劳动合同的终止,按照国家有关工伤保险的规定执行。

《工伤保险条例》规定:(1)劳动者因工致残被鉴定为1级至4级伤残的,即丧失劳动能力的,保留劳动关系,退出工作岗位,用人单位不得终止劳动合同;(2)劳动者因工致残被鉴定为5级、6级伤残的,即大部分丧失劳动能力的,经工伤职工本人提出,该职工可以与用人单位解除或者终止劳动关系,否则,用人单位不得终止劳动合同;(3)职工因工致残被鉴定为7级至10级伤残的,即部分丧失劳动能力的,劳动合同期满终止。

6. 终止劳动合同的经济补偿

有下列情形之一的,用人单位应当向劳动者支付经济补偿:(1)劳动者依照《劳动合同法》第38条规定解除劳动合同的;(2)用人单位向劳动者提出解除劳动合同并与劳动者协商一致解除劳动合同的;(3)用人单位依照《劳动合同法》第40条规定解除劳动合同的;(4)用人单位依照《劳动合同法》第41条第1款规定解除劳动合同的;(5)除用人单位维持或者提高劳动合同约定条件续订劳动合同,劳动者不同意续订的情形外,依照《劳动合同法》第44条第1项规定终止固定期限劳动合同的;(6)依照《劳动合同法》第44条第4项、第5项规定终止劳动合同的;(7)法律、行政法规规定的其他情形。

经济补偿的标准,按劳动者在本单位工作的年限,每满1年支付1个月工资的标准向劳动者支付。6个月以上不满1年的,按1年计算;不满6个月的,向劳动者支付半个月工资的经济补偿。劳动者月工资高于用人单位所在直辖市、设区的市级人民政府公布的本地区上年度职工月平均工资3倍的,向其支付经济补偿的标准按职工月平均工资3倍的数额支付,向其支付经济补偿的年限最高不超过12年。月工资是指劳动者在劳动合同解除或者终止前12个月的平均工资。

三、合法用工方式与违法用工模式的规定

据有关资料,我国建筑业的农民工占建筑业从业总人数的80%以上,约占农民工总人数的25%。因此,实施合法用工方式不仅有利于保证建设工程质量安全,还可以更好地保障农民工的合法权益。

(一)"包工头"用工模式

我国建筑业仍属于劳动密集型行业。20世纪80年代以来,随着建设规模不断扩大,建筑业的发展需要大量务工人员,而农村富余劳动力又迫切要求找到适当工作,"包工头"用工模式便应运而生了。因此,我国建筑行业一度大量出现"包工头"是有其历史原因的。可以说,"包工头"用工模式是在特殊历史条件下的特殊产物。

"包工头"作为自然人的民事主体,一方面为解决农村富余劳动力就业提供了一个渠道,另一方面也往往扮演了损害农民工利益的重要角色,在建设领域和劳动领域产生了很大的负面影响。许多"包工头"原有的身份就是农民工。他们凭借灵活的头脑和较广的人脉关系而慢慢演变成"包工头"。其所辖的"务工人员"也逐步由最初的亲戚朋友变成了老乡乃至于

老乡的老乡。这种社会关系最初受亲戚朋友、乡里乡亲的约束还显得比较和谐,但用工范围变得越来越宽后,这个没有任何契约凭据而组成的"组织"很多会因为唯利是图而失去道德底线。"包工头"非法人的用工模式,容易导致大量农民工未经安全和职业技能培训就进入建筑工地,给工程质量和安全带来隐患;非法用工现象较为严重,损害农民工合法权益事件时有发生,特别是违法合同无效的规定,极易造成清欠农民工工资债务链的法律关系"断层",严重扰乱了建筑市场的正常秩序。

《建筑法》明确规定,禁止建筑施工企业以任何形式允许其他单位或者个人使用本企业的资质证书、营业执照,以本企业的名义承揽工程。禁止总承包单位将工程分包给不具备相应资质条件的单位。禁止分包单位将其承包的工程再分包。2005年8月原建设部颁发了《关于建立和完善劳务分包制度发展建筑劳务企业的意见》,要求逐步在全国建立基本规范的建筑劳务分包制度,农民工基本被劳务企业或其他用工企业直接吸纳,"包工头"承揽分包业务基本被禁止。

(二)劳务派遣

劳务派遣(又称劳动力派遣、劳动派遣或人才租赁),是指依法设立的劳务派遣单位与劳动者订立劳动合同,依据与接受劳务派遣单位(即实际用工单位)订立的劳务派遣协议,将劳动者派遣到实际用工单位工作,由派遣单位向劳动者支付工资、福利及社会保险费用,实际用工单位提供劳动条件并按照劳务派遣协议支付用工费用的新型用工方式。其显著特征是劳动者的聘用与使用分离。

1. 劳务派遣单位

《劳动合同法》规定,劳务派遣单位经营劳务派遣业务应当具备下列条件:(1)注册资本不得少于人民币200万元;(2)有与开展业务相适应的固定的经营场所和设施;(3)有符合法律、行政法规规定的劳务派遣管理制度;(4)法律、行政法规规定的其他条件。经营劳务派遣业务,应当向劳动行政部门依法申请行政许可;经许可的,依法办理相应的公司登记。未经许可,任何单位和个人不得经营劳务派遣业务。

劳务派遣只能在临时性、辅助性或者替代性的工作岗位上实施。

劳务派遣单位是《劳动合同法》中所称的用人单位,应当依法履行用人单位对劳动者的义务。

2. 劳动合同与劳务派遣协议

劳务派遣单位与被派遣劳动者应当订立劳动合同。该劳动合同除应当载明《劳动合同法》第17条规定的事项外,还应当载明被派遣劳动者的用工单位以及派遣期限、工作岗位等情况。劳务派遣单位应当与被派遣劳动者订立2年以上的固定期限劳动合同,按月支付劳动报酬;被派遣劳动者在无工作期间,劳务派遣单位应当按照所在地人民政府规定的最低工资标准,向其按月支付报酬。

劳务派遣单位派遣劳动者应当与接受以劳务派遣形式用工的单位(以下称用工单位)订立劳务派遣协议。劳务派遣协议应当约定派遣岗位和人员数量、派遣期限、劳动报酬和社会保险费的数额与支付方式以及违反协议的责任。用工单位应当根据工作岗位的实际需要与劳务派遣单位确定派遣期限,不得将连续用工期限分割订立数个短期劳务派遣协议。

劳务派遣单位应当将劳务派遣协议的内容告知被派遣劳动者。劳务派遣单位不得克扣用工单位按照劳务派遣协议支付给被派遣劳动者的劳动报酬。劳务派遣单位和用工单位不得向被派遣劳动者收取费用。

3. 被派遣劳动者

《劳动合同法》规定,被派遣劳动者享有与用工单位的劳动者同工同酬的权利。用工单位应当按照同工同酬原则,对被派遣劳动者与本单位同类岗位的劳动者实行相同的劳动报酬分配办法。用工单位无同类岗位劳动者的,参照用工单位所在地相同或者相近岗位劳动者的劳动报酬确定。劳务派遣单位与被派遣劳动者订立的劳动合同和与用工单位订立的劳务派遣协议,载明或者约定的向被派遣劳动者支付的劳动报酬应当符合前款规定。

被派遣劳动者有权在劳务派遣单位或者用工单位依法参加或者组织工会,维护自身的合法权益。被派遣劳动者可以依照《劳动合同法》第36条、第38条的规定与劳务派遣单位解除劳动合同。

4. 用工单位

《劳动合同法》规定,用工单位应当履行下列义务:(1) 执行国家劳动标准,提供相应的劳动条件和劳动保护;(2) 告知被派遣劳动者的工作要求和劳动报酬;(3) 支付加班费、绩效奖金,提供与工作岗位相关的福利待遇;(4) 对在岗被派遣劳动者进行工作岗位所必需的培训;(5) 连续用工的,实行正常的工资调整机制。用工单位不得将被派遣劳动者再派遣到其他用人单位。

被派遣劳动者有该法第39条和第40条第1项、第2项规定情形的,用工单位可以将劳动者退回劳务派遣单位,劳务派遣单位依照该法有关规定,可以与劳动者解除劳动合同。

四、劳动保护的规定

《劳动法》对劳动者的工作时间、休息休假、工资、劳动安全卫生、女职工和未成年工特殊保护、社会保险和福利等作了法律规定。

(一) 劳动者的工作时间和休息休假

工作时间(又称劳动时间),是指法律规定的劳动者在一昼夜和一周内从事生产、劳动或工作的时间。休息休假(又称休息时间),是指劳动者在国家规定的法定工作时间外,不从事生产、劳动或工作而由自己自行支配的时间,包括劳动者每天休息的时数、每周休息的天数、节假日、年休假、探亲假等。

1. 工作时间

《劳动法》第36条、第38条规定,国家实行劳动者每日工作时间不超过8小时、平均每周工作时间不超过44小时的工时制度。用人单位应当保证劳动者每周至少休息1日。据此,《国务院关于职工工作时间的规定》中规定,自1995年5月1日起,职工每日工作8小时,每周工作40小时。《劳动法》还规定,企业因生产特点不能实行本法第36条、第38条规定的,经劳动行政部门批准,可以实行其他工作和休息办法。

(1) 缩短工作日。《国务院关于职工工作时间的规定》中规定:"在特殊条件下从事劳动和有特殊情况,需要适当缩短工作时间的,按照国家有关规定执行"。目前,我国实行缩短工作时间的主要是:从事矿山、高山、有毒、有害、特别繁重和过度紧张的体力劳动职工,以及纺织、化工、建筑冶炼、地质勘探、森林采伐、装卸搬运等行业或岗位的职工;从事夜班工作的劳动者;在哺乳期工作的女职工;16至18岁的未成年劳动者等。

(2)不定时工作日。原劳动部《关于企业实行不定时工作制和综合计算工时工作制的审批办法》中规定,企业对符合下列条件之一的职工,可以实行不定时工作日制:① 企业中的高级管理人员、外勤人员、推销人员、部分值班人员和其他因工作无法按标准工作时间衡量的职工;② 企业中的长途运输人员、出租汽车司机和铁路、港口、仓库的部分装卸人员以及因工作性质特殊,需机动作业的职工;③ 其他因生产特点、工作特殊需要或职责范围的关系,适合实行不定时工时制的职工。

(3)综合计算工作日,即分别以周、月、季、年等为周期综合计算工作时间,但其平均日工作时间和平均周工作时间应与法定标准工作时间基本相同。按规定,企业对交通、铁路等行业中因工作性质特殊需连续作业的职工,地质及资源勘探、建筑等受季节和自然条件限制的行业的部分职工等,可实行综合计算工作日。

(4)计件工资时间。对实行计件工作的劳动者,用人单位应当根据《劳动法》第36条规定的工时制度合理确定其劳动定额和计件报酬标准。

2. 休息休假

《劳动法》规定,用人单位在下列节日期间应当依法安排劳动者休假:(1)元旦;(2)春节;(3)国际劳动节;(4)国庆节;(5)法律、法规规定的其他休假节日。目前,法律、法规规定的其他休假节日有:全体公民放假的节日是清明节、端午节和中秋节;部分公民放假的节日及纪念日是妇女节、青年节、儿童节、中国人民解放军建军纪念日。

劳动者连续工作1年以上的,享受带薪年休假。此外,劳动者按有关规定还可以享受探亲假、婚丧假、生育(产)假、节育手术假等。

用人单位由于生产经营需要,经与工会和劳动者协商可以延长工作时间,一般每日不得超过1小时;因特殊原因需要延长工作时间的,在保障劳动者身体健康的条件下延长工作时间每日不得超过3小时,但是每月不得超过36小时。在发生自然灾害、事故等需要紧急处理,或者生产设备、交通运输线路、公共设施发生故障必须及时抢修等法律、行政法规规定的特殊情况的,延长工作时间不受上述限制。

用人单位应当按照下列标准支付高于劳动者正常工作时间工资的工资报酬:安排劳动者延长工作时间的,支付不低于工资150%的工资报酬;休息日安排劳动者工作又不能安排补休的,支付不低于工资200%的工资报酬;法定休假日安排劳动者工作的,支付不低于工资300%的工资报酬。

(二)劳动者的工资

工资,是指用人单位依据国家有关规定和劳动关系双方的约定,以货币形式支付给劳动者的劳动报酬,如计时工资、计件工资、奖金、津贴和补贴等。

1. 工资基本规定

《劳动法》规定,工资分配应当遵循按劳分配原则,实行同工同酬。工资水平在经济发展的基础上逐步提高。国家对工资总量实行宏观调控。用人单位根据本单位的生产经营特点和经济效益,依法自主确定本单位的工资分配方式和工资水平。

工资应当以货币形式按月支付给劳动者本人。不得克扣或者无故拖欠劳动者的工资。

劳动者在法定休假日和婚丧假期间以及依法参加社会活动期间,用人单位应当依法支付工资。

在我国,企业、机关(包括社会团体)、事业单位实行不同的基本工资制度。企业基本工资制度主要有等级工资制、岗位技能工资制、岗位工资制、结构工资制、经营者年薪制等。

2. 最低工资保障制度

最低工资标准,是指劳动者在法定工作时间或依法签订的劳动合同约定的工作时间内提供了正常劳动的前提下,用人单位依法应支付的最低劳动报酬。所谓正常劳动,是指劳动者按依法签订的劳动合同约定,在法定工作时间或劳动合同约定的工作时间内从事的劳动。劳动者依法享受带薪年休假、探亲假、婚丧假、生育(产)假、节育手术假等国家规定的假期间,以及法定工作时间内依法参加社会活动期间,视为提供了正常劳动。

《劳动法》规定,国家实行最低工资保障制度。最低工资的具体标准由省、自治区、直辖市人民政府规定,报国务院备案。用人单位支付劳动者的工资不得低于当地最低工资标准。

根据劳动和社会保障部《最低工资规定》,在劳动者提供正常劳动的情况下,用人单位应支付给劳动者的工资在剔除下列各项以后,不得低于当地最低工资标准:(1)延长工作时间工资;(2)中班、夜班、高温、低温、井下、有毒有害等特殊工作环境、条件下的津贴;(3)法律、法规和国家规定的劳动者福利待遇等。实行计件工资或提成工资等工资形式的用人单位,在科学合理的劳动定额基础上,其支付劳动者的工资不得低于相应的最低工资标准。

(三)劳动安全卫生制度

《劳动法》规定,用人单位必须建立、健全劳动安全卫生制度,严格执行国家劳动安全卫生规程和标准,对劳动者进行劳动安全卫生教育,防止劳动过程中的事故,减少职业危害。

劳动安全卫生设施必须符合国家规定的标准。新建、改建、扩建工程的劳动安全卫生设施必须与主体工程同时设计、同时施工、同时投入生产和使用。用人单位必须为劳动者提供符合国家规定的劳动安全卫生条件和必要的劳动防护用品,对从事有职业危害作业的劳动者应当定期进行健康检查。

从事特种作业的劳动者必须经过专门培训并取得特种作业资格。劳动者在劳动过程中必须严格遵守安全操作规程,对用人单位管理人员违章指挥、强令冒险作业,有权拒绝执行;对危害生命安全和身体健康的行为,有权提出批评、检举和控告。

(四)女职工和未成年工的特殊保护

国家对女职工和未成年工实行特殊劳动保护。

1. 女职工的特殊保护

《劳动法》规定,禁止安排女职工从事矿山井下、国家规定的第4级体力劳动强度的劳动和其他禁忌从事的劳动。不得安排女职工在经期从事高处、低温、冷水作业和国家规定的第3级体力劳动强度的劳动。不得安排女职工在怀孕期间从事国家规定的第3级体力劳动强度的劳动和孕期禁忌从事的活动。对怀孕7个月以上的女职工,不得安排其延长工作时间和夜班劳动。女职工生育享受不少于90天的产假。不得安排女职工在哺乳未满1周岁的婴儿期间从事国家规定的第3级体力劳动强度的劳动和哺乳期禁忌从事的其他劳动,不得安排其延长工作时间和夜班劳动。

按照《体力劳动强度分级》(GB 3869—1997)，体力劳动强度按劳动强度指数大小分为4级。

国务院《女职工劳动保护特别规定》还规定，用人单位应当遵守女职工禁忌从事的劳动范围（详见《女职工劳动保护特别规定》附录）的规定。用人单位应当将本单位属于女职工禁忌从事的劳动范围的岗位书面告知女职工。用人单位不得因女职工怀孕、生育、哺乳降低其工资、予以辞退、与其解除劳动或者聘用合同。女职工生育享受98天产假，其中产前可以休假15天；难产的，增加产假15天；生育多胞胎的，每多生育1个婴儿，增加产假15天。女职工怀孕未满4个月流产的，享受15天产假；怀孕满4个月流产的，享受42天产假。用人单位违反本规定，侵害女职工合法权益的，女职工可以依法投诉、举报、申诉，依法向劳动人事争议调解仲裁机构申请调解仲裁，对仲裁裁决不服的，依法向人民法院提起诉讼。

2. 未成年工的特殊保护

未成年工的特殊保护是针对未成年工处于生长发育期的特点，以及接受义务教育的需要，采取的特殊劳动保护措施。未成年工是指年满16周岁未满18周岁的劳动者。

《劳动法》规定，禁止用人单位招用未满16周岁的未成年人。不得安排未成年工从事矿山井下、有毒有害、国家规定的第4级体力劳动强度的劳动和其他禁忌从事的劳动。用人单位应对未成年工定期进行健康检查。

原劳动部《未成年工特殊保护规定》中规定，用人单位应根据未成年工的健康检查结果安排其从事适合的劳动，对不能胜任原劳动岗位的，应根据医务部门的证明，予以减轻劳动量或安排其他劳动。对未成年工的使用和特殊保护实行登记制度。用人单位招收未成年工除符合一般用工要求外，还须向所在地的县级以上劳动行政部门办理登记。未成年工上岗前用人单位应对其进行有关的职业安全卫生教育、培训。

（五）劳动者的社会保险与福利

《社会保险法》规定，国家建立基本养老保险、基本医疗保险、工伤保险、失业保险、生育保险等社会保险制度，保障公民在年老、疾病、工伤、失业、生育等情况下依法从国家和社会获得物质帮助的权利。

1. 基本养老保险

职工应当参加基本养老保险，由用人单位和职工共同缴纳基本养老保险费。用人单位应当按照国家规定的本单位职工工资总额的比例缴纳基本养老保险费，记入基本养老保险统筹基金。职工应当按照国家规定的本人工资的比例缴纳基本养老保险费，记入个人账户。

（1）基本养老金的组成

基本养老金由统筹养老金和个人账户养老金组成。基本养老金根据个人累计缴费年限、缴费工资、当地职工平均工资、个人账户金额、城镇人口平均预期寿命等因素确定。

（2）基本养老金的领取

参加基本养老保险的个人，达到法定退休年龄时累计缴费满15年的，按月领取基本养老金。参加基本养老保险的个人，达到法定退休年龄时累计缴费不足15年的，可以缴费至满15年，按月领取基本养老金；也可以转入新型农村社会养老保险或者城镇居民社会养老保险，按照国务院规定享受相应的养老保险待遇。

参加基本养老保险的个人，因病或者非因工死亡的，其遗属可以领取丧葬补助金和抚恤金;在未达到法定退休年龄时因病或者非因工致残完全丧失劳动能力的,可以领取病残津贴。所需资金从基本养老保险基金中支付。

个人跨统筹地区就业的,其基本养老保险关系随本人转移,缴费年限累计计算。个人达到法定退休年龄时,基本养老金分段计算、统一支付。

2. 基本医疗保险

职工应当参加职工基本医疗保险,由用人单位和职工按照国家规定共同缴纳基本医疗保险费。医疗机构应当为参保人员提供合理、必要的医疗服务。

参加职工基本医疗保险的个人,达到法定退休年龄时累计缴费达到国家规定年限的,退休后不再缴纳基本医疗保险费,按照国家规定享受基本医疗保险待遇;未达到国家规定年限的,可以缴费至国家规定年限。

符合基本医疗保险药品目录、诊疗项目、医疗服务设施标准以及急诊、抢救的医疗费用,按照国家规定从基本医疗保险基金中支付。下列医疗费用不纳入基本医疗保险基金支付范围:(1)应当从工伤保险基金中支付的;(2)应当由第三人负担的;(3)应当由公共卫生负担的;(4)在境外就医的。医疗费用依法应当由第三人负担,第三人不支付或者无法确定第三人的,由基本医疗保险基金先行支付。基本医疗保险基金先行支付后,有权向第三人追偿。

个人跨统筹地区就业的,其基本医疗保险关系随本人转移,缴费年限累计计算。

3. 工伤保险

职工应当参加工伤保险,由用人单位缴纳工伤保险费,职工不缴纳工伤保险费。此外,《建筑法》还规定,"鼓励企业为从事危险作业的职工办理意外伤害保险,支付保险费。"

4. 失业保险

《社会保险法》规定,职工应当参加失业保险,由用人单位和职工按照国家规定共同缴纳失业保险费。职工跨统筹地区就业的,其失业保险关系随本人转移,缴费年限累计计算。

(1)失业保险金的领取

失业人员符合下列条件的,从失业保险基金中领取失业保险金:① 失业前用人单位和本人已经缴纳失业保险费满1年的;② 非因本人意愿中断就业的;③ 已经进行失业登记,并有求职要求的。

失业人员失业前用人单位和本人累计缴费满1年不足5年的,领取失业保险金的期限最长为12个月;累计缴费满5年不足10年的,领取失业保险金的期限最长为18个月;累计缴费10年以上的,领取失业保险金的期限最长为24个月。重新就业后,再次失业的,缴费时间重新计算,领取失业保险金的期限与前次失业应当领取而尚未领取的失业保险金的期限合并计算,最长不超过24个月。

失业保险金的标准,由省、自治区、直辖市人民政府确定,但不得低于城市居民最低生活保障标准。

(2)领取失业保险金期间的有关规定

失业人员在领取失业保险金期间,参加职工基本医疗保险,享受基本医疗保险待遇。失业人员应当缴纳的基本医疗保险费从失业保险基金中支付,个人不缴纳基本医疗保险费。

失业人员在领取失业保险金期间死亡的,参照当地对在职职工死亡的规定,向其遗属发给一次性丧葬补助金和抚恤金。所需资金从失业保险基金中支付。个人死亡同时符合领取基本养老保险丧葬补助金、工伤保险丧葬补助金和失业保险丧葬补助金条件的,其遗属只能选择领取其中的 1 项。

(3) 办理领取失业保险金的程序

用人单位应当及时为失业人员出具终止或者解除劳动关系的证明,并将失业人员的名单自终止或者解除劳动关系之日起 15 日内告知社会保险经办机构。

失业人员应当持本单位为其出具的终止或者解除劳动关系的证明,及时到指定的公共就业服务机构办理失业登记。失业人员凭失业登记证明和个人身份证明,到社会保险经办机构办理领取失业保险金的手续。失业保险金领取期限自办理失业登记之日起计算。

(4) 停止享受失业保险待遇的规定

失业人员在领取失业保险金期间有下列情形之一的,停止领取失业保险金,并同时停止享受其他失业保险待遇:① 重新就业的;② 应征服兵役的;③ 移居境外的;④ 享受基本养老保险待遇的;⑤ 无正当理由,拒不接受当地人民政府指定部门或者机构介绍的适当工作或者提供的培训的。

5. 生育保险

《社会保险法》规定,职工应当参加生育保险,由用人单位按照国家规定缴纳生育保险费,职工不缴纳生育保险费。用人单位已经缴纳生育保险费的,其职工享受生育保险待遇;职工未就业配偶按照国家规定享受生育医疗费用待遇。所需资金从生育保险基金中支付。

生育保险待遇包括生育医疗费用和生育津贴。生育医疗费用包括下列各项:(1) 生育的医疗费用;(2) 计划生育的医疗费用;(3) 法律、法规规定的其他项目费用。

职工有下列情形之一的,可以按照国家规定享受生育津贴:(1) 女职工生育享受产假;(2) 享受计划生育手术休假;(3) 法律、法规规定的其他情形。生育津贴按照职工所在用人单位上年度职工月平均工资计发。

6. 福利

《劳动法》规定,国家发展社会福利事业,兴建公共福利设施,为劳动者休息、休养和疗养提供条件。

用人单位应当创造条件,改善集体福利,提高劳动者的福利待遇。

五、劳动争议的解决

劳动争议(又称劳动纠纷),是指劳动关系当事人之间因劳动的权利与义务发生分歧而引起的争议。

(一)劳动争议的范围

按照《劳动争议调解仲裁法》、《企业劳动争议处理条例》和《最高人民法院关于审理劳动争议案件适用法律若干问题的解释》的规定,劳动争议的范围主要是:(1) 因确认劳动关系发生的争议;(2) 因订立、履行、变更、解除和终止劳动合同发生的争议;(3) 因除名、辞退职工和职工辞职、自动离职发生的争议;(4) 因工作时间、休息休假、工资、社会保险、福利、培训以及劳动保护发生的争议;(5) 因劳动报酬、工伤医疗费、经济补偿或者赔偿金等发生的争议;(6) 劳动者与用人单位在履行合同过程中发生的纠纷;(7) 劳动者与用人单位之间没有订立书面劳动合同,但已形成劳动关系后发生的纠纷;(8) 劳动者退休后,与尚未参加社会保险统筹的原用人单位因追索养老金、医疗费、工伤保险待遇和其他社会保险而发生的争议;(9)法律、法规规定的其他劳动争议。

（二）劳动争议的解决方式

《劳动法》规定,用人单位与劳动者发生劳动争议,当事人可以依法申请调解、仲裁、提起诉讼,也可以协商解决。调解原则适用于仲裁和诉讼程序。

1.调解

劳动争议发生后,当事人可以向本单位劳动争议调解委员会申请调解。

在用人单位内,可以设立劳动争议调解委员会。劳动争议调解委员会由职工代表、用人单位代表和工会代表组成。劳动争议调解委员会主任由工会代表担任。劳动争议经调解达成协议的,当事人应当履行。

2.仲裁

对于调解不成,当事人一方要求仲裁的,可以向劳动争议仲裁委员会申请仲裁。当事人一方也可以直接向劳动争议仲裁委员会申请仲裁。

劳动争议仲裁委员会由劳动行政部门代表、同级工会代表、用人单位方面的代表组成。劳动争议仲裁委员会主任由劳动行政部门代表担任。

按照《劳动争议调解仲裁法》的规定,劳动争议申请仲裁的时效期间为一年。仲裁时效期间从当事人知道或者应当知道其权利被侵害之日起计算。前款规定的仲裁时效,因当事人一方向对方当事人主张权利,或者向有关部门请求权利救济,或者对方当事人同意履行义务而中断。从中断时起,仲裁时效期间重新计算。因不可抗力或者有其他正当理由,当事人不能在本条第一款规定的仲裁时效期间申请仲裁的,仲裁时效中止。从中止时效的原因消除之日起,仲裁时效期间继续计算。劳动关系存续期间因拖欠劳动报酬发生争议的,劳动者申请仲裁不受本条第一款规定的仲裁时效期间的限制;但是,劳动关系终止的,应当自劳动关系终止之日起一年内提出。

3.诉讼

《劳动法》规定,劳动争议当事人对仲裁裁决不服的,可以自收到仲裁裁决书之日起15日内向人民法院提起诉讼。一方当事人在法定期限内不起诉又不履行仲裁裁决的,另一方当事人可以申请人民法院强制执行。

（三）集体合同争议的解决

因签订集体合同发生争议,当事人协商解决不成的,当地人民政府劳动行政部门可以组织有关各方协调处理。

因履行集体合同发生争议,当事人协商解决不成的,可以向劳动争议仲裁委员会申请仲裁;对仲裁裁决不服的,可以自收到仲裁裁决书之日起15日内向人民法院提起诉讼。

六、违法行为应承担的法律责任

劳动合同及劳动关系中违法行为应承担的主要法律责任如下:

（一）劳动合同订立中违法行为应承担的法律责任

《劳动合同法》规定,用人单位提供的劳动合同文本未载明本法规定的劳动合同必备条款或者用人单位未将劳动合同文本交付劳动者的,由劳动行政部门责令改正;给劳动者造成损害的,应当承担赔偿责任。

用人单位自用工之日起超过 1 个月不满 1 年未与劳动者订立书面劳动合同的,应当向劳动者每月支付 2 倍的工资。用人单位自用工之日起满 1 年不与劳动者订立书面劳动合同的,视为用人单位与劳动者已订立无固定期限劳动合同。

用人单位违反本法规定不与劳动者订立无固定期限劳动合同的,自应当订立无固定期限劳动合同之日起向劳动者每月支付 2 倍的工资。

劳动合同依照本法第 26 条规定被确认无效,给对方造成损害的,有过错的一方应当承担赔偿责任。

(二) 劳动合同履行、变更、解除和终止中违法行为应承担的法律责任

1. 用人单位应承担的法律责任

《劳动合同法》规定,用人单位有下列情形之一的,由劳动行政部门责令限期支付劳动报酬、加班费或者经济补偿;劳动报酬低于当地最低工资标准的,应当支付其差额部分;逾期不支付的,责令用人单位按应付金额 50% 以上 100% 以下的标准向劳动者加付赔偿金:(1) 未按照劳动合同的约定或者国家规定及时足额支付劳动者劳动报酬的;(2) 低于当地最低工资标准支付劳动者工资的;(3) 安排加班不支付加班费的;(4) 解除或者终止劳动合同,未依照本法规定向劳动者支付经济补偿的。

用人单位有下列情形之一的,依法给予行政处罚;构成犯罪的,依法追究刑事责任;给劳动者造成损害的,应当承担赔偿责任:(1) 以暴力、威胁或者非法限制人身自由的手段强迫劳动的;(2) 违章指挥或者强令冒险作业危及劳动者人身安全的;(3) 侮辱、体罚、殴打、非法搜查或者拘禁劳动者的;(4) 劳动条件恶劣、环境污染严重,给劳动者身心健康造成严重损害的。

用人单位违反本法规定解除或者终止劳动合同的,应当依照本法第 47 条规定的经济补偿标准的 2 倍向劳动者支付赔偿金。

用人单位违反本法规定未向劳动者出具解除或者终止劳动合同的书面证明,由劳动行政部门责令改正;给劳动者造成损害的,应当承担赔偿责任。

2. 劳动者违法行为应承担的法律责任

《劳动合同法》规定,劳动者违反本法规定解除劳动合同,或者违反劳动合同中约定的保密义务或者竞业限制,给用人单位造成损失的,应当承担赔偿责任。

3. 劳务派遣单位违法行为应承担的法律责任

《劳动合同法》规定,用人单位招用与其他用人单位尚未解除或者终止劳动合同的劳动者,给其他用人单位造成损失的,应当承担连带赔偿责任。

劳务派遣单位违反本法规定的,由劳动行政部门和其他有关主管部门责令改正;情节严重的,以每人 1 000 元以上 5 000 元以下的标准处以罚款,并由工商行政管理部门吊销营业执照;给被派遣劳动者造成损害的,劳务派遣单位与用工单位承担连带赔偿责任。

(三) 劳动保护违法行为应承担的法律责任

《劳动法》规定,用人单位违反本法规定,延长劳动者工作时间的,由劳动行政部门给予

警告,责令改正,并可以处以罚款。

用人单位的劳动安全设施和劳动卫生条件不符合国家规定或者未向劳动者提供必要的劳动保护用品和劳动保护设施的,由劳动行政部门或者有关部门责令改正,可以处以罚款;情节严重的,提请县级以上人民政府决定责令停产整顿;对事故隐患不采取措施,致使发生重大事故,造成劳动者生命和财产损失的,对责任人员比照刑法第 187 条的规定追究刑事责任。

用人单位非法招用未满 16 周岁的未成年人的,由劳动行政部门责令改正,处以罚款;情节严重的,由工商行政管理部门吊销营业执照。

用人单位违反本法对女职工和未成年工的保护规定,侵害其合法权益的,由劳动行政部门责令改正,处以罚款;对女职工或者未成年工造成损害的,应当承担赔偿责任。

用人单位无故不缴纳社会保险费的,由劳动行政部门责令其限期缴纳,逾期不缴纳的,可以加收滞纳金。

相关合同制度

第三节　工程案例分析

【案例 28】

（一）背景

某电器公司与某建筑公司签订了《建筑工程施工合同》,对工程内容、工程价款、支付时间、工程质量、工期、违约责任等作了具体约定。在施工过程中,电器公司对施工图纸先后做了 8 次修改,但未能按期交付图纸,致使工期有所拖延。竣工验收时,电器公司对部分工程质量提出了异议。经双方协商无果,电器公司向法院提起了诉讼,要求建筑公司因工期延误和部分工程质量问题承担违约责任。

（二）问题

（1）建筑公司应当承担哪些法律责任?

（2）对工期的延误,建筑公司是否应当承担违约责任?

（3）建筑公司今后在施工合同中应当注意哪些问题?

（三）分析

（1）依据《合同法》的相关规定和合同中约定的质量标准,该建筑公司应当承担部分工程质量问题的违约责任。

（2）对于工期的延误,该建筑公司不应当承担违约责任,但需要举证。因为,该建筑公司在施工过程中,电器公司对施工图纸做了 8 次修改,并未按期交付图纸,导致了工期延误,建筑公司不应当为此而承担违约责任。但是,建筑公司应当向法院将电器公司修改的图纸以及图纸修改的时间等相关证据予以举证,即证明工期延误非本建筑公司的行为所致。

（3）该建筑公司在今后的施工合同签订与履行过程中,应当对可能出现的工期延误情况作出专门的预期性约定,或者在合同履行中对由于对方原因而导致合同延期的情况作出书面认定,以备将来一旦发生诉讼时有据可查。

【案例29】

（一）背景

某开发商在与某建筑公司商谈建筑工程施工合同时,要求该建筑公司必须先行垫资施工。该建筑公司为了获得签约,答应了开发商的要求,但对垫资作何处理没有做出特别约定。当工程按期如约完工后,该建筑公司要求开发商除支付工程款外,还应将先前的工程垫资款按照借款处理,并支付相应的利息。

（二）问题

该建筑公司要求开发商将工程垫资按借款处理并支付相应的利息是否可以得到法律的支持?

（三）分析

《最高人民法院关于审理建设工程施工合同纠纷案件适用法律问题的解释》第6条规定:"当事人对垫资和垫资利息有约定,承包人请求按照约定返还垫资及其利息的,应予支持,但是约定的利息计算标准高于中国人民银行发布的同期同类贷款利率的部分除外。当事人对垫资没有约定的,按照工程欠款处理。当事人对垫资利息没有约定,承包人请求支付利息的,不予支持。"依据上述规定,该建筑公司要求开发商支付工程垫资款的要求可以得到法律支持,但是对其按借款并支付相应利息的要求不符合司法解释的规定,不能得到法律的支持。

【案例30】

（一）背景

某建筑公司承包了某房地产开发公司开发的商品房建设工程,并签订了施工合同,就工程价款、竣工日期等作了详细约定。该工程如期完成并经验收合格,但房地产开发公司尚欠建筑公司工程款1250万元。经建筑公司多次催要无果,便将房地产开发公司起诉至法院。在诉讼中,房地产开发公司以还欠另一公司的债务为由,拒绝支付其尚欠的工程价款。

（二）问题

（1）房地产开发公司不向建筑公司支付工程价款的理由是否成立?
（2）建筑公司应当在什么时限内向法院提起诉讼?

（三）分析

（1）房地产开发公司不向建筑公司支付工程价款的理由不能成立。我国《合同法》第286条规定:"发包人未按照约定支付价款的,承包人可以催告发包人在合理期限内支付价款。发包人逾期不支付的,除按照建设工程的性质不宜折价、拍卖的以外,承包人可以与发包人协议将该工程折价,也可以申请人民法院将该工程依法拍卖。建设工程的价款就该工程折价或者拍卖的价款优先受偿。"《最高人民法院关于建设工程价款优先受偿权问题的批复》第 1 条规定:"人民法院在审理房地产纠纷案件和办理执行案件中,应当依照《中华人民共和国合同法》第 286 条的规定,认定建筑工程的承包人的优先受偿权优于抵押权和其他债权。"依据上述规定,房地产开发公司以欠另一公司债务而不向建筑公司支付工程价款的理由不能成立,本案中建筑公司的工程款应当优先于第三方的债权。

(2)《最高人民法院关于建设工程价款优先受偿权问题的批复》第 4 条规定:"建设工程承包人行使优先权的期限为六个月,自建设工程竣工之日或者建设工程合同约定的竣工之日起计算。"据此,建筑公司应当在建设工程竣工之日或者建设工程合同约定的竣工之日起 6 个月内向人民法院提起诉讼。如果过了这个时限,该建筑公司将失去建设工程价款的优先受偿权。

【案例 31】

(一)背景

A 建筑公司挂靠于一资质较高的 B 建筑公司,以 B 建筑公司名义承揽了一项工程,并与建设单位 C 公司签订了施工合同。但在施工过程中,由于 A 建筑公司的实际施工技术力量和管理能力都较差,造成了工程进度的延误和一些工程质量缺陷。C 公司以此为由,不予支付余下的工程款。A 建筑公司以 B 建筑公司名义将 C 公司告上了法庭。

(二)问题

(1) A 建筑公司以 B 建筑公司名义与 C 公司签订的施工合同是否有效?
(2) C 公司是否应当支付余下的工程款?

(三)分析

(1)《最高人民法院关于审理建设工程施工合同纠纷案件适用法律问题的解释》的第 4 条规定:"承包人非法转包、违法分包建设工程或者没有资质的实际施工人借用有资质的建筑施工企业名义与他人签订建设工程施工合同的行为无效。"A 建筑公司以 B 建筑公司名义与 C 公司签订的施工合同,是没有资质的实际施工人借用有资质的建筑施工企业名义签订的合同,属无效合同,不具有法律效力。

(2) C 公司是否应当支付余下的工程款要视该工程竣工验收的结果而定。《最高人民法院关于审理建设工程施工合同纠纷案件适用法律问题的解释》规定,"建设工程施工合同无效,但建设工程经竣工验收合格,承包人请求参照约定支付工程价款的,应予支持。建设工程施工合同无效,且建设工程经竣工验收不合格的,按照以下情形分别处理:(1)修复后的建设工程经竣工验收合格,发包人请求承包人承担修复费用的,应予支持;(2)修复后的建设工程经竣工验收不合格的,承包人请求支付工程价款的,不予支持。"

【案例 32】

(一)背景

2008 年 5 月,某外企公司有 3 名员工已在该企业工作满 10 年,需要续签新的劳动合同。但该公司不打算再与其续签劳动合同。该公司人力资源部的经理依据原先的各地关于无固定期限劳动合同的做法与规定，向3位员工下发了到期不再续签劳动合同的书面通知。但3位员工不服，认为在该公司工作了这么多年，公司不应该这样做，于是他们向有关人员进行咨询。

（二）问题

（1）该3位员工坚决要求签订劳动合同，并且要求签订无固定期限劳动合同，依据《劳动合同法》的规定，是否应当签订无固定期限劳动合同？

（2）在公司不同意的情况下，是否可以签订无固定期限劳动合同？

（三）分析

（1）依据《劳动合同法》第14条第2款的规定，劳动者在该用人单位连续工作满10年的，劳动者提出或者同意续订、订立劳动合同的，应当订立无固定期限劳动合同。本案中，3位员工已经在该公司工作了10年，依据《劳动合同法》的规定，该公司必须与3位员工续签无固定期限劳动合同。

（2）3位员工要求续签无固定期限劳动合同，尽管公司单方面不同意，依据上述规定，公司也必须与其续签无固定期限劳动合同，否则将构成违法。

【案例33】

（一）背景

某建筑公司的一位会计因故离职，该建筑公司聘请徐女士于2012年9月15日接替了原会计的工作，并自该日起，徐女士开始接手财务工作。9月30日，徐女士与该建筑公司签订了劳动合同。由于徐女士的会计职称级别与原会计相同，双方在商签劳动合同时对工资数额发生分歧，便在劳动合同中约定徐女士工资暂定每月3 000元，待年底视公司效益情况，再酌情给予一定的奖励。2012年底，徐女士要求公司按照约定向其发放奖金，公司说效益不好，不能发放徐女士的奖金。后徐女士提出，劳动合同中对其工资的约定但不明确，应当按照同样工作岗位的员工工资补齐其差额部分，并应补发其劳动合同签订前自9月15日至9月29日的工资。

（二）问题

（1）徐女士的要求是否合法？

（2）该建筑公司今后应当注意或者改进哪些做法？

（三）分析

（1）徐女士的要求是合法的。

《劳动合同法》第11条规定："用人单位未在用工的同时订立书面劳动合同，与劳动者约定的劳动报酬不明确的，新招用的劳动者的劳动报酬按照集体合同规定的标准执行；没有集体合同或者集体合同未规定的，实行同工同酬。"据此，由于徐女士与该公司在劳动合同中关于工资待遇的规定不明确,作为同会计职称级别的徐女士,应当享受原会计或者该公司同岗位人员的工资报酬待遇。

《劳动合同法》第7条规定:"用人单位自用工之日起即与劳动者建立劳动关系"。徐女士在9月15日虽然还没有和公司签订书面劳动合同,但从这一天起,徐女士就已经同该公司建立了劳动关系,用人单位应当以建立劳动关系的时间为工资发放的起始时间,即向徐女士补发劳动合同签订前自9月15日至9月29日的工资。

(2)该建筑公司应当认真学习和严格执行《劳动合同法》的相关规定,在聘用员工后应立即签订书面劳动合同,并在劳动合同中将各项条款规定明确具体;在劳动合同履行过程中,不得少付甚至克扣劳动者的任何工资和福利待遇,否则将可能招致劳动争议或纠纷,甚至成为被告。

【案例34】

(一)背景

某中外合资公司与王某签订了为期3年的劳动合同。合同中约定,在合同的履行期间,如果本合同订立时所依据的客观情况发生变化,致使合同无法履行,经双方协商不能就本合同达成协议的,公司可以提前30天以书面形式通知王某解除劳动合同。两年后,该公司由一家中外合资企业变更为外商独资企业,公司的法定代表人也作了变更。该公司由于重组进行大规模的裁员,王某也在被裁人员名单中。随后,公司以企业名称、性质和法定代表人变更,属于合同订立时所依据的客观情况发生重大变化为由,书面通知王某解除劳动合同。王某不同意,认为自己的劳动合同没有到期,不能以企业法定代表人变更等为由随意解除劳动合同。

(二)问题

(1)该公司上述理由是否可以作为解除与王某劳动合同的依据?
(2)该公司与王某的合同是否继续有效?

(三)分析

(1)《劳动合同法》第33条规定,"用人单位变更名称、法定代表人、主要负责人或者投资人等事项,不影响劳动合同的履行。"本案中,该公司虽然企业的名称、性质和法定代表人发生了变更,但并非属于法律上认定的"客观情况发生重大变化",企业的正常经营并未因此而受到影响。因此,该公司以上述理由解除与王某的劳动合同是没有法律依据的。

(2)王某与该公司的劳动合同还没有到期,该合同依然有效。所以,双方应该继续履行劳动合同。

【案例35】

(一)背景

2008年5月,小张大学毕业后,通过人才市场被一家设备公司聘用。小张所从事的工作技术含量较高,经过一段时间的实践仍不能胜任所从事的工作,于是公司决定解除与小张的劳动合同。但是,小张不同意解除合同。公司便不再分派小张任何工作,也停发了小张的工资,单方解除了与小张的劳动合同。

（二）问题

（1）该设备公司是否违反了《劳动合同法》的有关规定？
（2）该设备公司应当承担哪些责任？

（三）分析

（1）该设备公司违反了《劳动合同法》第40条的规定。《劳动合同法》第40条规定,"有下列情形之一的,用人单位提前30日以书面形式通知劳动者本人或者额外支付劳动者1个月工资后,可以解除劳动合同……（2）劳动者不能胜任工作,经过培训或者调整工作岗位,仍不能胜任工作的……"据此,该公司认为小张不能胜任本职工作,应当对他进行培训或者调整工作岗位,如还不能胜任工作的,方可在提前30日以书面形式通知小张本人或者额外支付劳动者1个月工资后,才能解除劳动合同。此外,该公司单方解除劳动合同,还应当按照《劳动合同法》第43条的规定,事先将理由通知工会。

（2）该设备公司应当承担向小张支付经济补偿的责任。《劳动合同法》第46条规定,用人单位依照《劳动合同法》第40条的规定解除劳动合同的,用人单位应当向劳动者支付经济补偿。第47条规定,经济补偿按劳动者在本单位工作的年限,每满一年支付一个月工资的标准向劳动者支付。六个月以上不满一年的,按一年计算;不满六个月的,向劳动者支付半个月工资的经济补偿。

【案例36】

（一）背景

老李是某劳务派遣公司派遣到某建筑公司工作的劳动者。一天,老李与和他同岗位并在一起工作的小王聊天时得知,老李的月工资比小王低了好几百块钱,便找到该建筑公司人事行政部门询问,为什么小王很年轻,每天和他工作在同一岗位,但工资待遇却差别如此之大。该公司人事行政部门回答,你不是我们公司的员工,当然同小王的工资待遇不一样。

（二）问题

（1）该公司人事行政部门的回答是否合法？
（2）老李的工资待遇问题应当由谁来解决？

（三）分析

（1）该公司人事行政部门的回答是错误的。我国新修正的《劳动合同法》第63条规定:"被派遣劳动者享有与用工单位的劳动者同工同酬的权利。用工单位应当按照同工同酬原则,对被派遣劳动者与本单位同类岗位的劳动者实行相同的劳动报酬分配办法。""劳务派遣单位与被派遣劳动者订立的劳动合同和与用工单位订立的劳务派遣协议,载明或者约定的向被派遣劳动者支付的劳动报酬应当符合前款规定。"据此,虽然老李不是该公司的员工,但也应当与该公司员工享有同工同酬的权利。老李的工资待遇应当与小王相同。

（2）老李的工资待遇问题应当由劳务派遣单位来解决。我国《劳动合同法》第58条规定:"劳务派遣单位是本法所称用人单位,应当履行用人单位对劳动者的义务。"据此,老李的工资待遇问题,应当由老李所属的劳务派遣单位解决。

【案例37】

（一）背景

2011年1月小马应聘到A公司就职,但工作8个月后就与A公司解除了劳动合同,于2011年9月又被B公司聘用。2012年3月小马在B公司工作了6个月后,因家中有事,向B公司提出要求休带薪年假,但B公司说现在公司工作很忙,人手很缺,没有批准小马的休假申请,并回答说小马到B公司工作还没有满一年,不能享受带薪年假。

（二）问题

（1）小马在B公司是否可以享受带薪年假?
（2）B公司是否可以不批准小马的休假申请?
（3）如果小马全年未能享受带薪年假,B公司将按照何标准向小马支付工资?

（三）分析

（1）6小马在B公司虽然只工作了6个月,但仍可享受带薪年假待遇。国务院《职工带薪年休假条例》第2条规定:"机关、团体、企业、事业单位、民办非企业单位、有雇工的个体工商户等单位的职工连续工作1年以上的,享受带薪年休假(以下简称年休假)。单位应当保证职工享受年休假。职工在年休假期间享受与正常工作期间相同的工资收入。"本案中的小马虽然在B公司工作了6个月,但是在A公司还工作了8个月,其连续工作已超过一年,应当享受带薪年休假。

（2）《职工带薪年休假条例》第5条规定:"单位根据生产、工作的具体情况,并考虑职工本人意愿,统筹安排职工年休假。年休假在1个年度内可以集中安排,也可以分段安排,一般不跨年度安排。单位因生产、工作特点确有必要跨年度安排职工年休假的,可以跨1个年度安排。单位确因工作需要不能安排职工休年休假的,经职工本人同意,可以不安排职工休年休假。对职工应休未休的年休假天数,单位应当按照该职工日工资收入的300%支付年休假工资报酬。"据此,虽然享受带薪年休假是劳动者的法定权利,但如何安排年休假却是用人单位的权利。在一般情况下,公司安排员工年休假应当统筹兼顾工作需要和员工个人意愿,但如果员工未经公司同意擅自休年假,严重的可能会导致劳动合同的解除。

（3）《职工带薪年休假条例》第5条第3款规定:"单位确因工作需要不能安排职工休年休假的,经职工本人同意,可以不安排职工休年休假。对职工应休未休的年休假天数,单位应当按照该职工日工资收入的300%支付年休假工资报酬。"需要注意的是,这里的"日工资收入的300%",已经包含了用人单位支付职工正常工作期间的工资收入。就是说,除正常工作期间的工资外,应休未休的带薪年休假折算工资＝应休未休的天数×日工资×2倍。

【案例 38】

（一）背景

王某 2009 年 1 月进入某 IT 公司工作，并与该 IT 公司签订了劳动合同。由于王某自行开发了一个新的软件，并保留了该软件的源代码且没有上交公司。按照公司的规章制度要求，任何员工开发的软件其知识产权均属公司所有，不得被个人保留。但王某以此为条件，要求公司为其上涨工资否则不交出软件源代码。公司没有答应王某的要求，告知王某的行为已违反了公司的规章制度，将与他解除劳动合同，并要求王某赔偿由其行为给公司造成的经济损失。双方僵持不下，王某向该 IT 公司所在地的劳动争议仲裁委员会提出了仲裁申请，要求公司因解除劳动合同对其支付经济补偿和赔偿金。该公司认为对王某的行为公司有权解除劳动合同，并对王某给公司造成的损失提出了反请求。

（二）问题

（1）王某的行为是否属于劳动争议的范围？
（2）该公司是否可以解除与王某的劳动合同？
（3）该公司对王某给公司造成的损失该如何处理？

（三）分析

（1）王某的上述请求属于劳动仲裁的范围。根据《劳动争议调解仲裁法》、《企业劳动争议处理条例》和《最高人民法院关于审理劳动争议案件适用法律若干问题的解释》的规定，因订立、履行、变更、解除和终止劳动合同发生的争议属于劳动争议的范围。因此，劳动争议仲裁委员会受理了王某的劳动仲裁申请。

（2）该 IT 公司可以解除与王某的劳动合同。《劳动合同法》第 39 条规定："劳动者有下列情形之一的，用人单位可以解除劳动合同：（1）在试用期间被证明不符合录用条件的；（2）严重违反用人单位的规章制度的；（3）严重失职，营私舞弊，给用人单位造成重大损害的；（4）劳动者同时与其他用人单位建立劳动关系，对完成本单位的工作任务造成严重影响的，或者经用人单位提出，拒不改正的；（5）因本法第 26 条第 1 款第 1 项规定的情形致使劳动合同无效的；（6）被依法追究刑事责任的。"王某不上交源代码的行为违反了公司的规章制度，依据上述《劳动合同法》的规定，该 IT 公司可以解除与王某的劳动合同。

（3）该 IT 公司对王某给公司造成的损失可以向法院提起民事诉讼，要求王某赔偿因其行为给公司造成的经济损失。

拓展案例

第七章
建设工程安全生产法律制度

建设工程安全生产,一般是指在工程建设活动中,通过人、物(机)、环境等和谐运作,使工程建设过程中潜在的各种事故风险和伤害因素始终处于有效控制状态,切实保护劳动者的生命安全和身体健康。建设工程安全生产涉及五个要素:风险识别与评价、风险控制、作业场所及环境、作业人员安全技能、作业工具及防护用品。

建设工程施工多为露天、高处作业,施工环境和作业条件较差,不安全因素较多,历来属事故多发的高危行业之一。因此,必须牢固树立以人为本、安全发展的理念,坚持"安全第一、预防为主、综合治理"方针,坚持速度、质量、效益与安全的有机统一,强化和落实企业主体责任,防范和遏制重特大事故,防止和减少违章指挥、违规作业、违反劳动纪律行为,促进建设工程安全生产形势持续稳定好转。

第一节　施工安全生产许可制度

我国《行政许可法》规定:"直接涉及国家安全、公共安全、经济宏观调控、生态环境保护以及直接关系人身健康、生命财产安全等特定活动,需要按照法定条件予以批准的事项",可以设定行政许可。

《安全生产许可证条例》规定,国家对矿山企业、建筑施工企业和危险化学品、烟花爆竹、民用爆破器材生产企业(以下统称企业)实行安全生产许可制度。企业未取得安全生产许可证的,不得从事生产活动。

一、申请领取安全生产许可证的条件

《安全生产许可证条例》规定,企业取得安全生产许可证,应当具备13项安全生产条件。据此,住建部发布了《建筑施工企业安全生产许可证管理规定》。该规定所称建筑施工企业,是指从事土木工程、建筑工程、线路管道和设备安装工程及装修工程的新建、扩建、改建和拆除等有关活动的企业。

《建筑施工企业安全生产许可证管理规定》中规定,建筑施工企业取得安全生产许可证,应当具备下列安全生产条件:(1) 建立、健全安全生产责任制,制定完备的安全生产规章制度和操作规程;(2) 保证本单位安全生产条件所需资金的投入;(3) 设置安全生产管理机构,按照国家有关规定配备专职安全生产管理人员;(4) 主要负责人、项目负责人、专职安全生产管理人员经建设主管部门或者其他有关部门考核合格;(5) 特种作业人员经有关业务主管部门考核合格,取得特种作业操作资格证书;(6) 管理人员和作业人员每年至少进行1次安全生产教育培训并考核合格;(7) 依法参加工伤保险,依法为施工现场从事危险作业的

人员办理意外伤害保险,为从业人员交纳保险费;(8)施工现场的办公、生活区及作业场所和安全防护用具、机械设备、施工机具及配件符合有关安全生产法律、法规、标准和规程的要求;(9)有职业危害防治措施,并为作业人员配备符合国家标准或者行业标准的安全防护用具和安全防护服装;(10)有对危险性较大的分部分项工程及施工现场易发生重大事故的部位、环节的预防、监控措施和应急预案;(11)有生产安全事故应急救援预案、应急救援组织或者应急救援人员,配备必要的应急救援器材、设备;(12)法律、法规规定的其他条件。

建筑施工企业未取得安全生产许可证的,不得从事建筑施工活动。

二、安全生产许可证的有效期和政府监管的规定

(一)安全生产许可证的申请

建筑施工企业从事建筑施工活动前,应当依法申请领取安全生产许可证。省、自治区、直辖市人民政府建设主管部门负责建筑施工企业安全生产许可证的颁发和管理,并接受国务院建设主管部门的指导和监督。

建筑施工企业申请安全生产许可证时,应当向建设主管部门提供下列材料:(1)建筑施工企业安全生产许可证申请表;(2)企业法人营业执照;(3)与申请安全生产许可证应当具备的安全生产条件相关的文件、材料。建筑施工企业申请安全生产许可证,应当对申请材料实质内容的真实性负责,不得隐瞒有关情况或者提供虚假材料。

(二)安全生产许可证的有效期

安全生产许可证的有效期为3年。安全生产许可证有效期满需要延期的,企业应当于期满前3个月向原安全生产许可证颁发管理机关办理延期手续。企业在安全生产许可证有效期内,严格遵守有关安全生产的法律法规,未发生死亡事故的,安全生产许可证有效期届满时,经原安全生产许可证颁发管理机关同意,不再审查,安全生产许可证有效期延期3年。

建筑施工企业变更名称、地址、法定代表人等,应当在变更后10日内到原安全生产许可证颁发管理机关办理安全生产许可证变更手续。建筑施工企业破产、倒闭、撤销的,应当将安全生产许可证交回原安全生产许可证颁发管理机关予以注销。建筑施工企业遗失安全生产许可证,应当立即向原安全生产许可证颁发管理机关报告,并在公众媒体上声明作废后,方可申请补办。

(三)政府监管

建设主管部门在审核发放施工许可证时,应当对已经确定的建筑施工企业是否有安全生产许可证进行审查,对没有取得安全生产许可证的,不得颁发施工许可证。企业取得安全生产许可证后,不得降低安全生产条件,并应当加强日常安全生产管理,接受安全生产许可证颁发管理机关的监督检查。安全生产许可证颁发管理机关发现企业不再具备安全生产条件的,应当暂扣或者吊销安全生产许可证。企业不得转让、冒用安全生产许可证或者使用伪造的安全生产许可证。

安全生产许可证颁发管理机关或者其上级行政机关发现有下列情形之一的,可以撤销已经颁发的安全生产许可证:(1)安全生产许可证颁发管理机关工作人员滥用职权、玩忽职

守颁发安全生产许可证的;(2)超越法定职权颁发安全生产许可证的;(3)违反法定程序颁发安全生产许可证的;(4)对不具备安全生产条件的建筑施工企业颁发安全生产许可证的;(5)依法可以撤销已经颁发的安全生产许可证的其他情形。

三、违法行为应承担的法律责任

安全生产许可证违法行为应承担的主要法律责任如下:

（一）未取得安全生产许可证擅自从事施工活动应承担的法律责任

《建筑施工企业安全生产许可证管理规定》规定,建筑施工企业未取得安全生产许可证擅自从事建筑施工活动的,责令其在建项目停止施工,没收违法所得,并处 10 万元以上 50 万元以下的罚款;造成重大安全事故或者其他严重后果,构成犯罪的,依法追究刑事责任。

（二）安全生产许可证有效期满未办理延期手续继续从事施工活动应承担的法律责任

《建筑施工企业安全生产许可证管理规定》规定,安全生产许可证有效期满未办理延期手续,继续从事建筑施工活动的,责令其在建项目停止施工,限期补办延期手续,没收违法所得,并处 5 万元以上 10 万元以下的罚款;逾期仍不办理延期手续,继续从事建筑施工活动的,依照未取得安全生产许可证擅自从事建筑施工活动的规定处罚。

（三）转让安全生产许可证等应承担的法律责任

《建筑施工企业安全生产许可证管理规定》规定,建筑施工企业转让安全生产许可证的,没收违法所得,处 10 万元以上 50 万元以下的罚款,并吊销安全生产许可证;构成犯罪的,依法追究刑事责任;接受转让的,依照未取得安全生产许可证擅自从事建筑施工活动的规定处罚。冒用安全生产许可证或者使用伪造的安全生产许可证的,依照未取得安全生产许可证擅自从事建筑施工活动的规定处罚。

（四）以不正当手段取得安全生产许可证应承担的法律责任

《建筑施工企业安全生产许可证管理规定》中规定,建筑施工企业隐瞒有关情况或者提供虚假材料申请安全生产许可证的,不予受理或者不予颁发安全生产许可证,并给予警告,1 年内不得申请安全生产许可证。

建筑施工企业以欺骗、贿赂等不正当手段取得安全生产许可证的,撤销安全生产许可证,3 年内不得再次申请安全生产许可证;构成犯罪的,依法追究刑事责任。

（五）暂扣安全生产许可证并限期整改的规定

《建筑施工企业安全生产许可证管理规定》中规定,取得安全生产许可证的建筑施工企业,发生重大安全事故的,暂扣安全生产许可证并限期整改。

建筑施工企业不再具备安全生产条件的,暂扣安全生产许可证并限期整改;情节严重的,吊销安全生产许可证。

第二节　施工安全生产责任和安全生产教育培训制度

施工安全生产责任制和安全生产教育培训制度,是建设工程施工活动中重要的法律制度。

《建筑法》规定,建筑工程安全生产管理必须坚持安全第一、预防为主的方针,建立健全安全生产的责任制度和群防群治制度。建筑施工企业应当建立健全劳动安全生产教育培训制度,加强对职工安全生产的教育培训;未经安全生产教育培训的人员,不得上岗作业。

《建设工程安全生产管理条例》进一步规定,施工单位应当建立健全安全生产责任制度和安全生产教育培训制度,制定安全生产规章制度和操作规程,保证本单位安全生产条件所需资金的投入,对所承担的建设工程进行定期和专项安全检查,并做好安全检查记录。

一、施工单位的安全生产责任

(一) 施工安全生产管理的方针

《建筑法》、《安全生产法》、《建设工程安全生产管理条例》中都规定了建设工程安全生产管理的方针,《国务院关于坚持科学发展安全发展促进安全生产形势持续稳定好转的意见》(国发[2011]40号)则进一步明确,自觉坚持"安全第一、预防为主、综合治理"方针。

安全第一,就是要在建设工程施工过程中把安全放在第一重要的位置,贯彻以人为本的科学发展观,切实保护劳动者的生命安全和身体健康。预防为主,是要把建设工程施工安全生产工作的关口前移,建立预教、预警、预防的施工事故隐患预防体系,改善施工安全生产状况,预防施工安全事故。综合治理,则是要自觉遵循施工安全生产规律,把握施工安全生产工作中的主要矛盾和关键环节,综合运用经济、法律、行政等手段,人管、法治、技防多管齐下,并充分发挥社会、职工、舆论的监督作用,有效解决建设工程施工安全生产的问题。

"安全第一、预防为主、综合治理"方针是一个有机整体。如果没有安全第一的指导思想,预防为主就失去了思想支撑,综合治理将失去整治依据;预防为主是实现安全第一的根本途径,只有把施工安全生产的重点放在建立和落实事故隐患预防体系上,才能有效减少施工伤亡事故的发生;综合治理则是落实安全第一、预防为主的手段和方法。

(二) 施工单位的安全生产责任制度

施工单位是建设工程施工活动的主体,必须加强对施工安全生产的管理,落实施工安全生产的主体责任。

《建筑法》规定,建筑施工企业必须依法加强对建筑安全生产的管理,执行安全生产责任制度,采取有效措施,防止伤亡和其他安全生产事故的发生。

《国务院关于坚持科学发展安全发展促进安全生产形势持续稳定好转的意见》指出,认真落实企业安全生产主体责任。企业必须严格遵守和执行安全生产法律法规、规章制度与技术标准,依法依规加强安全生产,加大安全投入,健全安全管理机构,加强班组安全建设,保持安全设备设施完好有效。

1. 施工单位主要负责人对安全生产工作全面负责

《建筑法》规定,建筑施工企业的法定代表人对本企业的安全生产负责。《建设工程安全生产管理条例》也规定,施工单位主要负责人依法对本单位的安全生产工作全面负责。《国务院关于坚持科学发展安全发展促进安全生产形势持续稳定好转的意见》进一步指出,企业主要负责人、实际控制人要切实承担安全生产第一责任人的责任,带头执行现场带班制度,加强现场安全管理。

不少施工安全事故都表明,如果施工单位主要负责人忽视安全生产,缺乏保证安全生产的有效措施,就会给企业职工的生命安全和身体健康带来威胁,给国家和人民的财产带来损失,使企业的经济效益也得不到保障。因此,施工单位主要负责人必须自觉贯彻"安全第一、预防为主、综合治理"方针,摆正安全与生产的关系,切实克服生产、安全"两张皮"的现象。

施工单位主要负责人,通常是指对施工单位全面负责,有生产经营决策权的人。具体说,可以是施工企业的董事长,也可以是总经理或总裁等。

2. 施工单位安全生产管理机构和专职安全生产管理人员的职责

《建设工程安全生产管理条例》规定,施工单位应当设立安全生产管理机构,配备专职安全生产管理人员。专职安全生产管理人员负责对安全生产进行现场监督检查。发现安全事故隐患,应当及时向项目负责人和安全生产管理机构报告;对违章指挥、违章操作的,应当立即制止。

建筑施工企业安全生产管理机构专职安全生产管理人员在施工现场检查过程中具有以下职责:(1)查阅在建项目安全生产有关资料、核实有关情况;(2)检查危险性较大工程安全专项施工方案落实情况;(3)监督项目专职安全生产管理人员履责情况;(4)监督作业人员安全防护用品的配备及使用情况;(5)对发现的安全生产违章违规行为或安全隐患,有权当场予以纠正或作出处理决定;(6)对不符合安全生产条件的设施、设备、器材,有权当场作出查封的处理决定;(7)对施工现场存在的重大安全隐患有权越级报告或直接向建设主管部门报告;(8)企业明确的其他安全生产管理职责。

建筑施工企业应当实行建设工程项目专职安全生产管理人员委派制度。建设工程项目的专职安全生产管理人员应当定期将项目安全生产管理情况报告企业安全生产管理机构。

项目专职安全生产管理人员具有以下主要职责:(1)负责施工现场安全生产日常检查并做好检查记录;(2)现场监督危险性较大工程安全专项施工方案实施情况;(3)对作业人员违规违章行为有权予以纠正或查处;(4)对施工现场存在的安全隐患有权责令立即整改;(5)对于发现的重大安全隐患,有权向企业安全生产管理机构报告;(6)依法报告生产安全事故情况。

3. 建设工程项目安全生产领导小组的职责

建筑施工企业应当在建设工程项目组建安全生产领导小组。建设工程实行施工总承包的,安全生产领导小组由总承包企业、专业承包企业和劳务分包企业项目经理、技术负责人和专职安全生产管理人员组成。

安全生产领导小组的主要职责:(1)贯彻落实国家有关安全生产法律法规和标准;(2)组织制定项目安全生产管理制度并监督实施;(3)编制项目生产安全事故应急救援预案并组织演练;(4)保证项目安全生产费用的有效使用;(5)组织编制危险性较大工程安全专项施工方案;(6)开展项目安全教育培训;(7)组织实施项目安全检查和隐患排查;(8)建

立项目安全生产管理档案;(9)及时、如实报告安全生产事故。

4.专职安全生产管理人员的配备要求

建筑施工企业安全生产管理机构专职安全生产管理人员的配备应满足下列要求,并应根据企业经营规模、设备管理和生产需要予以增加:(1)建筑施工总承包资质序列企业:特级资质不少于6人;一级资质不少于4人;二级和二级以下资质企业不少于3人。(2)建筑施工专业承包资质序列企业:一级资质不少于3人;二级和二级以下资质企业不少于2人。(3)建筑施工劳务分包资质序列企业:不少于2人。(4)建筑施工企业的分公司、区域公司等较大的分支机构应依据实际生产情况配备不少于2人的专职安全生产管理人员。

总承包单位配备项目专职安全生产管理人员应当满足下列要求:(1)建筑工程、装修工程按照建筑面积配备:①1万平方米以下的工程不少于1人;②1万~5万平方米的工程不少于2人;③5万平方米及以上的工程不少于3人,且按专业配备专职安全生产管理人员。(2)土木工程、线路管道、设备安装工程按照工程合同价配备:①5000万元以下的工程不少于1人;②5000万~1亿元的工程不少于2人;③1亿元及以上的工程不少于3人,且按专业配备专职安全生产管理人员。

分包单位配备项目专职安全生产管理人员应当满足下列要求:(1)专业承包单位应当配置至少1人,并根据所承担的分部分项工程的工程量和施工危险程度增加。(2)劳务分包单位施工人员在50人以下的,应当配备1名专职安全生产管理人员;50~200人的,应当配备2名专职安全生产管理人员;200人及以上的,应当配备3名及以上专职安全生产管理人员,并根据所承担的分部分项工程施工危险实际情况增加,不得少于工程施工人员总人数的5‰。

采用新技术、新工艺、新材料或致害因素多、施工作业难度大的工程项目,项目专职安全生产管理人员的数量应当根据施工实际情况,在以上规定的配备标准上增加。

施工作业班组可以设置兼职安全巡查员,对本班组的作业场所进行安全监督检查。建筑施工企业应当定期对兼职安全巡查员进行安全教育培训。

(三)施工单位负责人施工现场带班制度

《国务院关于进一步加强企业安全生产工作的通知》(国发[2010]23号)规定,强化生产过程管理的领导责任。企业主要负责人和领导班子成员要轮流现场带班。

住房和城乡建设部《建筑施工企业负责人及项目负责人施工现场带班暂行办法》进一步规定,企业负责人带班检查是指由建筑施工企业负责人带队实施对工程项目质量安全生产状况及项目负责人带班生产情况的检查。建筑施工企业负责人,是指企业的法定代表人、总经理、主管质量安全和生产工作的副总经理、总工程师和副总工程师。

建筑施工企业负责人要定期带班检查,每月检查时间不少于其工作日的25%。建筑施工企业负责人带班检查时,应认真做好检查记录,并分别在企业和工程项目存档备查。工程项目进行超过一定规模的危险性较大的分部分项工程施工时,建筑施工企业负责人应到施工现场进行带班检查。工程项目出现险情或发现重大隐患时,建筑施工企业负责人应到施工现场带班检查,督促工程项目进行整改,及时消除险情和隐患。

对于有分公司(非独立法人)的企业集团,集团负责人因故不能到现场的,可书面委托工程所在地的分公司负责人对施工现场进行带班检查。

（四）重大事故隐患治理督办制度

在施工活动中那些可能导致事故发生的物的不安全状态、人的不安全行为和管理上的缺陷,都是事故隐患。《国务院关于进一步加强企业安全生产工作的通知》规定,对重大安全隐患治理实行逐级挂牌督办、公告制度。

住房和城乡建设部《房屋市政工程生产安全重大隐患排查治理挂牌督办暂行办法》(建质[2011]158号)进一步规定,重大隐患是指在房屋建筑和市政工程施工过程中,存在的危险程度较大、可能导致群死群伤或造成重大经济损失的生产安全隐患。

建筑施工企业是房屋市政工程生产安全重大隐患排查治理的责任主体,应当建立健全重大隐患排查治理工作制度,并落实到每一个工程项目。企业及工程项目的主要负责人对重大隐患排查治理工作全面负责。建筑施工企业应当定期组织安全生产管理人员、工程技术人员和其他相关人员排查每一个工程项目的重大隐患,特别是对深基坑、高支模、地铁隧道等技术难度大、风险大的重要工程应重点定期排查。对排查出的重大隐患,应及时实施治理消除,并将相关情况进行登记存档。

建筑施工企业应及时将工程项目重大隐患排查治理的有关情况向建设单位报告。建设单位应积极协调勘察、设计、施工、监理、监测等单位,并在资金、人员等方面积极配合做好重大隐患排查治理工作。

住房城乡建设主管部门接到工程项目重大隐患举报,应立即组织核实,属实的由工程所在地住房城乡建设主管部门及时向承建工程的建筑施工企业下达《房屋市政工程生产安全重大隐患治理挂牌督办通知书》,并公开有关信息,接受社会监督。

承建工程的建筑施工企业接到《房屋市政工程生产安全重大隐患治理挂牌督办通知书》后,应立即组织进行治理。确认重大隐患消除后,向工程所在地住房城乡建设主管部门报送治理报告,并提请解除督办。工程所在地住房城乡建设主管部门收到建筑施工企业提出的重大隐患解除督办申请后,应当立即进行现场审查。审查合格的,依照规定解除督办。审查不合格的,继续实施挂牌督办。

（五）建立健全群防群治制度

群防群治制度,是《建筑法》中所规定的建筑工程安全生产管理的一项重要法律制度。它是施工企业进行民主管理的重要内容,也是群众路线在安全生产管理工作中的具体体现。广大职工群众在施工生产活动中既要遵守有关法律、法规和规章制度,不得违章作业,还拥有对于危及生命安全和身体健康的行为提出批评、检举和控告的权利。

二、施工项目负责人的安全生产责任

施工项目负责人是指建设工程项目的项目经理。施工单位不同于一般的生产经营单位,通常会同时承建若干建设工程项目,且异地承建施工的现象很普遍。为了加强对施工现场的管理,施工单位都要对每个建设工程项目委派一名项目负责人即项目经理,由他对该项目的施工管理全面负责。

《建设工程安全生产管理条例》规定,施工单位的项目负责人应当由取得相应执业资格的人员担任,对建设工程项目的安全施工负责,落实安全生产责任制度、安全生产规章制度和操作规程,确保安全生产费用的有效使用,并根据工程的特点组织制定安全施工措施,消除安全事故隐患,及时、如实报告生产安全事故。

（一）施工项目负责人的安全生产责任

施工项目负责人经施工单位法定代表人的授权,要选配技术、生产、材料、成本等管理人员组成项目管理班子,代表施工单位在本建设工程项目上履行管理职责。由于施工项目负责人对该项目的施工组织管理起关键作用,原人事部、建设部《建造师执业资格制度暂行规定》中规定,建造师经注册后,有权以建造师名义担任建设工程项目施工的项目经理及从事其他施工活动的管理。

施工项目负责人的安全生产责任主要是:(1) 对建设工程项目的安全施工负责;(2) 落实安全生产责任制度、安全生产规章制度和操作规程;(3) 确保安全生产费用的有效使用;(4) 根据工程的特点组织制定安全施工措施,消除安全事故隐患;(5) 及时、如实报告生产安全事故情况。

（二）施工单位项目负责人施工现场带班制度

《建筑施工企业负责人及项目负责人施工现场带班暂行办法》规定,项目负责人是工程项目质量安全管理的第一责任人,应对工程项目落实带班制度负责。项目负责人带班生产是指项目负责人在施工现场组织协调工程项目的质量安全生产活动。

项目负责人在同一时期只能承担一个工程项目的管理工作。项目负责人带班生产时,要全面掌握工程项目质量安全生产状况,加强对重点部位、关键环节的控制,及时消除隐患。要认真做好带班生产记录并签字存档备查。项目负责人每月带班生产时间不得少于本月施工时间的80%。因其他事务需离开施工现场时,应向工程项目的建设单位请假,经批准后方可离开。离开期间应委托项目相关负责人负责其外出时的日常工作。

三、施工总承包和分包单位的安全生产责任

《建筑法》规定,施工现场安全由建筑施工企业负责。实行施工总承包的,由总承包单位负责。分包单位向总承包单位负责,服从总承包单位对施工现场的安全生产管理。

（一）总承包单位应当承担的法定安全生产责任

施工总承包是由一个施工单位对建设工程施工全面负责。该总承包单位不仅要负责建设工程的施工质量、合同工期、成本控制,还要对施工现场组织和安全生产进行统一协调管理。

1. 分包合同应当明确总分包双方的安全生产责任

《建设工程安全生产管理条例》规定,总承包单位依法将建设工程分包给其他单位的,分包合同中应当明确各自的安全生产方面的权利、义务。

施工总承包单位与分包单位的安全生产责任,可分为法定责任和约定责任。所谓法定责任,即法律法规中明确规定的总承包单位、分包单位各自的安全生产责任。所谓约定责任,即总承包单位与分包单位通过协商,在分包合同中约定各自应当承担的安全生产责任。但是,安全生产的约定责任不能与法定责任相抵触。

2. 统一组织编制建设工程生产安全应急救援预案

《建设工程安全生产管理条例》规定，施工单位应当根据建设工程施工的特点、范围，对施工现场易发生重大事故的部位、环节进行监控，制定施工现场生产安全事故应急救援预案。实行施工总承包的，由总承包单位统一组织编制建设工程生产安全事故应急救援预案，工程总承包单位和分包单位按照应急救援预案，各自建立应急救援组织或者配备应急救援人员，配备救援器材、设备，并定期组织演练。

建设工程的施工属高风险工作，极易发生安全事故。为了加强对施工安全突发事故的处理，提高应急救援快速反应能力，必须重视并编制施工安全事故应急救援预案。由于实行施工总承包的，是由总承包单位对施工现场的安全生产负总责，所以总承包单位要统一组织编制建设工程生产安全事故应急救援预案。

3. 自行完成建设工程主体结构的施工

《建设工程安全生产管理条例》规定，总承包单位应当自行完成建设工程主体结构的施工。

这是为了落实施工总承包单位的安全生产责任，防止因转包和违法分包等行为导致施工生产安全事故的发生。

4. 承担连带责任

《建设工程安全生产管理条例》规定，总承包单位和分包单位对分包工程的安全生产承担连带责任。

该项规定既强化了总承包单位和分包单位双方的安全生产责任意识，也有利于保护受损害者的合法权益。

（二）分包单位应当承担的法定安全生产责任

《建筑法》规定，分包单位向总承包单位负责，服从总承包单位对施工现场的安全生产管理。《建设工程安全生产管理条例》进一步规定，分包单位应当服从总承包单位的安全生产管理，分包单位不服从管理导致生产安全事故的，由分包单位承担主要责任。

总承包单位依法对施工现场的安全生产负总责，这就要求分包单位必须服从总承包单位的安全生产管理。在许多工地上，往往有若干分包单位同时在施工，如果缺乏统一的组织管理，很容易发生安全事故。因此，分包单位要服从总承包单位对施工现场的安全生产规章制度、岗位操作要求等安全生产管理。否则，一旦发生施工安全生产事故，分包单位要承担主要责任。

四、施工作业人员安全生产的权利和义务

《建筑法》规定，建筑施工企业和作业人员在施工过程中，应当遵守有关安全生产的法律、法规和建筑行业安全规章、规程，不得违背指挥或者违章作业。作业人员有权对影响人身健康的作业程序和作业条件提出改进意见，有权获得安全生产所需的防护用品。作业人员对危及生命安全和人身健康的行为有权提出批评、检举和控告。

（一）施工作业人员应当享有的安全生产权利

按照《建筑法》、《安全生产法》、《建设工程安全生产管理条例》等法律、行政法规的规定，

施工作业人员主要享有如下的安全生产权利:

1. 施工安全生产的知情权和建议权

施工作业人员是施工单位运行和施工生产活动的主体。充分发挥施工作业人员在企业中的主人翁作用,是搞好施工安全生产的重要保障。因此,施工作业人员对施工安全生产拥有知情权,并享有改进安全生产工作的建议权。

《安全生产法》规定,生产经营单位的从业人员有权了解其作业场所和工作岗位存在的危险因素、防范措施及事故应急措施,有权对本单位的安全生产工作提出建议。《建筑法》还规定,作业人员有权对影响人身健康的作业程序和作业条件提出改进意见。《建设工程安全生产管理条例》则进一步规定,施工单位应当向作业人员提供安全防护用具和安全防护服装,并书面告知危险岗位的操作规程和违章操作的危害。

2. 施工安全防护用品的获得权

施工安全防护用品,一般包括安全帽、安全带、安全网、安全绳及其他个人防护用品(如防护鞋、防护服装、防尘口罩)等。它是保护施工作业人员安全健康所必需的防御性装备,可有效地预防或减少伤亡事故的发生。

《建筑法》规定,作业人员有权获得安全生产所需的防护用品。《安全生产法》还规定,生产经营单位必须为从业人员提供符合国家标准或者行业标准的劳动防护用品,并监督、教育从业人员按照使用规则佩戴、使用。《建设工程安全生产管理条例》进一步规定,施工单位应当向作业人员提供安全防护用具和安全防护服装。

3. 批评、检举、控告权及拒绝违章指挥权

《建筑法》规定,作业人员对危及生命安全和人身健康的行为有权提出批评、检举和控告。《安全生产法》还规定,从业人员有权对本单位安全生产工作中存在的问题提出批评、检举、控告;有权拒绝违章指挥和强令冒险作业。生产经营单位不得因从业人员对本单位安全生产工作提出批评、检举、控告或者拒绝违章指挥、强令冒险作业而降低其工贤、福利等待遇或者解除与其订立的劳动合同。《建设工程安全生产管理条例》进一步规定,作业人员有权对施工现场的作业条件、作业程序和作业方式中存在的安全问题提出批评、检举和控告,有权拒绝违章指挥和强令冒险作业。

违章指挥是强迫施工作业人员违反法律、法规或者规章制度、操作规程进行作业的行为。法律赋予施工从业人员有拒绝违章指挥和强令冒险作业的权利,是为了保护施工作业人员的人身安全,也是警示施工单位负责人和现场管理人员须按照有关规章制度和操作规程进行指挥,并不得对拒绝违章指挥和强令冒险作业的人员进行打击报复。

4. 紧急避险权

为了保证施工作业人员的安全,在施工中遇有直接危及人身安全的紧急情况时,施工作业人员享有停止作业和紧急撤离的权利。

《安全生产法》规定,从业人员发现直接危及人身安全的紧急情况时,有权停止作业或者在采取可能的应急措施后撤离作业场所。生产经营单位不得因从业人员在前款紧急情况下停止作业或者采取紧急撤离措施而降低其工资、福利等待遇或者解除与其订立的劳动合同。《建设工程安全生产管理条例》也规定,在施工中发生危及人身安全的紧急情况时,作业人员有权立即停止作业或者在采取必要的应急措施后撤离危险区域。

5. 获得工伤保险和意外伤害保险赔偿的权利

新修订并于 2011 年 7 月 1 日起施行的《建筑法》规定,建筑施工企业应当依法为职工参加工伤保险缴纳工伤保险费。鼓励企业为从事危险作业的职工办理意外伤害保险,支付保险费。

据此,施工作业人员除依法享有工伤保险的各项权利外,从事危险作业的施工人员还可以依法享有意外伤害保险的各项权利。

6. 请求民事赔偿权

《安全生产法》规定,因生产安全事故受到损害的从业人员,除依法享有工伤社会保险外,依照有关民事法律尚有获得赔偿的权利的,有权向本单位提出赔偿要求。

7. 依靠工会维权和被派遣劳动者的权利

《安全生产法》规定,生产经营单位的工会依法组织职工参加本单位安全生产工作的民主管理和民主监督,维护职工在安全生产方面的合法权益。生产经营单位制定或者修改有关安全生产的规章制度,应当听取工会的意见。

工会对生产经营单位违反安全生产法律、法规,侵犯从业人员合法权益的行为,有权要求纠正;发现生产经营单位违章指挥、强令冒险作业或者发现事故隐患时,有权提出解决的建议,生产经营单位应当及时研究答复;发现危及从业人员生命安全的情况时,有权向生产经营单位建议组织从业人员撤离危险场所,生产经营单位必须立即作出处理。工会有权依法参加事故调查,向有关部门提出处理意见,并要求追究有关人员的责任。

生产经营单位使用被派遣劳动者的,被派遣劳动者享有本法规定从业人员的权利。

(二)施工作业人员应当履行的安全生产义务

按照《建筑法》、《安全生产法》、《建设工程安全生产管理条例》等法律、行政法规的规定,施工作业人员主要应当履行如下安全生产义务:

1. 守法遵章和正确使用安全防护用具等的义务

施工单位要依法保障施工作业人员的安全,施工作业人员也必须依法遵守有关的规章制度,做到不违章作业。

《建筑法》规定,建筑施工企业和作业人员在施工过程中,应当遵守有关安全生产的法律、法规和建筑行业安全规章、规程,不得违章指挥或者违章作业。《安全生产法》规定,从业人员在作业过程中,应当遵守本单位的安全生产规章制度和操作规程,服从管理,正确佩戴和使用劳动防护用品。《建设工程安全生产管理条例》进一步规定,作业人员应当遵守安全施工的强制性标准、规章制度和操作规程,正确使用安全防护用具、机械设备等。

2. 接受安全生产教育培训的义务

施工单位加强安全教育培训,使作业人员具备必要的施工安全生产知识,熟悉有关的规章制度和安全操作规程,掌握本岗位安全操作技能,是控制和减少施工安全事故的重要措施。

《安全生产法》规定,从业人员应当接受安全生产教育和培训,掌握本职工作所需的安全生产知识,提高安全生产技能,增强事故预防和应急处理能力。《建设工程安全生产管理条例》也规定,作业人员进入新的岗位或者新的施工现场前,应当接受安全生产教育培训。未经教育培训或者教育培训考核不合格的人员,不得上岗作业。《国务院安委会关于进一步加强安全培训工作的决定》(安委[2012]10 号)进一步规定,严格落实"三项岗位"人员持证上岗和从业人员先培训后上岗制度,健全安全培训档案。劳务派遣单位要加强劳务派遣工基本安全知识培训,劳务使用单位要确保劳务派遣工与本企业职工接受同等安全培训。

3. 施工安全事故隐患报告的义务

施工安全事故通常都是由事故隐患或者其他不安全因素所酿成。因此,施工作业人员一旦发现事故隐患或者其他不安全因素,应当立即报告,以便及时采取措施,防患于未然。

《安全生产法》规定,从业人员发现事故隐患或者其他不安全因素,应当立即向现场安全生产管理人员或者本单位负责人报告;接到报告的人员应当及时予以处理。

五、施工单位安全生产教育培训的规定

针对一些施工单位安全生产教育培训投入不足,许多新入场农民工未经培训即上岗作业,造成一线作业人员安全意识和操作技能普遍不足,往往违章作业、冒险蛮干的问题,《建筑法》明确规定,建筑施工企业应当建立健全劳动安全生产教育培训制度,加强对职工安全生产的教育培训;未经安全生产教育培训的人员,不得上岗作业。

《国务院安委会关于进一步加强安全培训工作的决定》指出,建立以企业投入为主、社会资金积极资助的安全培训投入机制。企业要在职工培训经费和安全费用中足额列支安全培训经费,实施技术改造和项目引进时要专门安排安全培训资金。

到"十二五"时期末,矿山、建筑施工单位和危险物品生产、经营、储存等高危行业企业(以下简称高危企业)主要负责人、安全管理人员和生产经营单位特种作业人员(以下简称"三项岗位"人员)100%持证上岗,以班组长、新工人、农民工为重点的企业从业人员 100%培训合格后上岗,各级安全监管监察人员 100%持行政执法证上岗,承担安全培训的教师100%参加知识更新培训,安全培训基础保障能力和安全培训质量得到明显提高。

(一)施工单位三类管理人员与"三项岗位"人员的培训考核

1. 三类管理人员的培训考核

《建设工程安全生产管理条例》规定,施工单位的主要负责人、项目负责人、专职安全生产管理人员应当经建设行政主管部门或者其他部门考核合格后方可任职。

施工单位的主要负责人要对本单位的安全生产工作全面负责,项目负责人对所负责的建设工程项目的安全生产工作全面负责,安全生产管理人员更是要具体承担本单位日常的安全生产管理工作。这三类人员的施工安全知识水平和管理能力直接关系到本单位、本项目的安全生产管理水平。如果这三类人员缺乏基本的施工安全生产知识,施工安全生产管理和组织能力不强,甚至违章指挥,将很可能会导致施工生产安全事故的发生。因此,他们必须经安全生产知识和管理能力考核合格后方可任职。

2. "三项岗位"人员的培训考核

《国务院关于坚持科学发展安全发展促进安全生产形势持续稳定好转的意见》规定,企业主要负责人、安全管理人员、特种作业人员一律经严格考核、持证上岗。《国务院安委会关于进一步加强安全培训工作的决定》进一步指出,严格落实"三项岗位"人员持证上岗制度。企业新任用或者招录"三项岗位"人员,要组织其参加安全培训,经考试合格持证后上岗。对发生人员死亡事故负有责任的企业主要负责人、实际控制人和安全管理人员,要重新参加安

全培训考试。

"三项岗位"人员中的企业主要负责人、安全管理人员已涵盖在三类管理人员之中。对于特种作业人员,因其从事直接对本人或他人及其周围设施安全有着重大危害因素的作业,必须经专门的安全作业培训,并取得特种作业操作资格证书后,方可上岗作业。

按照《建设工程安全生产管理条例》的规定,垂直运输机械作业人员、安装拆卸工、爆破作业人员、起重信号工、登高架设作业人员等特种作业人员,必须按照国家有关规定经过专门的安全作业培训,并取得特种作业操作资格证书后,方可上岗作业。国家安全生产监督管理总局《特种作业人员安全技术培训考核管理规定》则规定,特种作业的范围包括电工作业(不含电力系统进网作业)、焊接与热切割作业、高处作业、制冷与空调作业、煤矿安全作业、金属非金属矿山安全作业、石油天然气安全作业、冶金(有色)生产安全作业、危险化学品安全作业、烟花爆竹安全作业等。住房和城乡建设部《建筑施工特种作业人员管理规定》进一步规定,建筑施工特种作业包括:(1)建筑电工;(2)建筑架子工;(3)建筑起重信号司索工;(4)建筑起重机械司机;(5)建筑起重机械安装拆卸工;(6)高处作业吊篮安装拆卸工;(7)经省级以上人民政府建设主管部门认定的其他特种作业。

(二)施工单位全员的安全生产教育培训

《建设工程安全生产管理条例》规定,施工单位应当对管理人员和作业人员每年至少进行一次安全生产教育培训,其教育培训情况记入个人工作档案。安全生产教育培训考核不合格的人员,不得上岗。《国务院关于坚持科学发展安全发展促进安全生产形势持续稳定好转的意见》规定,企业用工要严格依照劳动合同法与职工签订劳动合同,职工必须全部经培训合格后上岗。

施工单位应当根据实际需要,对不同岗位、不同工种的人员进行因人施教。安全教育培训可采取多种形式,包括安全形势报告会、事故案例分析会、安全法制教育、安全技术交流、安全竞赛、师傅带徒弟等。

(三)进入新岗位或者新施工现场前的安全生产教育培训

由于新岗位、新工地往往各有特殊性,施工单位须对新录用或转场的职工进行安全教育培训,包括施工安全生产法律法规、施工工地危险源识别、安全技术操作规程、机械设备电气及高处作业安全知识、防火防毒防尘防爆知识、紧急情况安全处置与安全疏散知识、安全防护用品使用知识以及发生事故时自救排险、抢救伤员、保护现场和及时报告等。

《建设工程安全生产管理条例》规定,作业人员进入新的岗位或者新的施工现场前,应当接受安全生产教育培训。未经教育培训或者教育培训考核不合格的人员,不得上岗作业。《国务院安委会关于进一步加强安全培训工作的决定》中指出,严格落实企业职工先培训后上岗制度。建筑企业要对新职工进行至少32学时的安全培训,每年进行至少20学时的再培训。

强化现场安全培训。高危企业要严格班前安全培训制度,有针对性地讲述岗位安全生产与应急救援知识、安全隐患和注意事项等,使班前安全培训成为安全生产第一道防线。要大力推广"手指口述"等安全确认法;帮助员工通过心想、眼看、手指、口述,确保按规程作业。要加强班组长培训,提高班组长现场安全管理水平和现场安全风险管控能力。

（四）采用新技术、新工艺、新设备、新材料前的安全生产教育培训

《建设工程安全生产管理条例》规定,施工单位在采用新技术、新工艺、新设备、新材料时,应当对作业人员进行相应的安全生产教育培训。《国务院安委会关于进一步加强安全培训工作的决定》指出,企业调整职工岗位或者采用新工艺、新技术、新设备、新材料的,要进行专门的安全培训。

随着我国工程建设和科学技术的迅速发展,越来越多的新技术、新工艺、新设备、新材料被广泛应用于施工生产活动中,大大促进了施工生产效率和工程质量的提高,同时也对施工作业人员的素质提出了更高要求。如果施工单位对所采用的新技术、新工艺、新设备、新材料的了解与认识不足,对其安全技术性能掌握不充分,或是没有采取有效的安全防护措施,没有对施工作业人员进行专门的安全生产教育培训,就很可能会导致事故的发生。因此,施工单位在采用新技术、新工艺、新设备、新材料时,必须对施工作业人员进行专门的安全生产教育培训,并采取保证安全的防护措施,防止发生事故。

（五）安全教育培训方式

《国务院安委会关于进一步加强安全培训工作的决定》指出,完善和落实师傅带徒弟制度。高危企业新职工安全培训合格后,要在经验丰富的工人师傅带领下,实习至少2个月后方可独立上岗。工人师傅一般应当具备中级工以上技能等级,3年以上相应工作经历,成绩突出,善于"传、帮、带",没有发生过"三违"行为等条件。要组织签订师徒协议,建立师傅带徒弟激励约束机制。

支持大中型企业和欠发达地区建立安全培训机构,重点建设一批具有仿真、体感、实操特色的示范培训机构。加强远程安全培训。开发国家安全培训网和有关行业网络学习平台,实现优质资源共享。实行网络培训学时学分制,将学时和学分结果与继续教育、再培训挂钩。利用视频、电视、手机等拓展远程培训形式。

六、违法行为应承担的法律责任

对于施工安全生产责任和安全生产教育培训违法行为应承担的主要法律责任如下:

（一）施工单位违法行为应承担的法律责任

《建筑法》规定,建筑施工企业违反本法规定,对建筑安全事故隐患不采取措施予以消除的,责令改正,可以处以罚款;情节严重的,责令停业整顿,降低资质等级或者吊销资质证书;构成犯罪的,依法追究刑事责任。

《建设工程安全生产管理条例》规定,违反本条例的规定,施工单位有下列行为之一的,责令限期改正;逾期未改正的,责令停业整顿,依照《中华人民共和国安全生产法》的有关规定处以罚款;造成重大安全事故,构成犯罪的,对直接责任人员,依照刑法有关规定追究刑事责任:(1)未设立安全生产管理机构、配备专职安全生产管理人员或者分部分项工程施工时无专职安全生产管理人员现场监督的;(2)施工单位的主要负责人、项目负责人、专职安全生产管理人员、作业人员或者特种作业人员,未经安全教育培训或者经考核不合格即从事相关工作的;(3)未在施工现场的危险部位设置明显的安全警示标志,或者未按照国家有关规

定在施工现场设置消防通道、消防水源、配备消防设施和灭火器材的；(4)未向作业人员提供安全防护用具和安全防护服装的；(5)未按照规定在施工起重机械和整体提升脚手架、模板等自升式架设设施验收合格后登记的；(6)使用国家明令淘汰、禁止使用的危及施工安全的工艺、设备、材料的。

施工单位取得资质证书后，降低安全生产条件的，责令限期改正；经整改仍未达到与其资质等级相适应的安全生产条件的，责令停业整顿，降低其资质等级直至吊销资质证书。

施工单位挪用列入建设工程概算的安全生产作业环境及安全施工措施所需费用的，责令限期改正，处挪用费用20%以上50%以下的罚款；造成损失的，依法承担赔偿责任。

《刑法》第137条规定，建设单位、设计单位、施工单位、工程监理单位违反国家规定，降低工程质量标准，造成重大安全事故的，对直接责任人员，处5年以下有期徒刑或者拘役，并处罚金；后果特别严重的，处5年以上10年以下有期徒刑，并处罚金。

住房和城乡建设部《房屋市政工程生产安全重大隐患排查治理挂牌督办暂行办法》规定，建筑施工企业不认真执行《房屋市政工程生产安全重大隐患治理挂牌督办通知书》的，应依法责令整改；情节严重的要依法责令停工整改；不认真整改导致生产安全事故发生的，依法从重追究企业和相关负责人的责任。

(二)施工管理人员违法行为应承担的法律责任

《建筑法》规定，建筑施工企业的管理人员违章指挥、强令职工冒险作业，因而发生重大伤亡事故或者造成其他严重后果的，依法追究刑事责任。

《建设工程安全生产管理条例》规定，施工单位的主要负责人、项目负责人未履行安全生产管理职责的，责令限期改正；逾期未改正的，责令施工单位停业整顿；造成重大安全事故、重大伤亡事故或者其他严重后果，构成犯罪的，依照刑法有关规定追究刑事责任。

施工单位的主要负责人、项目负责人有以上违法行为，尚不够刑事处罚的，处2万元以上20万元以下的罚款或者按照管理权限给予撤职处分；自刑罚执行完毕或者受处分之日起，5年内不得担任任何施工单位的主要负责人、项目负责人。

注册执业人员未执行法律、法规和工程建设强制性标准的，责令停止执业3个月以上1年以下；情节严重的，吊销执业资格证书，5年内不予注册；造成重大安全事故的，终身不予注册；构成犯罪的，依照刑法有关规定追究刑事责任。

《刑法》第134条第2款规定，强令他人违章冒险作业，因而发生重大伤亡事故或者造成其他严重后果的，处5年以下有期徒刑或者拘役；情节特别恶劣的，处5年以上有期徒刑。

《刑法》第135条第1款规定，安全生产设施或者安全生产条件不符合国家规定，因而发生重大伤亡事故或者造成其他严重后果的，对直接负责的主管人员和其他直接责任人员，处3年以下有期徒刑或者拘役；情节特别恶劣的，处3年以上7年以下有期徒刑。

(三)施工作业人员违法行为应承担的法律责任

《建设工程安全生产管理条例》规定，作业人员不服管理、违反规章制度和操作规程冒险作业造成重大伤亡事故或者其他严重后果，构成犯罪的，依照刑法有关规定追究刑事责任。

《刑法》第134条第1款规定，在生产、作业中违反有关安全管理的规定，因而发生重大伤亡事故或者造成其他严重后果的，处3年以下有期徒刑或者拘役；情节特别恶劣的，处3

年以上7年以下有期徒刑。

（四）特种作业违法行为应承担的法律责任

国务院《特种设备安全监察条例》规定,特种设备使用单位有下列情形之一的,由特种设备安全监督管理部门责令限期改正;逾期未改正的,责令停止使用或者停产停业整顿,处2 000元以上2万元以下罚款:(1)未依照本条例规定设置特种设备安全管理机构或者配备专职、兼职的安全管理人员的;(2)从事特种设备作业的人员,未取得相应特种作业人员证书,上岗作业的;(3)未对特种设备作业人员进行特种设备安全教育和培训的。

国家安全生产监督管理总局《特种作业人员安全技术培训考核管理规定》中规定,生产经营单位未建立健全特种作业人员档案的,给予警告,并处1万元以下的罚款。

生产经营单位使用未取得特种作业操作证的特种作业人员上岗作业的,责令限期改正;逾期未改正的,责令停产停业整顿,可以并处2万元以下的罚款。

生产经营单位非法印制、伪造、倒卖特种作业操作证,或者使用非法印制、伪造、倒卖的特种作业操作证的,给予警告,并处1万元以上3万元以下的罚款;构成犯罪的,依法追究刑事责任。

特种作业人员伪造、涂改特种作业操作证或者使用伪造的特种作业操作证的,给予警告,并处1 000元以上5 000元以下的罚款。特种作业人员转借、转让、冒用特种作业操作证的,给予警告,并处2 000元以上10 000元以下的罚款。

（五）安全生产教育培训违法行为应承担的法律责任

《国务院安委会关于进一步加强安全培训工作的决定》规定,严肃追究安全培训责任。对应持证未持证或者未经培训就上岗的人员,一律先离岗、培训持证后再上岗,并依法对企业按规定上限处罚,直至停产整顿和关闭。

对存在不按大纲教学、不按题库考试,教考不分、乱办班等行为的安全培训和考试机构,一律依法严肃处罚。对各类生产安全责任事故,一律倒查培训、考试、发证不到位的责任。对因未培训、假培训或者未持证上岗人员的直接责任引发重特大事故的,所在企业主要负责人依法终身不得担任本行业企业矿长(厂长、经理),实际控制人依法承担相应责任。

第三节　施工现场安全防护制度

保障建设工程施工安全生产,要建立并落实施工安全生产责任和安全生产教育培训制度,还应当针对建设工程施工的特点,加强安全技术管理和施工现场的安全防护。

一、编制安全技术措施、专项施工方案和安全技术交底的规定

《建筑法》规定,建筑施工企业在编制施工组织设计时,应当根据建筑工程的特点制定相应的安全技术措施;对专业性较强的工程项目,应当编制专项安全施工组织设计,并采取安全技术措施。

（一）编制安全技术措施和施工现场临时用电方案

《建设工程安全生产管理条例》规定，施工单位应当在施工组织设计中编制安全技术措施和施工现场临时用电方案。

施工组织设计是规划和指导施工全过程的综合性技术经济文件。安全技术措施是为了实现施工安全生产，在安全防护以及技术、管理等方面采取的措施。安全技术措施可分为防止事故发生的安全技术措施和减少事故损失的安全技术措施。

临时用电方案不仅直接关系到用电人员的安全，也关系到施工进度和工程质量。《施工现场临时用电安全技术规范》(JGJ 46—2005)规定，施工现场临时用电设备在 5 台及以上或设备总容量在 50 kW 及以上者，应编制用电组织设计。施工现场临时用电设备在 5 台以下或设备总容量在 50 kW 以下者，应制定安全用电和电气防火措施。

（二）编制安全专项施工方案

《建设工程安全生产管理条例》规定，对下列达到一定规模的危险性较大的分部分项工程编制专项施工方案，并附具安全验算结果，经施工单位技术负责人、总监理工程师签字后实施，由专职安全生产管理人员进行现场监督：（1）基坑支护与降水工程；（2）土方开挖工程；（3）模板工程；（4）起重吊装工程；（5）脚手架工程；（6）拆除、爆破工程；（7）国务院建设行政主管部门或者其他有关部门规定的其他危险性较大的工程。对以上所列工程中涉及深基坑、地下暗挖工程、高大模板工程的专项施工方案，施工单位还应当组织专家进行论证、审查。

所谓危险性较大的分部分项工程，是指建筑工程在施工过程中存在的、可能导致作业人员群死群伤或造成重大不良社会影响的分部分项工程。危险性较大的分部分项工程安全专项施工方案，是指施工单位在编制施工组织（总）设计的基础上，针对危险性较大的分部分项工程单独编制的安全技术措施文件。

1. 安全专项施工方案的编制

住房和城乡建设部《危险性较大的分部分项工程安全管理办法》规定，施工单位应当在危险性较大的分部分项工程施工前编制专项方案；对于超过一定规模的危险性较大的分部分项工程（可查阅《危险性较大的分部分项工程安全管理办法》的附件 1、附件 2），施工单位应当组织专家对专项方案进行论证。

建筑工程实行施工总承包的，专项方案应当由施工总承包单位组织编制。其中，起重机械安装拆卸工程、深基坑工程、附着式升降脚手架等专业工程实行分包的，其专项方案可由专业承包单位组织编制。

专项方案编制应当包括以下内容：（1）工程概况：危险性较大的分部分项工程概况、施工平面布置、施工要求和技术保证条件。（2）编制依据：相关法律、法规、规范性文件、标准、规范及图纸（国标图集）、施工组织设计等。（3）施工计划：包括施工进度计划、材料与设备计划。（4）施工工艺技术：技术参数、工艺流程、施工方法、检查验收等。（5）施工安全保证措施：组织保障、技术措施、应急预案、监测监控等。（6）劳动力计划：专职安全生产管理人员、特种作业人员等。（7）计算书及相关图纸。

2. 安全专项施工方案的审核

专项方案应当由施工单位技术部门组织本单位施工技术、安全、质量等部门的专业技术人员进行审核。经审核合格的,由施工单位技术负责人签字。实行施工总承包的,专项方案应当由总承包单位技术负责人及相关专业承包单位技术负责人签字。不需专家论证的专项方案,经施工单位审核合格后报监理单位,由项目总监理工程师审核签字。

超过一定规模的危险性较大的分部分项工程专项方案应当由施工单位组织召开专家论证会。实行施工总承包的,由施工总承包单位组织召开专家论证会。

施工单位应当根据论证报告修改完善专项方案,并经施工单位技术负责人、项目总监理工程师、建设单位项目负责人签字后,方可组织实施。实行施工总承包的,应当由施工总承包单位、相关专业承包单位技术负责人签字。

专项方案经论证后需做重大修改的,施工单位应当按照论证报告修改,并重新组织专家进行论证。

3. 安全专项施工方案的实施

施工单位应当严格按照专项方案组织施工,不得擅自修改、调整专项方案。如因设计、结构、外部环境等因素发生变化确需修改的,修改后的专项方案应当按规定重新审核。对于超过一定规模的危险性较大工程的专项方案,施工单位应当重新组织专家进行论证。

施工单位应当指定专人对专项方案实施情况进行现场监督和按规定进行监测。发现不按照专项方案施工的,应当要求其立即整改;发现有危及人身安全紧急情况的,应当立即组织作业人员撤离危险区域。施工单位技术负责人应当定期巡查专项方案实施情况。

对于按规定需要验收的危险性较大的分部分项工程,施工单位、监理单位应当组织有关人员进行验收。验收合格的,经施工单位项目技术负责人及项目总监理工程师签字后,方可进入下一道工序。

（三）安全施工技术交底

《建设工程安全生产管理条例》规定,建设工程施工前,施工单位负责项目管理的技术人员应当对有关安全施工的技术要求向施工作业班组、作业人员作出详细说明,并由双方签字确认。

施工前对有关安全施工的技术要求作出详细说明,就是通常说的安全技术交底。它有助于作业班组和作业人员尽快了解工程概况、施工方法、安全技术措施等情况,掌握操作方法和注意事项,以保护作业人员的人身安全。安全技术交底,通常有施工工种安全技术交底、分部分项工程施工安全技术交底、大型特殊工程单项安全技术交底、设备安装工程技术交底以及采用新工艺、新技术、新材料施工的安全技术交底等。

二、施工现场安全防护和安全费用的规定

（一）施工现场安全防护

《建筑法》规定,建筑施工企业应当在施工现场采取维护安全、防范危险、预防火灾等措施;有条件的,应当对施工现场实行封闭管理。施工现场对毗邻的建筑物、构筑物和特殊作业环境可能造成损害的,建筑施工企业应当采取安全防护措施。

1. 危险部位设置安全警示标志

《建设工程安全生产管理条例》规定,施工单位应当在施工现场入口处、施工起重机械临时用电设施、脚手架、出入通道口、楼梯口、电梯井口、孔洞口、桥梁口、隧道口、基坑边沿、爆破物及有害危险气体和液体存放处等危险部位,设置明显的安全警示标志。安全警示标志必须符合国家标准。

所谓危险部位,是指存在着危险因素,容易造成施工作业人员或者其他人员伤亡的地点。尽管工地现场的情况千差万别,不同施工现场的危险源不尽相同,但施工现场入口处、施工起重机械、临时用电设施、脚手架、出入通道口、楼梯口、电梯井口、孔洞口、桥梁口、隧道口、基坑边沿、爆破物及有害危险气体和液体存放处等,通常都是容易出现生产安全事故的危险部位。

安全警示标志,则是指提醒人们注意的各种标牌、文字、符号以及灯光等,一般由安全色、几何图形和图形符号构成。安全警示标志须符合国家标准《安全标志及其使用导则》(GB 2894—2008)的有关规定。

2. 不同施工阶段和暂停施工应采取的安全施工措施

《建设工程安全生产管理条例》规定,施工单位应当根据不同施工阶段和周围环境及季节、气候的变化,在施工现场采取相应的安全施工措施。施工现场暂时停止施工的,施工单位应当做好现场防护,所需费用由责任方承担,或者按照合同约定执行。

由于施工作业的风险性较大,在地下施工、高处施工等不同的施工阶段要采取相应安全措施,并应根据周围环境和季节、气候变化,加强季节性安全防护措施。例如,夏季要防暑降温,在特别高温的天气下要调整施工时间、改变施工方式等;冬季要防寒防冻,防止煤气中毒,还应专门制定保证施工安全的安全技术措施;夜间施工应有足够的照明,在深坑、陡坡等危险地段应增设红灯标志;雨期和冬期施工时,应对道路采取防滑措施;傍山沿河地区应制定防滑坡、防泥石流、防汛措施;大风、大雨期间应暂停施工等。经全国人大常委会批准的国际劳工组织1988年《建筑业安全卫生公约》中要求,应在每一建筑工地或者其附近地方,按照工人人数和工期长短提供和维护供工人在恶劣气候条件下暂停工作时躲避用的地方。

在实践中,造成暂时停止施工的原因很多,可能是因为施工单位,也可能是建设单位、设计单位或监理单位的问题,还有不可抗力或违法行为被责令停止施工等。一般来说,除不可抗力要按合同约定执行外,其他则要分清责任,谁的责任就由谁承担费用。但不论费用由谁承担,施工单位都必须做好现场防护,以防止在暂停施工期间出现施工现场的作业人员或者其他人员的安全事故,并为今后继续施工创造良好的作业环境。

3. 施工现场临时设施的安全卫生要求

《建设工程安全生产管理条例》规定,施工单位应当将施工现场的办公、生活区与作业区分开设置,并保持安全距离;办公、生活区的选址应当符合安全性要求。职工的膳食、饮水、休息场所等应当符合卫生标准。施工单位不得在尚未竣工的建筑物内设置员工集体宿舍。施工现场临时搭建的建筑物应当符合安全使用要求。施工现场使用的装配式活动房屋应当具有产品合格证。

文明施工是安全施工的基础和保障。"以人为本",不断改进作业人员的工作和生活条件,创造安全、文明的施工环境,最大限度地降低施工现场的安全风险,方可有效地减少施工生产安全事故的发生。

施工现场的办公区、生活区应当与作业区分开设置,并保持安全距离。这是因为,办公区、生活区是人们进行办公和日常生活的区域,人员较多且复杂,安全意识和防范措施也相对较弱,如果将其混设一处,势必造成施工现场管理混乱,极易发生生产安全事故。办公区和生活区的选址也要满足安全性要求,应当建在安全地带,保证办公、生活用房不致因滑坡、泥石流等地质灾害而受到破坏,造成人员伤亡和财产损失。

为了保障职工身体健康,对职工的膳食、饮水、休息场所等,均应符合卫生安全标准。例如,设有职工食堂的,应当按照《食品安全法》中有关食品生产经营、食品检验等规定执行,患有痢疾、伤寒、病毒性肝炎等消化道传染病以及活动性肺结核、化脓性或者渗出性皮肤病等有碍食品安全的疾病的人员,不得从事接触直接人口食品的工作;没有职工食堂的,施工单位则应提供符合《食品安全法》规定的合格膳食。施工单位提供的饮水也必须达到国家规定的标准。

未竣工的建筑物内不得设置员工集体宿舍。因为,这类建筑物尚在施工过程中,条件较差,不宜居住,如将员工集体宿舍设在其中,会有很大的安全事故隐患。施工现场临时搭建的建筑物,如办公用房、宿舍、食堂、仓库、卫生间、淋浴室等,也必须稳固、安全、整洁,并满足消防要求。目前,很多施工工地都采用装配式的活动房屋。这种房屋具有密封严密、隔热保温、防水防火、运输方便、使用周期长等优点。但是,施工单位应当选择具有产品合格证的正规生产厂家产品,防止因活动房屋产品质量不合格导致生产安全事故的发生。

4. 对施工现场周边的安全防护措施

《建设工程安全生产管理条例》规定,施工单位对因建设工程施工可能造成损害的毗邻建筑物、构筑物和地下管线等,应当采取专项防护措施。在城市市区内的建设工程,施工单位应当对施工现场实行封闭围挡。

建设工程施工多为露天、高处作业,对周围环境特别是毗邻的建筑物、构筑物和地下管线等可能会造成损害。因此,施工单位有责任、有义务采取相应的安全防护措施,确保毗邻的建筑物、构筑物和地下管线等不受损坏。施工现场实行封闭管理,主要是解决"扰民"和"民扰"问题。施工现场采用密目式安全网、围墙、围栏等封闭起来,既可以防止施工中的不安全因素扩散到场外,也可以起到保护环境、美化市容、文明施工的作用,还可以防盗、防砸打损害物品等。

5. 危险作业的施工现场安全管理

《安全生产法》规定,生产经营单位进行爆破、吊装等危险作业,应当安排专门人员进行现场安全管理,确保操作规程的遵守和安全措施的落实。

《危险化学品安全管理条例》还规定,进行可能危及危险化学品管道安全的施工作业,施工单位应当在开工的7日前书面通知管道所属单位,并与管道所属单位共同制订应急预案,采取相应的安全防护措施。管道所属单位应当指派专门人员到现场进行管道安全保护指导。

爆破、吊装等作业具有较大危险性,很容易发生事故;危险化学品,是指具有毒害、腐蚀、爆炸、燃烧、助燃等性质,对人体、设施、环境具有危害的剧毒化学品和其他化学品。因此,施工作业人员必须严格按照操作规程进行操作,施工单位也应当会同有关单位采取必要的防范措施,安排专门人员进行作业现场的安全管理。

6. 安全防护设备、机械设备等的安全管理

《建设工程安全生产管理条例》规定,施工单位采购、租赁的安全防护用具、机械设备、施工机具及配件,应当具有生产(制造)许可证、产品合格证,并在进入施工现场前进行查验。施工现场的安全防护用具、机械设备、施工机具及配件必须由专人管理,定期进行检查、维修和保养,建立相应的资料档案,并按照国家有关规定及时报废。

安全防护用具、机械设备、施工机具及配件质量的好坏,直接关系到施工作业人员的人身安全。因此,决不能让不合格的产品流入施工现场,并要加强日常的检查、维修和保养,保障这些设备和产品的正常使用和运转。

(二) 施工单位安全生产费用的提取和使用管理

施工单位安全生产费用(以下简称安全费用),是指施工单位按照规定标准提取在成本中列支,专门用于完善和改进企业或者施工项目安全生产条件的资金。安全费用按照"企业提取、政府监管、确保需要、规范使用"的原则进行管理。

《建设工程安全生产管理条例》规定,施工单位对列入建设工程概算的安全作业环境及安全施工措施所需费用,应当用于施工安全防护用具及设施的采购和更新、安全施工措施的落实、安全生产条件的改善,不得挪作他用。《国务院关于坚持科学发展安全发展促进安全生产形势持续稳定好转的意见》中指出,企业在年度财务预算中必须确定必要的安全投入,提足用好安全生产费用。

1. 施工单位安全费用的提取管理

财政部、国家安全生产监督管理总局《企业安全生产费用提取和使用管理办法》(财企〔2012〕16 号)中规定,建设工程施工企业以建筑安装工程造价为计提依据。各建设工程类别安全费用提取标准如下:(1) 矿山工程为 2.5%;(2) 房屋建筑工程、水利水电工程、电力工程、铁路工程、城市轨道交通工程为 2.0%;(3) 市政公用工程、冶炼工程、机电安装工程、化工石油工程、港口与航道工程、公路工程、通信工程为 1.5%。建设工程施工企业提取的安全费用列入工程造价,在竞标时,不得删减,列入标外管理。国家对基本建设投资概算另有规定的,从其规定。总包单位应当将安全费用按比例直接支付分包单位并监督使用,分包单位不再重复提取。

企业在上述标准的基础上,根据安全生产实际需要,可适当提高安全费用提取标准。在《企业安全生产费用提取和使用管理办法》公布前,各省级政府已制定下发企业安全费用提取使用办法的,其提取标准如果低于该办法规定的标准,应当按照该办法进行调整;如果高于该办法规定的标准,按照原标准执行。

原建设部《建筑工程安全防护、文明施工措施费用及使用管理规定》(建办〔2005〕89 号)中规定,建筑工程安全防护、文明施工措施费用是由《建筑安装工程费用项目组成》(建标〔2003〕206 号)中措施费所含的文明施工费、环境保护费、临时设施费、安全施工费组成。

建设单位、设计单位在编制工程概(预)算时,应当依据工程所在地工程造价管理机构测定的相应费率,合理确定工程安全防护、文明施工措施费。依法进行工程招投标的项目,招标方或具有资质的中介机构编制招标文件时,应当按照有关规定并结合工程实际单独列安全防护、文明施工措施项目清单。投标方应当根据现行标准规范,结合工程特点、工期进度和作业环境要求,在施工组织设计文件中制定相应的安全防护、文明施工措施,并按照招标

件要求结合自身的施工技术水平、管理水平对工程安全防护、文明施工措施项目单独报价。投标方安全防护、文明施工措施的报价，不得低于依据工程所在地工程造价管理机构测定费率计算所需费用总额的 90%。

建设单位与施工单位应当在施工合同中明确安全防护、文明施工措施项目总费用，以费用预付、支付计划，使用要求、调整方式等条款。建设单位与施工单位在施工合同中对安全防护、文明施工措施费用预付、支付计划未作约定或约定不明的，合同工期在一年以内的，建设单位预付安全防护、文明施工措施项目费用不得低于该费用总额的 50%；合同工期在一年以上的（含一年），预付安全防护、文明施工措施费用不得低于该费用总额的 30%，其余费用应当按照施工进度支付。

2013 年 3 月 21 日住房和城乡建设部、财政部经修订并颁布了新的《建筑安装工程费项目组成》（建标［2013］44 号），规定安全文明施工费包括：（1）环境保护费：是指施工现场达到环保部门要求所需要的各项费用。（2）文明施工费：是指施工现场文明施工所需要的各项费用。（3）安全施工费：是指施工现场安全施工所需要的各项费用。（4）临时设施费：是指施工企业为进行建设工程施工所必须搭设的生活和生产用的临时建筑物、构筑物和其他临时设施费用，包括临时设施的搭设、维修、拆除、清理费或摊销费等。

2. 施工单位安全费用的使用管理

财政部、国家安全生产监督管理总局《企业安全生产费用提取和使用管理办法》中规定，建设工程施工企业安全费用应当按照以下范围使用：（1）完善、改造和维护安全防护设施设备支出（不含"三同时"要求初期投入的安全设施），包括施工现场临时用电系统、洞口临边、机械设备、高处作业防护、交叉作业防护、防火、防爆、防尘、防毒、防雷、防台风防地质灾害、地下工程有害气体监测、通风、临时安全防护等设施设备支出；（2）配备、维护、保养应急救援器材、设备支出和应急演练支出；（3）开展重大危险源和事故隐患评估、监控和整改支出；（4）安全生产检查、评价（不包括新建、改建、扩建项目安全评价）、咨询和标准化建设支出；（5）配备和更新现场作业人员安全防护用品支出；（6）安全生产宣传、教育培训支出；（7）安全生产适用的新技术、新标准、新工艺、新装备的推广应用支出；（8）安全设施及特种设备检测检验支出；（9）其他与安全生产直接相关的支出。

在规定的使用范围内，企业应当将安全费用优先用于满足安全生产监督管理部门、煤矿安全监察机构以及行业主管部门对企业安全生产提出的整改措施或者达到安全生产标准所需的支出。企业提取的安全费用应当专户核算，按规定范围安排使用，不得挤占、挪用。年度结余资金结转下年度使用，当年计提安全费用不足的，超出部分按正常成本费用渠道列支主要承担安全管理责任的集团公司经过履行内部决策程序，可以对所属企业提取的安全费用按照一定比例集中管理，统筹使用。

企业应当建立健全内部安全费用管理制度，明确安全费用提取和使用的程序、职责及权限，按规定提取和使用安全费用。企业应当加强安全费用管理，编制年度安全费用提取和使用计划，纳入企业财务预算。企业年度安全费用使用计划和上一年安全费用的提取、使用情况按照管理权限报同级财政部门、安全生产监督管理部门、煤矿安全监察机构和行业主管部门备案。企业安全费用的会计处理，应当符合国家统一的会计制度的规定。企业提取的安全费用属于企业自提自用资金，其他单位和部门不得采取收取、代管等形式对其进行集中管理和使用，国家法律、法规另有规定的除外。

原建设部《建筑工程安全防护、文明施工措施费用及使用管理规定》中规定,实行工程总承包的,总承包单位依法将建筑工程分包给其他单位的,总承包单位与分包单位应当在分包合同中明确安全防护、文明施工措施费用由总承包单位统一管理。安全防护、文明施工措施由分包单位实施的,由分包单位提出专项安全防护措施及施工方案,经总承包单位批准后及时支付所需费用。

工程监理单位应当对施工单位落实安全防护、文明施工措施情况进行现场监理。对施工单位已经落实的安全防护、文明施工措施,总监理工程师或者造价工程师应当及时审查并签认所发生的费用。监理单位发现施工单位未落实施工组织设计及专项施工方案中安全防护和文明施工措施的,有权责令其立即整改;对施工单位拒不整改或未按期限要求完成整改的,工程监理单位应当及时向建设单位和建设行政主管部门报告,必要时责令其暂停施工。

施工单位应当确保安全防护、文明施工措施费专款专用,在财务管理中单独列出安全防护、文明施工措施项目费用清单备查。施工单位安全生产管理机构和专职安全生产管理人员负责对建筑工程安全防护、文明施工措施的组织实施进行现场监督检查,并有权向建设主管部门反映情况。

工程总承包单位对建筑工程安全防护、文明施工措施费用的使用负总责。总承包单位应当按照本规定及合同约定及时向分包单位支付安全防护、文明施工措施费用。总承包单位不按本规定和合同约定支付费用,造成分包单位不能及时落实安全防护措施导致发生事故的,由总承包单位负主要责任。

三、施工现场消防安全职责和应采取的消防安全措施

近年来,施工现场的火灾时有发生,甚至出现了特大恶性火灾事故。因此,施工单位必须建立健全消防安全责任制,加强消防安全教育培训,严格消防安全管理,确保施工现场消防安全。

(一)施工单位消防安全责任人和消防安全职责

《国务院关于加强和改进消防工作的意见》(国发[2011]46号)中规定,机关、团体、企业事业单位法定代表人是本单位消防安全第一责任人。各单位要依法履行职责,保障必要的消防投入,切实提高检查消除火灾隐患、组织扑救初起火灾、组织人员疏散逃生和消防宣传教育培训的能力。

《消防法》规定,机关、团体、企业、事业等单位应当履行下列消防安全职责:(1)落实消防安全责任制,制定本单位的消防安全制度、消防安全操作规程,制定灭火和应急疏散预案;(2)按照国家标准、行业标准配置消防设施、器材,设置消防安全标志,并定期组织检验、维修,确保完好有效;(3)对建筑消防设施每年至少进行一次全面检测,确保完好有效,检测记录应当完整准确,存档备查;(4)保障疏散通道、安全出口、消防车通道畅通,保证防火防烟分区、防火间距符合消防技术标准;(5)组织防火检查,及时消除火灾隐患;(6)组织进行有针对性的消防演练;(7)法律、法规规定的其他消防安全职责。单位的主要负责人是本单位的消防安全责任人。

重点工程的施工现场多定为消防安全重点单位,按照《消防法》的规定,除应当履行所有单位都应当履行的职责外,还应当履行下列消防安全职责:(1)确定消防安全管理人,组织

实施本单位的消防安全管理工作;(2)建立消防档案,确定消防安全重点部位,设置防火标志,实行严格管理;(3)实行每日防火巡查,并建立巡查记录;(4)对职工进行岗前消防安全培训,定期组织消防安全培训和消防演练。

《建设工程安全生产管理条例》还规定,施工单位应当在施工现场建立消防安全责任制度,确定消防安全责任人,制定用火、用电、使用易燃易爆材料等各项消防安全管理制度和操作规程,设置消防通道、消防水源,配备消防设施和灭火器材,并在施工现场入口处设置明显标志。

消防安全标志应当按照《消防安全标志设置要求》(GB 15630—1995)、《消防安全标志》(GB 13495—1992)设置。

（二）施工现场的消防安全要求

《国务院关于加强和改进消防工作的意见》规定,公共建筑在营业、使用期间不得进行外保温材料施工作业,居住建筑进行节能改造作业期间应撤离居住人员,并设消防安全巡逻人员,严格分离用火用焊作业与保温施工作业,严禁在施工建筑内安排人员住宿。新建、改建、扩建工程的外保温材料一律不得使用易燃材料,严格限制使用可燃材料。建筑室内装饰装修材料必须符合国家、行业标准和消防安全要求。

公安部、住房城乡建设部《关于进一步加强建设工程施工现场消防安全工作的通知》(公消[2009]131号)规定,施工单位应当在施工组织设计中编制消防安全技术措施和专项施工方案,并由专职安全管理人员进行现场监督。

施工现场要设置消防通道并确保畅通。建筑工地要满足消防车通行、停靠和作业要求。在建建筑内应设置标明楼梯间和出入口的临时醒目标志,视情况安装楼梯间和出入口的临时照明,及时清理建筑垃圾和障碍物,规范材料堆放,保证发生火灾时,现场施工人员疏散和消防人员扑救快捷畅通。

施工现场要按有关规定设置消防水源。应当在建设工程平地阶段按照总平面设计设置室外消火栓系统,并保持充足的管网压力和流量。根据在建工程施工进度,同步安装室内消火栓系统或设置临时消火栓,配备水枪水带,消防干管设置水泵接合器,满足施工现场火灾扑救的消防供水要求。施工现场应当配备必要的消防设施和灭火器材。施工现场的重点防火部位和在建高层建筑的各个楼层,应在明显和方便取用的地方配置适当数量的手提式灭火器、消防沙袋等消防器材。

动用明火必须实行严格的消防安全管理,禁止在具有火灾、爆炸危险的场所使用明火;需要进行明火作业的,动火部门和人员应当按照用火管理制度办理审批手续,落实现场监护人,在确认无火灾、爆炸危险后方可动火施工;动火施工人员应当遵守消防安全规定,并落实相应的消防安全措施;易燃易爆危险物品和场所应有具体防火防爆措施;电焊、气焊、电工等特殊工种人员必须持证上岗;将容易发生火灾、一旦发生火灾后果严重的部位确定为重点防火部位,实行严格管理。

施工现场的办公、生活区与作业区应当分开设置,并保持安全距离;施工单位不得在尚未竣工的建筑物内设置员工集体宿舍。

（三）施工单位消防安全自我评估和防火检查

《国务院关于加强和改进消防工作的意见》中指出，要建立消防安全自我评估机制，消防安全重点单位每季度、其他单位每半年自行或委托有资质的机构对本单位进行一次消防安全检查评估，做到安全自查、隐患自除、责任自负。

公安部、住房和城乡建设部《关于进一步加强建设工程施工现场消防安全工作的通知》规定，施工单位应及时纠正违章操作行为，及时发现火灾隐患并采取防范、整改措施。国家、省级等重点工程的施工现场应当进行每日防火巡查，其他施工现场也应根据需要组织防火巡查。

施工单位防火检查的内容应当包括：火灾隐患的整改情况以及防范措施的落实情况，疏散通道、消防车通道、消防水源情况，灭火器材配置及有效情况，用火、用电有无违章情况，重点工种人员及其他施工人员消防知识掌握情况，消防安全重点部位管理情况，易燃易爆危险物品和场所防火防爆措施落实情况，防火巡查落实情况等。

（四）建设工程消防施工的质量和安全责任

公安部《建设工程消防监督管理规定》中规定，建设工程的消防设计、施工必须符合国家工程建设消防技术标准。

施工单位应当承担下列消防施工的质量和安全责任：（1）按照国家工程建设消防技术标准和经消防设计审核合格或者备案的消防设计文件组织施工，不得擅自改变消防设计进行施工，降低消防施工质量；（2）查验消防产品和具有防火性能要求的建筑构件、建筑材料及装修材料的质量，使用合格产品，保证消防施工质量；（3）建立施工现场消防安全责任制度，确定消防安全负责人。加强对施工人员的消防教育培训，落实动火、用电、易燃可燃材料等消防管理制度和操作规程。保证在建工程竣工验收前消防通道、消防水源、消防设施和器材、消防安全标志等完好有效。

（五）施工单位的消防安全教育培训和消防演练

《国务院关于加强和改进消防工作的意见》指出，要加强对单位消防安全责任人、消防安全管理人、消防控制室操作人员和消防设计、施工、监理人员及保安、电（气）焊工、消防技术服务机构从业人员的消防安全培训。

公安部、住房和城乡建设部等 9 部委颁布的《社会消防安全教育培训规定》（公安部令第109 号）中规定，在建工程的施工单位应当开展下列消防安全教育工作：（1）建设工程施工前应当对施工人员进行消防安全教育；（2）在建设工地醒目位置、施工人员集中住宿场所设置消防安全宣传栏，悬挂消防安全挂图和消防安全警示标志；（3）对明火作业人员进行经常性的消防安全教育；（4）组织灭火和应急疏散演练。

公安部、住房和城乡建设部《关于进一步加强建设工程施工现场消防安全工作的通知》规定，施工人员上岗前的安全培训应当包括以下消防内容：有关消防法规、消防安全制度和保障消防安全的操作规程，本岗位的火灾危险性和防火措施，有关消防设施的性能、灭火器材的使用方法，报火警、扑救初起火灾以及自救逃生的知识和技能等，保障施工现场人员具有相应的消防常识和逃生自救能力。

施工单位应当根据国家有关消防法规和建设工程安全生产法规的规定,建立施工现场消防组织,制定灭火和应急疏散预案,并至少每半年组织一次演练,提高施工人员及时报警、扑灭初期火灾和自救逃生能力。

四、工伤保险和意外伤害保险的规定

新修订的《建筑法》规定,建筑施工企业应当依法为职工参加工伤保险缴纳工伤保险费。鼓励企业为从事危险作业的职工办理意外伤害保险,支付保险费。

据此,工伤保险是面向施工企业全体员工的强制性保险。意外伤害保险则是针对施工现场从事危险作业特有群体的职工,仍属于一种法定险种,其适用范围是在施工现场从事高处作业、深基坑作业、爆破作业等危险性较大的施工人员,尽管可能已参加了工伤保险,但法律鼓励施工企业再为他们办理意外伤害保险,使这部分人员能够比其他职工依法获得更多的权益保障。

(一)工伤保险的规定

《工伤保险条例》规定,中华人民共和国境内的企业、事业单位、社会团体、民办非企业单位、基金会、律师事务所、会计师事务所等组织和有雇工的个体工商户(以下称用人单位)应当依照本条例规定参加工伤保险,为本单位全部职工或者雇工(以下称职工)缴纳工伤保险费。

中华人民共和国境内的企业、事业单位、社会团体、民办非企业单位、基金会、律师事务所、会计师事务所等组织的职工和个体工商户的雇工,均有依照本条例的规定享受工伤保险待遇的权利。

1. 工伤保险基金

工伤保险基金由用人单位缴纳的工伤保险费、工伤保险基金的利息和依法纳入工伤保险基金的其他资金构成。工伤保险费根据以支定收、收支平衡的原则,确定费率。国家根据不同行业的工伤风险程度确定行业的差别费率,并根据工伤保险费使用、工伤发生率等情况在每个行业内确定若干费率档次。

用人单位应当按时缴纳工伤保险费。职工个人不缴纳工伤保险费。用人单位缴纳工伤保险费的数额为本单位职工工资总额乘以单位缴费费率之积。跨地区、生产流动性较大的行业,可以采取相对集中的方式异地参加统筹地区的工伤保险。

工伤保险基金存入社会保障基金财政专户,用于《工伤保险条例》规定的工伤保险待遇,劳动能力鉴定,工伤预防的宣传、培训等费用,以及法律、法规规定的用于工伤保险的其他费用的支付。任何单位或者个人不得将工伤保险基金用于投资运营、兴建或者改建办公场所、发放奖金,或者挪作其他用途。

2. 工伤认定

职工有下列情形之一的,应当认定为工伤:(1)在工作时间和工作场所内,因工作原因受到事故伤害的;(2)工作时间前后在工作场所内,从事与工作有关的预备性或者收尾性工作受到事故伤害的;(3)在工作时间和工作场所内,因履行工作职责受到暴力等意外伤害的(4)患职业病的;(5)因工外出期间,由于工作原因受到伤害或者发生事故下落不明的;(6)在上下班途中,受到非本人主要责任的交通事故或者城市轨道交通、客运轮渡、火车事故伤害的;(7)法律、行政法规规定应当认定为工伤的其他情形。

职工有下列情形之一的,视同工伤:(1)在工作时间和工作岗位,突发疾病死亡或者在48小时之内经抢救无效死亡的;(2)在抢险救灾等维护国家利益、公共利益活动中受到伤害的;(3)职工原在军队服役,因战、因公负伤致残,已取得革命伤残军人证,到用人单位后旧伤复发的。职工有以上第(1)项、第(2)项情形的,按照《工伤保险条例》的有关规定享受工伤保险待遇;职工有以上第(3)项情形的,按照《工伤保险条例》的有关规定享受除一次性伤残补助金以外的工伤保险待遇。

职工符合以上的规定,但是有下列情形之一的,不得认定为工伤或者视同工伤:(1)故意犯罪的;(2)醉酒或者吸毒的;(3)自残或者自杀的。

职工发生事故伤害或者按照职业病防治法规定被诊断、鉴定为职业病,所在单位应当自事故伤害发生之日或者被诊断、鉴定为职业病之日起30日内,向统筹地区社会保险行政部门提出工伤认定申请。遇有特殊情况,经报社会保险行政部门同意,申请时限可以适当延长。用人单位未按以上规定提出工伤认定申请的,工伤职工或者其近亲属、工会组织在事故伤害发生之日或者被诊断、鉴定为职业病之日起1年内,可以直接向用人单位所在地统筹地区社会保险行政部门提出工伤认定申请。按照以上规定应当由省级社会保险行政部门进行工伤认定的事项,根据属地原则由用人单位所在地的设区的市级社会保险行政部门办理。用人单位未在以上规定的时限内提交工伤认定申请,在此期间发生符合《工伤保险条例》规定的工伤待遇等有关费用由该用人单位负担。

提出工伤认定申请应当提交下列材料:(1)工伤认定申请表;(2)与用人单位存在劳动关系(包括事实劳动关系)的证明材料;(3)医疗诊断证明或者职业病诊断证明书(或者职业病诊断鉴定书)。工伤认定申请表应当包括事故发生的时间、地点、原因以及职工伤害程度等基本情况。工伤认定申请人提供材料不完整的,社会保险行政部门应当一次性书面告知工伤认定申请人需要补正的全部材料。申请人按照书面告知要求补正材料后,社会保险行政部门应当受理。

社会保险行政部门受理工伤认定申请后,根据审核需要可以对事故伤害进行调查核实,用人单位、职工、工会组织、医疗机构以及有关部门应当予以协助。职业病诊断和诊断争议的鉴定,依照职业病防治法的有关规定执行。对依法取得职业病诊断证明书或者职业病诊断鉴定书的,社会保险行政部门不再进行调查核实。职工或者其近亲属认为是工伤,用人单位不认为是工伤的,由用人单位承担举证责任。

社会保险行政部门应当自受理工伤认定申请之日起60日内作出工伤认定的决定,并书面通知申请工伤认定的职工或者其近亲属和该职工所在单位。社会保险行政部门对受理的事实清楚、权利义务明确的工伤认定申请,应当在15日内作出工伤认定的决定。作出工伤认定决定需要以司法机关或者有关行政主管部门的结论为依据的,在司法机关或者有关行政主管部门尚未作出结论期间,作出工伤认定决定的时限中止。社会保险行政部门工作人员与工伤认定申请人有利害关系的,应当回避。

3. 劳动能力鉴定

职工发生工伤,经治疗伤情相对稳定后存在残疾、影响劳动能力的,应当进行劳动能力鉴定。劳动能力鉴定是指劳动功能障碍程度和生活自理障碍程度的等级鉴定。劳动功能障碍分为10个伤残等级,最重的为1级,最轻的为10级。生活自理障碍分为3个等级:生活完全不能自理、生活大部分不能自理和生活部分不能自理。

　　劳动能力鉴定由用人单位、工伤职工或者其近亲属向设区的市级劳动能力鉴定委员会提出申请，并提供工伤认定决定和职工工伤医疗的有关资料。

　　省、自治区、直辖市劳动能力鉴定委员会和设区的市级劳动能力鉴定委员会分别由省、自治区、直辖市和设区的市级社会保险行政部门、卫生行政部门、工会组织、经办机构代表以及用人单位代表组成。劳动能力鉴定委员会建立医疗卫生专家库。列入专家库的医疗卫生专业技术人员应当具备下列条件：(1) 具有医疗卫生高级专业技术职务任职资格；(2) 掌握劳动能力鉴定的相关知识；(3) 具有良好的职业品德。

　　设区的市级劳动能力鉴定委员会收到劳动能力鉴定申请后，应当从其建立的医疗卫生专家库中随机抽取 3 名或者 5 名相关专家组成专家组，由专家组提出鉴定意见。设区的市级劳动能力鉴定委员会根据专家组的鉴定意见作出工伤职工劳动能力鉴定结论；必要时，可以委托具备资格的医疗机构协助进行有关的诊断。设区的市级劳动能力鉴定委员会应当自收到劳动能力鉴定申请之日起 60 日内作出劳动能力鉴定结论，必要时，作出劳动能力鉴定结论的期限可以延长 30 日。劳动能力鉴定结论应当及时送达申请鉴定的单位和个人。

　　申请鉴定的单位或者个人对设区的市级劳动能力鉴定委员会作出的鉴定结论不服的，可以在收到该鉴定结论之日起 15 日内向省、自治区、直辖市劳动能力鉴定委员会提出再次鉴定申请。省、自治区、直辖市劳动能力鉴定委员会作出的劳动能力鉴定结论为最终结论。

　　自劳动能力鉴定结论作出之日起 1 年后，工伤职工或者其近亲属、所在单位或者经办机构认为伤残情况发生变化的，可以申请劳动能力复查鉴定。

　　4. 工伤保险待遇

　　职工因工作遭受事故伤害或者患职业病进行治疗，享受工伤医疗待遇。

　　(1) 工伤的治疗

　　职工治疗工伤应当在签订服务协议的医疗机构就医，情况紧急时可以先到就近的医疗机构急救。治疗工伤所需费用符合工伤保险诊疗项目目录、工伤保险药品目录、工伤保险住院服务标准的从工伤保险基金支付。职工住院治疗工伤的伙食补助费，以及经医疗机构出具证明，报经办机构同意，工伤职工到统筹地区以外就医所需的交通、食宿费用从工伤保险基金支付，基金支付的具体标准由统筹地区人民政府规定。工伤职工到签订服务协议的医疗机构进行工伤康复的费用，符合规定的，从工伤保险基金支付。

　　工伤职工治疗非工伤引发的疾病，不享受工伤医疗待遇，按照基本医疗保险办法处理。社会保险行政部门作出认定为工伤的决定后发生行政复议、行政诉讼的，行政复议和行政诉讼期间不停止支付工伤职工治疗工伤的医疗费用。

　　工伤职工因日常生活或者就业需要，经劳动能力鉴定委员会确认，可以安装假肢、矫形器、假眼、假牙和配置轮椅等辅助器具，所需费用按照国家规定的标准从工伤保险基金支付。

　　(2) 工伤医疗的停工留薪期

　　职工因工作遭受事故伤害或者患职业病需要暂停工作接受工伤医疗的，在停工留薪期内，原工资福利待遇不变，由所在单位按月支付。停工留薪期一般不超过 12 个月。伤情严重或者情况特殊，经设区的市级劳动能力鉴定委员会确认，可以适当延长，但延长不得超过 12 个月。

　　工伤职工评定伤残等级后，停发原待遇，按照有关规定享受伤残待遇。工伤职工在停工留薪期满后仍需治疗的,继续享受工伤医疗待遇。

（3）工伤职工的护理

生活不能自理的工伤职工在停工留薪期需要护理的,由所在单位负责。

工伤职工已经评定伤残等级并经劳动能力鉴定委员会确认需要生活护理的,从工伤保险基金按月支付生活护理费。生活护理费按照生活完全不能自理、生活大部分不能自理或者生活部分不能自理3个不同等级支付,其标准分别为统筹地区上年度职工月平均工资的50%、40%或者30%。

（4）职工因工致残的待遇

职工因工致残被鉴定为1级至4级伤残的,保留劳动关系,退出工作岗位,享受以下待遇:① 从工伤保险基金按伤残等级支付一次性伤残补助金,标准为:1级伤残为27个月的本人工资,2级伤残为25个月的本人工资,3级伤残为23个月的本人工资,4级伤残为21个月的本人工资;② 从工伤保险基金按月支付伤残津贴,标准为:1级伤残为本人工资的90%,2级伤残为本人工资的85%,3级伤残为本人工资的80%,4级伤残为本人工资的75%。伤残津贴实际金额低于当地最低工资标准的,由工伤保险基金补足差额;③ 工伤职工达到退休年龄并办理退休手续后,停发伤残津贴,按照国家有关规定享受基本养老保险待遇。基本养老保险待遇低于伤残津贴的,由工伤保险基金补足差额。职工因工致残被鉴定为1级至4级伤残的,由用人单位和职工个人以伤残津贴为基数,缴纳基本医疗保险费。

职工因工致残被鉴定为5级、6级伤残的,享受以下待遇:① 从工伤保险基金按伤残等级支付一次性伤残补助金,标准为:5级伤残为18个月的本人工资,6级伤残为16个月的本人工资;② 保留与用人单位的劳动关系,由用人单位安排适当工作。难以安排工作的,由用人单位按月发给伤残津贴,标准为:5级伤残为本人工资的70%,6级伤残为本人工资的60%,并由用人单位按照规定为其缴纳应缴纳的各项社会保险费。伤残津贴实际金额低于当地最低工资标准的,由用人单位补足差额。经工伤职工本人提出,该职工可以与用人单位解除或者终止劳动关系,由工伤保险基金支付一次性工伤医疗补助金,由用人单位支付一次性伤残就业补助金。

职工因工致残被鉴定为7级至10级伤残的,享受以下待遇:① 从工伤保险基金按伤残等级支付一次性伤残补助金,标准为:7级伤残为13个月的本人工资,8级伤残为11个月的本人工资,9级伤残为9个月的本人工资,10级伤残为7个月的本人工资;② 劳动、聘用合同期满终止,或者职工本人提出解除劳动、聘用合同的,由工伤保险基金支付一次性工伤医疗补助金,由用人单位支付一次性伤残就业补助金。

（5）职工因工死亡的丧葬补助金、抚恤金和一次性工亡补助金

职工因工死亡,其近亲属按照下列规定从工伤保险基金领取丧葬补助金、供养亲属抚恤金和一次性工亡补助金:① 丧葬补助金为6个月的统筹地区上年度职工月平均工资;② 供养亲属抚恤金按照职工本人工资的一定比例发给由因工死亡职工生前提供主要生活来源、无劳动能力的亲属。标准为:配偶每月40%,其他亲属每人每月30%,孤寡老人或者孤儿每人每月在上述标准的基础上增加10%。核定的各供养亲属的抚恤金之和不应高于因工死亡职工生前的工资。③ 一次性工亡补助金标准为上一年度全国城镇居民人均可支配收入的20倍。伤残职工在停工留薪期内因工伤导致死亡的,其近亲属享受以上规定的待遇。1级至4级伤残职工在停工留薪期满后死亡的,其近亲属可以享受以上第①项、第②项规定的待遇。

(6) 其他规定

职工因工外出期间发生事故或者在抢险救灾中下落不明的,从事故发生当月起3个月内照发工资,从第4个月起停发工资,由工伤保险基金向其供养亲属按月支付供养亲属抚恤金。生活有困难的,可以预支一次性工亡补助金的50%。职工被人民法院宣告死亡的按照职工因工死亡的规定处理。

工伤职工有下列情形之一的,停止享受工伤保险待遇:① 丧失享受待遇条件的;② 拒不接受劳动能力鉴定的;③ 拒绝治疗的。

用人单位分立、合并、转让的,承继单位应当承担原用人单位的工伤保险责任;原用人单位已经参加工伤保险的,承继单位应当到当地经办机构办理工伤保险变更登记。用人单位实行承包经营的,工伤保险责任由职工劳动关系所在单位承担。职工被借调期间受到工伤事故伤害的,由原用人单位承担工伤保险责任,但原用人单位与借调单位可以约定补偿办法。企业破产的,在破产清算时依法拨付应当由单位支付的工伤保险待遇费用。

职工被派遣出境工作,依据前往国家或者地区的法律应当参加当地工伤保险的,参加当地工伤保险,其国内工伤保险关系中止;不能参加当地工伤保险的,其国内工伤保险关系不中止。

职工再次发生工伤,根据规定应当享受伤残津贴的,按照新认定的伤残等级享受伤残津贴待遇。

5. 监督管理

任何组织和个人对有关工伤保险的违法行为,有权举报。社会保险行政部门对举报应当及时调查,按照规定处理,并为举报人保密。

工会组织依法维护工伤职工的合法权益,对用人单位的工伤保险工作实行监督。职工与用人单位发生工伤待遇方面的争议,按照处理劳动争议的有关规定处理。

有下列情形之一的,有关单位或者个人可以依法申请行政复议,也可以依法向人民法院提起行政诉讼:(1) 申请工伤认定的职工或者其近亲属、该职工所在单位对工伤认定申请不予受理的决定不服的;(2) 申请工伤认定的职工或者其近亲属、该职工所在单位对工伤认定结论不服的;(3) 用人单位对经办机构确定的单位缴费费率不服的;(4) 签订服务协议的医疗机构、辅助器具配置机构认为经办机构未履行有关协议或者规定的;(5) 工伤职工或者其近亲属对经办机构核定的工伤保险待遇有异议的。

(二)建筑意外伤害保险的规定

《建筑法》规定,鼓励企业为从事危险作业的职工办理意外伤害保险,支付保险费。《建设工程安全生产管理条例》则规定,施工单位应当为施工现场从事危险作业的人员办理意外伤害保险。意外伤害保险费由施工单位支付。实行施工总承包的,由总承包单位支付意外伤害保险费。意外伤害保险期限自建设工程开工之日起至竣工验收合格止。

《国务院安委会关于进一步加强安全培训工作的决定》进一步要求,研究探索由开展安全生产责任险、建筑意外伤害险的保险机构安排一定资金,用于事故预防与安全培训工作。

工伤保险与建筑意外伤害保险有着很大的不同。工伤保险是社会保险的一种,实行实名制,并按工资总额计提保险费,较适用于企业的固定职工。建筑意外伤害保险则是一种法定的商业保险,通常是按照施工合同额或建筑面积计提保险费,针对着施工现场从事危险作业的特殊人群,较适合施工现场作业人员包括从事危险作业人员流动性大的行业特点。

1. 建筑意外伤害保险的范围、保险期限和最低保险金额

原建设部《关于加强建筑意外伤害保险工作的指导意见》(建质[2003]107号)中指出,建筑施工企业应当为施工现场从事施工作业和管理的人员,在施工活动过程中发生的人身意外伤亡事故提供保障,办理建筑意外伤害保险、支付保险费。范围应当覆盖工程项目。已在企业所在地参加工伤保险的人员,从事现场施工时仍可参加建筑意外伤害保险。

保险期限应涵盖工程项目开工之日到工程竣工验收合格日。提前竣工的,保险责任自行终止。因延长工期的,应当办理保险顺延手续。

各地建设行政主管部门要结合本地区实际情况,确定合理的最低保险金额。最低保险金额要能够保障施工伤亡人员得到有效的经济补偿。施工企业办理建筑意外伤害保险时,投保的保险金额不得低于此标准。

2. 建筑意外伤害保险的保险费和费率

保险费应当列入建筑安装工程费用。保险费由施工企业支付,施工企业不得向职工摊派。

施工企业和保险公司双方应本着平等协商的原则,根据各类风险因素商定建筑意外伤害保险费率,提倡差别费率和浮动费率。差别费率可与工程规模、类型、工程项目风险程度和施工现场环境等因素挂钩。浮动费率可与施工企业安全生产业绩、安全生产管理状况等因素挂钩。对重视安全生产管理、安全业绩好的企业可采用下浮费率;对安全生产业绩差、安全管理不善的企业可采用上浮费率。通过浮动费率机制,激励投保企业安全生产的积极性。

3. 建筑意外伤害保险的投保

施工企业应在工程项目开工前,办理完投保手续。鉴于工程建设项目施工工艺流程中各工种调动频繁、用工流动性大,投保实行不记名和不计人数的方式。工程项目中有分包单位的由总承包施工企业统一办理,分包单位合理承担投保费用。业主直接发包的工程项目由承包企业直接办理。

投保人办理投保手续后,应将投保有关信息以布告形式张贴于施工现场,告之被保险人。

4. 建筑意外伤害保险的索赔

建筑意外伤害保险应规范和简化索赔程序,搞好索赔服务。各地建设行政主管部门要积极创造条件,引导投保企业在发生意外事故后即向保险公司提出索赔,使施工伤亡人员能够得到及时、足额的赔付。

各级建设行政主管部门应设置专门电话接受举报,凡被保险人发生意外伤害事故,企业和工程项目负责人隐瞒不报、不索赔的,要严肃查处。

5. 建筑意外伤害保险的安全服务

施工企业应当选择能提供建筑安全生产风险管理、事故防范等安全服务和有保险能力的保险公司,以保证事故后能及时补偿与事故前能主动防范。目前还不能提供安全风险管理和事故预防的保险公司,应通过建筑安全服务中介组织向施工企业提供与建筑意外伤害保险相关的安全服务。建筑安全服务中介组织必须拥有一定数量、专业配套、具备建筑安全知识和管理经验的专业技术人员。

违法行为应承担的法律责任

安全服务内容可包括施工现场风险评估、安全技术咨询、人员培训、防灾防损设备配置、安全技术研究等。施工企业在投保时可与保险机构商定具体服务内容。

第四节　施工安全事故的应急救援与调查处理

施工现场一旦发生生产安全事故,应当立即实施抢险救援特别是抢救遇险人员,迅速控制事态,防止伤亡事故进一步扩大,并依法向有关部门报告事故。事故调查处理应当坚持实事求是、尊重科学的原则,及时准确地查清事故经过、事故原因和事故损失,查明事故性质,认定事故责任,总结事故教训,提出整改措施,并对事故责任者依法追究责任。

一、生产安全事故的等级划分标准

国务院《生产安全事故报告和调查处理条例》规定,根据生产安全事故(以下简称事故)造成的人员伤亡或者直接经济损失,事故一般分为以下等级:(1) 特别重大事故,是指造成30人以上死亡,或者100人以上重伤(包括急性工业中毒,下同),或者1亿元以上直接经济损失的事故;(2) 重大事故,是指造成10人以上30人以下死亡,或者50人以上100人以下重伤,或者5000万元以上1亿元以下直接经济损失的事故;(3) 较大事故,是指造成3人以上10人以下死亡,或者10人以上50人以下重伤,或者1000万元以上5000万元以下直接经济损失的事故;(4) 一般事故,是指造成3人以下死亡,或者10人以下重伤,或者1000万元以下直接经济损失的事故。所称的"以上"包括本数,所称的"以下"不包括本数。

《生产安全事故报告和调查处理条例》还规定,没有造成人员伤亡,但是社会影响恶劣的事故,国务院或者有关地方人民政府认为需要调查处理的,依照本条例的有关规定执行。

(一)事故等级划分的要素

事故等级的划分包括了人身、经济和社会3个要素,可以单独适用。

1. 人身要素

人身要素就是人员伤亡的数量。施工生产安全事故危害的最严重后果,就是造成人员的死亡和重伤。因此,人员伤亡数量被列为事故分级的第一要素。

2. 经济要素

经济要素就是直接经济损失的数额。施工生产安全事故不仅会造成人员伤亡,往往还会造成直接经济损失。因此,要保护国家、单位和人民群众的财产权,还应根据造成直接经济损失的多少来划分事故等级。

3. 社会要素

社会要素就是社会影响。在实践中,有些生产安全事故的伤亡人数、直接经济损失数额虽然达不到法定标准,但是造成了恶劣的社会影响、政治影响和国际影响,也应当列为特殊事故进行调查处理。例如,事故严重影响周边单位和居民正常的生产生活,社会反应强烈;造成较大的国际影响;对公众健康构成潜在威胁,等等。对于这类事故,如果国务院或者有关地方人民政府认为需要调查处理的,应依照《生产安全事故报告和调查处理条例》的有关规定执行。

(二)事故等级划分的补充性规定

《生产安全事故报告和调查处理条例》规定,国务院安全生产监督管理部门可以会同国务院有关部门,制定事故等级划分的补充性规定。

由于不同行业和领域的事故各有特点,发生事故的原因和损失情况也差异较大,很难用同一标准来划分不同行业或者领域的事故等级,授权国务院安全生产监督管理部门可以会同国务院有关部门,针对某些特殊行业或者领域的实际情况来制定事故等级划分的补充性规定,是十分必要的。

二、施工生产安全事故应急救援预案的规定

施工生产安全事故多具有突发性、群体性等特点,如果施工单位事先根据本单位和施工现场的实际情况,针对可能发生事故的类别、性质、特点和范围等,事先制定当事故发生时有关的组织、技术措施和其他应急措施,做好充分的应急救援准备工作,不但可以采用预防技术和管理手段,降低事故发生的可能性,而且一旦发生事故时,还可以在短时间内就组织有效抢救,防止事故扩大,减少人员伤亡和财产损失。

《安全生产法》规定,生产经营单位的主要负责人具有组织制定并实施本单位的生产安全事故应急救援预案的职责。《建设工程安全生产管理条例》进一步规定,施工单位应当制定本单位生产安全事故应急救援预案,建立应急救援组织或者配备应急救援人员,配备必要的应急救援器材、设备,并定期组织演练。

(一)施工生产安全事故应急救援预案的编制

《突发事件应对法》规定,应急预案应当根据本法和其他有关法律、法规的规定,针对突发事件的性质、特点和可能造成的社会危害,具体规定突发事件应急管理工作的组织指挥体系与职责和突发事件的预防与预警机制、处置程序、应急保障措施以及事后恢复与重建措施等内容。

《建设工程安全生产管理条例》规定,施工单位应当根据建设工程施工的特点、范围,对施工现场易发生重大事故的部位、环节进行监控,制定施工现场生产安全事故应急救援预案。

国家安全生产监督管理总局《生产安全事故应急预案管理办法》进一步规定,生产经营单位的应急预案按照针对情况的不同,分为综合应急预案、专项应急预案和现场处置方案。生产经营单位编制的综合应急预案、专项应急预案和现场处置方案之间应当相互衔接,并与所涉及的其他单位的应急预案相互衔接。

综合应急预案,应当包括本单位的应急组织机构及其职责、预案体系及响应程序、事故预防及应急保障、应急培训及预案演练等主要内容;专项应急预案,应当包括危险性分析、可能发生的事故特征、应急组织机构与职责、预防措施、应急处置程序和应急保障等内容;现场处置方案,应当包括危险性分析、可能发生的事故特征、应急处置程序、应急处置要点和注意事项等内容。

应急预案的编制应当符合下列基本要求:(1)符合有关法律、法规、规章和标准的规定;(2)结合本地区、本部门、本单位的安全生产实际情况;(3)结合本地区、本部门本单位的危险性分析情况;(4)应急组织和人员的职责分工明确,并有具体的落实措施;(5)有明确、具体的事故预防措施和应急程序,并与其应急能力相适应;(6)有明确的应急保障措施,并能满足本地区、本部门、本单位的应急工作要求;(7)预案基本要素齐全、完整,预案附件提供

的信息准确;(8)预案内容与相关应急预案相互衔接。应急预案应当包括应急组织机构和人员的联系方式、应急物资储备清单等附件信息。

此外,《消防法》还规定,企业应当履行落实消防安全责任制,制定本单位的消防安全制度、消防安全操作规程,制定灭火和应急疏散预案的消防安全职责。《职业病防治法》规定,用人单位应当建立、健全职业病危害事故应急救援预案。《特种设备安全监察条例》规定,特种设备使用单位应当制定事故应急专项预案,并定期进行事故应急演练。《使用有毒物品作业场所劳动保护条例》规定,从事使用高毒物品作业的用人单位,应当配备应急救援人员和必要的应急救援器材、设备,制定事故应急救援预案,并根据实际情况变化对应急救援预案适时进行修订,定期组织演练。

（二）施工生产安全事故应急救援预案的评审和备案

《生产安全事故应急预案管理办法》规定,建筑施工单位应当组织专家对本单位编制的应急预案进行评审。评审应当形成书面纪要并附有专家名单。应急预案的评审应当注重应急预案的实用性、基本要素的完整性、预防措施的针对性、组织体系的科学性、响应程序的操作性、应急保障措施的可行性、应急预案的衔接性等内容。施工单位的应急预案经评审后,由施工单位主要负责人签署公布。

中央管理的总公司（总厂、集团公司、上市公司）的综合应急预案和专项应急预案,报国务院国有资产监督管理部门、国务院安全生产监督管理部门和国务院有关主管部门备案;其所属单位的应急预案分别抄送所在地的省、自治区、直辖市或者设区的市人民政府安全生产监督管理部门和有关主管部门备案。其他生产经营单位中涉及实行安全生产许可的,其综合应急预案和专项应急预案,按照隶属关系报所在地县级以上地方人民政府安全生产监督管理部门和有关主管部门备案。

生产经营单位申请应急预案备案,应当提交以下材料:(1)应急预案备案申请表;(2)应急预案评审或者论证意见;(3)应急预案文本及电子文档。

对于实行安全生产许可的生产经营单位,已经进行应急预案备案登记的,在申请安全生产许可证时,可以不提供相应的应急预案,仅提供应急预案备案登记表。

（三）施工生产安全事故应急预案的培训和演练

《国务院关于坚持科学发展安全发展促进安全生产形势持续稳定好转的意见》规定,定期开展应急预案演练,切实提高事故救援实战能力。企业生产现场带班人员、班组长和调度人员在遇到险情时,要按照预案规定,立即组织停产撤人。

《生产安全事故应急预案管理办法》进一步规定,生产经营单位应当采取多种形式开展应急预案的宣传教育,普及生产安全事故预防、避险、自救和互救知识,提高从业人员安全意识和应急处置技能。生产经营单位应当组织开展本单位的应急预案培训活动,使有关人员了解应急预案内容,熟悉应急职责、应急程序和岗位应急处置方案。应急预案的要点和程序应当张贴在应急地点和应急指挥场所,并设有明显的标志。

生产经营单位应当制定本单位的应急预案演练计划,根据本单位的事故预防重点,每年至少组织一次综合应急预案演练或者专项应急预案演练,每半年至少组织一次现场处置方案演练。应急预案演练结束后,应急预案演练组织单位应当对应急预案演练效果进行评估,撰写应急预案演练评估报告,分析存在的问题,并对应急预案提出修订意见。

（四）施工生产安全事故应急预案的修订

《国务院关于坚持科学发展安全发展促进安全生产形势持续稳定好转的意见》进一步指出,建立健全安全生产应急预案体系,加强动态修订完善。

《生产安全事故应急预案管理办法》进一步规定,生产经营单位制定的应急预案应当至少每3年修订一次,预案修订情况应有记录并归档。有下列情形之一的,应急预案应当及时修订:(1)生产经营单位因兼并、重组、转制等导致隶属关系、经营方式、法定代表人发生变化的;(2)生产经营单位生产工艺和技术发生变化的;(3)周围环境发生变化,形成新的重大危险源的;(4)应急组织指挥体系或者职责已经调整的;(5)依据的法律、法规、规章和标准发生变化的;(6)应急预案演练评估报告要求修订的;(7)应急预案管理部门要求修订的。

生产经营单位应当及时向有关部门或者单位报告应急预案的修订情况,并按照有关应急预案报备程序重新备案。生产经营单位应当按照应急预案的要求配备相应的应急物资及装备,建立使用状况档案,定期检测和维护,使其处于良好状态。

（五）施工总分包单位的职责分工

《建设工程安全生产管理条例》规定,实行施工总承包的,由总承包单位统一组织编制建设工程生产安全事故应急救援预案,工程总承包单位和分包单位按照应急救援预案,各自建立应急救援组织或者配备应急救援人员,配备救援器材、设备,并定期组织演练。

三、施工生产安全事故报告及采取相应措施的规定

《建筑法》规定,施工中发生事故时,建筑施工企业应当采取紧急措施减少人员伤亡和事故损失,并按照国家有关规定及时向有关部门报告。

《建设工程安全生产管理条例》进一步规定,施工单位发生生产安全事故,应当按照国家有关伤亡事故报告和调查处理的规定,及时、如实地向负责安全生产监督管理的部门、建设行政主管部门或者其他有关部门报告;特种设备发生事故的,还应当同时向特种设备安全监督管理部门报告。实行施工总承包的建设工程,由总承包单位负责上报事故。

（一）施工生产安全事故报告的基本要求

《安全生产法》规定,生产经营单位发生生产安全事故后,事故现场有关人员应当立即报告本单位负责人。单位负责人接到事故报告后,应当迅速采取有效措施,组织抢救,防止事故扩大,减少人员伤亡和财产损失,并按照国家有关规定立即如实报告当地负有安全生产监督管理职责的部门,不得隐瞒不报、谎报或者拖延不报,不得故意破坏事故现场、毁灭有关证据。

1. 事故报告的时间要求

《生产安全事故报告和调查处理条例》规定,事故发生后,事故现场有关人员应当立即向本单位负责人报告;单位负责人接到报告后,应当于1小时内向事故发生地县级以上人民政府安全生产监督管理部门和负有安全生产监督管理职责的有关部门报告。情况紧急时,事故现场有关人员可以直接向事故发生地县级以上人民政府安全生产监督管理部门和负有安

全生产监督管理职责的有关部门报告。

所谓事故现场,是指事故具体发生地点及事故能够影响和波及的区域,以及该区域内的物品、痕迹等所处的状态。所谓有关人员,主要是指事故发生单位在事故现场的有关工作人员,可以是事故的负伤者,或者是在事故现场的其他工作人员。所谓立即报告,是指在事故发生后的第一时间用最快捷的报告方式进行报告。所谓单位负责人,可以是事故发生单位的主要负责人,也可以是事故发生单位主要负责人以外的其他分管安全生产工作的副职领导或其他负责人。

在一般情况下,事故现场有关人员应当先向本单位负责人报告事故。但是,事故是人命关天的大事,在情况紧急时允许事故现场有关人员直接向安全生产监督管理部门和负有安全生产监督管理职责的有关部门报告。事故报告应当及时、准确、完整。任何单位和个人对事故不得迟报、漏报、谎报或者瞒报。

2. 事故报告的内容要求

《生产安全事故报告和调查处理条例》规定,报告事故应当包括下列内容:(1)事故发生单位概况;(2)事故发生的时间、地点以及事故现场情况;(3)事故的简要经过;(4)事故已经造成或者可能造成的伤亡人数(包括下落不明的人数)和初步估计的直接经济损失;(5)已经采取的措施;(6)其他应当报告的情况。

3. 事故补报的要求

《生产安全事故报告和调查处理条例》规定,事故报告后出现新情况的,应当及时补报。

自事故发生之日起30日内,事故造成的伤亡人数发生变化的,应当及时补报。道路交通事故、火灾事故自发生之日起7日内,事故造成的伤亡人数发生变化的,应当及时补报。

(二)发生施工生产安全事故后应采取的相应措施

《建设工程安全生产管理条例》规定,发生生产安全事故后,施工单位应当采取措施防止事故扩大,保护事故现场。需要移动现场物品时,应当做出标记和书面记录,妥善保管有关证物。

1. 组织应急抢救工作

《生产安全事故报告和调查处理条例》规定,事故发生单位负责人接到事故报告后,应当立即启动事故相应应急预案,或者采取有效措施,组织抢救,防止事故扩大,减少人员伤亡和财产损失。

例如,对危险化学品泄漏等可能对周边群众和环境产生危害的事故,施工单位应当在向地方政府及有关部门报告的同时,及时向可能受到影响的单位、职工、群众发出预警信息,标明危险区域,组织、协助应急救援队伍救助受害人员,疏散、撤离、安置受到威胁的人员,并采取必要措施防止发生次生、衍生事故。

2. 妥善保护事故现场

《生产安全事故报告和调查处理条例》规定,事故发生后,有关单位和人员应当妥善保护事故现场以及相关证据,任何单位和个人不得破坏事故现场、毁灭相关证据。因抢救人员、防止事故扩大以及疏通交通等原因,需要移动事故现场物件的,应当做出标志,绘制现场简图并做出书面记录,妥善保存现场重要痕迹、物证。

事故现场是追溯判断发生事故原因和事故责任人责任的客观物质基础。从事故发生到事故调查组赶赴现场,往往需要一段时间,而在这段时间里,许多外界因素,如对伤员救护、险情控制、周围群众围观等都会给事故现场造成不同程度的破坏,甚至还有故意破坏事故现场的情况。如果事故现场保护不好,一些与事故有关的证据难于找到,将直接影响到事故现场的勘查,不便于查明事故原因,从而影响事故调查处理的进度和质量。

保护事故现场,就是要根据事故现场的具体情况和周围环境,划定保护区范围,布置警戒,必要时将事故现场封锁起来,维持现场的原始状态,既不要减少任何痕迹、物品,也不能增加任何痕迹、物品。即使是保护现场的人员,也不要无故进入,更不能擅自进行勘查,或者随意触摸、移动事故现场的任何物品。任何单位和个人都不得破坏事故现场,毁灭相关证据。

确因特殊情况需要移动事故现场物件的,须同时满足以下条件:(1)抢救人员、防止事故扩大以及疏通交通的需要;(2)经事故单位负责人或者组织事故调查的安全生产监督管理部门和负有安全生产监督管理职责的有关部门同意;(3)做出标志,绘制现场简图,拍摄现场照片,对被移动物件贴上标签,并做出书面记录;(4)尽量使现场少受破坏。

(三)施工生产安全事故的调查

《安全生产法》规定,事故调查处理应当按照实事求是、尊重科学的原则,及时、准确地查清事故原因,查明事故性质和责任,总结事故教训,提出整改措施,并对事故责任者提出处理意见。

1. 事故调查的管辖

《生产安全事故报告和调查处理条例》规定,特别重大事故由国务院或者国务院授权有关部门组织事故调查组进行调查。

重大事故、较大事故、一般事故分别由事故发生地省级人民政府、设区的市级人民政府、县级人民政府负责调查。省级人民政府、设区的市级人民政府、县级人民政府可以直接组织事故调查组进行调查,也可以授权或者委托有关部门组织事故调查组进行调查。未造成人员伤亡的一般事故,县级人民政府也可以委托事故发生单位组织事故调查组进行调查。上级人民政府认为必要时,可以调查由下级人民政府负责调查的事故。

自事故发生之日起 30 日内(道路交通事故、火灾事故自发生之日起 7 日内),因事故伤亡人数变化导致事故等级发生变化,依照《生产安全事故报告和调查处理条例》规定应当由上级人民政府负责调查的,上级人民政府可以另行组织事故调查组进行调查。

特别重大事故以下等级事故,事故发生地与事故发生单位不在同一个县级以上行政区域的,由事故发生地人民政府负责调查,事故发生单位所在地人民政府应当派人参加。

2. 事故调查组的组成与职责

事故调查组的组成应当遵循精简、效能的原则。根据事故的具体情况,事故调查组由有关人民政府、安全生产监督管理部门、负有安全生产监督管理职责的有关部门、监察机关、公安机关以及工会派人组成,并应当邀请人民检察院派人参加。事故调查组可以聘请有关专家参与调查。

事故调查组成员应当具有事故调查所需要的知识和专长,并与所调查的事故没有直接利害关系。事故调查组组长由负责事故调查的人民政府指定。事故调查组组长主持事故调查组的工作。

事故调查组履行下列职责:(1)查明事故发生的经过、原因、人员伤亡情况及直接经济损失；(2) 认定事故的性质和事故责任；(3) 提出对事故责任者的处理建议；(4) 总结事故教训，提出防范和整改措施；(5) 提交事故调查报告。

3. 事故调查组的权利与纪律

事故调查组有权向有关单位和个人了解与事故有关的情况，并要求其提供相关文件、资料，有关单位和个人不得拒绝。事故发生单位的负责人和有关人员在事故调查期间不得擅离职守，并应当随时接受事故调查组的询问，如实提供有关情况。事故调查中发现涉嫌犯罪的，事故调查组应当及时将有关材料或者其复印件移交司法机关处理。

事故调查中需要进行技术鉴定的，事故调查组应当委托具有国家规定资质的单位进行技术鉴定。必要时，事故调查组可以直接组织专家进行技术鉴定。技术鉴定所需时间不计入事故调查期限。

事故调查组成员在事故调查工作中应当诚信公正、恪尽职守，遵守事故调查组的纪律，保守事故调查的秘密。未经事故调查组组长允许，事故调查组成员不得擅自发布有关事故的信息。

4. 事故调查报告的期限与内容

事故调查组应当自事故发生之日起 60 日内提交事故调查报告；特殊情况下，经负责事故调查的人民政府批准，提交事故调查报告的期限可以适当延长，但延长的期限最长不超过60 日。

事故调查报告应当包括下列内容：(1) 事故发生单位概况；(2) 事故发生经过和事故救援情况；(3) 事故造成的人员伤亡和直接经济损失；(4) 事故发生的原因和事故性质；(5) 事故责任的认定以及对事故责任者的处理建议；(6) 事故防范和整改措施。事故调查报告应当附具有关证据材料。事故调查组成员应当在事故调查报告上签名。

（四）施工生产安全事故的处理

1. 事故处理时限和落实批复

《生产安全事故报告和调查处理条例》规定，重大事故、较大事故、一般事故，负责事故调查的人民政府应当自收到事故调查报告之日起 15 日内做出批复；特别重大事故，30 日内做出批复，特殊情况下，批复时间可以适当延长，但延长的时间最长不超过 30 日。

有关机关应当按照人民政府的批复，依照法律、行政法规规定的权限和程序，对事故发生单位和有关人员进行行政处罚，对负有事故责任的国家工作人员进行处分。事故发生单位应当按照负责事故调查的人民政府的批复，对本单位负有事故责任的人员进行处理。

负有事故责任的人员涉嫌犯罪的，依法追究刑事责任。

2. 事故发生单位的防范和整改措施

事故发生单位应当认真吸取事故教训，落实防范和整改措施，防止事故再次发生。防范和整改措施的落实情况应当接受工会和职工的监督。

安全生产监督管理部门和负有安全生产监督管理职责的有关部门应当对事故发生单位落实防范和整改措施的情况进行监督检查。

3. 处理结果的公布

事故处理的情况由负责事故调查的人民政府或者其授权的有关部门、机构向社会公布，依法应当保密的除外。

违法行为应承
担的法律责任

第五节　建设单位和相关单位的建设工程安全责任制度

《建设工程安全生产管理条例》规定,建设单位、勘察单位、设计单位、施工单位、工程监理单位及其他与建设工程安全生产有关的单位,必须遵守安全生产法律、法规的规定,保证建设工程安全生产,依法承担建设工程安全生产责任。

这是因为,建设工程安全生产的重点是施工现场,其主要责任单位是施工单位,但与施工活动密切相关单位的活动也都影响着施工安全。因此,有必要对所有与建设工程施工活动有关的单位的安全责任作出明确规定。

一、建设单位相关的安全责任

建设单位是建设工程项目的投资主体或管理主体,在整个工程建设中居于主导地位。但长期以来,我国对建设单位的工程项目管理行为缺乏必要的法律约束,对其安全管理责任更没有明确规定,由于建设单位的某些工程项目管理行为不规范,直接或者间接导致施工生产安全事故的发生是有着不少惨痛教训的。为此,《建设工程安全生产管理条例》中明确规定,建设单位必须遵守安全生产法律、法规的规定,保证建设工程安全生产,依法承担建设工程安全生产责任。

(一)依法办理有关批准手续

《建筑法》规定,有下列情形之一的,建设单位应当按照国家有关规定办理申请批准手续:(1)需要临时占用规划批准范围以外场地的;(2)可能损坏道路、管线、电力、邮电通信等公共设施的;(3)需要临时停水、停电、中断道路交通的;(4)需要进行爆破作业的;(5)法律、法规规定需要办理报批手续的其他情形。

这是因为,上述活动不仅涉及工程建设的顺利进行和施工现场作业人员的安全,也影响到周边区域人们的安全或是正常的工作生活,并需要有关方面给予支持和配合。为此,建设单位应当依法向有关部门申请办理批准手续。

(二)向施工单位提供真实、准确和完整的有关资料

《建筑法》规定,建设单位应当向建筑施工企业提供与施工现场相关的地下管线资料,建筑施工企业应当采取措施加以保护。

《建设工程安全生产管理条例》进一步规定,建设单位应当向施工单位提供施工现场及毗邻区域内供水、排水、供电、供气、供热、通信、广播电视等地下管线资料,气象和水文观测资料,相邻建筑物和构筑物、地下工程的有关资料,并保证资料的真实、准确、完整。

在建设工程施工前,施工单位须搞清楚施工现场及毗邻区域内地下管线,以及相邻建筑物、构筑物和地下工程的有关资料,否则很有可能会因施工而造成对其破坏,不仅导致人员伤亡和经济损失,还将影响周边地区单位和居民的工作与生活。同时,建设工程的施工周期往往比较长,又多是露天作业,受气候条件的影响较大,建设单位还应当提供有关气象和水文观测资料。建设单位须保证所提供资料的真实、准确,并能满足施工安全作业的需要。

(三)不得提出违法要求和随意压缩合同工期

《建设工程安全生产管理条例》规定,建设单位不得对勘察、设计、施工、工程监理等单位提出不符合建设工程安全生产法律、法规和强制性标准规定的要求,不得压缩合同约定的工期。

由于市场竞争相当激烈,一些勘察、设计、施工、工程监理单位为了承揽业务,往往对建设单位提出的各种要求尽量给予满足,这就造成某些建设单位为了追求利益最大化而提出一些非法要求,甚至明示或者暗示相关单位进行一些不符合法律、法规和强制性标准的活动。因此,建设单位也必须依法规范自身的行为。

合同约定的工期是建设单位与施工单位在工期定额的基础上,根据施工条件、技术水平等,经过双方平等协商而共同约定的工期。建设单位不能片面为了早日发挥建设项目的效益,迫使施工单位大量增加人力、物力投入,或者是简化施工程序,随意压缩合同约定的工期。应该讲,任何违背科学和客观规律的行为,都是施工生产安全事故隐患,都有可能导致施工生产安全事故的发生。当然,在符合有关法律、法规和强制性标准的规定,并编制了赶工技术措施等前提下,建设单位与施工单位就提前工期的技术措施费和提前工期奖励等协商一致后,是可以对合同工期进行适当调整的。

(四)确定建设工程安全作业环境及安全施工措施所需费用

《建设工程安全生产管理条例》规定,建设单位在编制工程概算时,应当确定建设工程安全作业环境及安全施工措施所需费用。

多年的实践表明,要保障施工安全生产,必须有合理的安全投入。因此,建设单位在编制工程概算时,就应当合理确定保障建设工程施工安全所需的费用,并依法足额向施工单位提供。

(五)不得要求购买、租赁和使用不符合安全施工要求的用具设备等

《建设工程安全生产管理条例》规定,建设单位不得明示或者暗示施工单位购买、租赁、使用不符合安全施工要求的安全防护用具、机械设备、施工机具及配件、消防设施和器材。

由于建设工程的投资额、投资效益以及工程质量等,其后果最终都是由建设单位承担,建设单位势必对工程建设的各个环节都非常关心,包括材料设备的采购、租赁等。这就要求建设单位与施工单位应当在合同中约定双方的权利义务,包括采用哪种供货方式等。无论施工单位购买、租赁或是使用有关安全防护用具、机械设备等,建设单位都不得采用明示或者暗示的方式,违法向施工单位提出不符合安全施工的要求。

(六)申领施工许可证应当提供有关安全施工措施的资料

按照《建筑法》的规定,申请领取施工许可证应当具备的条件之一,就是"有保证工程质量和安全的具体措施"。

《建设工程安全生产管理条例》进一步规定,建设单位在领取施工许可证时,应当提供建设工程有关安全施工措施的资料。依法批准开工报告的建设工程,建设单位应当自开工报告批准之日起15日内,将保证安全施工的措施报送建设工程所在地的县级以上地方人民政

府建设行政主管部门或者其他有关部门备案。

建设单位在申请领取施工许可证时,应当提供的建设工程有关安全施工措施资料,一般包括:中标通知书,工程施工合同,施工现场总平面布置图,临时设施规划方案和已搭建情况,施工现场安全防护设施搭设(设置)计划、施工进度计划、安全措施费用计划,专项安全施工组织设计(方案、措施),拟进入施工现场使用的施工起重机械设备(塔式起重机、物料提升机、外用电梯)的型号、数量,工程项目负责人、安全管理人员及特种作业人员持证上岗情况,建设单位安全监督人员名册、工程监理单位人员名册,以及其他应提交的材料。

(七)装修工程和拆除工程的规定

《建筑法》规定,涉及建筑主体和承重结构变动的装修工程,建设单位应当在施工前委托原设计单位或者具有相应资质条件的设计单位提出设计方案;没有设计方案的,不得施工。《建筑法》还规定,房屋拆除应当由具备保证安全条件的建筑施工单位承担。

《建设工程安全生产管理条例》进一步规定,建设单位应当将拆除工程发包给具有相应资质等级的施工单位。建设单位应当在拆除工程施工15日前,将下列资料报送建设工程所在地的县级以上地方人民政府建设行政主管部门或者其他有关部门备案:(1)施工单位资质等级证明;(2)拟拆除建筑物、构筑物及可能危及毗邻建筑的说明;(3)拆除施工组织方案;(4)堆放、清除废弃物的措施。

实施爆破作业的,应当遵守国家有关民用爆炸物品管理的规定。

(八)建设单位违法行为应承担的法律责任

《建设工程安全生产管理条例》规定,建设单位未提供建设工程安全生产作业环境及安全施工措施所需费用的,责令限期改正;逾期未改正的,责令该建设工程停止施工。

建设单位未将保证安全施工的措施或者拆除工程的有关资料报送有关部门备案的,责令限期改正,给予警告。

建设单位有下列行为之一的,责令限期改正,处20万元以上50万元以下的罚款;造成重大安全事故,构成犯罪的,对直接责任人员,依照刑法有关规定追究刑事责任;造成损失的,依法承担赔偿责任:(1)勘察、设计、施工、工程监理等单位提出不符合安全生产法律、法规和强制性标准规定的要求的;(2)要求施工单位压缩合同约定的工期的;(3)将拆除工程发包给不具有相应资质等级的施工单位的。

二、勘察、设计单位相关的安全责任

建设工程安全生产是一个大的系统工程。工程勘察、设计作为工程建设的重要环节,对于保障安全施工有着重要影响。

(一)勘察单位的安全责任

《建设工程安全生产管理条例》规定,勘察单位应当按照法律、法规和工程建设强制性标准进行勘察,提供的勘察文件应当真实、准确,满足建设工程安全生产的需要。勘察单位在勘察作业时,应当严格执行操作规程,采取措施保证各类管线、设施和周边建筑物、构筑物的安全。

工程勘察是工程建设的先行官。工程勘察成果是建设工程项目规划、选址、设计的重要依据,也是保证施工安全的重要因素和前提条件。因此,勘察单位必须按照法律、法规的规定以及工程建设强制性标准的要求进行勘察,并提供真实、准确的勘察文件,不能弄虚作假。

此外,勘察单位在进行勘察作业时,也易发生安全事故。为了保证勘察作业的安全,要求勘察人员必须严格执行操作规程,并应采取措施保证各类管线、设施和周边建筑物、构筑物的安全,为保障施工作业人员和相关人员的安全提供必要条件。

（二）设计单位的安全责任

工程设计是工程建设的灵魂。在建设工程项目确定后,工程设计便成为工程建设中最重要、最关键的环节,对安全施工有着重要影响。

1. 按照法律、法规和工程建设强制性标准进行设计

《建设工程安全生产管理条例》规定,设计单位应当按照法律、法规和工程建设强制性标准进行设计,防止因设计不合理导致生产安全事故的发生。

工程建设强制性标准是工程建设技术和经验的总结与积累,对保证建设工程质量和施工安全起着至关重要的作用。从一些生产安全事故的原因分析,涉及设计单位责任的,主要是没有按照强制性标准进行设计,由于设计得不合理导致施工过程中发生了安全事故。因此,设计单位在设计过程中必须考虑施工生产安全,严格执行强制性标准。

2. 提出防范生产安全事故的指导意见和措施建议

《建设工程安全生产管理条例》规定,设计单位应当考虑施工安全操作和防护的需要,对涉及施工安全的重点部位和环节在设计文件中注明,并对防范生产安全事故提出指导意见。采用新结构、新材料、新工艺的建设工程和特殊结构的建设工程,设计单位应当在设计中提出保障施工作业人员安全和预防生产安全事故的措施建议。

设计单位的工程设计文件对保证建设工程结构安全至关重要。同时,设计单位在编制设计文件时,还应当结合建设工程的具体特点和实际情况,考虑施工安全作业和安全防护的需要,为施工单位制定安全防护措施提供技术保障。特别是对采用新结构、新材料、新工艺的建设工程和特殊结构的建设工程,设计单位应当在设计中提出保障施工作业人员安全和预防生产安全事故的措施建议。在施工单位作业前,设计单位还应当就设计意图、设计文件向施工单位做出说明和技术交底,并对防范生产安全事故提出指导意见。

3. 对设计成果承担责任

《建设工程安全生产管理条例》规定,设计单位和注册建筑师等注册执业人员应当对其设计负责。

"谁设计,谁负责",这是国际通行做法。如果由于设计责任造成事故,设计单位就要承担法律责任,还应当对造成的损失进行赔偿。建筑师、结构工程师等注册执业人员应当在设计文件上签字盖章,对设计文件负责,并承担相应的法律责任。

（三）勘察、设计单位应承担的法律责任

《建设工程安全生产管理条例》规定,勘察单位、设计单位有下列行为之一的,责令限期改正,处10万元以上30万元以下的罚款;情节严重的,责令停业整顿,降低资质等级,直至吊销资质证书;造成重大安全事故,构成犯罪的,对直接责任人员,依照刑法有关规定追究刑

事责任;造成损失的,依法承担赔偿责任:(1)未按照法律、法规和工程建设强制性标准进行勘察、设计的;(2)采用新结构、新材料、新工艺的建设工程和特殊结构的建设工程,设计单位未在设计中提出保障施工作业人员安全和预防生产安全事故的措施建议的。

注册执业人员未执行法律、法规和工程建设强制性标准的,责令停止执业3个月以上1年以下;情节严重的,吊销执业资格证书,5年内不予注册;造成重大安全事故的,终身不予注册;构成犯罪的,依照刑法有关规定追究刑事责任。

三、工程监理、检验检测单位相关的安全责任

(一)工程监理单位的安全责任

工程监理是监理单位受建设单位的委托,依照法律、法规和建设工程监理规范的规定,对工程建设实施的监督管理。但在实践中,一些监理单位只注重对施工质量、进度和投资的监控,不重视对施工安全的监督管理,这就使得施工现场因违章指挥、违章作业而发生的伤亡事故局面未能得到有效控制。因此,须依法加强施工安全监理工作,进一步提高建设工程监理水平。

1. 对安全技术措施或专项施工方案进行审查

《建设工程安全生产管理条例》规定,工程监理单位应当审查施工组织设计中的安全技术措施或者专项施工方案是否符合工程建设强制性标准。

施工组织设计中应当包括安全技术措施和施工现场临时用电方案,对基坑支护与降水工程、土方开挖工程、模板工程、起重吊装工程、脚手架工程、拆除、爆破工程等达到一定规模的危险性较大的分部分项工程,还应当编制专项施工方案。工程监理单位要对这些安全技术措施和专项施工方案进行审查,重点审查是否符合工程建设强制性标准;对于达不到强制性标准的,应当要求施工单位进行补充和完善。

2. 依法对施工安全事故隐患进行处理

《建设工程安全生产管理条例》规定,工程监理单位在实施监理过程中,发现存在安全事故隐患的,应当要求施工单位整改;情况严重的,应当要求施工单位暂时停止施工,并及时报告建设单位。施工单位拒不整改或者不停止施工的,工程监理单位应当及时向有关主管部门报告。

工程监理单位受建设单位的委托,有权要求施工单位对存在的安全事故隐患进行整改,有权要求施工单位暂时停止施工,并依法向建设单位和有关主管部门报告。

3. 承担建设工程安全生产的监理责任

《建设工程安全生产管理条例》规定,工程监理单位和监理工程师应当按照法律、法规和工程建设强制性标准实施监理,并对建设工程安全生产承担监理责任。

工程监理单位有下列行为之一的,责令限期改正;逾期未改正的,责令停业整顿,并处10万元以上30万元以下的罚款;情节严重的,降低资质等级,直至吊销资质证书;造成重大安全事故,构成犯罪的,对直接责任人员,依照刑法有关规定追究刑事责任;造成损失的,依法承担赔偿责任:(1)未对施工组织设计中的安全技术措施或者专项施工方案进行审查的;(2)发现安全事故隐患未及时要求施工单位整改或者暂时停止施工的;(3)施工单位拒不整改或者不停止施工,未及时向有关主管部门报告的;(4)未依照法律、法规和工程建设强

制性标准实施监理的。

(二)设备检验检测单位的安全责任

《建设工程安全生产管理条例》规定,检验检测机构对检测合格的施工起重机械和整体提升脚手架、模板等自升式架设设施,应当出具安全合格证明文件,并对检测结果负责。

1. 设备检验检测单位的职责

《特种设备安全监察条例》规定,特种设备的监督检验、定期检验、型式试验和无损检测应当由经核准的特种设备检验检测机构进行。

特种设备检验检测机构,应当依照规定进行检验检测工作,对其检验检测结果、鉴定结论承担法律责任。特种设备检验检测机构进行特种设备检验检测,发现严重事故隐患或者能耗严重超标的,应当及时告知特种设备使用单位,并立即向特种设备安全监督管理部门报告。

2. 设备检验检测单位违法行为应承担的法律责任

特种设备检验检测机构,有下列情形之一的,由特种设备安全监督管理部门处 2 万元以上 10 万元以下罚款;情节严重的,撤销其检验检测资格……(2) 在进行特种设备检验检测中,发现严重事故隐患或者能耗严重超标,未及时告知特种设备使用单位,并立即向特种设备安全监督管理部门报告的。

特种设备检验检测机构和检验检测人员,出具虚假的检验检测结果、鉴定结论或者检验检测结果、鉴定结论严重失实的,由特种设备安全监督管理部门对检验检测机构没收违法所得,处 5 万元以上 20 万元以下罚款;情节严重的,撤销其检验检测资格;对检验检测人员处 5 000 元以上 5 万元以下罚款,情节严重的,撤销其检验检测资格,触犯刑律的,依照刑法关于中介组织人员提供虚假证明文件罪、中介组织人员出具证明文件重大失实罪或者其他罪的规定,依法追究刑事责任。

特种设备检验检测机构和检验检测人员,出具虚假的检验检测结果、鉴定结论或者检验检测结果、鉴定结论严重失实,造成损害的,应当承担赔偿责任。

特种设备检验检测机构和检验检测人员利用检验检测工作故意刁难特种设备生产、使用单位,由特种设备安全监督管理部门责令改正;拒不改正的,撤销其检验检测资格。

四、机械设备等单位相关的安全责任

(一)提供机械设备和配件单位的安全责任

《建设工程安全生产管理条例》规定,为建设工程提供机械设备和配件的单位,应当按照安全施工的要求配备齐全有效的保险、限位等安全设施和装置。

施工机械设备是施工现场的重要设备,在建设工程施工中的应用越来越普及。但是,当前施工现场所使用的机械设备产品质量不容乐观,有的安全保险和限位装置不齐全或是失灵,有的在设计和制造上存在重大质量缺陷,导致施工安全事故时有发生。为此,为建设工程提供施工机械设备和配件的单位,应当配齐有效的保险、限位等安全设施和装置,保证灵敏可靠,以保障施工机械设备的安全使用,减少施工机械设备事故的发生。

（二）出租机械设备和施工机具及配件单位的安全责任

《建设工程安全生产管理条例》规定，出租的机械设备和施工机具及配件，应当具有生产（制造）许可证、产品合格证。出租单位应当对出租的机械设备和施工机具及配件的安全性能进行检测，在签订租赁协议时，应当出具检测合格证明。禁止出租检测不合格的机械设备和施工机具及配件。

近年来，我国的机械设备租赁市场发展很快，越来越多的施工单位是通过租赁方式获取所需的机械设备和施工机具及配件。这对于降低施工成本、提高机械设备等使用率是有着积极作用的，但也存在着出租的机械设备等安全责任不明确的问题。因此，必须依法对出租单位的安全责任作出规定。

原建设部《建筑起重机械安全监督管理规定》（建设部令第 166 号）规定，出租单位应当在签订的建筑起重机械租赁合同中，明确租赁双方的安全责任，并出具建筑起重机械特种设备制造许可证、产品合格证、制造监督检验证明、备案证明和自检合格证明，提交安装使用说明书。有下列情形之一的建筑起重机械，不得出租、使用：（1）属国家明令淘汰或者禁止使用的；（2）超过安全技术标准或者制造厂家规定的使用年限的；（3）经检验达不到安全技术标准规定的；（4）没有完整安全技术档案的；（5）没有齐全有效的安全保护装置的。建筑起重机械有以上第（1）、（2）、（3）项情形之一的，出租单位或者自购建筑起重机械的使用单位应当予以报废，并向原备案机关办理注销手续。

（三）施工起重机械和自升式架设设施安装、拆卸单位的安全责任

施工起重机械，是指施工中用于垂直升降或者垂直升降并水平移动重物的机械设备，如塔式起重机、施工外用电梯、物料提升机等。自升式架设设施，是指通过自有装置可将自身升高的架设设施，如整体提升脚手架、模板等。

1. 安装、拆卸施工起重机械和自升式架设设施必须具备相应的资质

《建设工程安全生产管理条例》规定，在施工现场安装，拆卸施工起重机械和整体提升脚手架、模板等自升式架设设施，必须由具有相应资质的单位承担。施工起重机械和自升式架设设施等的安装、拆卸，不仅专业性很强，还具有较高的危险性，与相关的施工活动关联很大，稍有不慎极易造成群死群伤的重大施工安全事故。因此，按照《建筑业企业资质管理规定》和《建筑业企业资质等级标准》的规定，从事起重设备安装、附着升降脚手架等施工活动的单位，应当按照资质条件申请资质，经审查合格并取得专业承包资质证书后，方可在其资质等级许可的范围内从事安装、拆卸活动。

2. 编制安装、拆卸方案和现场监督

《建设工程安全生产管理条例》规定，安装，拆卸施工起重机械和整体提升脚手架、模板等自升式架设设施，应当编制拆装方案、制定安全施工措施，并由专业技术人员现场监督。

《建筑起重机械安全监督管理规定》进一步规定，建筑起重机械使用单位和安装单位应当在签订的建筑起重机械安装、拆卸合同中明确双方的安全生产责任。实行施工总承包的，施工总承包单位应当与安装单位签订建筑起重机械安装、拆卸工程安全协议书。安装单位应当履行下列安全职责：（1）按照安全技术标准及建筑起重机械性能要求，编制建筑起重机

械安装、拆卸工程专项施工方案,并由本单位技术负责人签字;(2)按照安全技术标准及安装使用说明书等检查建筑起重机械及现场施工条件;(3)组织安全施工技术交底并签字确认;(4)制定建筑起重机械安装、拆卸工程生产安全事故应急救援预案;(5)将建筑起重机械安装、拆卸工程专项施工方案,安装、拆卸人员名单,安装、拆卸时间等材料报施工总承包单位和监理单位审核后,告知工程所在地县级以上地方人民政府建设主管部门。

安装单位应当按照建筑起重机械安装、拆卸工程专项施工方案及安全操作规程组织安装、拆卸作业。安装单位的专业技术人员、专职安全生产管理人员应当进行现场监督,技术负责人应当定期巡查。

3. 出具自检合格证明、进行安全使用说明、办理验收手续的责任

《建设工程安全生产管理条例》规定,施工起重机械和整体提升脚手架、模板等自升式架设设施安装完毕后,安装单位应当自检,出具自检合格证明,并向施工单位进行安全使用说明,办理验收手续并签字。《建筑起重机械安全监督管理规定》进一步规定,建筑起重机械安装完毕后,安装单位应当按照安全技术标准及安装使用说明书的有关要求对建筑起重机械进行自检、调试和试运转。自检合格的,应当出具自检合格证明,并向使用单位进行安全使用说明。

建筑起重机械安装完毕后,使用单位应当组织出租、安装、监理等有关单位进行验收,或者委托具有相应资质的检验检测机构进行验收。建筑起重机械经验收合格后方可投入使用,未经验收或者验收不合格的不得使用。实行施工总承包的,由施工总承包单位组织验收。

4. 依法对施工起重机械和自升式架设设施进行检测

《建设工程安全生产管理条例》规定,施工起重机械和整体提升脚手架、模板等自升式架设设施的使用达到国家规定的检验检测期限的,必须经具有专业资质的检验检测机构检测。经检测不合格的,不得继续使用。

5. 机械设备等单位违法行为应承担的法律责任

《建设工程安全生产管理条例》规定,为建设工程提供机械设备和配件的单位,未按照安全施工的要求配备齐全有效的保险、限位等安全设施和装置的,责令限期改正,处合同价款 1 倍以上 3 倍以下的罚款;造成损失的,依法承担赔偿责任。出租单位出租未经安全性能检测或者经检测不合格的机械设备和施工机具及配件的,责令停业整顿,并处 5 万元以上 10 万元以下的罚款;造成损失的,依法承担赔偿责任。

施工起重机械和整体提升脚手架、模板等自升式架设设施安装,拆卸单位有下列行为之一的,责令限期改正,处 5 万元以上 10 万元以下的罚款;情节严重的,责令停业整顿,降低资质等级,直至吊销资质证书;造成损失的,依法承担赔偿责任:(1)未编制拆装方案、制定安全施工措施的;(2)未由专业技术人员现场监督的;(3)未出具自检合格证明或者出具虚假证明的;(4)未向施工单位进行安全使用说明,办理移交手续的。

施工起重机械和整体提升脚手架、模板等自升式架设设施安装,拆卸单位有以上规定的第(1)项、第(3)项行为,经有关部门或者单位职工提出后,对事故隐患仍不采取措施,因而发生重大伤亡事故或者造成其他严重后果,构成犯罪的,对直接责任人员,依照刑法有关规定追究刑事责任。

五、政府部门安全监督管理的相关规定

（一）建设工程安全生产的监督管理体制

《建设工程安全生产管理条例》规定，国务院负责安全生产监督管理的部门依照《中华人民共和国安全生产法》的规定，对全国安全生产工作实施综合监督管理；县级以上地方各级人民政府负责安全生产监督管理的部门，依照《中华人民共和国安全生产法》的规定，对本行政区域内安全生产工作实施综合监督管理。

国务院建设行政主管部门对全国的建设工程安全生产实施监督管理。国务院铁路、交通、水利等有关部门按照国务院规定的职责分工，负责有关专业建设工程安全生产的监督管理。

县级以上地方人民政府建设行政主管部门对本行政区域内的建设工程安全生产实施监督管理。县级以上地方人民政府交通、水利等有关部门在各自的职责范围内，负责本行政区域内的专业建设工程安全生产的监督管理。

建设行政主管部门或者其他有关部门可以将施工现场的监督检查委托给建设工程安全监督机构具体实施。

（二）政府主管部门对安全施工措施的审查

建设行政主管部门在审核发放施工许可证时，应当对建设工程是否有安全施工措施进行审查，对没有安全施工措施的，不得颁发施工许可证。

建设行政主管部门或者其他有关部门对建设工程是否有安全施工措施进行审查时，不得收取费用。

（三）政府主管部门履行职责时有权采取的措施

县级以上人民政府负有建设工程安全生产监督管理职责的部门在各自的职责范围内履行安全监督检查职责时，有权采取下列措施：（1）要求被检查单位提供有关建设工程安全生产的文件和资料；（2）进入被检查单位施工现场进行检查；（3）纠正施工中违反安全生产要求的行为；（4）对检查中发现的安全事故隐患，责令立即排除，重大安全事故隐患排除前或者排除过程中无法保证安全的，责令从危险区域内撤出作业人员或者暂时停止施工。

（四）组织制定特大事故应急救援预案和重大生产安全事故抢救

《安全生产法》规定，县级以上地方各级人民政府应当组织有关部门制定本行政区域内特大生产安全事故应急救援预案，建立应急救援体系。

有关地方人民政府和负有安全生产监督管理职责的部门负责人接到重大生产安全事故报告后，应当立即赶到事故现场，组织事故抢救。

（五）淘汰严重危及施工安全的工艺设备材料及受理检举、控告和投诉

《建设工程安全生产管理条例》规定，国家对严重危及施工安全的工艺，设备、材料实

行淘汰制度。具体目录由国务院建设行政主管部门会同国务院其他有关部门制定并公布。

县级以上人民政府建设行政主管部门和其他有关部门应当及时受理对建设工程生产安全事故及安全事故隐患的检举、控告和投诉。

第六节　工程案例分析

【案例39】

（一）背景

某建筑安装公司承担一住宅工程施工。该公司原已依法取得安全生产许可证,但在开工5个月后有效期满。因当时正值施工高峰期,该公司忙于组织施工,未能按规定办理延期手续,当地政府监管机构发现后,立即责令其停止施工,限期补办延期手续。但该公司为了赶工期,既没有停止施工,到期后也未办理延期手续。

（二）问题

（1）本案中的建筑安装会司有哪些违法行为?
（2）违法者应当承担哪些法律责任?

（三）分析

（1）本案中的建筑安装公司有两项违法行为:一是安全生产许可证有效期满,未依法办理延期手续并继续从事施工活动;二是在政府监管机构责令停止施工、限期补办延期手续后,逾期仍不补办延期手续,并继续从事施工活动。《安全生产许可证条例》第9条规定:"安全生产许可证的有效期为3年。安全生产许可证有效期满需要延期的,企业应当于期满前3个月向原安全生产许可证颁发管理机关办理延期手续。"

（2）对于该建筑安装公司的违法行为,应当依法作出相应处罚。《安全生产许可证条例》第20条规定:"违反本条例规定,安全生产许可证有效期满未办理延期手续,继续进行生产的,责令停止生产,限期补办延期手续,没收违法所得,并处5万元以上10万元以下的罚款;逾期仍不办理延期手续,继续进行生产的,依照本条例第19条的规定处罚。"第19条则规定:"违反本条例规定,未取得安全生产许可证擅自进行生产的,责令停止生产,没收违法所得,并处10万元以上50万元以下的罚款;造成重大事故或者其他严重后果,构成犯罪的,依法追究刑事责任。"

【案例40】

（一）背景

在某高层建筑的外墙装饰施工工地,某施工单位为赶在雨季来临前完成施工,又从其他工地调配来一批工人,但未经安全培训教育就安排到有关岗位开始作业。2名工人被安排上高处作业吊篮到 6 层处从事外墙装饰作业。他们在作业完成后为图省事，直接从高处作业吊篮的悬吊平台向 6 层窗口爬去，结果失足从 10 多米高处坠落在地，造成 1 死 1 重伤。

（二）问题

（1）本案中，施工单位有何违法行为？
（2）该违法行为应当承担哪些法律责任？

（三）分析

（1）《安全生产法》第 21 条规定："生产经营单位应当对从业人员进行安全生产教育和培训，保证从业人员具备必要的安全生产知识，熟悉有关的安全生产规章制度和安全操作规程，掌握本岗位的安全操作技能。未经安全生产教育和培训合格的从业人员，不得上岗作业。"《建设工程安全生产管理条例》第 37 条进一步规定："作业人员进入新的岗位或者新的施工现场前，应当接受安全生产教育培训。未经教育培训或者教育培训考核不合格的人员，不得上岗作业。"本案中，施工单位违法未对新进场的工人进行有针对性的安全培训教育，使 2 名作业人员违反了"操作人员必须从地面进出悬吊平台。在未采取安全保护措施的情况下，禁止从窗口、楼顶等其他位置进出悬吊平台"的安全操作规程，造成了伤亡事故的发生。

（2）按照《安全生产法》第 82 条规定："生产经营单位有下列行为之一的，责令限期改正；逾期未改正的，责令停产停业整顿，可以并处 2 万元以下的罚款……（3）未按照本法 21 条、第 22 条的规定对从业人员进行安全生产教育和培训，或者未按照本法第 36 条的规定如实告知从业人员有关的安全生产事项的……"《建设工程安全生产管理条例》第 62 条进一步规定："施工单位有下列行为之一的，责令限期改正；逾期未改正的，责令停业整顿，依照《中华人民共和国安全生产法》的有关规定处以罚款；造成重大安全事故，构成犯罪的，对直接责任人员，依照刑法有关规定追究刑事责任……（二）施工单位的主要负责人、项目负责人、专职安全生产管理人员、作业人员或者特种作业人员，未经安全教育培训或者经考核不合格即从事相关工作的……"据此，该施工单位及其直接责任人员应当依法承担上述有关的法律责任。

【案例 41】

（一）背景

某建筑公司在城市市区承担一商厦工程施工，在施工现场周边设置了 2m 高的围挡，但因施工日久失管，有几处已破损成洞。某日，有 2 个男孩淘气从洞处钻入工地现场玩耍，不小心被堆放的钢筋等材料碰伤，引起了孩子家长与该建筑公司的赔偿纠纷。

（二）问题

（1）本案中的建筑公司是否存在违法行为？
（2）该违法行为应当承担哪些法律责任？

（三）分析

（1）《建设工程安全生产管理条例》第 30 条第 3 款规定："在城市市区内的建设工程，施工单位应当对施工现场实行封闭围挡。"本案中的某建筑公司虽然对施工现场设置了围挡,但由于疏于管理和维护,使围挡出现多处孔洞而未能真正形成封闭,违反了上述规定。

(2)《建设工程安全生产管理条例》第64条规定:"施工单位有下列行为之一的,责令限期改正;逾期未改正的,责令停业整顿,并处5万元以上10万元以下的罚款;造成重大安全事故,构成犯罪的,对直接责任人员,依照刑法有关规定追究刑事责任……(2)……在城市市区内的建设工程的施工现场未实行封闭围挡的……(4)施工现场临时搭建的建筑物不符合安全使用要求的;(5)未对因建设工程施工可能造成损害的毗邻建筑物、构筑物和地下管线等采取专项防护措施的。施工单位有前款规定第(4)项、第(5)项行为,造成损失的,依法承担赔偿责任。"据此,政府主管部门应当依法对施工单位责令限期改正;逾期未改正的,责令停业整顿,并处5万元以上10万元以下的罚款。至于孩子家长所提出的赔偿问题,在《建设工程安全生产管理条例》中并未就此作出规定,《民法通则》中也无相应的明确规定。孩子擅入施工现场而受伤,孩子家长作为监护人未能尽到监护责任,是有重大过失的;施工单位管理不到位,致使施工现场的围挡没有真正形成封闭,也是有一定责任的。双方如不能协商解决,可以诉之法院裁决。

【案例42】

(一)背景

某住宅小区工地上,一载满作业工人的施工升降机在上升过程中突然失控冲顶,从100米高处坠落,造成施工升降机上的9名施工人员全部随机坠落而遇难的惨剧。

(二)问题

(1)本案中的事故应当定为何等级?
(2)在事故发生后,施工单位应当依法采取哪些措施?

(三)分析

(1)《生产安全事故报告和调查处理条例》第3条规定:"较大事故,是指造成3人以上10人以下死亡,或者10人以上50人以下重伤,或者1000万元以上5000万元以下直接经济损失的事故。"据此,本案中的事故应当定为较大事故。

(2)在事故发生后,施工单位应当按照《生产安全事故报告和调查处理条例》第9条第14条、第16条和《建设工程安全生产管理条例》第50条、第51条的规定,采取下列措施:① 报告事故。事故发生后,事故现场有关人员应当立即向本单位负责人报告;单位负责人接到报告后,应当于1小时内向事故发生地县级以上人民政府安全生产监督管理部门、建设行政主管部门或者其他有关部门报告。特种设备发生事故的,还应当同时向特种设备安全监督管理部门报告。情况紧急时,事故现场有关人员可以直接向事故发生地县级以上人民政府安全生产监督管理部门、建设行政主管部门或者其他有关部门报告。实行施工总承包的建设工程,由总承包单位负责上报事故。② 启动事故应急预案,组织抢救。事故发生单位负责人接到事故报告后,应当立即启动事故相应应急预案,或者采取有效措施,组织抢救,防止事故扩大,减少人员伤亡和财产损失。③ 事故现场保护。有关单位和人员应当妥善保护事故现场以及相关证据,任何单位和个人不得破坏事故现场、毁灭相关证据。因抢救人员、防止事故扩大以及疏通交通等原因,需要移动事故现场物件的,应当做出标志,绘制现场简图并做出书面记录,妥善保存现场重要痕迹、物证。

【案例43】

（一）背景

某县招待所决定对2层砖混结构住宿楼进行局部拆除改建和重新装修,并将拆改和装修工程包给一无资质的劳务队。该工程未经有资质的单位设计,也没有办理相关手续,仅由劳务队队长口述了自己的施工方案,便开始组织施工。该劳务队队长在现场指挥4人在2楼干活,安排2人在1楼干活。当1名工人在修凿砖柱(剩余墙体)时,突然发生坍塌,导致屋面梁和整个屋面板全部倒塌,施工人员被埋压。

（二）问题

（1）本案中建设单位有何违法行为?
（2）建设单位应当承担哪些法律责任?

（三）分析

（1）本案中的建设单位主要有3项违法行为:① 未依法委托设计。《建筑法》第49条规定:"涉及建筑主体和承重结构变动的装修工程,建设单位应当在施工前委托原设计单位或者具有相应资质条件的设计单位提出设计方案;没有设计方案的,不得施工。"② 将拆除工程发包给无施工资质的劳务队。《建设工程安全生产管理条例》第11条第1款规定:"建设单位应当将拆除工程发包给具有相应资质等级的施工单位"。③ 未依法办理拆除工程施工前的备案手续。《建设工程安全生产管理条例》第11条第2款规定:"建设单位应当在拆除工程施工15日前,将下列资料报送建设工程所在地的县级以上地方人民政府建设行政主管部门或者其他有关部门备案:(1)施工单位资质等级证明;(2)拟拆除建筑物、构筑物及可能危及毗邻建筑的说明;(3)拆除施工组织方案;(4)堆放、清除废弃物的措施。"

（2）《建筑法》第70条规定:"涉及建筑主体或者承重结构变动的装修工程擅自施工的,责令改正,处以罚款;造成损失的,承担赔偿责任;构成犯罪的,依法追究刑事责任。"《建设工程安全生产管理条例》第54条第2款规定:"建设单位未将保证安全施工的措施或者拆除工程的有关资料报送有关部门备案的,责令限期改正,给予警告"。第55条规定:"建设单位有下列行为之一的,责令限期改正,处20万元以上50万元以下的罚款;造成重大安全事故,构成犯罪的,对直接责任人员,依照刑法有关规定追究刑事责任;造成损失的,依法承担赔偿责任……(3)将拆除工程发包给不具有相应资质等级的施工单位的。"据此,对建设单位应当责令改正,处以罚款,并依据事故等级和所造成损失,依法追究直接责任人员的刑事责任,依法承担赔偿责任。

第八章
建设工程质量法律制度

建设工程作为一种特殊产品,是人们日常生活和生产、经营、工作等的主要场所,是人类赖以生存和发展的重要物质基础。因此,"百年大计,质量第一",必须进一步提高建设工程质量水平,确保建设工程的安全可靠。

第一节　工程建设标准

《标准化法》规定,对下列需要统一的技术要求,应当制定标准……(4)建设工程的设计、施工方法和安全要求。(5)有关工业生产、工程建设和环境保护的技术术语、符号、代号和制图方法。

工程建设标准通过行之有效的标准规范,特别是工程建设强制性标准,为建设工程实施安全防范措施、消除安全隐患提供统一的技术要求,以确保在现有的技术、管理条件下尽可能地保障建设工程质量安全,从而最大限度地保障建设工程的建造者、使用者和所有者的生命财产安全以及人身健康安全。

一、工程建设标准的分类

根据《标准化法》的规定,我国的标准分为国家标准、行业标准、地方标准和企业标准。国家标准、行业标准又分为强制性标准和推荐性标准。

保障人体健康,人身、财产安全的标准和法律、行政法规规定强制执行的标准是强制性标准,其他标准是推荐性标准。强制性标准一经颁布,必须贯彻执行。否则对造成恶劣后果和重大损失的单位和个人,要受到经济制裁或承担法律责任。

(一)工程建设国家标准

《标准化法》规定,对需要在全国范围内统一的技术要求,应当制定国家标准。

1. 工程建设国家标准的范围和类型

原建设部《工程建设国家标准管理办法》规定,对需要在全国范围内统一的下列技术要求,应当制定国家标准:(1)工程建设勘察、规划、设计、施工(包括安装)及验收等通用的质量要求;(2)工程建设通用的有关安全、卫生和环境保护的技术要求;(3)工程建设通用的术语、符号、代号、量与单位、建筑模数和制图方法;(4)工程建设通用的试验、检验和评定等方法;(5)工程建设通用的信息技术要求;(6)国家需要控制的其他工程建设通用的技术要求。

工程建设国家标准分为强制性标准和推荐性标准。下列标准属于强制性标准:(1)工程建设勘察、规划、设计、施工(包括安装)及验收等通用的综合标准和重要的通用的质量标准；(2)工程建设通用的有关安全、卫生和环境保护的标准；(3)工程建设重要的通用的术语、符号、代号、量与单位、建筑模数和制图方法标准；(4)工程建设重要的通用的试验、检验和评定方法等标准；(5)工程建设重要的通用的信息技术标准；(6)国家需要控制的其他工程建设通用的标准。

强制性标准以外的标准是推荐性标准。推荐性标准，国家鼓励企业自愿采用。

2. 工程建设国家标准的制订原则和程序

制订国家标准应当遵循下列原则：(1)必须贯彻执行国家的有关法律、法规和方针、政策，密切结合自然条件，合理利用资源，充分考虑使用和维修的要求，做到安全适用、技术先进、经济合理；(2)对需要进行科学试验或测试验证的项目，应当纳入各级主管部门的科研计划，认真组织实施，写出成果报告；(3)纳入国家标准的新技术、新工艺、新设备、新材料，应当经有关主管部门或受委托单位鉴定，且经实践检验行之有效；(4)积极采用国际标准和国外先进标准，并经认真分析论证或测试验证，符合我国国情；(5)国家标准条文规定应当严谨明确，文句简练，不得模棱两可，其内容深度、术语、符号、计量单位等应当前后一致；(6)必须做好与现行相关标准之间的协调工作。

工程建设国家标准的制订程序分为准备、征求意见、送审和报批四个阶段。

3. 工程建设国家标准的审批发布和编号

工程建设国家标准由国务院工程建设行政主管部门审查批准，由国务院标准化行政主管部门统一编号，由国务院标准化行政主管部门和国务院工程建设行政主管部门联合发布。

工程建设国家标准的编号由国家标准代号、发布标准的顺序号和发布标准的年号组成。强制性国家标准的代号为"GB"，推荐性国家标准的代号为"GB/T"。例如：《建筑工程施工质量验收统一标准》(GB 50300—2013)，其中 GB 表示为强制性国家标准，50300 表示标准发布顺序号，2013 表示是 2013 年批准发布；《工程建设施工企业质量管理规范》(GB/T 50430—2007)，其中 GB/T 表示为推荐性国家标准，50430 表示标准发布顺序号，2007 表示是 2007 年批准发布。

4. 国家标准的复审与修订

国家标准实施后，应当根据科学技术的发展和工程建设的需要，由该国家标准的管理部门适时组织有关单位进行复审。复审一般在国家标准实施后 5 年进行 1 次。

国家标准复审后，标准管理单位应当提出其继续有效或者予以修订、废止的意见，经该国家标准的主管部门确认后报国务院工程建设行政主管部门批准。

凡属下列情况之一的国家标准，应当进行局部修订：(1)国家标准的部分规定已制约了科学技术新成果的推广应用；(2)国家标准的部分规定经修订后可取得明显的经济效益、社会效益、环境效益；(3)国家标准的部分规定有明显缺陷或与相关的国家标准相抵触；(4)需要对现行的国家标准做局部补充规定。

（二）工程建设行业标准

《标准化法》规定，对没有国家标准而又需要在全国某个行业范围内统一的技术要求，可以制定行业标准。行业标准由国务院有关行政主管部门制定，并报国务院标准化行政主管部门备案，在公布国家标准之后，该项行业标准即行废止。

1. 工程建设行业标准的范围和类型

原建设部《工程建设行业标准管理办法》规定,下列技术要求,可以制定行业标准:(1)工程建设勘察、规划、设计、施工(包括安装)及验收等行业专用的质量要求;(2)工程建设行业专用的有关安全、卫生和环境保护的技术要求;(3)工程建设行业专用的术语、符号、代号、量与单位和制图方法;(4)工程建设行业专用的试验、检验和评定等方法;(5)工程建设行业专用的信息技术要求;(6)其他工程建设行业专用的技术要求。

工程建设行业标准也分为强制性标准和推荐性标准。下列标准属于强制性标准:(1)工程建设勘察、规划、设计、施工(包括安装)及验收等行业专用的综合性标准和重要的行业专用的质量标准;(2)工程建设行业专用的有关安全、卫生和环境保护的标准;(3)工程建设重要的行业专用的术语、符号、代号、量与单位和制图方法标准;(4)工程建设重要的行业专用的试验、检验和评定方法等标准;(5)工程建设重要的行业专用的信息技术标准;(6)行业需要控制的其他工程建设标准。强制性标准以外的标准是推荐性标准。

行业标准不得与国家标准相抵触。行业标准的某些规定与国家标准不一致时,必须有充分的科学依据和理由,并经国家标准的审批部门批准。行业标准在相应的国家标准实施后,应当及时修订或废止。

2. 工程建设行业标准的制订、修订程序与复审

工程建设行业标准的制订、修订程序,也可以按准备、征求意见、送审和报批四个阶段进行。工程建设行业标准实施后,根据科学技术的发展和工程建设的实际需要,该标准的批准部门应当适时进行复审,确认其继续有效或予以修订、废止。一般也是 5 年复审 1 次。

(三)工程建设地方标准

《标准化法》规定,对没有国家标准和行业标准而又需要在省、自治区、直辖市范围内统一的工业产品的安全、卫生要求,可以制定地方标准。在公布国家标准或者行业标准之后,该项地方标准即行废止。

1. 工程建设地方标准制定的范围和权限

我国幅员辽阔,各地的自然环境差异较大,而工程建设在许多方面要受到自然环境的影响。例如,我国的黄土地区、冻土地区以及膨胀土地区,对建筑技术的要求有很大区别。因此,工程建设标准除国家标准、行业标准外,还需要有相应的地方标准。

原建设部《工程建设地方标准化工作管理规定》中规定,工程建设地方标准项目的确定,应当从本行政区域工程建设的需要出发,并应体现本行政区域的气候、地理、技术等特点。对没有国家标准、行业标准或国家标准、行业标准规定不具体,且需要在本行政区域内作出统一规定的工程建设技术要求,可制定相应的工程建设地方标准。

工程建设地方标准在省、自治区、直辖市范围内由省、自治区、直辖市建设行政主管部门统一计划、统一审批、统一发布、统一管理。

2. 工程建设地方标准的实施和复审

工程建设地方标准不得与国家标准和行业标准相抵触。对与国家标准或行业标准相抵触的工程建设地方标准的规定,应当自行废止。工程建设地方标准应报国务院建设行政主管部门备案。未经备案的工程建设地方标准,不得在建设活动中使用。

工程建设地方标准中,对直接涉及人民生命财产安全、人体健康、环境保护和公共利益

的条文,经国务院建设行政主管部门确定后,可作为强制性条文。在不违反国家标准和行业标准的前提下,工程建设地方标准可以独立实施。

工程建设地方标准实施后,应根据科学技术的发展、本行政区域工程建设的需要以及工程建设国家标准、行业标准的制定、修订情况,适时进行复审,复审周期一般不超过 5 年。对复审后需要修订或局部修订的工程建设地方标准,应当及时进行修订或局部修订。

（四）工程建设企业标准

《标准化法》规定,企业生产的产品没有国家标准和行业标准的,应当制定企业标准,作为组织生产的依据。已有国家标准或者行业标准的,国家鼓励企业制定严于国家标准或者行业标准的企业标准,在企业内部适用。

原建设部《关于加强工程建设企业标准化工作的若干意见》指出,工程建设企业标准是对工程建设企业生产、经营活动中的重复性事项所作的统一规定,应当覆盖本企业生产、经营活动各个环节。工程建设企业标准一般包括企业的技术标准、管理标准和工作标准。

1. 企业技术标准

企业技术标准,是指对本企业范围内需要协调和统一的技术要求所制定的标准。对已有国家标准、行业标准或地方标准的,企业可以按照国家标准、行业标准或地方标准的规定执行,也可以根据本企业的技术特点和实际需要制定优于国家标准、行业标准或地方标准的企业标准;对没有国家标准、行业标准或地方标准的,企业应当制定企业标准。国家鼓励企业积极采用国际标准或国外先进标准。

2. 企业管理标准

企业管理标准,是指对本企业范围内需要协调和统一的管理要求,如企业的组织管理、计划管理、技术管理、质量管理和财务管理等所制定的标准。

3. 企业工作标准

企业工作标准,是指对本企业范围内需要协调和统一的工作事项要求所制定的标准。重点应围绕工作岗位的要求,对企业各个工作岗位的任务、职责、权限、技能、方法、程序、评定等作出规定。

需要说明的是,标准、规范、规程都是标准的表现方式,习惯上统称为标准。当针对产品、方法、符号、概念等基础标准时,一般采用"标准",如《道路工程标准》、《建筑抗震鉴定标准》等;当针对工程勘察、规划、设计、施工等通用的技术事项作出规定时,一般采用"规范",如《混凝土结构设计规范》、《住宅建筑设计规范》、《建筑设计防火规范》等;当针对操作、工艺、管理等专用技术要求时,一般采用"规程",如《建筑安装工程工艺及操作规程》、《建筑机械使用安全操作规程》等。

此外,在实践中还有推荐性的工程建设协会标准。

二、工程建设强制性标准实施的规定

工程建设标准制定的目的在于实施。否则,再好的标准也是一纸空文。我国工程建设领域所出现的各类工程质量事故,大都是没有贯彻或没有严格贯彻强制性标准的结果。因此,《标准化法》规定是强制性标准,必须执行。《建筑法》规定,建筑活动应当确保建筑工程质量和安全,符合国家的建设工程安全标准。

(一)工程建设各方主体实施强制性标准的法律规定

《建筑法》和《建设工程质量管理条例》规定,建设单位不得以任何理由,要求建筑设计单位或者建筑施工企业在工程设计或者施工作业中,违反法律、行政法规和建筑工程质量、安全标准,降低工程质量。建设单位不得明示或者暗示设计单位或者施工单位违反工程建设强制性标准,降低建设工程质量。建筑设计单位和建筑施工企业对建设单位违反规定提出的降低工程质量的要求,应当予以拒绝。

勘察、设计单位必须按照工程建设强制性标准进行勘察、设计,并对其勘察、设计的质量负责。建筑工程设计应当符合按照国家规定制定的建筑安全规程和技术规范,保证工程的安全性能。勘察、设计文件应当符合有关法律、行政法规的规定和建筑工程质量、安全标准、建筑工程勘察、设计技术规范以及合同的约定。设计文件选用的建筑材料、建筑构配件和设备,应当注明其规格、型号、性能等技术指标,其质量要求必须符合国家规定的标准。

施工单位必须按照工程设计图纸和施工技术标准施工,不得擅自修改工程设计,不得偷工减料。施工单位必须按照工程设计要求、施工技术标准和合同约定,对建筑材料、建筑构配件、设备和商品混凝土进行检验,检验应当有书面记录和专人签字;未经检验或者检验不合格的,不得使用。

工程监理单位应当依照法律、行政法规及有关的技术标准、设计文件和工程承包合同,对承包单位在施工质量、建设工期和建设资金使用等方面,代表建设单位实施监督。工程监理人员认为工程施工不符合工程设计要求、施工技术标准和合同约定的,有权要求建筑施工企业改正。工程监理人员发现工程设计不符合建筑工程质量标准或者合同约定的质量要求的,应当报告建设单位要求设计单位改正。

(二)工程建设标准强制性条文的实施

在工程建设标准的条文中,使用"必须"、"严禁"、"应"、"不应"、"不得"等属于强制性标准的用词,而使用"宜"、"不宜"、"可"等一般不是强制性标准的规定。但在工作实践中,强制性标准与推荐性标准的划分仍然存在一些困难。

为此,自2000年起,原建设部对工程建设强制性标准进行了改革,严格按照《标准化法》的规定,把现行工程建设强制性国家标准、行业标准中必须严格执行的直接涉及工程安全、人体健康、环境保护和公众利益的技术规定摘编出来,以工程项目类别为对象,编制完成了《工程建设标准强制性条文》,包括城乡规划、城市建设、房屋建筑、工业建筑、水利工程、电力工程、信息工程、水运工程、公路工程、铁道工程、石油和化工技术工程、矿业工程、人防工程、广播电影电视工程和民航机场工程等15个部分。同时,对于今后新批准发布的工程建设标准,除明确其必须执行的强制性条文外,已经不再确定标准本身的强制性或推荐性。就是说,在一项工程建设标准中可以同时存在强制性条文和推荐性条文。

《实施工程建设强制性标准监督规定》中规定,在中华人民共和国境内从事新建、扩建、改建等工程建设活动,必须执行工程建设强制性标准。工程建设强制性标准是指直接涉及工程质量、安全、卫生及环境保护等方面的工程建设标准强制性条文。国家工程建设标准强制性条文由国务院建设行政主管部门会同国务院有关行政主管部门确定。

在工程建设中,如果拟采用的新技术、新工艺、新材料不符合现行强制性标准规定的,应当由拟采用单位提请建设单位组织专题技术论证,报批准标准的建设行政主管部门或者国务院有关主管部门审定。工程建设中采用国际标准或者国外标准,而我国现行强制性标准未作规定的,建设单位应当向国务院建设行政主管部门或者国务院有关行政主管部门备案。

在对工程建设强制性标准实施改革后,我国目前实行的强制性标准包含三部分:(1)批准发布时已明确为强制性标准的;(2)批准发布时虽未明确为强制性标准,但其编号中不带"/T"的,仍为强制性标准;(3)自2000年后批准发布的标准,批准时虽未明确为强制性标准,但其中有必须严格执行的强制性条文(黑体字),编号也不带"/T"的,也应视为强制性标准。

(三)对工程建设强制性标准实施的监督管理

1.监督管理机构

《实施工程建设强制性标准监督规定》规定,国务院建设行政主管部门负责全国实施工程建设强制性标准的监督管理工作。国务院有关行政主管部门按照国务院的职能分工负责实施工程建设强制性标准的监督管理工作。县级以上地方人民政府建设行政主管部门负责本行政区域内实施工程建设强制性标准的监督管理工作。

建设项目规划审查机关应当对工程建设规划阶段执行强制性标准的情况实施监督;施工图设计文件审查单位应当对工程建设勘察、设计阶段执行强制性标准的情况实施监督;建筑安全监督管理机构应当对工程建设施工阶段执行施工安全强制性标准的情况实施监督;工程质量监督机构应当对工程建设施工、监理、验收等阶段执行强制性标准的情况实施监督。

建设项目规划审查机关、施工设计图设计文件审查单位、建筑安全监督管理机构、工程质量监督机构的技术人员必须熟悉、掌握工程建设强制性标准。

2.监督检查的内容和方式

强制性标准监督检查的内容包括:(1)工程技术人员是否熟悉、掌握强制性标准;(2)工程项目的规划、勘察、设计、施工、验收等是否符合强制性标准的规定;(3)工程项目采用的材料、设备是否符合强制性标准的规定;(4)工程项目的安全、质量是否符合强制性标准的规定;(5)工程项目采用的导则、指南、手册、计算机软件的内容是否符合强制性标准的规定。

工程建设标准批准部门应当定期对建设项目规划审查机关、施工图设计文件审查单位、建筑安全监督管理机构、工程质量监督机构实施强制性标准的监督进行检查,对监督不力的单位和个人,给予通报批评,建议有关部门处理。

工程建设标准批准部门应当对工程项目执行强制性标准情况进行监督检查。监督检查可以采取重点检查、抽查和专项检查的方式。

违法行为应承担的法律责任

工程建设标准批准部门应当将强制性标准监督检查结果在一定范围内公告。

第二节　施工单位的质量责任和义务

施工单位是工程建设的重要责任主体之一。由于施工阶段影响质量稳定的因素和涉及的责任主体均较多,协调管理的难度较大,施工阶段的质量责任制度尤为重要。

一、对施工质量负责和总分包单位的质量责任

(一)施工单位对施工质量负责

《建筑法》规定,建筑施工企业对工程的施工质量负责。《建设工程质量管理条例》进一步规定,施工单位对建设工程的施工质量负责。施工单位应当建立质量责任制,确定工程项目的项目经理、技术负责人和施工管理负责人。

需要指出的是,建设工程质量责任与施工质量责任的责任主体不尽相同。在工程建设的全过程中,由于参与主体多元化,所以建设工程质量的责任主体也势必多元化。建设工程各方主体依法各司其职、各负其责。每个参与主体仅就自己的工作内容对建设工程承担相应的质量责任。施工单位是建设工程质量的重要责任主体,但不是唯一的责任主体。对施工质量负责是施工单位法定的质量责任。

施工单位的质量责任制,是其质量保证体系的一个重要组成部分,也是施工质量目标得以实现的重要保证。建立质量责任制,主要包括制定质量目标计划,建立考核标准,并层层分解落实到具体的责任单位和责任人,特别是工程项目的项目经理、技术负责人和施工管理负责人。落实质量责任制,不仅是为了在出现质量问题时可以追究责任,更重要的是通过层层落实质量责任制,做到事事有人管、人人有职责,加强对施工过程的全面质量控制,保证建设工程的施工质量。

(二)总分包单位的质量责任

《建筑法》规定,建筑工程实行总承包的,工程质量由工程总承包单位负责,总承包单位将建筑工程分包给其他单位的,应当对分包工程的质量与分包单位承担连带责任。分包单位应当接受总承包单位的质量管理。

《建设工程质量管理条例》进一步规定,建设工程实行总承包的,总承包单位应当对全部建设工程质量负责;建设工程勘察、设计、施工、设备采购的一项或者多项实行总承包的,总承包单位应当对其承包的建设工程或者采购的设备的质量负责。总承包单位依法将建设工程分包给其他单位的,分包单位应当按照分包合同的约定对其分包工程的质量向总承包单位负责,总承包单位与分包单位对分包工程的质量承担连带责任。

在总分包的情况下存在着总包、分包两种合同,总承包单位和分包单位各自向合同中的对方主体负责。同时,总承包单位与分包单位对分包工程的质量还要依法承担连带责任,即分包工程发生质量问题时,建设单位或其他受害人既可以向分包单位请求赔偿,也可以向总承包单位请求赔偿;进行赔偿的一方,有权依据分包合同的约定,对不属于自己责任的那部分赔偿向对方追偿。因此,分包单位还应当接受总承包单位的质量管理。

二、按照工程设计图纸和施工技术标准施工的规定

《建筑法》规定,建筑施工企业必须按照工程设计图纸和施工技术标准施工,不得偷工减料。工程设计的修改由原设计单位负责,建筑施工企业不得擅自修改工程设计。

《建设工程质量管理条例》进一步规定,施工单位必须按照工程设计图纸和施工技术标准施工,不得擅自修改工程设计,不得偷工减料。施工单位在施工过程中发现设计文件和图

纸有差错的,应当及时提出意见和建议。

《建设工程消防监督管理规定》也要求,施工单位必须按照国家工程建设消防技术标准和经消防设计审核合格或者备案的消防设计文件组织施工,不得擅自改变消防设计进行施工,降低消防施工质量。

(一)按图施工,遵守标准

按工程设计图纸施工,是保证工程实现设计意图的前提,也是明确划分设计、施工单位质量责任的前提。施工技术标准则是工程建设过程中规范施工行为的技术依据。施工单位只有按照施工技术标准,特别是强制性标准的要求施工,才能保证工程的施工质量。此外,从法律的角度来看,工程设计图纸和施工技术标准都属于合同文件的组成部分,如果施工单位不按照工程设计图纸和施工技术标准施工,则属于违约行为,应该对建设单位承担违约责任。

(二)防止设计文件和图纸出现差错

工程项目的设计涉及多个专业,需要同有关方面进行协调,设计文件和图纸也有可能会出现差错。施工人员特别是施工管理负责人、技术负责人以及项目经理等,都是有着丰富实践经验的专业人员。如果施工单位在施工过程中发现设计文件和图纸中确实存在差错,其有义务及时向设计单位提出来,以避免造成不必要的损失和质量问题。这也是施工单位履行合同应尽的基本义务。

三、对建筑材料、设备等进行检验检测的规定

建设工程属于特殊产品,其质量隐蔽性强、终检局限性大,在施工全过程质量控制中,必须严格执行法定的检验、检测制度,否则将造成质量隐患甚至导致质量事故。

《建筑法》规定,建筑施工企业必须按照工程设计要求、施工技术标准和合同的约定,对建筑材料、建筑构配件和设备进行检验,不合格的不得使用。《建设工程质量管理条例》进一步规定,施工单位必须按照工程设计要求、施工技术标准和合同约定,对建筑材料、建筑构配件、设备和商品混凝土进行检验,检验应当有书面记录和专人签字;未经检验或者检验不合格的,不得使用。《建设工程消防监督管理规定》要求,施工单位必须查验消防产品和具有防火性能要求的建筑构件、建筑材料及装修材料的质量,使用合格产品,保证消防施工质量。

(一)建筑材料、构配件、设备和商品混凝土的检验制度

施工单位对进入施工现场的建筑材料、建筑构配件、设备和商品混凝土实行检验制度,是施工单位质量保证体系的重要组成部分,也是保证施工质量的重要前提。

施工单位的检验要依据工程设计要求、施工技术标准和合同约定。检验对象是将在工程施工中使用的建筑材料、建筑构配件、设备和商品混凝土。合同若有其他约定的,检验工作还应满足合同相应条款的要求。检验结果要按规定的格式形成书面记录,并由相关的专业人员签字。对于未经检验或检验不合格的,不得在施工中用于工程上。

（二）施工检测的见证取样和送检制度

《建设工程质量管理条例》规定，施工人员对涉及结构安全的试块、试件以及有关材料，应当在建设单位或者工程监理单位监督下现场取样，并送具有相应资质等级的质量检测单位进行检测。

1. 见证取样和送检

所谓见证取样和送检，是指在建设单位或工程监理单位人员的见证下，由施工单位的现场试验人员对工程中涉及结构安全的试块、试件和材料在现场取样，并送至具有法定资格的质量检测单位进行检测的活动。

原建设部《房屋建筑工程和市政基础设施工程实行见证取样和送检的规定》中规定，涉及结构安全的试块、试件和材料见证取样和送检的比例不得低于有关技术标准中规定应取样数量的30%。下列试块、试件和材料必须实施见证取样和送检：（1）用于承重结构的混凝土试块；（2）用于承重墙体的砌筑砂浆试块；（3）用于承重结构的钢筋及连接接头试件；（4）用于承重墙的砖和混凝土小型砌块；（5）用于拌制混凝土和砌筑砂浆的水泥；（6）用于承重结构的混凝土中使用的掺加剂；（7）地下、屋面、厕浴间使用的防水材料；（8）国家规定必须实行见证取样和送检的其他试块、试件和材料。

见证人员应由建设单位或该工程的监理单位中具备施工试验知识的专业技术人员担任，并由建设单位或该工程的监理单位书面通知施工单位、检测单位和负责该项工程的质量监督机构。

在施工过程中，见证人员应按照见证取样和送检计划，对施工现场的取样和送检进行见证。取样人员应在试样或其包装上作出标识、封志。标识和封志应标明工程名称、取样部位、取样日期、样品名称和样品数量，并由见证人员和取样人员签字。见证人员和取样人员应对试样的代表性和真实性负责。

2. 工程质量检测单位的资质和检测规定

原建设部《建设工程质量检测管理办法》规定，工程质量检测机构是具有独立法人资格的中介机构。检测机构资质按照其承担的检测业务内容分为专项检测机构资质和见证取样检测机构资质。检测机构未取得相应的资质证书，不得承担本办法规定的质量检测业务。

质量检测业务由工程项目建设单位委托具有相应资质的检测机构进行检测。委托方与被委托方应当签订书面合同。检测机构完成检测业务后，应当及时出具检测报告。检测报告经检测人员签字、检测机构法定代表人或者其授权的签字人签署，并加盖检测机构公章或者检测专用章后方可生效。检测报告经建设单位或者工程监理单位确认后，由施工单位归档。任何单位和个人不得明示或者暗示检测机构出具虚假检测报告，不得篡改或者伪造检测报告。如果检测结果利害关系人对检测结果发生争议的，由双方共同认可的检测机构复检，复检结果由提出复检方报当地建设主管部门备案。

检测机构应当将检测过程中发现的建设单位、监理单位、施工单位违反有关法律、法规和工程建设强制性标准的情况，以及涉及结构安全检测结果的不合格情况，及时报告工程所在地建设主管部门。检测机构应当建立档案管理制度，并应当单独建立检测结果不合格项目台账。

检测人员不得同时受聘于两个或者两个以上的检测机构。检测机构和检测人员不得推荐或者监制建筑材料、构配件和设备。检测机构不得与行政机关,法律、法规授权的具有管理公共事务职能的组织以及所检测工程项目相关的设计单位、施工单位、监理单位有隶属关系或者其他利害关系。

检测机构不得转包检测业务。检测机构应当对其检测数据和检测报告的真实性和准确性负责。检测机构违反法律、法规和工程建设强制性标准,给他人造成损失的,应当依法承担相应的赔偿责任。

四、施工质量检验和返修的规定

(一)施工质量检验制度

施工质量检验,通常是指工程施工过程中工序质量检验(或称为过程检验),包括预检、自检、交接检、专职检、分部工程中间检验以及隐蔽工程检验等。

《建设工程质量管理条例》规定,施工单位必须建立、健全施工质量的检验制度,严格工序管理,作好隐蔽工程的质量检查和记录。隐蔽工程在隐蔽前,施工单位应当通知建设单位和建设工程质量监督机构。

1. 严格工序质量检验和管理

任何一项工程的施工,都是通过一个由许多工序或过程组成的工序(或过程)网络来实现的。施工单位要加强对施工工序或过程的质量控制,特别是要加强影响结构安全的地基和结构等关键施工过程的质量控制。

完善的检验制度和严格的工序管理是保证工序或过程质量的前提。只有工序或过程网络上的所有工序或过程的质量都受到严格控制,整个工程的质量才能得到保证。

2. 强化隐蔽工程质量检查

隐蔽工程,是指在施工过程中某一道工序所完成的工程实物,被后一工序形成的工程实物所隐蔽,而且不可以逆向作业的那部分工程。例如,钢筋混凝土工程施工中,钢筋为混凝土所覆盖,前者即为隐蔽工程。

由于隐蔽工程被后续工序隐蔽后,其施工质量就很难检验及认定。所以,隐蔽工程在隐蔽前,施工单位除了要做好检查、检验并做好记录外,还应当及时通知建设单位(实施监理的工程为监理单位)和建设工程质量监督机构,以接受政府监督和向建设单位提供质量保证。

按照《建设工程施工合同(示范文本)》的规定,承包人应当对工程隐蔽部位进行自检,并经自检确认是否具备覆盖条件。除专用合同条款另有约定外,工程隐蔽部位经承包人自检确认具备覆盖条件的,承包人应在共同检查前48小时书面通知监理人检查,通知中应载明隐蔽检查的内容、时间和地点,并应附有自检记录和必要的检查资料。

监理人应按时到场并对隐蔽工程及其施工工艺、材料和工程设备进行检查。经监理人检查确认质量符合隐蔽要求,并在验收记录上签字后,承包人才能进行覆盖。经监理人检查质量不合格的,承包人应在监理人指示的时间内完成修复,并由监理人重新检查,由此增加的费用和(或)延误的工期由承包人承担。除专用合同条款另有约定外,监理人不能按时进行检查的,应在检查前24小时向承包人提交书面延期要求,但延期不能超过48小时,由此导致工期延误的,工期应予以顺延。监理人未按时进行检查,也未提出延期要求的,视为隐蔽工程检查合格,承包人可自行完成覆盖工作,并作相应记录报送监理人,监理人应签字确认。监理人事后对检查记录有疑问的,可按约定重新检查。

承包人覆盖工程隐蔽部位后,发包人或监理人对质量有疑问的,可要求承包人对已覆盖的部位进行钻孔探测或揭开重新检查,承包人应遵照执行,并在检查后重新覆盖恢复原状。经检查证明工程质量符合合同要求的,由发包人承担由此增加的费用和(或)延误的工期,并支付承包人合理的利润;经检查证明工程质量不符合合同要求的,由此增加的费用和(或)延误的工期由承包人承担。

承包人未通知监理人到场检查,私自将工程隐蔽部位覆盖的,监理人有权指示承包人钻孔探测或揭开检查,无论工程隐蔽部位质量是否合格,由此增加的费用和(或)延误的工期均由承包人承担。

(二)建设工程的返修

《建筑法》规定,对已发现的质量缺陷,建筑施工企业应当修复。《建设工程质量管理条例》进一步规定,施工单位对施工中出现质量问题的建设工程或者竣工验收不合格的建设工程,应当负责返修。

《合同法》也作了相应规定,因施工人的原因致使建设工程质量不符合约定的,发包人有权要求施工人在合理期限内无偿修理或者返工、改建。

返修作为施工单位的法定义务,其返修包括施工过程中出现质量问题的建设工程和竣工验收不合格的建设工程两种情形。不论是施工过程中出现质量问题的建设工程,还是竣工验收时发现质量问题的工程,施工单位都要负责返修。

对于非施工单位原因造成的质量问题,施工单位也应当负责返修,但是因此而造成的损失及返修费用由责任方负责。

五、建立健全职工教育培训制度的规定

《建设工程质量管理条例》规定,施工单位应当建立、健全教育培训制度,加强对职工的教育培训;未经教育培训或者考核不合格的人员,不得上岗作业。

违法行为应承担的法律责任

施工单位的教育培训通常包括各类质量教育和岗位技能培训等。先培训、后上岗,是对施工单位的职工教育的基本要求。特别是与质量工作有关的人员,如总工程师、项目经理、质量体系内审员、质量检查员、施工人员、材料试验及检测人员;关键技术工种如焊工、钢筋工、混凝土工等,未经培训或者培训考核不合格的人员,不得上岗工作或作业。

第三节　建设单位及相关单位的质量责任和义务

建设工程质量责任制涵盖了多方主体的质量责任制,除施工单位外,还有建设单位、勘察、设计单位、工程监理单位的质量责任制。

一、建设单位相关的质量责任和义务

建设单位作为建设工程的投资人,是建设工程的重要责任主体。建设单位有权选择承

包单位,有权对建设过程进行检查、控制,对建设工程进行验收,并要按时支付工程款和费用等,在整个建设活动中居于主导地位。因此,要确保建设工程的质量,首先就要对建设单位的行为进行规范,对其质量责任予以明确。

（一）依法发包工程

《建设工程质量管理条例》规定,建设单位应当将工程发包给具有相应资质等级的单位。建设单位不得将建设工程肢解发包。建设单位应当依法对工程建设项目的勘察、设计、施工、监理以及与工程建设有关的重要设备、材料等的采购进行招标。

建设单位将工程发包给具有相应资质等级的单位来承担,是保证建设工程质量的基本前提。原建设部《建设工程勘察设计资质管理规定》、《建筑业企业资质管理规定》、《工程监理企业资质管理规定》等。对工程勘察单位、工程设计单位、施工企业和工程监理单位的资质等级、资质标准、业务范围等作出了明确规定。如果建设单位选择不具备相应资质等级的承包人,一方面极易造成工程质量低劣,甚至使工程项目半途而废;另一方面也扰乱了建设市场秩序,助长了不正当竞争。

建设单位发包工程时,应该根据工程特点,以有利于工程的质量、进度、成本控制为原则,合理划分标段,而不能肢解发包工程。如果将应当由一个承包单位完成的工程肢解成若干部分,分别发包给不同的承包单位,将使整个工程建设在管理和技术上缺乏应有的统筹协调,从而造成施工现场秩序的混乱,责任不清,严重影响建设工程质量,一旦出现问题也很难找到责任方。

建设单位还要依照《招标投标法》等有关规定,对必须实行招标的工程项目进行招标,择优选定工程勘察、设计、施工、监理单位以及采购重要设备、材料等。

（二）依法提供原始资料

《建设工程质量管理条例》规定,建设单位必须向有关的勘察、设计、施工、工程监理等单位提供与建设工程有关的原始资料。原始资料必须真实、准确、齐全。

原始资料是工程勘察、设计、施工、监理等单位赖以进行相关工程建设的基础性材料。建设单位作为建设活动的总负责方,向有关单位提供原始资料,以及施工地段地下管线现状资料,并保证这些资料的真实、准确、齐全,是其基本的质量责任和义务。

（三）限制不合理的干预行为

《建筑法》规定,建设单位不得以任何理由,要求建筑设计单位或者建筑施工企业在工程设计或者施工作业中,违反法律、行政法规和建筑工程质量、安全标准,降低工程质量。

《建设工程质量管理条例》进一步规定,建设工程发包单位,不得迫使承包方以低于成本的价格竞标,不得任意压缩合理工期。建设单位不得明示或者暗示设计单位或者施工单位违反工程建设强制性标准,降低建设工程质量。

成本是构成价格的主要部分,是承包方估算投标价格的依据和最低的经济底线。如果建设单位迫使承包方以低于成本的价格中标,势必会导致中标单位在承包工程后,为了减少开支、降低成本而采取偷工减料、以次充好、粗制滥造等手段,最终导致建设工程出现质量问题,影响投资效益的发挥。

建设单位也不得任意压缩合理工期。因为,合理工期是指在正常建设条件下,采取科学合理的施工工艺和管理方法,以现行的工期定额为基础,结合工程项目建设的实际,经合理测算和平等协商而确定的使参与各方均获满意的经济效益的工期。如果盲目要求赶工期,势必会简化工序,不按规程操作,从而导致建设工程出现质量等诸多问题。

建设单位更不得以任何理由,诸如建设资金不足、工期紧等,违反强制性标准的规定,要求设计单位降低设计标准,或者要求施工单位采用建设单位采购的不合格材料设备等。因为,强制性标准是保证建设工程结构安全可靠的基础性要求,违反了这类标准,必然会给建设工程带来重大质量隐患。

(四)依法报审施工图设计文件

《建设工程质量管理条例》规定,建设单位应当将施工图设计文件报县级以上人民政府建设行政主管部门或者其他有关部门审查。施工图设计文件未经审查批准的,不得使用。

施工图设计文件是编制施工图预算、安排材料、设备订货和非标准设备制作,进行施工、安装和工程验收等工作的依据。因此,施工图设计文件的质量直接影响建设工程的质量。

建立和实施施工图设计文件审查制度,是许多发达国家确保建设工程质量的成功做法。我国于1998年开始进行建筑工程项目施工图设计文件审查试点工作,在节约投资、发现设计质量隐患和避免违法违规行为等方面都有明显的成效。通过开展对施工图设计文件的审查,既可以对设计单位的成果进行质量控制,也能纠正参与建设活动各方特别是建设单位的不规范行为。

(五)依法实行工程监理

《建设工程质量管理条例》规定,实行监理的建设工程,建设单位应当委托具有相应资质等级的工程监理单位进行监理,也可以委托具有工程监理相应资质等级并与被监理工程的施工承包单位没有隶属关系或者其他利害关系的该工程的设计单位进行监理。

工程监理单位的资质反映了该单位从事某项监理工作的资格和能力。为了保证监理工作的质量,建设单位必须将需要监理的工程委托给具有相应资质等级的工程监理单位进行监理。目前,我国的工程监理主要是对工程的施工过程进行监督,而该工程的设计人员对设计意图比较理解,对设计中各专业如结构、设备等在施工中可能发生的问题也比较清楚,由具有监理资质的设计单位对自己设计的工程进行监理,对保证工程质量是有利的。但是,设计单位与承包该工程的施工单位不得有行政隶属关系,也不得存在可能直接影响设计单位实施监理公正性的非常明显的经济或其他利益关系。

(六)依法办理工程质量监督手续

《建设工程质量管理条例条例》规定,建设单位在领取施工许可证或者开工报告前,应当按照国家有关规定办理工程质量监督手续。因此,建设单位在领取施工许可证或者开工报告之前,应当依法到建设行政主管部门或铁路、交通、水利等有关管理部门,或其委托的工程质量监督机构办理工程质量监督手续,接受政府主管部门的工程质量监督。

（七）依法保证建筑材料等符合要求

《建设工程质量管理条例》规定，按照合同约定，由建设单位采购建筑材料、建筑构配件和设备的，建设单位应当保证建筑材料、建筑构配件和设备符合设计文件和合同要求。建设单位不得明示或者暗示施工单位使用不合格的建筑材料、建筑构配件和设备。

在工程实践中，常由建设单位采购建筑材料、构配件和设备，在合同中应当明确约定采购责任，即谁采购、谁负责。对于建设单位负责供应的材料设备，在使用前施工单位应当按照规定对其进行检验和试验，如果不合格，不得在工程上使用，并应通知建设单位予以退换。

（八）依法进行装修工程

《建设工程质量管理条例》规定，涉及建筑主体和承重结构变动的装修工程，建设单位应当在施工前委托原设计单位或者具有相应资质等级的设计单位提出设计方案；没有设计方案的，不得施工。房屋建筑使用者在装修过程中，不得擅自变动房屋建筑主体和承重结构。

随意拆改建筑主体结构和承重结构等，会危及建设工程安全和人民生命财产安全。因此，建设单位应当委托该建筑工程的原设计单位或者具有相应资质条件的设计单位提出装修工程的设计方案。如果没有设计方案就擅自施工，将留下质量隐患甚至造成质量事故，后果严重。至于房屋使用者，在装修过程中也不得擅自变动房屋建筑主体和承重结构，如拆除隔墙、窗洞改门洞等，否则很有可能会酿成房倒屋塌的灾难。

（九）建设单位质量违法行为应承担的法律责任

《建筑法》规定，建设单位违反本法规定，要求建筑设计单位或者建筑施工企业违反建筑工程质量、安全标准，降低工程质量的，责令改正，可以处以罚款；构成犯罪的，依法追究刑事责任。

《建设工程质量管理条例》规定，建设单位有下列行为之一的，责令改正，处 20 万元以上50 万元以下的罚款：（1）迫使承包方以低于成本的价格竞标的；（2）任意压缩合理工期的；（3）明示或者暗示设计单位或者施工单位违反工程建设强制性标准，降低工程质量的；（4）施工图设计文件未经审查或者审查不合格，擅自施工的；（5）建设项目必须实行工程监理而未实行工程监理的；（6）未按照国家规定办理工程质量监督手续的；（7）明示或者暗示施工单位使用不合格的建筑材料、建筑构配件和设备的；（8）未按照国家规定将竣工验收报告、有关认可文件或者准许使用文件报送备案的。

二、勘察、设计单位相关的质量责任和义务

《建筑法》规定，建筑工程的勘察、设计单位必须对其勘察、设计的质量负责。勘察、设计文件应当符合有关法律、行政法规的规定和建筑工程质量、安全标准、建筑工程勘察、设计技术规范以及合同的约定。

《建设工程质量管理条例》进一步规定，勘察、设计单位必须按照工程建设强制性标准进行勘察、设计，并对其勘察、设计的质量负责。注册建筑师、注册结构工程师等注册执业人员应当在设计文件上签字，对设计文件负责。

谁勘察设计谁负责，谁施工谁负责，这是国际上通行的做法。勘察、设计单位和执业注

册人员是勘察设计质量的责任主体，也是整个工程质量的责任主体之一。勘察、设计质量实行单位与执业注册人员双重责任，即勘察、设计单位对其勘察、设计的质量负责，注册建筑师、注册结构工程师等专业人士对其签字的设计文件负责。

（一）依法承揽勘察、设计业务

《建设工程质量管理条例》规定，从事建设工程勘察、设计的单位应当依法取得相应等级的资质证书，并在其资质等级许可的范围内承揽工程。禁止勘察、设计单位超越其资质等级许可的范围或者以其他勘察、设计单位的名义承揽工程。禁止勘察、设计单位允许其他单位或者个人以本单位的名义承揽工程。勘察、设计单位不得转包或者违法分包所承揽的工程。

勘察、设计作为一个特殊行业，与施工单位一样，也有着严格的市场准入条件，有着从业资格制度，同样禁止无资质或者越级承揽工程，禁止以其他勘察、设计单位的名义承揽工程或者允许其他单位、个人以本单位的名义承揽工程，禁止转包或者违法分包所承揽的工程。

（二）勘察、设计必须执行强制性标准

《建设工程质量管理条例》规定，勘察、设计单位必须按照工程建设强制性标准进行勘察、设计，并对其勘察、设计的质量负责。

（三）勘察单位提供的勘察成果必须真实、准确

《建设工程质量管理条例》规定，勘察单位提供的地质、测量、水文等勘察成果必须真实、准确。

工程勘察工作是建设工作的基础工作，工程勘察成果文件是设计和施工的基础资料和重要依据。其真实准确与否直接影响到设计、施工质量，因而工程勘察成果必须真实准确、安全可靠。

（四）设计依据和设计深度

《建设工程质量管理条例》规定，设计单位应当根据勘察成果文件进行建设工程设计。设计文件应当符合国家规定的设计深度要求，注明工程合理使用年限。

勘察成果文件是设计的基础资料，是设计的依据。我国对各类设计文件的编制深度都有规定，在实践中应当贯彻执行。工程合理使用年限是指从工程竣工验收合格之日起，工程的地基基础、主体结构能保证在正常情况下安全使用的年限。它与《建筑法》中的"建筑物合理寿命年限"、《合同法》中的"工程合理使用期限"等在概念上是一致的。

（五）依法规范设计单位对建筑材料等的选用

《建筑法》、《建设工程质量管理条例》均规定，设计单位在设计文件中选用的建筑材料、建筑构配件和设备，应当注明规格、型号、性能等技术指标，其质量要求必须符合国家规定的标准。除有特殊要求的建筑材料、专用设备、工艺生产线等外，设计单位不得指定生产厂家、供应商。

为了使施工能准确满足设计意图，设计文件中必须注明所选用的建筑材料、建筑构配件和设备的规格、型号、性能等技术指标。这也是设计文件编制深度的要求。但是，在通用产

品能保证工程质量的前提下,设计单位就不应选用特殊要求的产品,也不能滥用权力指定生产厂家、供应商,以免限制建设单位或者施工单位在材料等采购上的自主权,导致垄断或者变相垄断现象的发生。

（六）依法对设计文件进行技术交底

《建设工程质量管理条例》规定,设计单位应当就审查合格的施工图设计文件向施工单位作出详细说明。

设计文件的技术交底,是指设计单位将设计意图、特殊工艺要求,以及建筑、结构、设备等各专业在施工中的难点、疑点和容易发生的问题等向施工单位作详细说明,并负责解释施工单位对设计图纸的疑问。

对设计文件进行技术交底是设计单位的重要义务,对确保工程质量有重要的意义。

（七）依法参与建设工程质量事故分析

《建设工程质量管理条例》规定,设计单位应当参与建设工程质量事故分析,并对因设计造成的质量事故,提出相应的技术处理方案。

工程质量的好坏,在一定程度上就是工程建设是否准确贯彻了设计意图。因此,一旦发生了质量事故,该工程的设计单位最有可能在短时间内发现存在的问题,对事故的分析具有权威性。这对及时进行事故处理十分有利。对因设计造成的质量事故,原设计单位必须提出相应的技术处理方案,这是设计单位的法定义务。

（八）勘察、设计单位质量违法行为应承担的法律责任

《建筑法》规定,建筑设计单位不按照建筑工程质量、安全标准进行设计的,责令改正,处以罚款;造成工程质量事故的,责令停业整顿,降低资质等级或者吊销资质证书,没收违法所得,并处罚款;造成损失的,承担赔偿责任;构成犯罪的,依法追究刑事责任。

《建设工程质量管理条例》规定,有下列行为之一的,责令改正,处 10 万元以上 30 万元以下的罚款:(1) 勘察单位未按照工程建设强制性标准进行勘察的;(2) 设计单位未根据勘察成果文件进行工程设计的;(3) 设计单位指定建筑材料、建筑构配件的生产厂家、供应商的;(4) 设计单位未按照工程建设强制性标准进行设计的。有以上所列行为,造成工程质量事故的,责令停业整顿,降低资质等级;情节严重的,吊销资质证书;造成损失的,依法承担赔偿责任。

三、工程监理单位相关的质量责任和义务

工程监理单位接受建设单位的委托,代表建设单位,对建设工程进行管理。因此,工程监理单位也是建设工程质量的责任主体之一。

（一）依法承担工程监理业务

《建筑法》规定,工程监理单位应当在其资质等级许可的监理范围内,承担工程监理业务。工程监理单位不得转让工程监理业务。

《建设工程质量管理条例》进一步规定,工程监理单位应当依法取得相应等级的资质证

书,并在其资质等级许可的范围内承担工程监理业务。禁止工程监理单位超越本单位资质等级许可的范围或者以其他工程监理单位的名义承担工程监理业务。禁止工程监理单位允许其他单位或者个人以本单位的名义承担工程监理业务。工程监理单位不得转让工程监理业务。

监理单位必须按照资质等级承担工程监理业务。越级监理、允许其他单位或者个人以本单位的名义承担监理业务等,都将使工程监理变得有名无实,最终将对工程质量造成危害。监理单位转让工程监理业务,与施工单位转包工程有着同样的危害性。

（二）对有隶属关系或其他利害关系的回避

《建筑法》、《建设工程质量管理条例》都规定,工程监理单位与被监理工程的施工承包单位以及建筑材料、建筑构配件和设备供应单位有隶属关系或者其他利害关系的,不得承担该项建设工程的监理业务。

由于工程监理单位与被监理工程的承包单位以及建筑材料、建筑构配件和设备供应单位之间,是一种监督与被监督的关系,为了保证客观、公正执行监理任务,工程监理单位与上述单位不能有隶属关系或者其他利害关系。如果有这种关系,工程监理单位在接受监理委托前,应当自行回避;对于没有回避而被发现的,建设单位可以依法解除委托关系。

（三）监理工作的依据和监理责任

《建设工程质量管理条例》规定,工程监理单位应当依照法律、法规以及有关技术标准、设计文件和建设工程承包合同,代表建设单位对施工质量实施监理,并对施工质量承担监理责任。

监理工作的主要依据是:（1）法律、法规,如《建筑法》、《合同法》、《建设工程质量管理条例》等;（2）有关技术标准,如《工程建设标准强制性条文》以及建设工程承包合同中确认采用的推荐性标准等;（3）设计文件,施工图设计等设计文件既是施工的依据,也是监理单位对施工活动进行监督管理的依据;（4）建设工程承包合同,监理单位据此监督施工单位是否全面履行合同约定的义务。

监理单位对施工质量承担监理责任,包括违约责任和违法责任两个方面:（1）违约责任。如果监理单位不按照监理合同约定履行监理义务,给建设单位或其他单位造成损失的,应当承担相应的赔偿责任。（2）违法责任。如果监理单位违法监理,或者降低工程质量标准,造成质量事故的,要承担相应的法律责任。

（四）工程监理的职责和权限

《建设工程质量管理条例》规定,工程监理单位应当选派具备相应资格的总监理工程师和监理工程师进驻施工现场。未经监理工程师签字,建筑材料、建筑构配件和设备不得在工程上使用或者安装,施工单位不得进行下一道工序的施工。未经总监理工程师签字,建设单位不拨付工程款,不进行竣工验收。

监理单位应根据所承担的监理任务,组建驻工地监理机构。监理机构一般由总监理工程师、监理工程师和其他监理人员组成。工程监理实行总监理工程师负责制。总监理工程师依法和在授权范围内可以发布有关指令,全面负责受委托的监理工程。监理工程师拥有对建筑材料、建筑构配件和设备以及每道施工工序的检查权,对检查不合格的,有权决定是否允许在工程上使用或进行下一道工序的施工。

(五)工程监理的形式

《建设工程质量管理条例》规定,监理工程师应当按照工程监理规范的要求,采取旁站、巡视和平行检验等形式,对建设工程实施监理。

所谓旁站,是指对工程中有关地基和结构安全的关键工序和关键施工过程,进行连续不断地监督检查或检验的监理活动,有时甚至要连续跟班监理。所谓巡视,主要是强调除了关键点的质量控制外,监理工程师还应对施工现场进行面上的巡查监理。所谓平行检验,主要是强调监理单位对施工单位已经检验的工程应及时进行检验。对于关键性、较大体量的工程实物,采取分段后平行检验的方式,有利于及时发现质量问题,及时采取措施予以纠正。

(六)工程监理单位质量违法行为应承担的法律责任

《建筑法》规定,工程监理单位与建设单位或者建筑施工企业串通,弄虚作假、降低工程质量的,责令改正,处以罚款,降低资质等级或者吊销资质证书;有违法所得的,予以没收;造成损失的,承担连带赔偿责任;构成犯罪的,依法追究刑事责任。

《建设工程质量管理条例》规定,工程监理单位有下列行为之一的,责令改正,处50万元以上100万元以下的罚款,降低资质等级或者吊销资质证书;有违法所得的,予以没收;造成损失的,承担连带赔偿责任:(1)与建设单位或者施工单位串通、弄虚作假、降低工程质量的;(2)将不合格的建设工程、建筑材料、建筑构配件和设备按照合格签字的。

对总监也进行相应处罚。

四、政府部门工程质量监督管理的相关规定

为了确保建设工程质量,保障公共安全和人民生命财产安全,政府必须加强对建设工程质量的监督管理。因此,《建设工程质量管理条例》规定,国家实行建设工程质量监督管理制度。

(一)我国的建设工程质量监督管理体制

《建设工程质量管理条例》规定,国务院建设行政主管部门对全国的建设工程质量实施统一监督管理。国务院铁路、交通、水利等有关部门按照国务院规定的职责分工,负责对全国的有关专业建设工程质量的监督管理。

国务院发展计划部门按照国务院规定的职责,组织稽查特派员,对国家出资的重大建设项目实施监督检查。国务院经济贸易主管部门按照国务院规定的职责,对国家重大技术改造项目实施监督检查。

县级以上地方人民政府建设行政主管部门对本行政区域内的建设工程质量实施监督管理。县级以上地方人民政府交通、水利等有关部门在各自的职责范围内,负责对本行政区域内的专业建设工程质量的监督管理。建设工程质量监督管理,可以由建设行政主管部门或者其他有关部门委托的建设工程质量监督机构具体实施。

从事房屋建筑工程和市政基础设施工程质量监督的机构,必须按照国家有关规定经国务院建设行政主管部门或者省、自治区、直辖市人民政府建设行政主管部门考核;从事专业

建设工程质量监督的机构,必须按照国家有关规定经国务院有关部门或者省、自治区、直辖市人民政府有关部门考核。经考核合格后,方可实施质量监督。

在政府加强监督的同时,还要发挥社会监督的巨大作用,即任何单位和个人对建设工程的质量事故、质量缺陷都有权检举、控告、投诉。

(二)政府监督检查的内容和有权采取的措施

《建设工程质量管理条例》规定,国务院建设行政主管部门和国务院铁路、交通、水利等有关部门以及县级以上地方人民政府建设行政主管部门和其他有关部门,应当加强对有关建设工程质量的法律、法规和强制性标准执行情况的监督检查。

县级以上人民政府建设行政主管部门和其他有关部门履行监督检查职责时,有权采取下列措施:(1)要求被检查的单位提供有关工程质量的文件和资料;(2)进入被检查单位的施工现场进行检查;(3)发现有影响工程质量的问题时,责令改正。

有关单位和个人对县级以上人民政府建设行政主管部门和其他有关部门进行的监督检查应当支持与配合,不得拒绝或者阻碍建设工程质量监督检查人员依法执行职务。

(三)禁止滥用权力的行为

《建设工程质量管理条例》规定,供水、供电、供气、公安消防等部门或者单位不得明示或者暗示建设单位、施工单位购买其指定的生产供应单位的建筑材料、建筑构配件和设备。

在实践中,一些部门或单位利用其管理职能或者垄断地位指定生产厂家或产品的现象较多,如果建设单位或者施工单位不采用,就在竣工验收时故意刁难或不予验收,不准投入使用。这种非法滥用职权的行为,是法律所禁止的。

(四)建设工程质量事故报告制度

《建设工程质量管理条例》规定,建设工程发生质量事故,有关单位应当在24小时内向当地建设行政主管部门和其他有关部门报告。对重大质量事故,事故发生地的建设行政主管部门和其他有关部门应当按照事故类别和等级向当地人民政府和上级建设行政主管部门和其他有关部门报告。特别重大质量事故的调查程序按照国务院有关规定办理。

根据国务院《生产安全事故报告和调查处理条例》的规定,特别重大事故、重大事故逐级上报至国务院安全生产监督管理部门和负有安全生产监督管理职责的有关部门。每级上报的时间不得超过2小时。必要时,安全生产监督管理部门和负有安全生产监督管理职责的有关部门可以越级上报事故情况。

(五)有关质量违法行为应承担的法律责任

《建设工程质量管理条例》规定,发生重大工程质量事故隐瞒不报、谎报或者拖延报告期限的,对直接负责的主管人员和其他责任人员依法给予行政处分。

供水、供电、供气、公安消防等部门或者单位明示或者暗示建设单位或者施工单位购买其指定的生产供应单位的建筑材料、建筑构配件和设备的,责令改正。

国家机关工作人员在建设工程质量监督管理工作中玩忽职守、滥用职权、徇私舞弊,构成犯罪的,依法追究刑事责任;尚不构成犯罪的,依法给予行政处分。

第四节　建设工程竣工验收制度

建设工程竣工验收是建设投资成果转入生产或使用的标志,也是全面考核投资效益、检验设计和施工质量的重要环节。

一、竣工验收的主体和法定条件

(一)建设工程竣工验收的主体

《建设工程质量管理条例》规定,建设单位收到建设工程竣工报告后,应当组织设计、施工、工程监理等有关单位进行竣工验收。

对工程进行竣工检查和验收,是建设单位法定的权利和义务。在建设工程完工后,承包单位应当向建设单位提供完整的竣工资料和竣工验收报告,提请建设单位组织竣工验收。建设单位收到竣工验收报告后,应及时组织有设计、施工、工程监理等有关单位参加的竣工验收,检查整个工程项目是否已按照设计要求和合同约定全部建设完成,并符合竣工验收条件。

(二)竣工验收应当具备的法定条件

《建筑法》规定,交付竣工验收的建筑工程,必须符合规定的建筑工程质量标准,有完整的工程技术经济资料和经签署的工程保修书,并具备国家规定的其他竣工条件。建筑工程竣工经验收合格后,方可交付使用;未经验收或者验收不合格的,不得交付使用。

《建设工程质量管理条例》进一步规定,建设工程竣工验收应当具备下列条件:

1. 完成建设工程设计和合同约定的各项内容

建设工程设计和合同约定的内容,主要是指设计文件所确定的以及承包合同"承包人承揽工程项目一览表"中载明的工作范围,也包括监理工程师签发的变更通知单中所确定的工作内容。

2. 有完整的技术档案和施工管理资料

工程技术档案和施工管理资料是工程竣工验收和质量保证的重要依据之一,主要包括以下档案和资料:(1)工程项目竣工验收报告;(2)分项、分部工程和单位工程技术人员名单;(3)图纸会审和技术交底记录;(4)设计变更通知单,技术变更核实单;(5)工程质量事故发生后调查和处理资料;(6)隐蔽验收记录及施工日志;(7)竣工图;(8)质量检验评定资料等;(9)合同约定的其他资料。

3. 有工程使用的主要建筑材料、建筑构配件和设备的进场试验报告

对建设工程使用的主要建筑材料、建筑构配件和设备,除须具有质量合格证明资料外,还应当有进场试验、检验报告,其质量要求必须符合国家规定的标准。

4. 有勘察、设计、施工、工程监理等单位分别签署的质量合格文件

勘察、设计、施工、工程监理等有关单位要依据工程设计文件及承包合同所要求的质量标准,对竣工工程进行检查评定;符合规定的,应当签署合格文件。

5. 有施工单位签署的工程保修书

施工单位同建设单位签署的工程保修书,也是交付竣工验收的条件之一。

凡是没有经过竣工验收或者经过竣工验收确定为不合格的建设工程,不得交付使用。如果建设单位为提前获得投资效益,在工程未经验收就提前投产或使用,由此而发生的质量等问题,建设单位要承担责任。

(二)施工单位应提交的档案资料

《建设工程质量管理条例》规定,建设单位应当严格按照国家有关档案管理的规定,及时收集、整理建设项目各环节的文件资料,建立健全建设项目档案,并在建设工程竣工验收后,及时向建设行政主管部门或者其他有关部门移交建设项目档案。

建设工程是百年大计。一般的建筑物设计年限都在 50～70 年之间,重要的建筑物达百年以上。在建设工程投入使用之后,还要进行检查、维修、管理,还可能会遇到改建、扩建或拆除活动,以及在其周围进行建设活动。这些都需要参考原始的勘察、设计、施工等资料。建设单位是工程建设活动的总负责方,应当在合同中明确要求勘察、设计、施工、监理等单位分别提供工程建设各环节的文件资料,及时收集整理,建立健全建设项目档案。

原建设部《城市建设档案管理规定》中规定,建设单位应当在工程竣工验收后 3 个月内,向城建档案馆报送一套符合规定的建设工程档案。凡建设工程档案不齐全的,应当限期补充。对改建、扩建和重要部位维修的工程,建设单位应当组织设计、施工单位据实修改、补充和完善原建设工程档案。

施工单位应当按照归档要求制定统一目录,有专业分包工程的,分包单位要按照总承包单位的总体安排做好各项资料整理工作,最后再由总承包单位进行审核、汇总。施工单位一般应当提交的档案资料是:(1)工程技术档案资料;(2)工程质量保证资料;(3)工程检验评定资料;(4)竣工图等。

三、规划、消防、节能、环保等验收的规定

《建设工程质量管理条例》规定,建设单位应当自建设工程竣工验收合格之日起 15 日内,将建设工程竣工验收报告和规划、公安消防、环保等部门出具的认可文件或者准许使用文件报建设行政主管部门或者其他有关部门备案。

(一)建设工程竣工规划验收

《城乡规划法》规定,县级以上地方人民政府城乡规划主管部门按照国务院规定对建设工程是否符合规划条件予以核实。未经核实或者经核实不符合规划条件的,建设单位不得组织竣工验收。建设单位应当在竣工验收后 6 个月内向城乡规划主管部门报送有关竣工验收资料。

建设工程竣工后,建设单位应当依法向城乡规划行政主管部门提出竣工规划验收申请,由城乡规划行政主管部门按照选址意见书、建设用地规划许可证、建设工程规划许可证、乡村建设规划许可证及其有关规划的要求,对建设工程进行规划验收,包括对建设用地范围内的各项工程建设情况、建筑物的使用性质、位置、间距、层数、标高、平面、立面、外墙装饰材料和色彩、各类配套服务设施、临时施工用房、施工场地等进行全面核查,并作出验收记录。对于验收合格的,由城乡规划行政主管部门出具规划认可文件或核发建设工程竣工规划验收合格证。

《城乡规划法》还规定,建设单位未在建设工程竣工验收后6个月内向城乡规划主管部门报送有关竣工验收资料的,由所在地城市、县人民政府城乡规划主管部门责令限期补报;逾期不补报的,处1万元以上5万元以下的罚款。

(二)建设工程竣工消防验收

根据《消防法》规定,按照国家工程建设消防技术标准需要进行消防设计的建设工程竣工,依照下列规定进行消防验收、备案:(1)国务院公安部门规定的大型的人员密集场所和其他特殊建设工程,建设单位应当向公安机关消防机构申请消防验收;(2)其他建设工程,建设单位在验收后应当报公安机关消防机构备案,公安机关消防机构应当进行抽查。依法应当进行消防验收的建设工程,未经消防验收或者消防验收不合格的,禁止投入使用;其他建设工程经依法抽查不合格的,应当停止使用。

公安部《建设工程消防监督管理规定》进一步规定,建设单位申请消防验收应当提供下列材料:(1)建设工程消防验收申报表;(2)工程竣工验收报告和有关消防设施的工程竣工图纸;(3)消防产品质量合格证明文件;(4)具有防火性能要求的建筑构件、建筑材料、装修材料符合国家标准或者行业标准的证明文件、出厂合格证;(5)消防设施检测合格证明文件;(6)施工、工程监理、检测单位的合法身份证明和资质等级证明文件;(7)建设单位的工商营业执照等合法身份证明文件;(8)法律、行政法规规定的其他材料。

施工单位应当承担下列消防施工的质量和安全责任:(1)按照国家工程建设消防技术标准和经消防设计审核合格或者备案的消防设计文件组织施工,不得擅自改变消防设计进行施工,降低消防施工质量;(2)查验消防产品和具有防火性能要求的建筑构件、建筑材料及装修材料的质量,使用合格产品,保证消防施工质量;(3)建立施工现场消防安全责任制度,确定消防安全负责人。加强对施工人员的消防教育培训,落实动火、用电、易燃可燃材料等消防管理制度和操作规程。保证在建工程竣工验收前消防通道、消防水源、消防设施和器材、消防安全标志等完好有效。

公安机关消防机构应当自受理消防验收申请之日起20日内组织消防验收,并出具消防验收意见。公安机关消防机构对申报消防验收的建设工程,应当依照建设工程消防验收评定标准对已经消防设计审核合格的内容组织消防验收。对综合评定结论为合格的建设工程,公安机关消防机构应当出具消防验收合格意见;对综合评定结论为不合格的,应当出具消防验收不合格意见,并说明理由。

对于依法应当进行消防验收的建设工程,未经消防验收或者消防验收不合格,擅自投入使用的,《消防法》规定,由公安机关消防机构责令停止施工、停止使用或者停产停业,并处3万元以上30万元以下罚款。

(三)建设工程竣工环保验收

国务院《建设项目环境保护管理条例》规定,建设项目竣工后,建设单位应当向审批该建设项目环境影响报告书、环境影响报告表或者环境影响登记表的环境保护行政主管部门,申请该建设项目需要配套建设的环境保护设施竣工验收。

环境保护设施竣工验收,应当与主体工程竣工验收同时进行。需要进行试生产的建设项目,建设单位应当自建设项目投入试生产之日起3个月内,向审批该建设项目环境影响报告书、环境影响报告表或者环境影响登记表的环境保护行政主管部门,申请该建设项目需要配套建设的环境保护设施竣工验收。分期建设、分期投入生产或者使用的建设项目,其相应的环境保护设施应当分期验收。

环境保护行政主管部门应当自收到环境保护设施竣工验收申请之日起30日内,完成验收。建设项目需要配套建设的环境保护设施经验收合格,该建设项目方可正式投入生产或者使用。

《建设项目环境保护管理条例》还规定,建设项目投入试生产超过3个月,建设单位未申请环境保护设施竣工验收的,由审批该建设项目环境影响报告书、环境影响报告表或者环境影响登记表的环境保护行政主管部门责令限期办理环境保护设施竣工验收手续;逾期未办理的,责令停止试生产,可以处5万元以下的罚款。

建设项目需要配套建设的环境保护设施未建成、未经验收或者经验收不合格,主体工程正式投入生产或者使用的,由审批该建设项目环境影响报告书、环境影响报告表或者环境影响登记表的环境保护行政主管部门责令停止生产或者使用,可以处10万元以下的罚款。

(四)建筑工程节能验收

《节约能源法》规定,不符合建筑节能标准的建筑工程,建设主管部门不得批准开工建设;已经开工建设的,应当责令停止施工、限期改正;已经建成的,不得销售或者使用。

国务院《民用建筑节能条例》进一步规定,建设单位组织竣工验收,应该对民用建筑是否符合民用建筑节能强制性标准进行查验;对不符合民用建筑节能强制性标准的,不得出具竣工验收合格报告。

建筑节能工程施工质量的验收,主要应按照国家标准《建筑节能工程施工质量验收规范》(GB 50411—2007)、《建筑工程施工质量验收统一标准》(GB 50300—2010)以及各专业工程施工质量验收规范等执行。单位工程竣工验收应在建筑节能分部工程验收合格后进行。

建筑节能工程为单位建筑工程的一个分部工程,并按规定划分为分项工程和检验批。建筑节能工程应按照分项工程进行验收,如墙体节能工程、幕墙节能工程、门窗节能工程、屋面节能工程、地面节能工程、采暖节能工程、通风与空气调节节能工程、配电与照明节能工程等。当建筑节能分项工程的工程量较大时,可以将分项工程划分为若干个检验批进行验收。当建筑节能工程验收无法按照要求划分分项工程或检验批时,可由建设、施工、监理等各方协商进行划分。但验收项目、验收内容、验收标准和验收记录均应遵守《建筑节能工程施工质量验收规范》的规定。

1. 建筑节能分部工程进行质量验收的条件

建筑节能分部工程的质量验收,应在检验批、分项工程全部合格的基础上,进行建筑围护结构的外墙节能构造实体检验,严寒、寒冷和夏热冬冷地区的外窗气密性现场检测,以及系统节能性能检测和系统联合试运转与调试,确认建筑节能工程质量达到验收的条件后方可进行。

2. 建筑节能分部工程验收的组织

建筑节能工程验收的程序和组织应遵守《建筑工程施工质量验收统一标准》(GB50300—2010)的要求,并符合下列规定:(1)节能工程的检验批验收和隐蔽工程验收应由监理工程师主持,施工单位相关专业的质量检查员与施工员参加;(2)节能分项工程验收应由监理工程师主持,施工单位项目技术负责人和相关专业的质量检查员、施工员参加,必要时可邀请设计单位相关专业的人员参加;(3)节能分部工程验收应由总监理工程师(建设单位项目负责人)主持,施工单位项目经理、项目技术负责人和相关专业的质量检查员、施工员参加,施工单位的质量或技术负责人应参加,设计单位节能设计人员应参加。

3. 建筑节能工程专项验收应注意事项

(1)建筑节能工程验收重点是检查建筑节能工程效果是否满足设计及规范要求,监理和施工单位应加强和重视节能验收工作,对验收中发现的工程实物质量问题及时解决。

(2)工程项目存在以下问题之一的,监理单位不得组织节能工程验收:① 未完成建筑节能工程设计内容的;② 隐蔽验收记录等技术档案和施工管理资料不完整的;③ 工程使用的主要建筑材料、建筑构配件和设备未提供进场检验报告的,未提供相关的节能性检测报告的;④ 工程存在违反强制性条文的质量问题而未整改完毕的;⑤ 对监督机构发出的责令整改内容未整改完毕的;⑥ 存在其他违反法律、法规行为而未处理完毕的。

(3)工程项目验收存在以下问题之一的,应重新组织建筑节能工程验收:① 验收组织机构不符合法规及规范要求的;② 参加验收人员不具备相应资格的;③ 参加验收各方主体验收意见不一致的;④ 验收程序和执行标准不符合要求的;⑤ 各方提出的问题未整改完毕的。

(4)单位工程在办理竣工备案时应提交建筑节能相关资料,不符合要求的不予备案。

4. 建筑工程节能验收违法行为应承担的法律责任

《民用建筑节能条例》规定,建设单位对不符合民用建筑节能强制性标准的民用建筑项目出具竣工验收合格报告的,由县级以上地方人民政府建设主管部门责令改正,处民用建筑项目合同价款 2%以上 4%以下的罚款;造成损失的,依法承担赔偿责任。

四、竣工结算、质量争议的规定

竣工验收是工程建设活动的最后阶段。在此阶段,建设单位与施工单位容易就合同价款结算、质量缺陷等引起纠纷,导致建设工程不能及时办理竣工验收或完成竣工验收。

(一)工程竣工结算

《合同法》规定,建设工程竣工后,发包人应当根据施工图纸及说明书、国家颁发的施工验收规范和质量检验标准及时进行验收。验收合格的,发包人应当按照约定支付价款,并接收该建设工程。《建筑法》也规定,发包单位应当按照合同的约定,及时拨付工程款项。

1. 工程竣工结算的编制与审查

财政部、原建设部《建设工程价款结算暂行办法》规定,工程完工后,双方应按照约定的合同价款及合同价款调整内容及索赔事项,进行工程竣工结算。工程竣工结算分为单位工程竣工结算、单项工程竣工结算和建设项目竣工总结算。

单位工程竣工结算由承包人编制,发包人审查;实行总承包的工程,由具体承包人编制,在总包人审查的基础上,发包人审查。

单项工程竣工结算或建设项目竣工总结算由总(承)包人编制,发包人可直接进行审查,也可以委托具有相应资质的工程造价咨询机构进行审查。政府投资项目,由同级财政部门审查。单项工程竣工结算或建设项目竣工总结算经发、承包人签字盖章后有效。

承包人应在合同约定期限内完成项目竣工结算编制工作,未在规定期限内完成并且提不出正当理由延期的,责任自负。

2. 工程竣工结算审查期限

单项工程竣工后,承包人应在提交竣工验收报告的同时,向发包人递交竣工结算报告及完整的结算资料,发包人应按以下规定时限进行核对(审查)并提出审查意见:(1) 500 万元以下,从接到竣工结算报告和完整的竣工结算资料之日起 20 天;(2) 500 万元~2 000 万元,从接到竣工结算报告和完整的竣工结算资料之日起 30 天;(3) 2 000 万元~5 000 万元,从接到竣工结算报告和完整的竣工结算资料之日起 45 天;(4) 5 000 万元以上,从接到竣工结算报告和完整的竣工结算资料之日起 60 天。

建设项目竣工总结算在最后一个单项工程竣工结算审查确认后 15 天内汇总,送发包人后 30 天内审查完成。

3. 工程竣工价款结算

发包人收到承包人递交的竣工结算报告及完整的结算资料后,应按以上规定的期限(合同约定有期限的,从其约定)进行核实,给予确认或者提出修改意见。

发包人根据确认的竣工结算报告向承包人支付工程竣工结算价款,保留 5% 左右的质量保证(保修)金,待工程交付使用 1 年质保期到期后清算(合同另有约定的,从其约定),质保期内如有返修,发生费用应在质量保证(保修)金内扣除。

工程竣工结算以合同工期为准,实际施工工期比合同工期提前或延后,发、承包双方应按合同约定的奖惩办法执行。

4. 索赔及合同以外零星项目工程价款结算

发承包人未能按合同约定履行自己的各项义务或发生错误,给另一方造成经济损失的,由受损方按合同约定提出索赔,索赔金额按合同约定支付。

发包人要求承包人完成合同以外零星项目,承包人应在接受发包人要求的 7 天内就用工数量和单价、机械台班数量和单价、使用材料和金额等向发包人提出施工签证,发包人签证后施工,如发包人未签证,承包人施工后发生争议的,责任由承包人自负。

发包人和承包人要加强施工现场的造价控制,及时对工程合同外的事项如实记录并履行书面手续。凡由发、承包双方授权的现场代表签字的现场签证以及发、承包双方协商确定的索赔等费用,应在工程竣工结算中如实办理,不得因发、承包双方现场代表的中途变更改变其有效性。

5. 未按规定时限办理事项的处理

发包人收到竣工结算报告及完整的结算资料后,在《建设工程价款结算暂行办法》规定或合同约定期限内,对结算报告及资料没有提出意见,则视同认可。

承包人如未在规定时间内提供完整的工程竣工结算资料,经发包人催促后 14 天内仍未提供或没有明确答复,发包人有权根据已有资料进行审查,责任由承包人自负。

根据确认的竣工结算报告,承包人向发包人申请支付工程竣工结算款。发包人应在收到申请后 15 天内支付结算款,到期没有支付的应承担违约责任。承包人可以催告发包人支付结算价款,如达成延期支付协议,发包人应按同期银行贷款利率支付拖欠工程价款的利息。如未达成延期支付协议,承包人可以与发包人协商将该工程折价,或申请人民法院将该工程依法拍卖,承包人就该工程折价或者拍卖的价款优先受偿。

6. 工程价款结算争议处理

工程造价咨询机构接受发包人或承包人委托,编审工程竣工结算,应按合同约定和实际履约事项认真办理,出具的竣工结算报告经发、承包双方签字后生效。当事人一方对报告有异议的,可对工程结算中有异议部分,向有关部门申请咨询后协商处理,若不能达成一致的,双方可按合同约定的争议或纠纷解决程序办理。

发包人对工程质量有异议,已竣工验收或已竣工未验收但实际投入使用的工程,其质量争议按该工程保修合同执行;已竣工未验收且未实际投入使用的工程以及停工、停建工程的质量争议,应当就有争议部分的竣工结算暂缓办理,双方可就有争议的工程委托有资质的检测鉴定机构进行检测,根据检测结果确定解决方案,或按工程质量监督机构的处理决定执行,其余部分的竣工结算依照约定办理。

当事人对工程造价发生合同纠纷时,可通过下列办法解决:(1) 双方协商确定;(2) 按合同条款约定的办法提请调解;(3) 向有关仲裁机构申请仲裁或向人民法院起诉。

《最高人民法院关于审理建设工程施工合同纠纷案件适用法律问题的解释》第 16 条规定,当事人对建设工程的计价标准或者计价方法有约定的,按照约定结算工程价款。因设计变更导致建设工程的工程量或质量标准发生变化,当事人对该部分工程价款不能协商一致的,可以参照签订建设工程施工合同时当地建设行政主管部门发布的计价方法或者计价标准结算工程价款。

7. 工程价款结算管理

《建设工程价款结算暂行办法》规定,工程竣工后,发、承包双方应及时办清工程竣工结算。否则,工程不得交付使用,有关部门不予办理权属登记。

(二) 竣工工程质量争议的处理

《建筑法》规定,建筑工程竣工时,屋顶、墙面不得留有渗漏、开裂等质量缺陷;对已发现的质量缺陷,建筑施工企业应当修复。《建设工程质量管理条例》规定,施工单位对施工中出现质量问题的建设工程或者竣工验收不合格的建设工程,应当负责返修。

据此,建设工程竣工时发现的质量问题或者质量缺陷,无论是建设单位的责任还是施工单位的责任,施工单位都有义务进行修复或返修。但是,对于非施工单位原因出现的质量问题或质量缺陷,其返修的费用和造成的损失是应由责任方承担的。

1. 承包方责任的处理

《合同法》规定,因施工人的原因致使建设工程质量不符合约定的,发包人有权要求施工人在合理期限内无偿修理或者返工、改建。

如果承包人拒绝修理、返工或改建的,《最高人民法院关于审理建设工程施工合同纠纷案件适用法律问题的解释》第 11 条规定,因承包人的过错造成建设工程质量不符合约定,承包人拒绝修理、返工或者改建,发包人请求减少支付工程价款的,应予支持。

2. 发包方责任的处理

《建筑法》规定,建设单位不得以任何理由,要求建筑设计单位或者建筑施工企业在工程设计或者施工作业中,违反法律、行政法规和建筑质量、安全标准,降低工程质量。

《最高人民法院关于审理建设工程施工合同纠纷案件适用法律问题的解释》第12条规定,发包人具有下列情形之一,造成建设工程质量缺陷,应当承担过错责任:(1)提供的设计有缺陷;(2)提供或者指定购买的建筑材料、建筑构配件、设备不符合强制性标准;(3)直接指定分包人分包专业工程。

3. 未经竣工验收擅自使用的处理

《建筑法》、《合同法》、《建设工程质量管理条例》均规定,建设工程竣工经验收合格后,方可交付使用;未经验收或验收不合格的,不得交付使用。

在实践中,一些建设单位出于各种原因,往往未经验收就擅自提前占有使用建设工程。为此,《最高人民法院关于审理建设工程施工合同纠纷案件适用法律问题的解释》第13条规定,建设工程未经竣工验收,发包人擅自使用后,又以使用部分质量不符合约定为由主张权利的,不予支持;但是承包人应当在建设工程的合理使用寿命内对地基基础工程和主体结构质量承担民事责任。

五、竣工验收报告备案的规定

《建设工程质量管理条例》规定,建设单位应当自建设工程竣工验收合格之日起15日内,将建设工程竣工验收报告和规划、公安消防、环保等部门出具的认可文件或者准许使用文件报建设行政主管部门或者其他有关部门备案。建设行政主管部门或者其他有关部门发现建设单位在竣工验收过程中有违反国家有关建设工程质量管理规定行为的,责令停止使用,重新组织竣工验收。

(一)竣工验收备案的时间及须提交的文件

住房和城乡建设部《房屋建筑和市政基础设施工程竣工验收备案管理办法》规定,建设单位应当自工程竣工验收合格之日起15日内,依照本办法规定,向工程所在地的县级以上地方人民政府建设主管部门(以下简称备案机关)备案。

建设单位办理工程竣工验收备案应当提交下列文件:(1)工程竣工验收备案表;(2)工程竣工验收报告。竣工验收报告应当包括工程报建日期,施工许可证号,施工图设计文件审查意见,勘察、设计、施工、工程监理等单位分别签署的质量合格文件及验收人员签署的竣工验收原始文件,市政基础设施的有关质量检测和功能性试验资料以及备案机关认为需要提供的有关资料;(3)法律、行政法规规定应当由规划、环保等部门出具的认可文件或者准许使用文件;(4)法律规定应当由公安消防部门出具的对大型的人员密集场所和其他特殊建设工程验收合格的证明文件;(5)施工单位签署的工程质量保修书;(6)法规、规章规定必须提供的其他文件。住宅工程还应当提交《住宅质量保证书》和《住宅使用说明书》。

《城市地下管线工程档案管理办法》还规定,建设单位在地下管线工程竣工验收备案前,应当向城建档案管理机构移交下列档案资料:(1)地下管线工程项目准备阶段文件、监理文件、施工文件、竣工验收文件和竣工图;(2)地下管线竣工测量成果;(3)其他应当归档的文件资料(电子文件、工程照片、录像等)。建设单位向城建档案管理机构移交的档案资料应当符合《建设工程文件归档整理规范》(GB/T 50328—2001)的要求。

（二）竣工验收备案文件的签收和处理

《房屋建筑和市政基础设施工程竣工验收备案管理办法》规定，备案机关收到建设单位报送的竣工验收备案文件，验证文件齐全后，应当在工程竣工验收备案表上签署文件收讫。工程竣工验收备案表一式两份，1份由建设单位保存，1份留备案机关存档。

工程质量监督机构应当在工程竣工验收之日起5日内，向备案机关提交工程质量监督报告。

备案机关发现建设单位在竣工验收过程中有违反国家有关建设工程质量管理规定行为的，应当在收讫竣工验收备案文件15日内，责令停止使用，重新组织竣工验收。

（三）竣工验收备案违反规定的处罚

《房屋建筑和市政基础设施工程竣工验收备案管理办法》规定，建设单位在工程竣工验收合格之日起15日内未办理工程竣工验收备案的，备案机关责令限期改正，处20万元以上50万元以下罚款。

建设单位将备案机关决定重新组织竣工验收的工程，在重新组织竣工验收前，擅自使用的，备案机关责令停止使用，处工程合同价款2%以上4%以下罚款。

建设单位采用虚假证明文件办理工程竣工验收备案的，工程竣工验收无效，备案机关责令停止使用，重新组织竣工验收，处20万元以上50万元以下罚款；构成犯罪的，依法追究刑事责任。

备案机关决定重新组织竣工验收并责令停止使用的工程，建设单位在备案之前已投入使用或者建设单位擅自继续使用造成使用人损失的，由建设单位依法承担赔偿责任。

《城市地下管线工程档案管理办法》规定，建设单位违反本办法规定，未移交地下管线工程档案的，由建设主管部门责令改正，处1万元以上10万元以下的罚款；对单位直接负责的主管人员和其他直接责任人员，处单位罚款数额5%以上10%以下的罚款；因建设单位未移交地下管线工程档案，造成施工单位在施工中损坏地下管线的，建设单位依法承担相应的责任。

第五节　建设工程质量保修制度

《建筑法》、《建设工程质量管理条例》均规定，建设工程实行质量保修制度。

建设工程质量保修制度，是指建设工程竣工经验收后，在规定的保修期限内，因勘察、设计、施工、材料等原因造成的质量缺陷，应当由施工承包单位负责维修、返工或更换，由责任单位负责赔偿损失的法律制度。

一、质量保修书和最低保修期限的规定

（一）建设工程质量保修书

《建设工程质量管理条例》规定，建设工程承包单位在向建设单位提交工程竣工验收报告时，应当向建设单位出具质量保修书。质量保修书中应当明确建设工程的保修范围、保修

期限和保修责任等。

1. 质量保修范围

《建筑法》规定,建筑工程的保修范围应当包括地基基础工程、主体结构工程、屋面防水工程和其他土建工程,以及电气管线、上下水管线的安装工程,供热、供冷系统工程等项目。当然,不同类型的建设工程,其保修范围是有所不同的。

2. 质量保修期限

《建筑法》规定,保修的期限应当按照保证建筑物合理寿命年限内正常使用,维护使用者合法权益的原则确定。

具体的保修范围和最低保修期限,国务院在《建设工程质量管理条例》中作了明确规定。

3. 质量保修责任

施工单位在质量保修书中,应当向建设单位承诺保修范围、保修期限和有关具体实施保修的措施,如保修的方法、人员及联络办法,保修答复和处理时限,不履行保修责任的罚则等。

需要注意的是,施工单位在建设工程质量保修书中,应当对建设单位合理使用建设工程有所提示。如果是因建设单位或者用户使用不当或擅自改动结构、设备位置以及不当装修等造成质量问题的,施工单位不承担保修责任;由此而造成的质量受损或者其他用户损失,应当由责任人承担相应的责任。

(二)建设工程质量的最低保修期限

《建设工程质量管理条例》规定,在正常使用条件下,建设工程的最低保修期限为:(1)基础设施工程、房屋建筑的地基基础工程和主体结构工程,为设计文件规定的该工程的合理使用年限;(2)屋面防水工程、有防水要求的卫生间、房间和外墙面的防渗漏,为 5 年;(3)供热与供冷系统,为 2 个采暖期、供冷期;(4)电气管线、给排水管道、设备安装和装修工程,为 2 年。其他项目的保修期限由发包方与承包方约定。

1. 地基基础工程和主体结构的保修期

基础设施工程、房屋建筑的地基基础工程和主体结构工程的质量,直接关系到基础设施工程和房屋建筑的整体安全可靠,必须在该工程的合理使用年限内予以保修,即实行终身负责制。因此,工程合理使用年限就是该工程勘察、设计、施工等单位的质量责任年限。

2. 屋面防水工程、供热与供冷系统等的最低保修期

在《建设工程质量管理条例》中,对屋面防水工程、供热与供冷系统、电气管线、给排水管道、设备安装和装修工程等的最低保修期限分别作出了规定。如果建设单位与施工单位经平等协商另行签订保修合同的,其保修期限可以高于法定的最低保修期限,但不能低于最低保修期限,否则视作无效。

建设工程保修期的起始日是竣工验收合格之日。《建设工程质量管理条例》规定,建设行政主管部门或者其他有关部门发现建设单位在竣工验收过程中有违反国家有关建设工程质量管理规定行为的,责令停止使用,重新组织竣工验收。

对于重新组织竣工验收的工程,其保修期为各方都认可的重新组织竣工验收的日期。

3. 建设工程超过合理使用年限后需要继续使用的规定

《建设工程质量管理条例》规定,建设工程在超过合理使用年限后需要继续使用的,产权

所有人应当委托具有相应资质等级的勘察、设计单位鉴定,并根据鉴定结果采取加固、维修等措施,重新界定使用期。

应该讲,各类工程根据其重要程度、结构类型、质量要求和使用性能等所确定的使用年限是不同的。确定建设工程的合理使用年限,并不意味着超过合理使用年限后,建设工程就一定要报废、拆除。经过具有相应资质等级的勘察、设计单位鉴定,制订技术加固措施,在设计文件中重新界定使用期,并经有相应资质等级的施工单位进行加固、维修和补强,该建设工程能达到继续使用条件的就可以继续使用。但是,如果不经鉴定、加固等而违法继续使用的,所产生的后果由产权所有人自负。

二、质量责任的损失赔偿

《建设工程质量管理条例》规定,建设工程在保修范围和保修期限内发生质量问题的,施工单位应当履行保修义务,并对造成的损失承担赔偿责任。

(一)保修义务的责任落实与损失赔偿责任的承担

《最高人民法院关于审理建设工程施工合同纠纷案件适用法律问题的解释》规定,因保修人未及时履行保修义务,导致建筑物损毁或者造成人身、财产损害的,保修人应当承担赔偿责任。保修人与建筑物所有人或者发包人对建筑物毁损均有过错的,各自承担相应的责任。

建设工程保修的质量问题是指在保修范围和保修期限内的质量问题。对于保修义务的承担和维修的经济责任承担应当按下述原则处理:

(1)施工单位未按照国家有关标准规范和设计要求施工所造成的质量缺陷,由施工单位负责返修并承担经济责任。

(2)由于设计问题造成的质量缺陷,先由施工单位负责维修,其经济责任按有关规定通过建设单位向设计单位索赔。

(3)因建筑材料、构配件和设备质量不合格引起的质量缺陷,先由施工单位负责维修,其经济责任属于施工单位采购的或经其验收同意的,由施工单位承担经济责任;属于建设单位采购的,由建设单位承担经济责任。

(4)因建设单位(含监理单位)错误管理而造成的质量缺陷,先由施工单位负责维修,其经济责任由建设单位承担;如属监理单位责任,则由建设单位向监理单位索赔。

(5)因使用单位使用不当造成的损坏问题,先由施工单位负责维修,其经济责任由使用单位自行负责。

(6)因地震、台风、洪水等自然灾害或其他不可抗拒原因造成的损坏问题,先由施工单位负责维修,建设参与各方再根据国家具体政策分担经济责任。

(二)建设工程质量保证金

原建设部、财政部《建设工程质量保证金管理暂行办法》规定,建设工程质量保证金(保修金)(以下简称保证金)是指发包人与承包人在建设工程承包合同中约定,从应付的工程款中预留,用以保证承包人在缺陷责任期内对建设工程出现的缺陷进行维修的资金。

1. 缺陷责任期的确定

所谓缺陷,是指建设工程质量不符合工程建设强制性标准、设计文件以及承包合同的约定。缺陷责任期一般为 6 个月、12 个月或 24 个月,具体可由发承包双方在合同中约定。

缺陷责任期从工程通过竣(交)工验收之日起计。由于承包人原因导致工程无法按规定期限进行竣(交)工验收的,缺陷责任期从实际通过竣(交)工验收之日起计。由于发包人原因导致工程无法按规定期限进行竣(交)工验收的,在承包人提交竣(交)工验收报告 90 天后,工程自动进入缺陷责任期。

2. 预留保证金的比例

全部或者部分使用政府投资的建设项目,按工程价款结算总额 5% 左右的比例预留保证金。社会投资项目采用预留保证金方式的,预留保证金的比例可参照执行。

缺陷责任期内,由承包人原因造成的缺陷,承包人应负责维修,并承担鉴定及维修费用。如承包人不维修也不承担费用,发包人可按合同约定扣除保证金,并由承包人承担违约责任。承包人维修并承担相应费用后,不免除对工程的一般损失赔偿责任。由他人原因造成的缺陷,发包人负责组织维修,承包人不承担费用,且发包人不得从保证金中扣除费用。

3. 质量保证金的返还

缺陷责任期内,承包人认真履行合同约定的责任,到期后,承包人向发包人申请返还保证金。

发包人在接到承包人返还保证金申请后,应于 14 日内会同承包人按照合同约定的内容进行核实。如无异议,发包人应当在核实后 14 日内将保证金返还给承包人,逾期支付的,从逾期之日起,按照同期银行贷款利率计付利息,并承担违约责任。发包人在接到承包人返还保证金申请后 14 日内不予答复,经催告后 14 日内仍不予答复,视同认可承包人的返还保证金申请。

发包人和承包人对保证金预留、返还以及工程维修质量、费用有争议,按承包合同约定的争议和纠纷解决程序处理。

(三)违法行为应承担的法律责任

建设工程质量保修违法行为应承担的主要法律责任如下:

《建筑法》规定,建筑施工企业违反本法规定,不履行保修义务的,责令改正,可以处以罚款,并对在保修期内因屋顶、墙面渗漏、开裂等质量缺陷造成的损失,承担赔偿责任。

《建设工程质量管理条例》规定,施工单位不履行保修义务或者拖延履行保修义务的责令改正,处 10 万元以上 20 万元以下的罚款,并对在保修期内因质量缺陷造成的损失承担赔偿责任。

《建设工程质量保证金管理暂行办法》规定,缺陷责任期内,由承包人原因造成的缺陷,承包人应负责维修,并承担鉴定及维修费用。如承包人不维修也不承担费用,发包人可按合同约定扣除保证金,并由承包人承担违约责任。承包人维修并承担相应费用后,不免除对工程的一般损失赔偿责任。

《建筑业企业资质管理规定》规定,建筑业企业申请晋升资质等级或者主项资质以外的资质,在申请之日前 1 年内有未履行保修义务,造成严重后果的情形的,建设行政主管部门不予批准。

第六节 工程案例分析

【案例 44】

（一）背景

2010 年 4 月 1 日,某建筑工程有限责任公司(以下简称施工单位)中标承包了某开发公司(以下简称建设单位)的住宅工程施工项目,双方于同年 4 月 10 日签订了建设工程施工合同。2011 年 11 月该工程封顶时,建设单位发现该住宅楼的顶层防水工程做得不到位。认为是施工单位使用的防水卷材不符合标准,要求施工单位采取措施,对该顶层防水工程重新施工。施工单位则认为,防水卷材符合标准,不同意重新施工或者采取其他措施。双方协商未果,建设单位将施工单位起诉至法院,要求施工单位对顶层防水工程重新施工或采取其他措施,并赔偿建设单位的相应损失。

根据当事人的请求,受诉法院委托某建筑工程质量检测中心对顶层防水卷材进行检测,检测结果表明:本工程使用的"弹性体改性沥青防水卷材",不符合自 2001 年 5 月 1 日起正式实施的国家标准《弹性体改性沥青防水卷材》(GB 18242—2000)的要求。但是,施工单位则认为,施工合同中并未约定使用此强制性国家标准,不同意重新施工或者采取其他措施。

（二）问题

本案中建设单位的诉讼请求能否得到支持? 为什么?

（三）分析

《标准化法》第 14 条规定,"强制性标准,必须执行。"本案中的"弹性体改性沥青防水卷材"有强制性国家标准,必须无条件遵照执行。施工单位认为,在施工合同中并未约定使用此强制性国家标准,所以,不应该遵守适用的观点是错误的。而且,在有国家强制性标准的情况下,即使双方当事人在合同中约定了采用某项推荐性标准,也属于无效约定,仍然必须适用于国家强制性标准。

因此,本案中建设单位的诉讼请求应该给予支持,施工单位应该对顶层防水工程重新施工或采取其他措施,并赔偿建设单位的相应损失。

【案例 45】

（一）背景

某公司 7 层办公楼于 2002 年 9 月 20 日倒塌,造成死一人、伤数十人,直接经济损失1 000多万的较大事故。经调查、取证和鉴定发现:在技术上,设计单位将承台一律设计成480 mm 厚,使绝大多数承台受冲切、受剪、受弯,承载力严重不足;大部分柱子下桩基的桩数不够,实际桩数与按规范计算的桩数比较相差 12%～30%;底层多数柱子达不到抗震设计规范规定,实际配筋小于按规范计算需要值,部分柱子配筋明显不足;大梁 L5 悬挑部分断面过小,配筋计算相差近 50%。

（二）问题

设计单位在设计过程中有何过错,应如何处理?

（三）分析

设计单位对承台厚度、桩基桩数、柱子配筋等设计违反了工程建设强制性标准的要求,导致承载力不足、强度不够。《建筑法》第 72 条规定:"建筑设计单位不按照建筑工程质量、安全标准进行设计的,责令改正,处以罚款;造成工程质量事故的,责令停业整顿,降低资质等级或者吊销资质证书,没收违法所得,并处罚款;造成损失的,承担赔偿责任;构成犯罪的,依法追究刑事责任。"《建设工程质量管理条例》第 63 条规定:"违反本条例规定,有下列行为之一的,责令改正,处 10 万元以上 30 万元以下的罚款……(4) 设计单位未按照工程建设强制性标准进行设计的。有以上所列行为,造成工程质量事故的,责令停业整顿,降低资质等级;情节严重的,吊销资质证书;造成损失的,依法承担赔偿责任。据此,该设计单位应当对其不按照工程建设强制性标准进行设计所造成的事故,依法承担相应的法律责任;构成犯罪的,还要依法追究刑事责任。

【案例 46】

（一）背景

某城市建设开发集团在该市南三环建设拆迁居民安置区。甲建筑公司通过招投标获得了该工程项目,经建设单位同意,甲建筑公司将该工程中的 A、B、C、D 等 4 栋多层住宅楼分包给乙公司,并签订了分包合同。在工程交付使用后.发现 A 号楼因偷工减料存在严重质量问题,城市建设开发集团便要求甲建筑公司承担责任。甲建筑公司认为工程 A 号楼是由分包商乙公司完成的,应由乙公司承担相关责任,并以乙公司早已结账撤出而失去联系为由,不予配合问题的处理。

（二）问题

甲建筑公司是否应该对 A 号楼的质量问题承担责任? 为什么?

（三）分析

应承担责任。《建筑法》第 29 条第 2 款规定:"建筑工程实行总承包的,工程质量由工程总承包单位负责,总承包单位将建筑工程分包给其他单位的,应当对分包工程的质量与分包单位承担连带责任。分包单位应当接受总承包单位的质量管理。"本案中存在着总分包两个合同。在总包合同中,甲建筑公司应该向建设单位即城市建设开发集团负责;在分包合同中,分包商乙公司应该向总承包单位即甲建筑公司负责。同时,甲建筑公司与乙公司还要对分包工程的质量承担连带责任。因此.建设单位有权要求甲建筑公司或乙公司对 A 号楼的质量问题承担责任,任何一方都无权拒绝。在乙公司早已失去联系的情况下,建设单位要求甲建筑公司承担质量责任是符合法律规定的。至于甲建筑公司如何再去追偿乙公司的质量责任，则完全是由甲建筑公司自行负责。

【案例 47】

（一）背景

某房地产开发公司与某建筑公司签订了一份建筑工程承包合同。合同规定，建筑公司为房地产开发公司建造一栋写字楼，开工时间为 2007 年 5 月 10 日，竣工时间为 2008 年 11 月 10 日。在施工过程中，建筑公司以工期紧为由，在一些隐蔽工程隐蔽前没有通知房地产开发公司、监理工程师和建设工程质量监督机构，就进行了下一道程序的施工。在竣工验收时，发现该工程存在多处质量缺陷。房地产开发公司要求该建筑公司返修，但建筑公司以下一个工程项目马上要开工为由，拒绝返修。

（二）问题

（1）该建筑公司有何过错？
（2）该写字楼工程的质量问题应该如何解决？

（三）分析

（1）《建设工程质量管理条例》第 30 条规定："施工单位必须建立、健全施工质量的检验制度，严格工序管理，作好隐蔽工程的质量检查和记录。隐蔽工程在隐蔽前，施工单位应当通知建设单位和建设工程质量监督机构。"在本案中，建筑公司没有通知有关单位验收就将隐蔽工程进行隐蔽并继续施工，严重违反了《建设工程质量管理条例》的上述规定，应该承担相应的法律责任。

（2）《建筑法》第 61 条第 2 款规定："建筑工程竣工经验收合格后，方可交付使用；未经验收或者验收不合格的，不得交付使用。"《建设工程质量管理条例》第 32 条规定，"施工单位对施工中出现质量问题的建设工程或者竣工验收不合格的建设工程，应当负责返修。"第 64 条规定："违反本条例规定，施工单位……造成建设工程质量不符合规定的质量标准的，负责返工、修理，并赔偿因此造成的损失；情节严重的，责令停业整顿，降低资质等级或者吊销资质证书。"本案中，建筑公司应该对存在的工程质量缺陷进行修复，并赔偿因此造成的损失；情节严重的，政府主管部门应责令停业整顿，降低资质等级或者吊销资质证书。

【案例 48】

（一）背景

某市政建设工程公司承揽了某县城一桥梁建设工程，合同总价 394 万元。该公司为了减低成本，在施工过程中聘用多名不具备相应条件的无证人员上岗，造成该桥梁 3 个桥墩的钻孔灌注桩配筋不足、桩身高度不够、混凝土强度不够，桥梁的实际承载力与设计承载力误差达 38%。在竣工前夕，该桥梁突然下沉坍塌，现场多人受伤严重，直接经济损失超过 500 万元。

（二）问题

该市政建设工程公司存在哪些违法行为？应该如何处理？

（三）分析

《建设工程质量管理条例》第33条规定："施工单位应当建立、健全教育培训制度，加强对职工的教育培训；未经教育培训或者考核不合格的人员，不得上岗作业。"第28条第1款规定："施工单位必须按照工程设计图纸和施工技术标准施工，不得擅自修改工程设计，不得偷工减料。"本案中的市政建设工程公司为了减低成本，擅自聘用多名无证人员上岗，偷工减料、不按图纸要求施工，导致该桥梁工程尚未竣工就下沉坍塌，损失惨重，是严重的违法行为。

《建设工程质量管理条例》第64条规定："违反本条例规定，施工单位在施工中偷工减料的，使用不合格的建筑材料、建筑构配件和设备的，或者有不按照工程设计图纸或者施工技术标准施工的其他行为的，责令改正，处工程合同价款2％以上4％以下的罚款；造成建设工程质量不符合规定的质量标准的，负责返工、修理，并赔偿因此造成的损失；情节严重的，责令停业整顿，降低资质等级或者吊销资质证书。"据此，该市政建设工程公司应该承担工程合同价款2％以上4％以下的罚款，负责返工、修理，并赔偿因此造成的损失；情节严重的，还应责令停业整顿，降低资质等级或者吊销资质证书。

【案例49】

（一）背景

某化工厂在同一厂区建设第2个大型厂房时，为了节省投资，决定不做勘察，便将4年前为第1个大型厂房做的勘察成果提供给设计院作为设计依据，让其设计新厂房。设计院先是不同意，但在该化工厂的一再坚持下最终妥协，同意使用旧的勘察成果。该厂房建成后使用1年多就发现墙体多处开裂。该化工厂一纸诉状将施工单位告上法庭，请求判定施工单位承担工程质量责任。

（二）问题

（1）本案中的质量责任应当由谁承担？
（2）工程中设计方是否有过错，违反了什么规定？

（三）分析

（1）经检测，墙体开裂系设计中对地基处理不当引起厂房不均匀沉陷所致。《建筑法》第54条规定："建设单位不得以任何理由，要求建筑设计单位或者建筑施工企业在工程设计或者施工作业中，违反法律、行政法规和建筑工程质量、安全标准，降低工程质量。"本案中的化工厂为节省投资，坚持不委托勘察，只向设计单位提供旧的勘察成果，违反了法律规定，对该工程的质量问题应该承担主要责任。

（2）设计方也有过错。《建筑法》第54条还规定，建筑设计单位和建筑施工企业对建设单位违反规定提出的降低工程质量的要求,应当予以拒绝。《建设工程质量管理条例》第21条规定:"设计单位应当根据勘察成果文件进行建设工程设计。"因此,设计单位尽管开始不同意建设单位的做法,但后来没有坚持原则作了妥协,也应该对工程设计承担质量责任。

法庭经审理,认定该工程的质量责任由该化工厂承担主要责任,由设计方承担次要责任。

【案例50】

（一）背景

某纺织厂要新建一个厂房,通过招标分别与某设计院和某建筑公司签订了设计合同、施工合同。工程竣工后,在厂房投入使用后正常使用不满8个月,纺织厂发现新建厂房的墙体发生了不同程度的开裂。为此,该纺织厂起诉了该建筑公司要求其承担法律责任。建筑公司辩称施工质量不存在任何问题。经法院委托的工程质量司法鉴定结论表明:厂房墙体开裂是由于地基不均匀沉降引起,未发现有施工质量问题。后经对设计文件作分析测算发现,该厂房的结构设计符合国家的设计规范,并且与纺织厂提供的地质资料匹配。但是,该设计文件却与该厂房的地质情况不符合。经法院调查得知,纺织厂提供的地质资料并非是本厂房的地质资料,而是该纺织厂同一厂区另外一个办公楼的地质资料。

（二）问题

本案中厂房的质量责任应当由谁承担,为什么?

（三）分析

本案中,根据工程质量鉴定结论,并未发现施工质量问题,所以建筑公司没有过错,不应承担厂房的质量责任。设计方的结构设计虽然符合国家的设计规范,并且与纺织厂提供的地质资料匹配,但却与该厂房的实际地质情况不符合。由于设计图纸所依据的资料不准,造成地基不均匀沉降,最终导致墙壁开裂。因此,该事故的责任应该定位于设计合同主体双方。

《建设工程质量管理条例》第9条规定:"建设单位必须向有关的勘察、设计、施工、工程监理等单位提供与建设工程有关的原始资料。原始资料必须真实、准确、齐全。"但是,纺织厂作为建设单位却提供了与建设工程不符的原始资料,严重违反了法定的质量责任义务,应该对厂房质量承担责任。同时,《建设工程质量管理条例》第21条第1款还规定:"设计单位应当根据勘察成果文件进行建设工程设计。"该设计院确实是根据勘察成果文件设计了该厂房。但是,作为专业技术人员,不仅应该具有关注原始资料瑕疵或真假的意识,也应该对自己设计所依据的资料拥有一定的鉴别水平与能力,一旦发现原始资料有问题就应该拒绝作为设计依据。这既是对工程质量的有效保证,也是对自己的法律保护。本案中,设计方没有尽到此项义务,也应该承担相应的质量责任。鉴于本案中的纺织厂是故意违反法律规定,而设计院属于疏忽大意,纺织厂应该对厂房质量问题负主要责任,设计院则应承担次要责任。

【案例51】

（一）背景

某企业建设1所附属小学。某设计院为其设计了5层砖混结构的教学楼、运动场等。教学楼的楼梯井净宽为0.3 m，为防止学生攀滑，梯井采用工程玻璃隔离防护，楼梯采用垂直杆件做栏杆，杆件净距为0.15 m；运动场与街道之间采用透景墙，墙体采用垂直杆件做栏杆，杆件净距为0.15 m。在建设过程中，有人对该设计提出异议。

（二）问题

该工程中设计方是否有过错？违反了什么法规的规定？

（三）分析

设计方有明显的过错，违反了《建设工程质量管理条例》第19条的规定："勘察、设计单位必须按照工程建设强制性标准进行勘察、设计，并对其勘察、设计的质量负责。"

《工程建设标准强制性条文》中房屋建筑设计基本规定6.6.3中第4条规定："住宅、托儿所、幼儿园、中小学及少年儿童专用活动场所的栏杆必须采用防止少年儿童攀登的构造，当采用垂直杆件做栏杆时，其杆件净距不应大于0.11 m"；房屋建筑设计6.7.9规定"托儿所、幼儿园、中小学及少年儿童专用活动场所的楼梯，梯井净宽大于0.20 m时，必须采取防止少年儿童攀滑的措施，楼梯栏杆应采取不易攀登的构造，当采用垂直杆件做栏杆时，其栏杆净距不应大于0.11 m"。

显然，本案中该教学楼设计的楼梯杆件净距、运动场透景墙的栏杆净距都超过了规定的0.11 m，违反了国家强制性标准的规定，也违反了《建设工程质量管理条例》的规定。该设计院应当依法尽快予以纠正，否则一旦在使用时发生了相关事故，设计院必须承担其质量责任。

【案例52】

（一）背景

某写字楼项目的整体结构属"筒中筒"，中间"筒"高18层，四周裙楼3层，地基设计是"满堂红"布桩，素混凝土排土灌桩。施工到12层时，地下筏板剪切破坏，地下水上冲。经鉴定发现，此地基土属于饱和土，地基中素混凝土排土桩被破坏。

经调查得知：(1) 该工程的地质勘查报告已经载明，此地基土属于饱和土；(2) 在打桩过程中曾出现跳土现象。

（二）问题

本案中设计方有何过错？违反了什么规定？

（三）分析

本案中涉及多方面的结构技术问题，较为复杂，地下筏板剪切破坏的可能原因并不唯一,需要作进一步的结构计算分析才能够下结论。但是,设计单位对桩型选择是有失误的。因为,该工程的地质勘查报告已经载明了地基土属于饱和土。饱和土的湿软特性决定了设计单位不应该选择采用排土灌桩,此失误导致了在打桩过程中出现跳土现象。

设计单位没有根据勘察成果文件提供的信息进行设计,违反了《建设工程质量管理条例》第 21 条规定:"设计单位应当根据勘察成果文件进行建设工程设计。"设计单位应该对该工程设计承担质量责任。

【案例 53】

（一）背景

某钢铁厂将一幢职工宿舍楼的修建工程承包给 A 建筑公司,签订了一份建筑工程施工承包合同,对工期、质量、价款、结算等作了详细规定。合同签订后,施工顺利。在宿舍楼工程的二层内装修完毕后,该厂的员工就强行搬了进去,以后每装修完一层,就住进去一层。到工程完工时,此楼已全部被该厂员工所占用。这时,钢铁厂对宿舍楼进行验收,发现一、二层墙皮脱落,门窗开关使用不便等问题,要求施工单位返工。A 建筑公司遂对门窗进行了检修,但拒绝重新粉刷墙壁,于是钢铁厂拒付剩余的工程款。A 建筑公司便向法院起诉,要求钢铁厂付清剩余的工程款。

（二）问题

本案中的宿舍楼工程未经验收,钢铁厂员工便提前占据使用,其质量责任该如何承担?

（三）分析

《建筑法》、《合同法》、《建设工程质量管理条例》均规定,建设工程竣工经验收合格后,方可交付使用;未经验收或验收不合格的,不得交付使用。同时,《最高人民法院关于审理建设工程施工合同纠纷案件适用法律问题的解释》第 13 条规定:"建设工程未经竣工验收,发包人擅自使用后,又以使用部分质量不符合约定为由主张权利的,不予支持;但是承包人应当在建设工程的合理使用寿命内对地基基础工程和主体结构质量承担民事责任。"

本案中的宿舍楼工程未经竣工验收,发包方即钢铁厂员工就擅自使用,且该工程没有地基基础工程和主体结构的质量问题。根据上述法律和司法解释的规定,钢铁厂应当对工程质量承担相应责任,并应当尽快支付剩余的工程款。

第九章
解决建设工程纠纷法律制度

第一节　建设工程纠纷主要种类和法律解决途径

所谓法律纠纷,是指公民、法人以及其他组织之间因人身、财产或其他法律关系所发生的对抗冲突(或者争议),主要包括民事纠纷、行政纠纷、刑事附带民事纠纷。民事纠纷是平等主体间的有关人身权、财产权的纠纷;行政纠纷是行政机关之间或行政机关同公民、法人和其他组织之间由于行政行为而产生的纠纷;刑事附带民事纠纷是因犯罪而产生的有关人身权、财产权纠纷。

一、建设工程纠纷的主要种类

建设工程项目通常具有投资规模大、建造周期长、技术要求高、合同关系复杂和政府监管严格等特点,因而在建设工程领域里常见的是民事纠纷和行政纠纷。

(一)建设工程民事纠纷

建设工程民事纠纷,是在建设工程活动中平等主体之间发生的以民事权利义务法律关系为内容的争议。民事纠纷主要是因为违反了民事法律规范或者合同约定而引起的。民事纠纷可分为两大类:一类是财产关系方面的民事纠纷,如合同纠纷、损害赔偿纠纷等;另一类是人身关系方面的民事纠纷,如名誉权纠纷、继承权纠纷等。

民事纠纷的特点有:第一,民事纠纷主体之间的法律地位平等;第二,民事纠纷的内容是对民事权利义务的争议;第三,民事纠纷的可处分性(针对有关财产关系的民事纠纷具有可处分性,而有关人身关系的民事纠纷多具有不可处分性)。在建设工程领域,较为普遍和重要的民事纠纷主要是合同纠纷、侵权纠纷。

合同纠纷,是指因合同的生效、解释、履行、变更、终止等行为而引起的合同当事人之间的权利义务争议。合同纠纷的内容,主要表现在争议主体对于导致合同法律关系产生、变更与消灭的法律事实以及法律关系的内容有着不同的观点与看法。合同纠纷的范围涵盖了一项合同从成立到终止的整个过程。建设工程合同纠纷主要有工程总承包合同纠纷、工程勘察合同纠纷、工程设计合同纠纷、工程施工合同纠纷、工程监理合同纠纷、工程分包合同纠纷、材料设备采购合同纠纷等。

侵权纠纷,是指一方当事人不法侵害他人财产权或者人身权而产生的纠纷。建设工程领域常见的侵权纠纷,如施工中造成对他人财产或者人身损害而产生的侵权纠纷,未经许可使用他人的专利、工法等而造成的知识产权侵权纠纷等。

发包人和承包人就有关工期、质量、造价等产生的建设工程合同争议,是建设工程领域最常见的民事纠纷。

（二）建设工程行政纠纷

建设工程行政纠纷,是在建设工程活动中行政机关之间或行政机关同公民、法人和其他组织之间由于行政行为而引起的纠纷,包括行政争议和行政案件。在行政法律关系中,一方面行政机关对公民、法人和其他组织行使行政管理职权,应当依法行政;另一方面公民、法人和其他组织也应当依法约束自己的行为,做到自觉守法。在各种行政纠纷中,既有因行政机关超越职权、滥用职权、行政不作为、违反法定程序、事实认定错误、适用法律错误等所引起的纠纷,也有公民、法人或其他组织逃避监督管理、非法抗拒监督管理或误解法律规定等而产生的纠纷。

行政机关的行政行为具有以下特征:(1)行政行为是执行法律的行为。任何行政行为均须有法律根据,具有从属法律性,没有法律的明确规定或授权,行政主体不得作出任何行政行为。(2)行政行为具有一定的裁量性。这是由立法技术本身的局限性和行政管理的广泛性、变动性、应变性所决定的。(3)行政主体在实施行政行为时具有单方意志性,不必与行政相对方协商或征得其同意,便可依法自主做出。(4)行政行为是以国家强制力保障实施的,带有强制性。行政相对方必须服从并配合行政行为,否则行政主体将予以制裁或强制执行。(5)行政行为以无偿为原则,以有偿为例外。只有当特定行政相对人承担了特别公共负担,或者分享了特殊公共利益时,方可为有偿的。

在建设工程领域,行政机关易引发行政纠纷的具体行政行为主要有如下几种:

(1)行政许可,即行政机关根据公民、法人或者其他组织的申请,经依法审查,准予其从事特定活动的行政管理行为,如施工许可、专业人员执业资格注册、企业资质等级核准、安全生产许可等。行政许可易引发的行政纠纷通常是行政机关的行政不作为、违反法定程序等。

(2)行政处罚,即行政机关或其他行政主体依照法定职权、程序对于违法但尚未构成犯罪的相对人给予行政制裁的具体行政行为。常见的行政处罚为警告、罚款、没收违法所得、取消投标资格、责令停止施工、责令停业整顿、降低资质等级、吊销资质证书等。行政处罚易导致的行政纠纷,通常是行政处罚超越职权、滥用职权、违反法定程序、事实认定错误、适用法律错误等。

(3)行政奖励,即行政机关依照条件和程序,对为国家、社会和建设事业作出重大贡献的单位和个人,给予物质或精神鼓励的具体行政行为,如表彰建设系统先进集体、劳动模范和先进工作者等。行政奖励易引发的行政纠纷,通常是违反程序、滥用职权、行政不作为等。

(4)行政裁决,即行政机关或法定授权的组织,依照法律授权,对平等主体之间发生的与行政管理活动密切相关的、特定的民事纠纷（争议）进行审查,并作出裁决的具体行政行为,如对特定的侵权纠纷、损害赔偿纠纷、权属纠纷、国有资产产权纠纷以及劳动工资、经济补偿纠纷等的裁决。行政裁决易引发的行政纠纷,通常是行政裁决违反法定程序、事实认定错误、适用法律错误等。

二、民事纠纷的法律解决途径

《合同法》规定,当事人可以通过和解或者调解解决合同争议。当事人不愿和解、调解或者和解、调解不成的,可以根据仲裁协议向仲裁机构申请仲裁。涉外合同的当事人可以根据仲裁协议向中国仲裁机构或者其他仲裁机构申请仲裁。当事人没有订立仲裁协议或者仲裁协议无效的,可以向人民法院起诉。当事人应当履行发生法律效力的判决、仲裁裁决、调解书;拒不履行的,对方可以请求人民法院执行。

据此,民事纠纷的法律解决途径主要有四种,即和解、调解、仲裁、诉讼。

（一）和解

和解是民事纠纷的当事人在自愿互谅的基础上,就已经发生的争议进行协商、妥协与让步并达成协议,无须第三方介入,完全自行解决争议的一种方式。它不仅从形式上,而且从心理上消除了当事人之间的对抗。

和解可以在民事纠纷的任何阶段进行,无论是否已经进入诉讼或仲裁程序,只要终审裁判未生效或者仲裁裁决未作出,当事人均可自行和解。例如,诉讼当事人之间为处理和结束诉讼而达成了解决争议问题的妥协或协议,其结果是撤回起诉或中止诉讼而无需判决。和解也可与仲裁、诉讼程序相结合:当事人达成和解协议的,已提请仲裁的,可以请求仲裁庭根据和解协议作出裁决书或调解书;已提起诉讼的,可以请求法庭在和解协议基础上制作调解书,或者由当事人双方达成和解协议,由法院记录在卷。

需要注意的是,和解达成的协议不具有强制执行力,在性质上仍属于当事人之间的约定。如果一方当事人不按照和解协议执行,另一方当事人不能直接申请法院强制执行,但可要求对方承担不履行和解协议的违约责任。

（二）调解

调解是指双方当事人以外的第三方应纠纷当事人的请求,以法律、法规、政策或合同约定以及社会公德为依据,居中调停,对纠纷双方进行疏导、劝说,促使其互谅互让,自愿协商达成协议,解决纠纷的一种方式。

在我国,调解的主要方式是人民调解、行政调解、仲裁调解、司法调解、行业调解以及专业机构调解。

（三）仲裁

仲裁是当事人根据在纠纷发生前或纠纷发生后达成的协议,自愿将纠纷提交中立第三方作出裁决,纠纷各方都有义务执行该裁决的一种解决纠纷的方式。仲裁与法院不同。法院行使国家所赋予的审判权,向法院起诉不需要双方当事人在诉讼前达成协议,只要一方当事人向有审判管辖权的法院起诉,经法院受理后,另一方必须应诉。仲裁具有民间性质,其受理案件的管辖权来自双方协议。有效的仲裁协议可以排除法院的管辖权;纠纷发生后,一方当事人提起仲裁的,另一方必须仲裁。但是,没有仲裁协议,就不能启动仲裁程序。

根据《仲裁法》的规定,该法的调整范围仅限于民商事仲裁,即"平等主体的公民、法人或其他组织之间发生的合同纠纷和其他财产权纠纷";对于婚姻、收养、监护、扶养、继承纠纷以及依法应当由行政机关处理的行政争议等不能仲裁。另外,劳动争议仲裁不受《仲裁法》的调整。

仲裁具有以下基本特点:

1. 自愿性

当事人的自愿性是仲裁最突出的特点。仲裁是最能充分体现当事人意思自治原则的争议解决方式。仲裁以当事人的自愿为前提,即是否将纠纷提交仲裁,向哪个仲裁委员会申请仲裁,仲裁庭如何组成,仲裁员的选择,以及仲裁的审理方式、开庭形式等,都是在当事人自愿的基础上,由当事人协商确定的。

2. 专业性

专家裁案,是民商事仲裁的重要特点之一。民商事仲裁往往涉及不同行业的专业知识,如建设工程纠纷的处理不仅涉及与工程建设有关的法律法规,还常常需要运用大量的工程造价、工程质量方面的专业知识以及建筑业自身特有的交易习惯和行业惯例。仲裁机构的仲裁员是各行业具有一定专业水平的专家,精通专业知识、熟悉行业规则,对确保仲裁结果的公正准确发挥着关键作用。

3. 独立性

《仲裁法》规定,仲裁委员会独立于行政机关,与行政机关没有隶属关系。仲裁委员会之间也没有隶属关系。

在仲裁过程中,仲裁庭独立进行仲裁,不受任何行政机关、社会团体和个人的干涉,也不受其他仲裁机构的干涉,具有独立性。

4. 保密性

仲裁以不公开审理为原则。同时,当事人及其代理人、证人、翻译、仲裁员、仲裁庭咨询的专家和指定的鉴定人、仲裁委员会有关工作人员也要遵守保密义务,不得对外界透露案件实体和程序的有关情况。因此,可以有效地保护当事人的商业秘密和商业信誉。

5. 快捷性

仲裁实行一裁终局制度,仲裁裁决一经作出即发生法律效力。仲裁裁决不能上诉,这使得当事人之间的纠纷能够迅速得以解决。

6. 执行的强制性和广泛性

对于生效的仲裁裁决书和调解书,当事人有权向人民法院申请强制执行。中国是《承认和执行外国仲裁裁决公约》(简称《纽约公约》)的缔约国。根据该公约,中国仲裁机构作出的涉外仲裁裁决书和调解书,可在所有缔约国之间得到承认和执行。截至 2010 年 10 月,已有 145 个国家和地区加入了《纽约公约》。

(四)诉讼

民事诉讼是指人民法院在当事人和其他诉讼参与人的参加下,以审理、裁判、执行等方式解决民事纠纷的活动,以及由此产生的各种诉讼关系的总和。诉讼参与人包括原告、被告、第三人、证人、鉴定人、勘验人等。

在我国,《民事诉讼法》是调整和规范法院及诉讼参与人的各种民事诉讼活动的基本法律。民事诉讼具有以下基本特点:

1. 公权性

民事诉讼是由人民法院代表国家意志行使司法审判权,通过司法手段解决平等民事主体之间的纠纷。在法院主导下,诉讼参与人围绕民事纠纷的解决,进行着能产生法律后果的活动。它既不同于群众自治组织性质的人民调解委员会以调解方式解决纠纷,也不同于由民间性质的仲裁委员会以仲裁方式解决纠纷。

民事诉讼主要是法院与纠纷当事人之间的关系,但也涉及其他诉讼参与人,包括证人、鉴定人、翻译人员、专家辅助人员、协助执行人等;在诉讼和解时还表现为纠纷当事人之间的关系。

2. 程序性

民事诉讼是依照法定程序进行的诉讼活动,无论是法院还是当事人或者其他诉讼参与人,都应当严格按照法律规定的程序和方式实施诉讼行为,违反诉讼程序常常会引起一定的法律后果或者达不到诉讼目的,如法院的裁判被上级法院撤销,当事人失去为某种诉讼行为的权利等。

民事诉讼分为一审程序、二审程序和执行程序三大诉讼阶段。并非每个案件都要经过这三个阶段。有的案件一审就终结,有的经过二审终结,有的不需要启动执行程序。但如果案件要经历诉讼全过程,就要按照上述顺序依次进行。

3. 强制性

强制性是公权力的重要属性。民事诉讼的强制性既表现在案件的受理上,又反映在裁判的执行上。调解、仲裁均建立在当事人自愿的基础上,只要有一方当事人不愿意进行调解、仲裁,则调解和仲裁将不会发生。但民事诉讼不同,只要原告的起诉符合法定条件,无论被告是否愿意,诉讼都会发生。此外,和解、调解协议的履行依靠当事人的自觉,不具有强制执行的效力,但法院的裁判则具有强制执行的效力,一方当事人不履行生效判决或裁定,另一方当事人可以申请法院强制执行,

除上述4种民事纠纷解决方式外,由于建设工程活动及其纠纷的专业性、复杂性,我国在建设工程法律实践中还在探索其他解决纠纷的新方式,如争议评审机制。

建设工程争议评审,是指当事人根据事前签订的合同或者争议发生后达成的协议,选择独立于任何一方当事人的争议评审专家(通常是3人,小型工程可以是1人)组成评审小组,就当事人发生的争议及时提出解决问题的建议或者作出决定的一种争议解决方式。当事人通过协议,授权评审组调查、听证、建议或者裁决。一个评审组在工程进程中可能会持续解决很多的争议。如果当事人不接受评审组的建议或者裁决,仍可通过仲裁或者诉讼的方式解决争议。采用争议评审的方式,有利于及时化解施工过程中的争议,防止争议扩大与拖延而造成不必要的损失或浪费,保障建设工程的顺利进行。

三、行政纠纷的法律解决途径

行政纠纷的法律解决途径主要有两种,即行政复议和行政诉讼。

(一) 行政复议

行政复议是公民、法人或其他组织(作为行政相对人)认为行政机关的具体行政行为侵犯其合法权益,依法请求法定的行政复议机关审查该具体行政行为的合法性、适当性,该复议机关依照法定程序对该具体行政行为进行审查,并作出行政复议决定的法律制度。这是公民、法人或其他组织通过行政救济途径解决行政争议的一种方法。

行政复议具有以下基本特点:(1) 提出行政复议的,必须是认为行政机关行使职权的行为侵犯其合法权益的公民、法人或其他组织;(2) 当事人提出行政复议,必须是在行政机关

已经作出行政决定之后,如果行政机关尚未作出决定,则不存在复议问题。复议的任务是解决行政争议,而不是解决民事或其他争议;(3) 当事人对行政机关的行政决定不服,只能按照法律规定向有行政复议权的行政机关申请复议;(4) 行政复议以书面审查为主,以不调解为原则。行政复议的结论作出后,即具有法律效力。只要法律未规定复议决定为终局裁决的,当事人对复议决定不服的,仍可以按《行政诉讼法》的规定,向人民法院提请诉讼。

(二) 行政诉讼

行政诉讼是公民、法人或其他组织依法请求法院对行政机关具体行政行为的合法性进行审查并依法裁判的法律制度。

行政诉讼具有以下主要特点:(1) 行政诉讼是法院解决行政机关实施具体行政行为时与公民、法人或其他组织发生的争议;(2) 行政诉讼为公民、法人或其他组织提供法律救济的同时,具有监督行政机关依法行政的功能;(3) 行政诉讼的被告与原告是恒定的,即被告只能是行政机关,原告则是作为行政行为相对人的公民、法人或其他组织,原告和被告之间不可能互易诉讼身份。

除法律、法规规定必须先申请行政复议的以外,行政纠纷当事人可以自主选择申请行政复议还是提起行政诉讼。行政纠纷当事人对行政复议决定不服的,除法律规定行政复议决定为最终裁决的以外,可以依照《行政诉讼法》的规定向人民法院提起行政诉讼。

第二节　民事诉讼制度

一、民事诉讼的法院管辖

民事诉讼中的管辖是指各级法院之间和同级法院之间受理第一审民事案件的分工和权限。

我国《民事诉讼法》规定的民事案件的管辖,包括级别管辖、地域管辖、移送管辖、指定管辖和管辖权转移。人民法院受理案件后,被告有权针对人民法院对案件是否有管辖权提出管辖权异议,这是当事人的一项诉讼权利。

(一) 级别管辖

级别管辖,是指按照一定的标准,划分上下级法院之间受理第一审民事案件的分工和权限。我国法院有四级,分别是:基层人民法院、中级人民法院、高级人民法院和最高人民法院,每一级均受理一审民事案件。我国《民事诉讼法》主要根据案件的性质、影响和诉讼标的金额等来确定级别管辖。在实践中,争议标的金额的大小,往往是确定级别管辖的重要依据,但各地人民法院确定的级别管辖争议标的数额标准不尽相同。

根据《全国各省、自治区、直辖市高级人民法院和中级人民法院管辖第一审民商事案件标准》,高级人民法院管辖下列第一审民商事案件:

(1) 当事人住所地均在受理法院所处省级行政辖区的第一审民商事案件:

北京、上海、江苏、浙江、广东高级人民法院,管辖诉讼标的额5亿元以上一审民商事案件,所辖中级人民法院管辖诉讼标的额1亿元以上一审民商事案件。

天津、河北、山西、内蒙古、辽宁、安徽、福建、山东、河南、湖北、湖南、广西、海南、四川、重庆高级人民法院,管辖诉讼标的额3亿元以上一审民商事案件,所辖中级人民法院管辖诉讼标的额3 000万元以上一审民商事案件。

吉林、黑龙江、江西、云南、陕西、新疆高级人民法院和新疆生产建设兵团分院,管辖诉讼标的额2亿元以上一审民商事案件,所辖中级人民法院管辖诉讼标的额1 000万元以上一审民商事案件。

贵州、西藏、甘肃、青海、宁夏高级人民法院,管辖诉讼标的额1亿元以上一审民商事案件,所辖中级人民法院管辖诉讼标的额500万元以上一审民商事案件。

(2)当事人一方住所地不在受理法院所处省级行政辖区的第一审民商事案件:

北京、上海、江苏、浙江、广东高级人民法院,管辖诉讼标的额3亿元以上一审民商事案件,所辖中级人民法院管辖诉讼标的额5 000万元以上一审民商事案件。

天津、河北、山西、内蒙古、辽宁、安徽、福建、山东、河南、湖北、湖南、广西、海南、四川、重庆高级人民法院,管辖诉讼标的额1亿元以上一审民商事案件,所辖中级人民法院管辖诉讼标的额2 000万元以上一审民商事案件。

吉林、黑龙江、江西、云南、陕西、新疆高级人民法院和新疆生产建设兵团分院,管辖诉讼标的额5 000万元以上一审民商事案件,所辖中级人民法院管辖诉讼标的额1 000万元以上一审民商事案件。

贵州、西藏、甘肃、青海、宁夏高级人民法院,管辖诉讼标的额2 000万元以上一审民商事案件,所辖中级人民法院管辖诉讼标的额500万元以上一审民商事案件。

(3)解放军军事法院管辖诉讼标的额1亿元以上一审民商事案件,大单位军事法院管辖诉讼标的额2 000万元以上一审民商事案件。

(4)婚姻、继承、家庭、物业服务、人身损害赔偿、名誉权、交通事故、劳动争议等案件以及群体性纠纷案件,一般由基层人民法院管辖。

(二)地域管辖

地域管辖,就是按照各人民法院的辖区范围和民事案件的隶属关系,划分同级人民法院之间审判第一审民事案件的权限。级别管辖则是确定民事案件由哪一级人民法院管辖。就是说,级别管辖是确定纵向的审判分工,地域管辖是确定横向的审判分工。地域管辖主要包括如下几种情况:

1. 一般地域管辖

一般地域管辖,是以当事人与法院的隶属关系来确定诉讼管辖,通常实行"原告就被告"原则,即以被告住所地作为确定管辖的标准。

(1)对公民提起的民事诉讼,由被告住所地人民法院管辖;被告住所地与经常居住地不一致的,由经常居住地人民法院管辖。其中,公民的住所地是指该公民的户籍所在地。经常居住地是指公民离开住所至起诉时已连续居住满1年的地方,但公民住院就医的地方除外。

(2)对法人或者其他组织提起的民事诉讼,由被告住所地人民法院管辖。被告住所地是指法人或者其他组织的主要办事机构所在地或者主要营业地。

(3)同一诉讼的几个被告住所地、经常居住地在两个以上人民法院辖区的,原告可以向任何一个被告住所地或经常居住地人民法院起诉。

2. 特殊地域管辖

特殊地域管辖，是指以诉讼标的所在地及引起民事法律关系发生、变更、消灭的法律事实所在地为标准确定的管辖。我国《民事诉讼法》规定了 11 种特殊地域管辖，其中与工程建设领域关系最为密切的是因合同纠纷提起诉讼的管辖。

《民事诉讼法》规定："因合同纠纷提起的诉讼，由被告住所地或者合同履行地人民法院管辖。"合同履行地是指合同约定的履行义务的地点，主要是指合同标的的交付地点。合同履行地应当在合同中明确约定，没有约定或约定不明的，当事人既不能协商确定，又不能按照合同有关条款和交易习惯确定的，按照《合同法》第 62 条的有关规定确定。对于购销合同纠纷，《最高人民法院关于在确定经济纠纷案件管辖中如何确定购销合同履行地的规定》中规定："对当事人在合同中明确约定履行地点的，以约定的履行地点为合同履行地。当事人在合同中未明确约定履行地点的，以约定的交货地点为合同履行地。合同中约定的货物到达地、到站地、验收地、安装调试地等，均不应视为合同履行地。"对于建设工程施工合同纠纷，《最高人民法院关于审理建设工程施工合同纠纷案件适用法律问题的解释》中规定："建设工程施工合同纠纷以施工行为地为合同履行地。"

3. 专属管辖

专属管辖，是指法律规定某些特殊类型的案件专门由特定的法院管辖。专属管辖是排他性管辖，排除了诉讼当事人协议选择管辖法院的权利。专属管辖与一般地域管辖和特殊地域管辖的关系是：凡法律规定为专属管辖的诉讼，均适用专属管辖。

《民事诉讼法》中规定了 3 种适用专属管辖的案件，其中因不动产纠纷提起的诉讼，由不动产所在地人民法院管辖，如房屋买卖纠纷、土地使用权转让纠纷等。

4. 协议管辖

发生合同纠纷或者其他财产权益纠纷的，《民事诉讼法》还规定了协议管辖制度。所谓协议管辖，是指合同当事人在纠纷发生前后，在法律允许的范围内，以书面形式约定案件的管辖法院。协议管辖适用于合同纠纷或者其他财产权益纠纷，其他财产权益纠纷包括因物权、知识产权中的财产权而产生的民事纠纷管辖。

《民事诉讼法》规定，合同的当事人可以在书面合同中协议选择被告住所地、合同履行地、合同签订地、原告住所地、标的物所在地等与争议有实际联系的地点的人民法院管辖，但不得违反本法对级别管辖和专属管辖的规定。"与争议有实际联系的地点"还包括侵犯物权或者知识产权等财产权益的行为发生地等。

应当注意的是，根据《最高人民法院关于审理建设工程施工合同纠纷案件适用法律问题的解释》的规定，建设工程施工合同纠纷不适用专属管辖，而应当按照《民事诉讼法》第 23 条的规定，适用合同纠纷的地域管辖原则，即由被告住所地或合同履行地人民法院管辖。发包人和承包人也可根据《民事诉讼法》的规定，在发包人住所地、承包人住所地、合同签订地、施工行为地（工程所在地）的范围内，通过协议确定管辖法院。

（三）移送管辖和指定管辖

1. 移送管辖

人民法院发现受理的案件不属于本院管辖的，应当移送有管辖权的人民法院，受移送的人民法院应当受理。受移送的人民法院认为受移送的案件依照规定不属于本院管辖的，应当报请上级人民法院指定管辖,不得再自行移送。

移送管辖有两种:一种是同级人民法院间的移送管辖,一般是由于地域管辖的原因引起的;另一种是上下级人民法院间的移送管辖,一般是由于级别管辖的原因引起的。

2. 指定管辖

有管辖权的人民法院由于特殊原因,不能行使管辖权的,由上级人民法院指定管辖。人民法院之间因管辖权发生争议,由争议双方协商解决;协商解决不了的,报请其共同上级人民法院指定管辖。

4. 管辖权转移

所谓管辖权转移,是指上级人民法院有权审理下级人民法院管辖的第一审民事案件;确有必要将本院管辖的第一审民事案件交下级人民法院审理的,应当报请其上级人民法院批准。

下级人民法院对它所管辖的第一审民事案件,认为需要由上级人民法院审理的,可以报请上级人民法院审理。

管辖权转移不同于移送管辖:(1)移送管辖是没有管辖权的法院把案件移送给有管辖权的法院审理,而管辖权转移是有管辖权的法院把案件转移给原来没有管辖权的法院审理;(2)移送管辖可能在上下级法院之间或者在同级法院间发生,而管辖权转移仅限于上下级法院之间;(3)二者在程序上不完全相同。

5. 管辖权异议

管辖权异议是指当事人向受诉人民法院提出的该法院对案件无管辖权的主张。《民事诉讼法》规定,人民法院受理案件后,当事人对管辖权有异议的,应当在提交答辩状期间提出。人民法院对当事人提出的异议,应当审查。异议成立的,裁定将案件移交有管辖权的人民法院;异议不成立的,裁定驳回。

一般来说,当事人可以就以下情形提出管辖权异议:就地域管辖权提出异议;就级别管辖权提出异议;仲裁协议或仲裁条款有效的,为排除法院管辖而提出异议等。另外,《民事诉讼法》还规定了应诉管辖制度,即当事人未提出管辖权异议并应诉答辩的,视为受诉人民法院有管辖权,但违反级别管辖和专属管辖规定的除外。

根据《最高人民法院关于审理民事级别管辖异议案件若干问题的规定》,受诉人民法院应当在受理异议之日起15日内作出裁定;对人民法院就级别管辖异议作出的裁定,当事人不服提起上诉的,第二审人民法院应当依法审理并作出裁定。

二、民事诉讼的当事人和代理人

(一)当事人

民事诉讼中的当事人,是指因民事权利和义务发生争议,以自己的名义进行诉讼,请求人民法院进行裁判的公民、法人或其他组织。狭义的民事诉讼当事人包括原告和被告。广义的民事诉讼当事人包括原告、被告、共同诉讼人和第三人。外国人、无国籍人、外国企业和组织在人民法院起诉、应诉,同中华人民共和国公民、法人和其他组织有同等的诉讼权利义务。

外国法院对中华人民共和国公民、法人和其他组织的民事诉讼权利加以限制的,中华人民共和国人民法院对该国公民、企业和组织的民事诉讼权利,实行对等原则。

1. 原告和被告

原告,是指维护自己的权益或自己所管理的他人权益,以自己名义起诉,从而引起民事诉讼程序的当事人。被告,是指原告诉称侵犯原告民事权益而由法院通知其应诉的当事人。

《民事诉讼法》规定,公民、法人和其他组织可以作为民事诉讼的当事人。法人由其法定代表人进行诉讼,其他组织由其主要负责人进行诉讼。

公民、法人和其他组织虽然都可以成为民事诉讼中的原告或被告,但在实践中,情况还是比较复杂的,需要进一步结合《最高人民法院关于适用〈中华人民共和国民事诉讼法〉若干问题的意见》及相关规定进行正确认定。

随着我国经济社会的快速发展和变化,出现了一些环境污染、侵害众多消费者权益等严重损害社会公共利益的行为。为保护社会公共利益,除了加强行政监管外,《民事诉讼法》还初步确立了我国的民事公益诉讼制度。根据《民事诉讼法》规定,对污染环境、侵害众多消费者合法权益等损害社会公共利益的行为,法律规定的机关和有关组织可以向人民法院提起诉讼。

2. 共同诉讼人

共同诉讼人,是指当事人一方或双方为二人以上(含二人),其诉讼标的是共同的,或者诉讼标的是同一种类、人民法院认为可以合并审理并经当事人同意,共同在人民法院进行诉讼的人。

3. 第三人

第三人,是指对他人争议的诉讼标的有独立的请求权,或者虽无独立的请求权,但案件的处理结果与其有法律上的利害关系,而参加到原告、被告已经开始的诉讼中进行诉讼的人。

《民事诉讼法》规定,对当事人双方的诉讼标的,第三人认为有独立请求权的,有权提起诉讼。对当事人双方的诉讼标的,第三人虽然没有独立请求权,但案件处理结果同他有法律上的利害关系的,可以申请参加诉讼,或者由人民法院通知他参加诉讼。人民法院判决承担民事责任的第三人,有当事人的诉讼权利和义务。

以上规定的第三人,因不能归责于本人的事由未参加诉讼,但有证据证明发生法律效力的判决、裁定、调解书的部分或者全部内容错误,损害其民事权益的,可以自知道或者应当知道其民事权益受到损害之日起6个月内,向作出该判决、裁定、调解书的人民法院提起诉讼。人民法院经审理,诉讼请求成立的,应当改变或者撤销原判决、裁定、调解书;诉讼请求不成立的,驳回诉讼请求。

(二) 诉讼代理人

诉讼代理人,是指根据法律规定或当事人的委托,代理当事人进行民事诉讼活动的人。民事法律行为代理分为法定代理、委托代理和指定代理。与此相对应,民事诉讼代理人也可分为法定诉讼代理人、委托诉讼代理人和指定诉讼代理人。在建设工程领域的民事诉讼代理中,最常见的是委托诉讼代理人。

当事人、法定代理人可以委托1~2人作为其诉讼代理人。新修订的《民事诉讼法》规定,下列人员可以被委托为诉讼代理人:(1) 律师、基层法律服务工作者;(2) 当事人的近亲属或工作人员;(3)当事人所在社区、单位以及有关社会团体推荐的公民。

委托他人代为诉讼的,须向人民法院提交由委托人签名或盖章的授权委托书,授权委托书必须记明委托事项和权限。《民事诉讼法》规定,"诉讼代理人代为承认、放弃、变更诉讼请求,进行和解、提起反诉或者上诉,必须有委托人的特别授权"。针对实践中经常出现的授权委托书仅写"全权代理"而无具体授权的情形,最高人民法院还特别规定,在这种情况下不能认定为诉讼代理人已获得特别授权,即诉讼代理人无权代为承认、放弃、变更诉讼请求,进行和解、提起反诉或者上诉。

三、民事诉讼的证据和诉讼时效

(一)民事诉讼证据

证据,是指在诉讼中能够证明案件真实情况的各种资料。当事人要证明自己提出的主张,需要向法院提供相应的证据资料。

掌握证据的种类才能正确搜集证据;掌握证据的保全才能不使对自己有利的证据灭失;掌握证据的应用才能真正发挥证据的作用。

1. 证据的种类

根据新修订的《民事诉讼法》,证据包括:当事人的陈述、书证、物证、视听资料、电子数据、证人证言、鉴定意见、勘验笔录。证据必须查证属实,才能作为认定事实的根据。

(1)当事人的陈述

当事人陈述,是指当事人在诉讼或仲裁中,就本案的事实向法院或仲裁机构所作的陈述。《民事诉讼法》规定,人民法院对当事人的陈述,应当结合本案的其他证据,审查确定能否作为认定事实的根据。当事人拒绝陈述的,不影响人民法院根据证据认定案件事实。《最高人民法院关于民事诉讼证据的若干规定》还规定,当事人对自己的主张,只有本人陈述而不能提出其他相关证据的,其主张不予支持。但对方当事人认可的除外。

(2)书证

书证,是指以文字、符号所记录或表示的,以证明待证事实的文书,如合同、书信、文件、票据等。书证是民事诉讼和仲裁中普遍并大量应用的一种证据。

(3)物证

物证,是指用物品的外形、特征、质量等说明待证事实的一部分或全部的物品。在工程实践中,建筑材料、设备以及工程质量等,往往表现为物证这种形式。

在民事诉讼和仲裁过程中,应当遵循"优先提供原件或者原物"原则。《民事诉讼法》规定,"书证应当提交原件。物证应当提交原物。提交原件或者原物确有困难的,可以提交复制品、照片、副本、节录本"。需要说明的是,根据《最高人民法院关于民事诉讼证据的若干规定》的规定,当事人"如需自己保存证据原件、原物或者提供原件、原物确有困难的,可以提供经人民法院核对无异的复制件或者复制品"。但是,无法与原件、原物核对的复印件、复制品,不能单独作为认定案件事实的依据。

(4)视听资料

视听资料,是指利用录音、录像等方法记录下来的有关案件事实的材料,如用录音机录制的当事人的谈话、用摄像机拍摄的人物形象及其活动等。

视听资料虽然具有易于保存、生动逼真等优点,但另一方面,视听资料也有容易通过技术手段被篡改的缺点。《民事诉讼法》规定,人民法院对视听资料,应当辨别真伪,并结合本案的其他证据,审查确定能否作为认定事实的根据。

同时,《最高人民法院关于民事诉讼证据的若干规定》中规定,存有疑点的视听资料,不能单独作为认定案件事实的依据。

对于未经对方当事人同意私自录制其谈话取得的资料的效力,《最高人民法院关于民事诉讼证据的若干规定》规定,对于一方当事人提出的,有其他证据佐证并以合法手段取得的、无疑点的视听资料或者与视听资料核对无误的复制件,对方当事人提出异议但没有足以反驳的相反证据的,人民法院应当确认其证明力。

（5）电子数据

电子数据,是指与案件事实有关的电子邮件、网上聊天记录、电子签名、网络访问记录等以电子形式存在的证据,如储存在计算机等电子设备的软盘、硬盘或光盘中的电子数据信息。

（6）证人证言

证人证言,是指证人以口头或者书面方式向人民法院所作的对案件事实的陈述。证人所作的陈述,既可以是亲自听到、看到的,也可以是从其他人、其他地方间接得知的。人民法院认定证人证言,可以通过对证人的智力状况、品德、知识、经验、法律意识和专业技能等的综合分析做出判断。

《民事诉讼法》规定,凡是知道案件情况的单位和个人,都有义务出庭作证。有关单位的负责人应当支持证人作证。不能正确表达意志的人,不能作证。

经人民法院通知,证人应当出庭作证。有下列情形之一的,经人民法院许可,可以通过书面证言、视听传输技术或者视听资料等方式作证：（1）因健康原因不能出庭的；（2）因路途遥远,交通不便不能出庭的；（3）因自然灾害等不可抗力不能出庭的；（4）其他有正当理由不能出庭的。

《最高人民法院关于民事诉讼证据的若干规定》还规定,与一方当事人或者其代理人有利害关系的证人出具的证言,以及无正当理由未出庭作证的证人证言,不能单独作为认定案件事实的依据。

（7）鉴定意见

鉴定意见,是指具备相应资格的鉴定人对民事案件中出现的专门性问题,通过鉴别和判断后作出的书面意见。在建设工程领域,较常见的如工程质量鉴定、技术鉴定、工程造价鉴定、伤残鉴定、笔迹鉴定等。由于鉴定意见是运用专业知识所作出的鉴别和判断,所以,具有科学性和较强的证明力。

《民事诉讼法》规定,当事人可以就查明事实的专门性问题向人民法院申请鉴定。当事人申请鉴定的,由双方当事人协商确定具备资格的鉴定人；协商不成的,由人民法院指定。当事人未申请鉴定,人民法院对专门性问题认为需要鉴定的,应当委托具备资格的鉴定人进行鉴定。

当事人对鉴定意见有异议或者人民法院认为鉴定人有必要出庭的,鉴定人应当出庭作证。经人民法院通知,鉴定人拒不出庭作证的,鉴定意见不得作为认定事实的根据；支付鉴定费用的当事人可以要求返还鉴定费用。

(8) 勘验笔录

勘验笔录,是指人民法院为了查明案件的事实,指派勘验人员对与案件争议有关的现场、物品或物体进行查验、拍照、测量,并将查验的情况与结果制成的笔录。《民事诉讼法》规定,勘验物证或者现场,勘验人必须出示人民法院的证件,并邀请当地基层组织或者当事人所在单位派人参加。当事人或者当事人的成年家属应当到场,拒不到场的,不影响勘验的进行。勘验笔录应由勘验人、当事人和被邀参加人签名或者盖章。

2. 证据的保全

解决纠纷的过程就是证明的过程,而证据保全是重要的证据固定措施。

(1) 证据保全的概念和作用

所谓证据保全,是指在证据可能灭失或以后难以取得的情况下,法院根据申请人的申请或依职权,对证据加以固定和保护的制度。

民事诉讼或仲裁均是以证据为基础展开的。依据有关证据,当事人和法院、仲裁机构才能够了解或查明案件真相,确定争议的原因,从而正确处理纠纷。但是,从纠纷产生直至案件开庭审理必然有一个间隔。在这段时间内,有些证据由于自然原因或人为原因,可能会灭失或难以取得。为了防止这种情况可能给当事人的举证以及法院、仲裁机构的审理带来困难,《民事诉讼法》规定,在证据可能灭失或者以后难以取得的情况下,当事人可以在诉讼过程中向人民法院申请保全证据,人民法院也可以主动采取保全措施。

因情况紧急,在证据可能灭失或者以后难以取得的情况下,利害关系人可以在提起诉讼或者申请仲裁前,向证据所在地、被申请人住所地或者对案件有管辖权的人民法院申请保全证据。

(2) 证据保全的程序

《民事诉讼法》规定,当事人申请诉讼证据保全的,人民法院采取保全措施,可以责令申请人提供担保,申请人不提供担保的,裁定驳回申请。人民法院接受申请后,对情况紧急的,必须在48小时内作出裁定;裁定采取保全措施的,应当立即开始执行。

利害关系人申请诉前证据保全的,申请人应当提供担保,不提供担保的,裁定驳回申请。人民法院接受申请后,必须在48小时内作出裁定;裁定采取保全措施的,应当立即开始执行。申请人在人民法院采取保全措施后30日内不依法提起诉讼或者申请仲裁的,人民法院应当解除保全。申请有错误的,申请人应当赔偿被申请人因保全所遭受的损失。

《仲裁法》也规定,在证据可能灭失或者以后难以取得的情况下,当事人可以申请证据保全。当事人申请证据保全的,仲裁委员会应当将当事人的申请提交证据所在地的基层人民法院。

(3) 证据保全的实施

《最高人民法院关于民事诉讼证据的若干规定》中规定,人民法院进行证据保全,可以根据具体情况,采用查封、扣押、拍照、录音、录像、复制、鉴定、勘验、制作笔录等方法。人民法院进行证据保全,可以要求当事人或者诉讼代理人到场。

3. 证据的应用

在诉讼或仲裁中,哪些事实需要证据证明,哪些无需证明;这些事实由谁证明;靠什么证明;怎么证明;证明到什么程度。这五个问题构成了证据应用的全部内容,即证明对象、举证责任、证据收集、证明过程、证明标准。

（1）举证时限

所谓举证时限，是指法律规定或法院、仲裁机构指定的当事人能够有效举证的期限。举证时限是一种限制当事人诉讼行为的制度，其主要目的在于促使当事人积极举证，提高诉讼效率，防止当事人违背诚实信用原则，在证据上搞"突然袭击"或拖延诉讼。

《民事诉讼法》规定，当事人对自己提出的主张应当及时提供证据。人民法院根据当事人的主张和案件审理情况，确定当事人应当提供的证据及其期限。当事人在该期限内提供证据确有困难的，可以向人民法院申请延长期限，人民法院根据当事人的申请适当延长。当事人逾期提供证据的，人民法院应当责令其说明理由；拒不说明理由或者理由不成立的，人民法院根据不同情形可以不予采纳该证据，或者采纳该证据但予以训诫、罚款。

《最高人民法院关于民事诉讼证据的若干规定》中规定，人民法院在送达案件受理通知书和应诉通知书的同时向当事人送达举证通知书，举证通知书应载明人民法院根据案件情况指定的举证期限以及逾期提供证据的法律后果。《最高人民法院关于适用〈关于民事诉讼证据的若干规定〉中有关举证时限规定的通知》还规定，在适用一审普通程序审理民事案件时，人民法院指定当事人提供证据证明其主张的基础事实的期限不得少于30日。但是人民法院在征得双方当事人同意后，指定的举证期限可以少于30日。前述规定的举证期限届满后，针对某一特定事实或特定证据或者基于特定原因，人民法院可以根据案件的具体情况，酌情指定当事人提供证据或者反证的期限，该期限不受不得少于30日的限制；适用简易程序审理的案件，人民法院指定的举证期限可以少于30日。

（2）证据交换

我国民事诉讼中的证据交换，是指在诉讼答辩期届满后开庭审理前，在法院的主持下，当事人之间相互明示其持有证据的过程。证据交换制度的设立，有利于当事人之间明确争议焦点，集中辩论；有利于法院尽快了解案件争议焦点，集中审理；有利于当事人尽快了解对方的事实依据，促进当事人进行和解和调解。

《最高人民法院关于民事诉讼证据的若干规定》中规定，法院对于证据较多或者复杂疑难的案件，应当组织当事人在答辩期届满后、开庭审理前交换证据。法院组织当事人交换证据的，交换证据之日举证期限届满。当事人申请延期举证经法院准许的，证据交换日相应顺延。

证据交换应当在审判人员的主持下进行。在证据交换的过程中，审判人员对当事人无异议的事实、证据应当记录在卷；对有异议的证据，按照需要证明的事实分类记录在卷，并记载异议的理由。通过证据交换，确定双方当事人争议的主要问题。

（3）质证

质证，是指当事人在法庭的主持下，围绕证据的真实性、合法性、关联性，针对证据证明力有无以及证明力大小，进行质疑、说明与辩驳的过程。

根据《民事诉讼法》和《最高人民法院关于民事诉讼证据的若干规定》的规定，证据应当在法庭上出示，并由当事人互相质证。对涉及国家秘密、商业秘密和个人隐私的证据应当保密，需要在法庭出示的，不得在公开开庭时出示。未经质证的证据，不能作为认定案件事实的依据。

① 书证、物证、视听资料的质证

《最高人民法院关于民事诉讼证据的若干规定》中规定，对书证、物证、视听资料进行质证时，当事人有权要求出示证据的原件或者原物，但有下列情况之一的除外：（1）出示原件或者原物确有困难并经法院准许出示复制件或者复制品的;(2)原件或者原物已不存在,但有证据证明复制件、复制品与原件或原物一致的。

② 证人、鉴定人和勘验人的质证

《最高人民法院关于民事诉讼证据的若干规定》中规定,证人应当出庭作证。证人确有困难不能出庭的,经法院许可,证人可以提交书面证言或者视听资料或者通过双向视听传输技术手段作证。审判人员和当事人可以对证人进行询问。证人不得旁听法庭审理;询问证人时,其他证人不得在场。法院认为有必要的,可以让证人进行对质。

鉴定人应当出庭接受当事人质询。鉴定人确因特殊原因无法出庭的,经法院准许,可以书面答复当事人的质询。经法庭许可,当事人可以向证人、鉴定人、勘验人发问。

(4)认证

认证,即证据的审核认定,是指法院对经过质证或当事人在证据交换中认可的各种证据材料作出审查判断,确认其能否作为认定案件事实的根据。认证是正确认定案件事实的前提和基础,其具体内容是对证据有无证明力和证明力大小进行审查确认。

法院及审判人员对证据的审核认定遵循如下规则:

① 对单一证据的审核认定

a. 证据原件、原物,复印件、复制品与原件、原物是否相符;b. 证据与本案事实是否相关;c. 证据的形式、来源是否符合法律规定;d. 证据的内容是否真实;e. 证人或者提供证据的人,与当事人有无利害关系。

审判人员对案件的全部证据,将从各证据与案件事实的关联程度、各证据之间的联系等方面进行综合审查判断。

② 不能作为或不能单独作为认定案件事实依据的证据

a. 在诉讼中,当事人为达成调解协议或者和解目的作出妥协所涉及的对案件事实的认可,不得在其后的诉讼中作为对其不利的证据。b. 以侵害他人合法权益或者违反法律禁止性规定的方法取得的证据,不能作为认定案件事实的依据。c. 不能单独作为认定案件事实的证据:未成年人所作的与其年龄和智力状况不相当的证言;与一方当事人或者其代理人有利害关系的证人出具的证言;存有疑点的视听资料;无法与原件、原物核对的复印件、复制品;无正当理由未出庭作证的证人证言。d. 当事人对自己的主张,只有本人陈述而不能提出其他相关证据的,其主张不予支持(但对方当事人认可的除外)。

③ 可以作为认定案件事实依据的证据

a. 一方当事人提出的下列证据,对方当事人提出异议但没有足以反驳的相反证据的,法院应当确认其证明力:书证原件或者与书证原件核对无误的复印件、照片、副本、节录本;物证原物或者与物证原物核对无误的复制件、照片、录像资料等;有其他证据佐证并以合法手段取得的,无疑点的视听资料或者与视听资料核对无误的复制件;一方当事人申请法院依照法定程序制作的对物证或者现场的勘验笔录。b. 人民法院委托鉴定部门作出的鉴定意见,当事人没有足以反驳的相反证据和理由的,可以认定其证明力。c. 一方当事人提出的证据,另一方当事人认可或者提出的相反证据不足以反驳的,法院可以确认其证明力。d. 诉讼过程中,当事人在起诉状、答辩状、陈述及其委托代理人的代理词中承认的对己方不利的事实和认可的证据,法院应当予以确认,但当事人反悔并有相反证据足以推翻的除外。e. 有证据证明一方当事人持有证据无正当理由拒不提供,如果对方当事人主张该证据的内容不利于证据持有人,可以推定该主张成立。

④ 数个证据对同一事实的证明力

a. 国家机关、社会团体依职权制作的公文书证的证明力一般大于其他书证;b. 物证、档案、鉴定意见、勘验笔录或者经过公证、登记的书证,其证明力一般大于其他书证、视听资料和证人证言;c. 证人提供的对与其亲属或者其他密切关系的当事人有利的证言,其证明力一般小于其他证人证言。

(二)民事诉讼时效

1. 诉讼时效的概念

诉讼时效,是指权利人在法定的时效期间内,未向法院提起诉讼请求保护其权利时,依据法律规定消灭其胜诉权的制度。

超过诉讼时效期间,在法律上发生的效力是权利人的胜诉权消灭。超过诉讼时效期间权利人起诉,如果符合《民事诉讼法》规定的起诉条件,法院仍然应当受理。如果法院经受理后查明无中止、中断事由的,判决驳回诉讼请求。但是,依照《最高人民法院关于审理民事案件适用诉讼时效制度若干问题的规定》,当事人未提出诉讼时效抗辩,法院不应对诉讼时效问题进行释明及主动适用诉讼时效的规定进行裁判。当事人违反法律规定,约定延长或者缩短诉讼时效期间、预先放弃诉讼时效利益的,法院不予认可。

应当注意的是,根据《民法通则》的规定,超过诉讼时效期间,当事人自愿履行的,不受诉讼时效限制。《最高人民法院关于贯彻执行〈中华人民共和国民法通则〉若干问题的意见(试行)》中规定,超过诉讼时效期间,义务人履行义务后又以超过诉讼时效为由反悔的,不予支持。

2. 不适用于诉讼时效的情形

当事人可以对债权请求权提出诉讼时效抗辩,但对下列债权请求权提出诉讼时效抗辩的,法院不予支持:(1)支付存款本金及利息请求权;(2)兑付国债、金融债券以及向不特定对象发行的企业债券本息请求权;(3)基于投资关系产生的缴付出资请求权;(4)其他依法不适用诉讼时效规定的债权请求权。

3. 诉讼时效期间的种类

根据我国《民法通则》及有关法律的规定,诉讼时效期间通常可划分为4类:

(1)普通诉讼时效,即向人民法院请求保护民事权利的期间。普通诉讼时效期间通常为2年。

(2)短期诉讼时效。下列诉讼时效期间为1年:身体受到伤害要求赔偿的;延付或拒付租金的;出售质量不合格的商品未声明的;寄存财物被丢失或损毁的。

(3)特殊诉讼时效。特殊诉讼时效不是由民法规定的,而是由特别法规定的诉讼时效。例如,《合同法》规定,因国际货物买卖合同和技术进出口合同争议的时效期间为4年;《海商法》规定,就海上货物运输向承运人要求赔偿的请求权,时效期间为1年。

(4)权利的最长保护期限。诉讼时效期间从知道或应当知道权利被侵害时起计算。但是,从权利被侵害之日起超过20年的,法院不予保护。

4. 诉讼时效期间的起算

《民法通则》规定,诉讼时效期间从当事人知道或者应当知道权利被侵害时起计算。

《最高人民法院关于贯彻执行〈中华人民共和国民法通则〉若干问题的意见(试行)》和《最高人民法院关于审理民事案件适用诉讼时效制度若干问题的规定》中规定,在下列情况下,诉讼时效期间的计算方法是:

(1) 人身损害赔偿的诉讼时效期间,伤害明显的,从受伤害之日起算;伤害当时未曾发现,后经检查确诊并能证明是由侵害引起的,从伤势确诊之日起算。

(2) 当事人约定同一债务分期履行的,诉讼时效期间从最后一期履行期限届满之日起计算。

(3) 未约定履行期限的合同,依照《合同法》第 61 条、第 62 条的规定,可以确定履行期限的,诉讼时效期间从履行期限届满之日起计算;不能确定履行期限的,诉讼时效期间从债权人要求债务人履行义务的宽限期届满之日起计算,但债务人在债权人第一次向其主张权利之时明确表示不履行义务的,诉讼时效期间从债务人明确表示不履行义务之日起计算。

(4) 享有撤销权的当事人一方请求撤销合同的,应适用《合同法》第 55 条关于 1 年除斥期间的规定。

对方当事人对撤销合同请求权提出诉讼时效抗辩的,法院不予支持。合同被撤销,返还财产、赔偿损失请求权的,诉讼时效期间从合同被撤销之日起计算。

(5) 返还不当得利请求权的诉讼时效期间,从当事人一方知道或者应当知道不当得利事实及对方当事人之日起计算。

(6) 管理人因无因管理行为产生的给付必要管理费用、赔偿损失请求权的诉讼时效期间,从无因管理行为结束并且管理人知道或者应当知道本人之日起计算。

本人因不当无因管理行为产生的赔偿损失请求权的诉讼时效期间,从其知道或者应当知道管理人及损害事实之日起计算。

5. 诉讼时效中止和中断

(1) 诉讼时效中止

《民法通则》规定,在诉讼时效期间的最后 6 个月内,因不可抗力或者其他障碍不能行使请求权的,诉讼时效中止。从中止时效的原因消除之日起,诉讼时效期间继续计算。

根据上述规定,诉讼时效中止,应当同时满足两个条件:(1) 权利人由于不可抗力或者其他障碍,不能行使请求权;(2) 导致权利人不能行使请求权的事由发生在诉讼时效期间的最后 6 个月内。

诉讼时效中止,即诉讼时效期间暂时停止计算。在导致诉讼时效中止的原因消除后,也就是权利人开始可以行使请求权时起,诉讼时效期间继续计算。《最高人民法院关于审理民事案件适用诉讼时效制度若干问题的规定》中规定了诉讼时效中止的特殊情形:(1) 权利被侵害的无民事行为能力人、限制民事行为能力人没有法定代理人,或者法定代理人死亡、丧失代理权、丧失行为能力;(2) 继承开始后未确定继承人或者遗产管理人;(3) 权利人被义务人或者其他人控制无法主张权利;(4) 其他导致权利人不能主张权利的客观情形。

(2) 诉讼时效中断

《民法通则》规定,诉讼时效因提起诉讼、当事人一方提出要求或者同意履行义务而中断。从中断时起,诉讼时效期间重新计算。

《最高人民法院关于审理民事案件适用诉讼时效制度若干问题的规定》中规定了诉讼时

效中断的特殊情形：

（1）具有下列情形之一的，应当认定为《民法通则》第140条规定的"当事人一方提出要求"，产生诉讼时效中断的效力：a. 当事人一方直接向对方当事人送交主张权利文书，对方当事人在文书上签字、盖章或者虽未签字、盖章但能够以其他方式证明该文书到达对方当事人的；b. 当事人一方以发送信件或者数据电文方式主张权利，信件或者数据电文到达或者应当到达对方当事人的；c. 当事人一方为金融机构，依照法律规定或者当事人约定从对方当事人账户中扣收欠款本息的；d. 当事人一方下落不明，对方当事人在国家级或者下落不明的当事人一方住所地的省级有影响的媒体上刊登具有主张权利内容的公告的，但法律和司法解释另有特别规定的，适用其规定。

（2）权利人对同一债权中的部分债权主张权利，诉讼时效中断的效力及于剩余债权，但权利人明确表示放弃剩余债权的情形除外。

（3）当事人一方向法院提交起诉状或者口头起诉的，诉讼时效从提交起诉状或者口头起诉之日起中断。

（4）下列事项之一，法院应当认定与提起诉讼具有同等诉讼时效中断的效力：a. 申请仲裁；b. 申请支付令；c. 申请破产、申报破产债权；d. 为主张权利而申请宣告义务人失踪或死亡；e. 申请诉前财产保全、诉前临时禁令等诉前措施；f. 申请强制执行；g. 申请追加当事人或者被通知参加诉讼；h. 在诉讼中主张抵消；i. 其他与提起诉讼具有同等诉讼时效中断效力的事项。

（5）权利人向人民调解委员会以及其他依法有权解决相关民事纠纷的国家机关、事业单位、社会团体等社会组织提出保护相应民事权利的请求，诉讼时效从提出请求之日起中断。

（6）权利人向公安机关、人民检察院、人民法院报案或者控告，请求保护其民事权利的，诉讼时效从其报案或者控告之日起中断。上述机关决定不立案、撤销案件、不起诉的，诉讼时效期间从权利人知道或者应当知道不立案、撤销案件或者不起诉之日起重新计算；刑事案件进入审理阶段，诉讼时效期间从刑事裁判文书生效之日起重新计算。

（7）义务人作出分期履行、部分履行、提供担保、请求延期履行、制定清偿债务计划等承诺或者行为的，应当认定为民法通则第140条规定的当事人一方"同意履行义务"。

（8）对于连带债权人中的一人发生诉讼时效中断效力的事由，应当认定对其他连带债权人也发生诉讼时效中断的效力。

（9）债权人提起代位权诉讼的，应当认定对债权人的债权和债务人的债权均发生诉讼时效中断的效力。

（10）债权转让的，应当认定诉讼时效从债权转让通知到达债务人之日起中断。债务承担情形下，构成原债务人对债务承认的，应当认定诉讼时效从债务承担意思表示到达债权人之日起中断。

此外，《最高人民法院关于贯彻执行〈中华人民共和国民法通则〉若干问题的意见（试行）》也规定，诉讼时效因权利人主张权利或者义务人同意履行义务而中断后，权利人在新的诉讼时效期间内，再次主张权利或者义务人再次同意履行义务的，可以认定为诉讼时效再次中断。权利人向债务保证人、债务人的代理人或者财产代管人主张权利的，可以认定诉讼时效中断。

四、民事诉讼的审判和执行程序

审判程序是人民法院审理案件适用的程序,常见的审判程序可以分为一审程序、二审程序和审判监督程序。

人民法院审理某些非民事权益争议案件时,只是对一定的民事权利和法律事实加以确认,而不是解决民事权利义务争议。对此,《民事诉讼法》规定了特别程序,用以审理此类案件。

(一)民事诉讼的审判程序

1. 一审程序

一审程序包括普通程序和简易程序。普通程序是《民事诉讼法》规定的民事诉讼当事人进行第一审民事诉讼和人民法院审理第一审民事案件通常适用的诉讼程序。简易程序是基层人民法院和它的派出法庭审理事实清楚、权利义务关系明确、争议不大的简单民事案件适用的程序。基层人民法院和它派出的法庭审理上述规定以外的民事案件,当事人双方也可以约定适用简易程序。

适用普通程序审理的案件,根据《民事诉讼法》的规定,应当在立案之日起6个月内审结。有特殊情况需要延长的,由本院院长批准,可以延长6个月;还需要延长的,报请上级法院批准。适用简易程序审理的案件,应当在立案之日起3个月内审结。

(1)起诉

① 起诉条件

《民事诉讼法》第119条规定,起诉必须符合下列条件:a. 原告是与本案有直接利害关系的公民、法人和其他组织;b. 有明确的被告;c. 有具体的诉讼请求、事实和理由;d. 属于人民法院受理民事诉讼的范围和受诉人民法院管辖。

② 起诉方式,应当以书面起诉为原则,口头起诉为例外。在工程实践中,基本都是采用书面起诉方式。《民事诉讼法》规定,起诉应当向人民法院提交起诉状,并按照被告人数提出副本。

③ 起诉状应当记明下列事项:a. 原告的姓名、性别、年龄、民族、职业、工作单位、住所、联系方式,法人或者其他组织的名称、住所和法定代表人或者主要负责人的姓名、职务、联系方式;b. 被告的姓名、性别、工作单位、住所等信息,法人或者其他组织的名称、住所等信息;c. 诉讼请求和所根据的事实与理由;d. 证据和证据来源,证人姓名和住所。

起诉状中最好写明案由。民事案件案由是民事诉讼案件的名称,反映案件所涉及的民事法律关系的性质,是法院对诉讼争议所包含的法律关系进行的概括。根据最高人民法院《民事案件案由规定》,工程实践中常用的有两类:一类是购买建筑材料可能遇到的买卖合同纠纷,包括分期付款买卖合同纠纷、凭样品买卖合同纠纷、试用买卖合同纠纷、互易纠纷、国际货物买卖合同纠纷等;另一类是工程中可能遇到的各种合同纠纷,包括建设工程勘察合同纠纷、建设工程设计合同纠纷、建设工程施工合同纠纷、建设工程分包合同纠纷、建设工程监理合同纠纷、装饰装修合同纠纷等。适用简易程序审理的案件,原告可以口头起诉。当事人双方可以同时到基层人民法院或者它派出的法庭,请求解决纠纷。基层人民法院或者它派出的法庭可以当即审理,也可以另定日期审理。

（2）受理

《民事诉讼法》规定，人民法院应当保障当事人依照法律规定享有的起诉权利。对符合本法第119条的起诉，必须受理。符合起诉条件的，应当在7日内立案，并通知当事人；不符合起诉条件的，应当在7日内作出裁定书，不予受理；原告对裁定不服的，可以提起上诉。

① 审理前的主要准备工作

审理前的准备工作，主要是送达起诉状副本和提出答辩状，告知当事人诉讼权利义务及组成合议庭等。

《民事诉讼法》规定，人民法院应当在立案之日起5日内将起诉状副本发送被告，被告应当在收到之日起15日内提出答辩状。被告提出答辩状的，答辩状应当记明被告的姓名、性别、年龄、民族、职业、工作单位、住所、联系方式；法人或者其他组织的名称、住所和法定代表人或者主要负责人的姓名、职务、联系方式。人民法院应当在收到答辩状之日起5日内将答辩状副本发送原告。被告不提出答辩状的，不影响人民法院审理。

送达诉讼文书必须有送达回证，由受送达人在送达回证上记明收到日期，签名或者盖章。受送达人在送达回证上的签收日期为送达日期。

人民法院对决定受理的案件，应当在受理案件通知书和应诉通知书中向当事人告知有关的权利和义务，或者口头告知。

普通程序的审判组织应当采用合议制。合议庭组成人员确定后，应当在3日内告知当事人。

被告在收到受理案件通知和应诉通知后，如果对管辖权有异议的，应当在提交答辩状期间提出。当事人未提出管辖异议，并应诉答辩的，视为受诉人民法院有管辖权，但违反级别管辖和专属管辖规定的除外。

② 开庭前的准备

开庭前的准备程序，是整个民事诉讼程序的重要组成部分，是建立以庭审为中心的现代化民事诉讼程序结构的重要基础。

《民事诉讼法》规定，人民法院对受理的案件，分别情形，予以处理：a. 当事人没有争议，符合督促程序规定条件的，可以转入督促程序；b. 开庭前可以调解的，采取调解方式及时解决纠纷；c. 根据案件情况，确定适用简易程序或者普通程序；d. 需要开庭审理的，通过要求当事人交换证据等方式，明确争议焦点。

（3）开庭审理

① 开庭审理方式

开庭审理根据是否向公众和社会公开，分为公开审理和不公开审理。其中，公开审理是人民法院审理案件的一项基本原则，只有在例外情形下，才可以不公开审理。

《民事诉讼法》规定，人民法院审理民事案件，除涉及国家秘密、个人隐私或者法律另有规定的以外，应当公开进行。离婚案件，涉及商业秘密的案件，当事人申请不公开审理的，可以不公开审理。

②法庭调查

法庭调查，是在法庭上出示与案件有关的全部证据，对案件事实进行全面调查并有当事人进行质证的程序。

《民事诉讼法》规定，法庭调查按照下列顺序进行：a. 当事人陈述；b. 告知证人的权利义务，证人作证，宣读未到庭的证人证言；c. 出示书证、物证、视听资料和电子数据；d. 宣读鉴定意见；e. 宣读勘验笔录。

③ 法庭辩论

法庭辩论，是当事人及其诉讼代理人在法庭上行使辩论权，针对有争议的事实和法律问题进行辩论的程序。法庭辩论的目的，是通过当事人及其诉讼代理人的辩论，对有争议的问题逐一进行审查和核实，借此查明案件的真实情况和正确适用法律。

《民事诉讼法》规定，法庭辩论按照下列顺序进行：a. 原告及其诉讼代理人发言；b. 被告及其诉讼代理人答辩；c. 第三人及其诉讼代理人发言或者答辩；d. 互相辩论。

法庭辩论终结，由审判长按照原告、被告、第三人的先后顺序征询各方最后意见。

④ 法庭笔录

书记员应当将法庭审理的全部活动记入笔录，由审判人员和书记员签名。

法庭笔录应当当庭宣读，也可以告知当事人和其他诉讼参与人当庭或者在 5 日内阅读。当事人和其他诉讼参与人认为对自己的陈述记录有遗漏或者差错的，有权申请补正。如果不予补正，应当将申请记录在案。法庭笔录由当事人和其他诉讼参与人签名或者盖章。拒绝签名盖章的，记明情况附卷。

⑤ 宣判

法庭辩论终结，应当依法作出判决。判决前能够调解的，还可以进行调解，调解不成的，应当及时判决。原告经传票传唤，无正当理由拒不到庭的，或者未经法庭许可中途退庭的，可以按撤诉处理；被告反诉的，可以缺席判决。被告经传票传唤，无正当理由拒不到庭的，或者未经法庭许可中途退庭的，可以缺席判决。宣判前，原告申请撤诉的，是否准许，由人民法院裁定。人民法院裁定不准许撤诉的，原告经传票传唤，无正当理由拒不到庭的，可以缺席判决。

人民法院对公开审理或者不公开审理的案件，一律公开宣告判决，当庭宣判的，应当在 10 日内发送判决书；定期宣判的，宣判后立即发给判决书。宣告判决时，必须告知当事人上诉权利、上诉期限和上诉的法院。最高人民法院的判决、裁定，以及超过上诉期没有上诉的判决、裁定，是发生法律效力判决、裁定。

（4）简易程序

按照《民事诉讼法》的规定，基层人民法院和它派出的法庭适用简易程序审理事实清楚、权利义务关系明确、争议不大的简单民事案件，标的额为各省、自治区、直辖市上年度就业人员年平均工资 30% 以下的，实行一审终审。人民法院在审理过程中，发现案件不宜适用简易程序的，裁定转为普通程序。

适用简易程序审理的案件，由审判员一人独任审理，可以用简便方式传唤当事人和证人、送达诉讼文书、审理案件，但应当保障当事人陈述意见的权利。

2. 第二审程序

第二审程序（又称上诉程序或终审程序），是指由于民事诉讼当事人不服地方各级人民法院尚未生效的第一审判决或裁定，在法定上诉期间内，向上一级人民法院提起上诉而引起的诉讼程序。由于我国实行两审终审制，上诉案件经二审法院审理后作出的判决、裁定为终审的判决、裁定，诉讼程序即告终结。

（1）上诉期间

当事人不服地方人民法院第一审判决的，有权在判决书送达之日起 15 日内向上一级民法院提起上诉;不服地方人民法院第一审裁定的,有权在裁定书送达之日起 10 日内向上一级人民法院提起上诉。

（2）上诉状

当事人提起上诉,应当递交上诉状。上诉状应当通过原审法院提出,并按照对方当事人的人数提出副本。当事人直接向第二审人民法院上诉的,第二审人民法院应当在 5 日内将上诉状移交原审人民法院。

（3）第二审人民法院对上诉案件的处理

第二审的上诉审查限于当事人上诉请求的范围,不一般性地作全面审查。《民事诉讼法》规定,第二审人民法院应当对上诉请求的有关事实和适用法律进行审查。第二审人民法院对上诉案件,应当组成合议庭,开庭审理。经过阅卷、调查和询问当事人,对没有提出新的事实、证据或者理由,合议庭认为不需要开庭审理的,可以不开庭审理。

第二审人民法院对上诉案件,经过审理,按照下列情形,分别处理:① 原判决、裁定认定事实清楚,适用法律正确的,以判决、裁定方式驳回上诉,维持原判决、裁定;② 原判决、裁定认定事实错误或者适用法律错误的,以判决、裁定方式依法改判、撤销或者变更;③ 原判决认定基本事实不清的,裁定撤销原判决,发回原审人民法院重审,或者查清事实后改判;④ 原判决遗漏当事人或者违法缺席判决等严重违反法定程序的,裁定撤销原判决,发回原审人民法院重审。

对于发回原审法院重审的案件,原审法院仍将按照一审程序进行审理。因此,当事人对重审案件的判决、裁定,仍然可以上诉。原审人民法院对发回重审的案件作出判决后,当事人提起上诉的,第二审人民法院不得再次发回重审。

第二审人民法院作出的具有给付内容的判决,具有强制执行力。如果有履行义务的当事人拒不履行,对方当事人有权向法院申请强制执行。

3. 特别程序

特别程序是人民法院依照《民事诉讼法》审理特殊类型案件的一种程序。它审理的对象不是解决当事人之间的民事权利义务争议,而是确认某种法律事实是否存在,确认某种权利的实际状态。适用特别程序审理的案件,实行一审终审,并且应当在立案之日起 30 日内或者公告期满后 30 日内审结。

与建设工程相关的特别程序,主要指当事人向人民法院申请司法确认调解协议案及实现担保物权案。

申请司法确认调解协议,由双方当事人依照《人民调解法》等法律,自调解协议生效之日起 30 日内,共同向调解组织所在地基层人民法院提出。人民法院受理申请后,经审查,符合法律规定的,裁定调解协议有效。一方当事人拒绝履行或者未全部履行的,对方当事人可以向人民法院申请执行;不符合法律规定的,裁定驳回申请,当事人可以通过调解方式变更原调解协议或者达成新的调解协议,也可以向人民法院提起诉讼。

申请实现担保物权,由担保物权人以及其他有权请求实现担保物权的人依照《物权法》等法律,向担保财产所在地或者担保物权登记地基层人民法院提出。人民法院受理申请后,经审查符合法律规定的,裁定拍卖、变卖担保财产,当事人依据该裁定可以向人民法院申请执行;不符合法律规定的,裁定驳回申请,当事人可以向人民法院提起诉讼。

4. 审判监督程序

(1) 审判监督程序的概念

审判监督程序即再审程序,是指由有审判监督权的法定机关和人员提起,或由当事人申请,由人民法院对发生法律效力的判决、裁定、调解书再次审理的程序。

(2) 审判监督程序的提起

① 人民法院提起再审的程序

人民法院提起再审,必须是已经发生法律效力的判决、裁定、调解书确有错误。其程序为:各级人民法院院长对本院已经发生法律效力的判决、裁定、调解书,发现确有错误,认为需要再审的,应当提交审判委员会讨论决定。最高人民法院对地方各级人民法院已经生效的判决、裁定、调解书,上级人民法院对下级人民法院已生效的判决、裁定、调解书,发现确有错误的,有权提审或指令下级人民法院再审。按照审判监督程序决定再审的案件,裁定中止原判决的执行。

人民法院按照审判监督程序再审的案件,发生法律效力的判决、裁定、调解书是由第一审法院作出的,按照第一审程序审理,对所作的判决、裁定,当事人可以上诉;发生法律效力的判决、裁定是由第二审法院作出的,按照第二审程序审理,所作的判决、裁定是发生法律效力的判决、裁定;上级人民法院按照审判监督程序提审的,按照第二审程序审理,所作的判决、裁定是发生法律效力的判决、裁定。《最高人民法院关于适用〈中华人民共和国民事诉讼法〉审判监督程序若干问题的解释》中规定,人民法院审理再审案件应当开庭审理。但按照第二审程序审理的,双方当事人已经其他方式充分表达意见,且书面同意不开庭审理的除外。

② 当事人申请再审的程序

《民事诉讼法》规定,当事人对已经发生法律效力的判决、裁定,认为有错误的,可以向上一级人民法院申请再审;当事人一方人数众多或者当事人双方为公民的案件,也可以向原审人民法院申请再审。当事人申请再审的,不停止判决、裁定的执行。人民法院应当自收到再审申请书之日起3个月内审查,符合本法规定的,裁定再审;不符合本法规定的,裁定驳回申请。有特殊情况需要延长的,由本院院长批准。

当事人的申请符合下列情形之一的,人民法院应当再审:a. 有新的证据,足以推翻原判决、裁定的;b. 原判决、裁定认定的基本事实缺乏证据证明的;c. 原判决、裁定认定事实的主要证据是伪造的;d. 原判决、裁定认定事实的主要证据未经质证的;e. 对审理案件需要的主要证据,当事人因客观原因不能自行收集,书面申请人民法院调查收集,人民法院未调查收集的;f. 原判决、裁定适用法律确有错误的;g. 审判组织的组成不合法或者依法应当回避的审判人员没有回避的;h. 无诉讼行为能力人未经法定代理人代为诉讼或者应当参加诉讼的当事人,因不能归责于本人或者其诉讼代理人的事由,未参加诉讼的;i. 违反法律规定,剥夺当事人辩论权利的;j. 未经传票传唤,缺席判决的;k. 原判决、裁定遗漏或者超出诉讼请求的;l. 据以作出原判决、裁定的法律文书被撤销或者变更的;m. 审判人员审理该案件时有贪污受贿、徇私舞弊、枉法裁判行为的。

当事人对已经发生法律效力的调解书,提出证据证明调解违反自愿原则或者调解协议的内容违反法律的,可以申请再审。经人民法院审查属实的,应当再审。

③ 当事人可以申请再审的时间

当事人申请再审,应当在判决、裁定发生法律效力后6个月内提出。《最高人民法院关于适用〈中华人民共和国民事诉讼法〉审判监督程序若干问题的解释》中规定,申请再审期间不适用中止、中断和延长的规定。

有新的证据,足以推翻原判决、裁定的;原判决、裁定认定事实的主要证据是伪造的;据以作出原判决、裁定的法律文书被撤销或者变更的;审判人员审理该案件时有贪污受贿、徇私舞弊、枉法裁判行为的,当事人应当自知道或者应当知道之日起 6 个月内提出申请再审。

④ 人民检察院的抗诉

抗诉是指人民检察院对人民法院发生法律效力的判决、裁定、调解书,发现有提起抗诉的法定情形,提请人民法院对案件重新审理。

《民事诉讼法》规定,最高人民检察院对各级人民法院已经发生法律效力的判决、裁定,上级人民检察院对下级人民法院已经发生法律效力的判决、裁定,发现有本法第 200 条规定情形之一的,或者发现调解书损害国家利益、社会公共利益的,应当提出抗诉。

地方各级人民检察院对同级人民法院已经发生法律效力的判决、裁定,发现有本法第200 条规定情形之一的,或者发现调解书损害国家利益、社会公共利益的,可以向同级人民法院提出检察建议,并报上级人民检察院备案;也可以提请上级人民检察院向同级人民法院提出抗诉。

各级人民检察院对审判监督程序以外的其他审判程序中审判人员的违法行为,有权向同级人民法院提出检察建议。

有下列情形之一的,当事人可以向人民检察院申请检察建议或者抗诉:a. 人民法院驳回再审申请的;b. 人民法院逾期未对再审申请作出裁定的;c. 再审判决、裁定有明显错误的。人民检察院对当事人的申请应当在 3 个月内进行审查,作出提出或者不予提出检察建议或者抗诉的决定。当事人不得再次向人民检察院申请检察建议或者抗诉。

(二)民事诉讼的执行程序

审判程序与执行程序是并列的独立程序。审判程序是产生裁判书的过程,执行程序是实现裁判书内容的过程。

1. 执行程序的概念

执行程序,是指人民法院的执行机构依照法定的程序,对发生法律效力并具有给付内容的法律文书,以国家强制力为后盾,依法采取强制措施,迫使具有给付义务的当事人履行其给付义务的行为。

2. 执行根据

执行根据是当事人申请执行、人民法院移交执行以及人民法院采取强制措施的依据。执行根据是执行程序发生的基础,没有执行根据,当事人不能向人民法院申请执行,人民法院也不得采取强制措施。

执行根据主要有:(1) 人民法院制作的发生法律效力的民事判决书、裁定书以及生效的调解书等;(2) 人民法院作出的具有财产给付内容的发生法律效力的刑事判决书、裁定书;(3) 仲裁机构制作的依法由人民法院执行的生效仲裁裁决书、仲裁调解书;(4) 公证机关依法作出的赋予强制执行效力的公证债权文书;(5) 人民法院作出的先予执行的裁定、执行回转的裁定以及承认并协助执行外国判决、裁定或裁决的裁定;(6) 我国行政机关作出的法律明确规定由人民法院执行的行政决定;(7) 人民法院依督促程序发布的支付令等。

3. 执行案件的管辖

发生法律效力的民事判决、裁定,以及刑事判决、裁定中的财产部分,由第一审人民法院或者与第一审人民法院同级的被执行的财产所在地人民法院执行。法律规定由人民法院执行的其他法律文书,由被执行人住所地或者被执行的财产所在地人民法院执行。

《最高人民法院关于适用〈中华人民共和国民事诉讼法〉执行程序若干问题的解释》中规定,申请执行人向被执行的财产所在地人民法院申请执行的,应当提供该人民法院辖区有可供执行财产的证明材料。人民法院受理执行申请后,当事人对管辖权有异议的,应当自收到执行通知书之日起10日内提出。

4. 执行程序

(1) 执行申请

人民法院作出的判决、裁定等法律文书,当事人必须履行。如果无故不履行,另一方当事人可向有管辖权的人民法院申请强制执行。

申请强制执行应提交申请强制执行书,并附作为执行根据的法律文书。申请强制执行,还须遵守申请执行期限。申请执行的期间为两年。申请执行时效的中止、中断,适用法律有关诉讼时效中止、中断的规定。这里的期间,从法律文书规定履行期间的最后1日起计算;法律文书规定分期履行的,从规定的每次履行期间的最后1日起计算;法律文书未规定履行期间的,从法律文书生效之日起计算。

(2) 执行开始

对于具有执行内容的生效裁判文书,执行员接到申请执行书或者移交执行书,随即开始执行程序。提交执行的案件有三类:① 具有给付或者履行内容的生效民事判决、裁定(包括先予执行的抚恤金、医疗费用等);② 具有财产执行内容的刑事判决书、裁定书;③ 审判人员认为涉及国家、集体或公民重大利益的案件。

(3) 向上一级人民法院申请执行

人民法院自收到申请执行书之日起超过6个月未执行的,申请执行人可以向上一级人民法院申请执行。上一级人民法院经审查,可以责令原人民法院在一定期限内执行,也可以决定由本院执行或者指令其他人民法院执行。

《最高人民法院关于适用〈中华人民共和国民事诉讼法〉执行程序若干问题的解释》中规定,有下列情形之一的,上一级人民法院可以根据申请执行人的申请,责令执行法院限期执行或者变更执行法院:① 债权人申请执行时被执行人有可供执行的财产,执行法院自收到申请执行书之日起超过6个月对该财产未执行完结的;② 执行过程中发现被执行人可供执行的财产,执行法院自发现财产之日起超过6个月对该财产未执行完结的;③ 对法律文书确定的行为义务的执行,执行法院自收到申请执行书之日起超过6个月未依法采取相应执行措施的;④ 其他有条件执行超过6个月未执行的。

5. 执行中的其他问题

(1) 委托执行

《民事诉讼法》规定,被执行人或者被执行的财产在外地的,可以委托当地人民法院代为执行。受委托人民法院收到委托函件后,必须在15日内开始执行,不得拒绝。执行完毕后,应当将执行结果及时函复委托人民法院;在30日内如果还未执行完毕,也应当将执行情况函告委托人民法院。

受委托人民法院自收到委托函件之日起 15 日内不执行的,委托人民法院可以请求受委托人民法院的上级人民法院指令受委托人民法院执行。

(2) 执行异议

① 当事人、利害关系人提出的异议

当事人、利害关系人认为执行行为违反法律规定的,可以向负责执行的人民法院提出书面异议。当事人、利害关系人提出书面异议的,人民法院应当自收到书面异议之日起 15 日内审查,理由成立的,裁定撤销或者改正;理由不成立的,裁定驳回。当事人、利害关系人对裁定不服的,可以自裁定送达之日起 10 日内向上一级人民法院申请复议。

《最高人民法院关于适用〈中华人民共和国民事诉讼法〉执行程序若干问题的解释》中规定,当事人、利害关系人申请复议的书面材料,可以通过执行法院转交,也可以直接向执行法院的上一级人民法院提交。上一级人民法院应当自收到复议申请之日起 30 日内审查完毕,并作出裁定。有特殊情况需要延长的,经本院院长批准,可以延长,延长的期限不得超过 30日。执行异议审查和复议期间,不停止执行。被执行人、利害关系人提供充分、有效的担保请求停止相应处分措施的,人民法院可以准许;申请执行人提供充分、有效的担保请求继续执行的,应当继续执行。

② 案外人提出的异议

执行过程中,案外人对执行标的提出书面异议的,人民法院应当自收到书面异议之日起 15 日内审查,理由成立的,裁定中止对该标的的执行;理由不成立的,裁定驳回。案外人、当事人对裁定不服,认为原判决、裁定错误的,依照审判监督程序办理;与原判决、裁定无关的,可以自裁定送达之日起 15 日内向人民法院提起诉讼。

案外人提起诉讼,对执行标的主张实体权利,并请求对执行标的的停止执行的,应当以申请执行人为被告;被执行人反对案外人对执行标的的所主张的实体权利的,应当以申请执行人和被执行人为共同被告。该诉讼由执行法院管辖,诉讼期间不停止执行。

(3) 执行和解

在执行中,双方当事人自行和解达成协议的,执行员应当将协议内容记入笔录,由双方当事人签名或者盖章。一方当事人不履行和解协议的,人民法院可以根据对方当事人的申请,恢复对原生效法律文书的执行。

6. 执行措施

执行措施是指人民法院依照法定程序强制执行生效法律文书的方法和手段。在执行中,执行措施和执行程序是合为一体的。执行员接到申请执行书或者移交执行书,应当向被执行人发出执行通知,并可以立即采取强制执行措施。

执行措施主要有:(1) 查封、扣押、冻结、划拨、变价被执行人的存款、债券、股票、基金份额等财产;(2) 扣留、提取被执行人的收入;(3) 查封、扣押、拍卖、变卖被执行人的财产;(4) 对被执行人及其住所或财产隐匿地进行搜查;(5) 强制被执行人和有关单位、公民交付法律文书指定的财物或票证;(6) 强制被执行人迁出房屋或退出土地;(7) 强制被执行人履行法律文书指定的行为;(8) 办理财产权证照转移手续;(9) 强制被执行人支付迟延履行期间的债务利息或迟延履行金;(10) 依申请执行人申请,通知对被执行人负有到期债务的第三人向申请执行人履行债务。

《民事诉讼法》还规定,被执行人未按执行通知履行法律文书确定的义务,应当报告当前以及收到执行通知之日前一年的财产情况。被执行人拒绝报告或者虚假报告的,人民法院可以根据情节轻重对被执行人或者其法定代理人、有关单位的主要负责人或者直接责任人员予以罚款、拘留。

《最高人民法院关于适用〈中华人民共和国民事诉讼法〉执行程序若干问题的解释》以及《最高人民法院关于限制被执行人高消费的若干规定》,对于执行措施增加了如下内容:

(1) 被执行人未按执行通知履行法律文书确定的义务,应当书面报告当前以及收到执行通知之日前一年的财产情况,具体包括:收入、银行存款、现金、有价证券;土地使用权、房屋等不动产;交通运输工具、机器设备、产品、原材料等动产;债权、股权、投资权益、基金、知识产权等财产性权利;其他应当报告的财产。

被执行人报告财产后,其财产情况发生变动,影响申请执行人债权实现的,应当自财产变动之日起10日内向人民法院补充报告。对被执行人报告的财产情况,申请执行人请求查询的,人民法院应当准许。申请执行人对查询的被执行人财产情况,应当保密。对被执行人报告的财产情况,执行法院可以依申请执行人的申请或者依职权调查核实。

(2) 被执行人不履行法律文书确定的义务的,人民法院可以对其采取或者通知有关单位协助采取限制出境,在征信系统记录、通过媒体公布不履行义务信息以及法律规定的其他措施。对被执行人限制出境的,应当由申请执行人向执行法院提出书面申请;必要时,执行法院可以依职权决定。向媒体公布被执行人不履行义务信息,执行法院可以依职权或者依申请执行人的申请,有关费用由被执行人负担;申请执行人申请在媒体公布的,应当垫付有关费用。

(3) 被执行人未按执行通知书指定的期间履行生效法律文书确定的给付义务的,人民法院可以限制其高消费。

被执行人为自然人的,被限制高消费后,不得有以下以其财产支付费用的行为:① 乘坐交通工具时,选择飞机、列车软卧、轮船二等以上舱位;② 在星级以上宾馆、酒店、夜总会、高尔夫球场等场所进行高消费;③ 购买不动产或者新建、扩建、高档装修房屋;④ 租赁高档写字楼、宾馆、公寓等场所办公;⑤ 购买非经营必需车辆;⑥ 旅游、度假;⑦ 子女就读高收费私立学校;⑧ 支付高额保费购买保险理财产品;⑨ 其他非生活和工作必需的高消费行为。

被执行人为单位的,被限制高消费后,禁止被执行人及其法定代表人、主要负责人、影响债务履行的直接责任人员以单位财产实施上述规定的行为。

限制高消费一般由申请执行人提出书面申请,经人民法院审查决定;必要时人民法院可以依职权决定。被执行人违反限制高消费令进行消费的行为属于拒不履行人民法院已经发生法律效力的判决、裁定的行为,经查证属实的,依照《民事诉讼法》的规定,予以拘留、罚款;情节严重,构成犯罪的,追究其刑事责任。

7. 执行中止和终结

(1) 执行中止

执行中止是指在执行过程中,因发生特殊情况,需要暂时停止执行程序。有下列情况之一的,人民法院应裁定中止执行:① 申请人表示可以延期执行的;② 案外人对执行标的提出确有理由异议的;③ 作为一方当事人的公民死亡,需要等待继承人继承权利或承担义务的;④ 作为一方当事人的法人或其他组织终止,尚未确定权利义务承受人的;⑤ 人民法院认为应当中止执行的其他情形,如被执行人确无财产可供执行等。中止的情形消失后,恢复执行。

（2）执行终结

在执行过程中，由于出现某些特殊情况，执行工作无法继续进行或没有必要继续进行的，结束执行程序。有下列情况之一的，人民法院应当裁定终结执行：① 申请人撤销申请的；② 据以执行的法律文书被撤销的；③ 作为被执行人的公民死亡，无遗产可供执行，又无义务承担人的；④ 追索赡养费、扶养费、抚育费案件的权利人死亡的；⑤ 作为被执行人的公民因生活困难无力偿还借款，无收入来源，又丧失劳动能力的；⑥ 人民法院认为应当终结执行的其他情形。

第三节　仲裁制度

仲裁是解决民商事纠纷的重要方式之一。我国仲裁活动主要的法律依据有：《中华人民共和国仲裁法》（以下简称《仲裁法》）、《民事诉讼法》、最高人民法院《关于适用〈中华人民共和国仲裁法〉若干问题的解释》（以下简称《仲裁法》司法解释），以及我国签署加入的国际公约《承认和执行外国仲裁裁决公约》（也称纽约公约）。

仲裁有下列三项基本制度：

（1）协议仲裁制度

仲裁协议是当事人自愿原则的体现，当事人申请仲裁、仲裁委员会受理仲裁以及仲裁庭对仲裁案件的审理和裁决，都必须以当事人依法订立的仲裁协议为前提。《仲裁法》规定，没有仲裁协议，一方申请仲裁的，仲裁委员会不予受理。

（2）排除法院管辖制度

仲裁和诉讼是两种不同的争议解决方式，当事人只能选用其中的一种。《仲裁法》规定，"当事人达成仲裁协议，一方向人民法院起诉的，人民法院不予受理，但仲裁协议无效的除外。"因此，有效的仲裁协议可以排除法院对案件的司法管辖权，只有在没有仲裁协议或者仲裁协议无效的情况下。法院才可以对当事人的纠纷予以受理。

（3）一裁终局制度

仲裁实行一裁终局的制度。裁决作出后，当事人就同一纠纷再申请仲裁或者向人民法院起诉的，仲裁委员会或者人民法院不予受理。但是，裁决被人民法院依法撤销或者不予执行的，当事人就该纠纷可以根据双方重新达成的仲裁协议申请仲裁，也可以向人民法院起诉。

一、仲裁协议和仲裁受理

（一）仲裁协议

1. 仲裁协议的形式

《仲裁法》规定，"仲裁协议包括合同中订立的仲裁条款和其他以书面形式在纠纷发生前或者纠纷发生后达成的请求仲裁的协议。"据此，仲裁协议应当采用书面形式，口头方式达成的仲裁意思表示无效。仲裁协议既可以表现为合同中的仲裁条款，也可以表现为独立于合同而存在的仲裁协议书。实践中，在合同中约定仲裁条款的形式最为常见。

《仲裁法》司法解释规定："仲裁法第十六条规定的'其他书面形式的仲裁协议'，包括以合同书、信件和数据电文（包括电报、电传、传真、电子数据交换和电子邮件）等形式达成的请求仲裁的协议。"此外，《电子签名法》还规定，能够有形地表现所载内容，并可以随时调取查用的数据电文,视为符合法律、法规要求的书面形式;可靠的电子签名与手写签名或者盖章具有同等的法律效力。

2. 仲裁协议的内容

合法有效的仲裁协议应当具有下列法定内容:

(1) 请求仲裁的意思表示。请求仲裁的意思表示,是指条款中应该有"仲裁"两字,表明当事人的仲裁意愿。该意愿应当是确定的,而不是模棱两可的。有的当事人在合同中约定发生争议可以提交仲裁,也可以提交诉讼,根据这种约定就无法判定当事人有明确的仲裁意愿。因此,《仲裁法》司法解释规定,这样的仲裁协议无效。

(2) 仲裁事项。仲裁事项,可以是当事人之间合同履行过程中的或与合同有关的一切争议,也可以是合同中某一特定问题的争议;既可以是事实问题的争议,也可以是法律问题的争议。其范围取决于当事人在仲裁协议中的约定。

(3) 选定的仲裁委员会。选定的仲裁委员会,是指仲裁协议中约定的仲裁委员会的名称应该准确。《仲裁法》司法解释规定,仲裁协议约定的仲裁机构名称不准确,但能够确定具体的仲裁机构的,应当认定选定了仲裁机构。仲裁协议约定两个以上仲裁机构的,当事人可以协议选择其中的一个仲裁机构申请仲裁;当事人不能就仲裁机构选择达成一致的,仲裁协议无效。仲裁协议约定由某地的仲裁机构仲裁且该地仅有一个仲裁机构的,该仲裁机构视为约定的仲裁机构。该地有两个以上仲裁机构的,当事人可以协议选择其中的一个仲裁机构申请仲裁;当事人不能就仲裁机构选择达成一致的,仲裁协议无效。

上述三项内容必须同时具备,仲裁协议才能有效。我国许多仲裁机构都列出了示范仲裁条款,例如北京仲裁委员会示范仲裁条款写明:"因本合同引起的或与本合同有关的任何争议,均提请北京仲裁委员会按照该会的仲裁规则进行仲裁。仲裁裁决是终局的,对双方均有约束力。"当然,如果合同当事人较多,也可以将其表述为仲裁裁决"对各方均有约束力"。

3. 仲裁协议的效力

(1) 对当事人的法律效力

仲裁协议合法有效,即对当事人产生法律约束力。发生纠纷后,一方当事人只能向仲裁协议约定的仲裁机构申请仲裁,而不能就该纠纷向人民法院提起诉讼。

(2) 对法院的约束力

有效的仲裁协议排除了人民法院对仲裁协议约定的争议事项的司法管辖权。《仲裁法》规定,当事人达成仲裁协议,一方向人民法院起诉未声明有仲裁协议,人民法院受理后,另一方在首次开庭前提交仲裁协议的,人民法院应当驳回起诉,但仲裁协议无效的除外。

(3) 对仲裁机构的法律效力

仲裁协议是仲裁委员会受理仲裁案件的前提,是仲裁庭审理和裁决案件的依据。没有有效的仲裁协议,仲裁委员会就不能获得对争议案件的管辖权。同时,仲裁委员会只能对当事人在仲裁协议中约定的争议事项进行仲裁,对超出仲裁协议约定范围的其他争议事项无权仲裁。

(4) 仲裁协议的独立性

仲裁协议独立存在,合同的变更、解除、终止或者无效,以及合同成立后未生效、被撤销等,均不影响仲裁协议的效力。当事人在订立合同时就争议达成仲裁协议的,合同未成立也不影响仲裁协议的效力。

4．仲裁协议效力的确认

当事人对仲裁协议效力有异议的，应当在仲裁庭首次开庭前提出。当事人既可以请求仲裁委员会作出决定，也可以请求人民法院裁定。一方请求仲裁委员会作出决定，另一方请求人民法院作出裁定的，由人民法院裁定。

当事人向人民法院申请确认仲裁协议效力的案件，由仲裁协议约定的仲裁机构所在地的中级人民法院管辖；仲裁协议约定的仲裁机构不明确的，由仲裁协议签订地或者被申请人住所地的中级人民法院管辖。

（二）仲裁受理

1．申请仲裁的条件

当事人申请仲裁，应当符合的条件有：（1）有效的仲裁协议；（2）有具体的仲裁请求和事实、理由；（3）属于仲裁委员会的受理范围。

2．申请仲裁的方式

当事人申请仲裁，应当向仲裁委员会递交仲裁协议或者合同仲裁条款、仲裁申请书及副本。其中，仲裁申请书应当载明的事项包括：（1）当事人的姓名、性别、年龄、职业、工作单位和住所，法人或者其他组织的名称、住所和法定代表人或者主要负责人的姓名、职务；（2）仲裁请求和所依据的事实、理由；（3）证据和证据来源、证人姓名和住所。

对于申请仲裁的具体要求和审查标准，各仲裁机构在《仲裁法》规定的范围内会有所不同，一般可以登录其网站进行查询。

3．审查与受理

仲裁委员会收到仲裁申请书之日起 5 日内经审查认为符合受理条件的，应当受理，并通知当事人；认为不符合受理条件的，应当书面通知当事人不予受理，并说明理由。

仲裁委员会受理仲裁申请后，应当在仲裁规则规定的期限内将仲裁规则和仲裁员名册送达申请人，并将仲裁申请书副本和仲裁规则、仲裁员名册送达被申请人。

被申请人收到仲裁申请书副本后，应当在仲裁规则规定的期限内向仲裁委员会提交答辩书。仲裁委员会收到答辩书后，应当在仲裁规则规定的期限内将答辩书副本送达申请人。被申请人未提交答辩书的，不影响仲裁程序的进行。被申请人有权在答辩期内提出反请求。

4．财产保全和证据保全

为保证仲裁程序顺利进行、仲裁案件公正审理以及仲裁裁决有效执行，当事人有权申请财产保全和证据保全。当事人要求采取保全措施的，应向仲裁委员会提出书面申请，由仲裁委员会将保全申请转交被申请人住所地或其财产所在地或证据所在地有管辖权的人民法院作出裁定；当事人也可以直接向有管辖权的人民法院提出保全申请。

申请人在人民法院采取保全措施后 30 日内不依法申请仲裁的，人民法院应当解除保全。

二、仲裁审理的法定程序

仲裁审理的法定程序主要包括仲裁庭的组成、开庭和审理、仲裁和解与调解、仲裁裁决等过程。

（一）仲裁庭的组成

仲裁案件采用普通程序或者简易程序来审理。采用普通程序审理仲裁案件,由 3 名仲裁员组成合议仲裁庭;采用简易程序审理仲裁案件,由 1 名仲裁员组成独任仲裁庭。但是,经当事人协商达成一致,应当采用普通程序审理的案件,也可以采用简易程序审理。

1. 合议仲裁庭

当事人约定由 3 名仲裁员组成仲裁庭的,应当各自选定 1 名或者各自委托仲裁委员会主任指定 1 名仲裁员,第三名仲裁员由当事人共同选定或者共同委托仲裁委员会主任指定。第三名仲裁员是首席仲裁员。

2. 独任仲裁庭

当事人约定 1 名仲裁员成立仲裁庭的,应当由当事人共同选定或者共同委托仲裁委员会主任指定仲裁员。

当事人没有在仲裁规定的期限内约定仲裁庭的组成方式或者选定仲裁员的,由仲裁委员会主任指定。

仲裁员有下列情形之一的,必须回避,当事人也有权提出回避申请:(1) 是本案当事人或者当事人、代理人的近亲属;(2) 与本案有利害关系;(3) 与本案当事人、代理人有其他关系,可能影响公正仲裁的;(4) 私自会见当事人、代理人,或者接受当事人、代理人的请客送礼的。

当事人提出回避申请,应当说明理由,在首次开庭前提出。回避事由在首次开庭后知道的,可以在最后一次开庭结束前提出。

（二）开庭和审理

仲裁审理的方式分为开庭审理和书面审理两种。仲裁应当开庭审理作出裁决,这是仲裁审理的主要方式。但是,当事人协议不开庭的,仲裁庭可以根据仲裁申请书、答辩书以及其他材料作出裁决,即书面审理方式。为了保护当事人的商业秘密和商业信誉,仲裁不公开进行,当事人协议公开的,可以公开进行,但涉及国家秘密的除外。

当事人应当对自己的主张提供证据。仲裁庭认为有必要收集的证据,可以自行收集。证据应当在开庭时出示,当事人可以质证。当事人在仲裁过程中有权进行辩论。

仲裁庭可以作出缺席裁决。申请人经书面通知,无正当理由开庭时不到庭或者未经仲裁庭许可中途退庭的,可以视为撤回仲裁申请;如果被申请人提出了反请求,不影响仲裁庭就反请求进行审理,并作出裁决。被申请人经书面通知,无正当理由不到庭或者未经仲裁庭许可中途退庭的,仲裁庭可以进行缺席审理并作出裁决;如果被申请人提出了反请求的,可以视为撤回仲裁反请求。

（三）仲裁和解与调解

当事人申请仲裁后,可以自行和解。当事人自行达成和解协议的,可以请求仲裁庭根据和解协议制作裁决书,也可以撤回仲裁申请。当事人撤回仲裁申请后反悔的,仍可以根据原仲裁协议另行申请仲裁。

仲裁庭在作出裁决前,可以根据当事人的请求或者在征得当事人同意的情况下按照其认为适当的方式主持调解。调解达成协议的,当事人可以撤回仲裁申请,也可以请求仲裁庭根据调解协议的内容制作调解书或者裁决书。调解不成的,应当及时作出裁决。调解书经双方当事人签收后即与裁决书具有同等法律效力。在调解书签收前当事人反悔的,仲裁庭应当及时作出裁决。

（四）仲裁裁决

仲裁裁决是由仲裁庭作出的具有强制执行效力的法律文书。独任仲裁庭审理的案件由独任仲裁员作出仲裁裁决,合议仲裁庭审理的案件由 3 名仲裁员集体作出仲裁裁决。裁决应当按照多数仲裁员的意见作出,少数仲裁员的不同意见可以记入笔录。仲裁庭无法形成多数意见时,按照首席仲裁员的意见作出。仲裁裁决书由仲裁员签名,加盖仲裁委员会的印章。对裁决持不同意见的仲裁员可以签名,也可以不签名。有些仲裁机构的仲裁规则中规定,不签名的仲裁员应当出具个人意见,仲裁机构将其个人意见随同裁决书送达当事人,但该意见不构成裁决书的一部分。裁决书自作出之日起发生法律效力。仲裁实行一裁终局制度,当事人不得就已经裁决的事项再行申请仲裁,也不得就此提起诉讼;当事人申请人民法院撤销裁决的,应当依法进行。

三、仲裁裁决的执行

（一）仲裁裁决的执行效力

仲裁裁决作出后,当事人应当履行裁决。一方当事人不履行的,另一方当事人可以依照我国《民事诉讼法》的规定,向人民法院申请执行。根据我国最高人民法院的相关司法解释,当事人申请执行仲裁裁决案件,由被执行人所在地或者被执行财产所在地的中级人民法院管辖。

仲裁裁决在所有《承认和执行外国仲裁裁决公约》缔约国或者地区,均可以得到承认和执行。

申请仲裁裁决强制执行必须在法律规定的期限内提出(按照《民事诉讼法》的规定,申请执行的期间为 2 年)。申请执行时效的中止、中断,适用法律有关诉讼时效中止、中断的规定。申请仲裁裁决强制执行的 2 年期间,自仲裁裁决书规定履行期限或仲裁机构的仲裁规则规定履行期间的最后 1 日起计算。仲裁裁决书规定分期履行的,依规定的每次履行期间的最后 1 日起计算。

（二）仲裁裁决的不予执行

根据《仲裁法》、《民事诉讼法》的规定,被申请人提出证据证明裁决有下列情形之一的,经人民法院组成合议庭审查核实,裁定不予执行:(1) 当事人在合同中没有仲裁条款或者事后没有达成书面仲裁协议的;(2) 裁决的事项不属于仲裁协议的范围或者仲裁机构无权仲裁的;(3) 仲裁庭的组成或者仲裁的程序违反法定程序的;(4) 裁决所根据的证据是伪造的;(5) 对方当事人向仲裁机构隐瞒了足以影响公正裁决的证据的;(6) 仲裁员在仲裁该案时有索贿受贿、徇私舞弊、枉法裁决行为的。

仲裁裁决被法院依法裁定不予执行的,当事人就该纠纷可以重新达成仲裁协议,并依据该仲裁协议申请仲裁,也可以向法院提起诉讼。

四、涉外仲裁的特别规定

(一)涉外仲裁的基本类型

涉外仲裁是指具有涉外因素的仲裁。凡民事关系的一方或者双方当事人是外国人、无国籍人、外国企业和组织的,民事关系的标的物在外国领域内的,产生、变更或者消灭民事权利义务关系的法律事实发生在国外的,均为涉外民事关系。

在我国,涉外仲裁的主体基本包括 2 种类型:(1)一方或者双方当事人是外国人、无国籍人或者外国企业和组织;(2)涉及港澳台的案件参照涉外案件处理。《仲裁法》规定,涉外经济贸易、运输和海事中发生的纠纷的仲裁,适用关于涉外仲裁的特别规定。

我国建筑业企业对外承接工程日益增多,建设工程纠纷中涉外案件的数量也不断增长,涉外仲裁将发挥更加重要的作用。

(二)涉外仲裁机构

我国最早设立的涉外仲裁机构是中国国际经济贸易仲裁委员会和中国海事仲裁委员会。前述仲裁委员会现在也受理国内仲裁案件。

1995 年 9 月 1 日《仲裁法》施行之后,各直辖市和省、自治区人民政府所在地的市以及其他设区的市也设立或重新组建了一批常设仲裁机构。国务院办公厅《关于贯彻实施〈中华人民共和国仲裁法〉需要明确的几个问题的通知》中规定,新组建的仲裁委员会的主要职责是受理国内仲裁案件;涉外仲裁案件的当事人自愿选择新组建的仲裁委员会仲裁的,新组建的仲裁委员会可以受理。

(三)涉外仲裁案件的证据、财产保全

《民事诉讼法》规定,当事人申请采取保全的,中华人民共和国的涉外仲裁机构应当将当事人的申请,提交被申请人住所地或者财产所在地的中级人民法院裁定。

《最高人民法院关于人民法院执行工作若干问题的规定(试行)》中规定:"在涉外仲裁过程中,当事人申请财产保全,经仲裁机构提交人民法院的,由被申请人住所地或被申请保全的财产所在地的中级人民法院裁定并执行;申请证据保全的,由证据所在地的中级人民法院裁定并执行。"

(四)涉外仲裁案件裁决的执行

《仲裁法》规定,涉外仲裁委员会作出的发生法律效力的仲裁裁决,当事人请求执行的,如果被执行人或者其财产不在中华人民共和国领域内,应当由当事人直接向有管辖权的外国法院申请承认和执行。

《承认和执行外国仲裁裁决公约》规定,成员国要保证和承认任何公约成员国做出的仲裁裁决。我国 1986 年 12 月加入该公约,1987 年 4 月 22 日该公约正式对我国生效。该公约目前已有 140 多个缔约国家和地区,外国执行中国的涉外裁决将依据该公约规定的条件办理。在执行程序上各国依其国内法律的规定,但对裁决的审查都限于该公约第 5 条规定的理由。

被申请执行人所属国家不是《承认和执行外国仲裁裁决公约》成员国的,如果双方存在双边条约或协定,则根据双边条约或双边协定中订立的有关相互承认和执行仲裁裁决的内容进行。我国已同世界上100多个国家和地区订有双边贸易协定,在这些协定中一般都含有关于通过仲裁方式解决贸易争议的规定,并且大多约定缔约双方都应设法保证由被申请执行仲裁裁决的国家主管部门根据适用的法律规定,承认并执行仲裁裁决。此外,我国与60多个国家和地区也订立了双边投资保护协定,在这些双边协定中大多都规定了相互承认和执行仲裁裁决的内容。我国还与许多国家签订了有关民商事司法互助的协定,在这些司法互助协定中往往也涉及相互承认和执行在对方境内作出的裁决问题。

1999年6月21日中国内地和香港签署了《关于内地与香港特别行政区相互执行仲裁裁决的安排》。这是两地司法协助的重要组成部分,是一个主权国家内不同法律区域间的司法安排。

第四节　调解与和解制度

一、调解的规定

根据调解人的不同,我国调解的形式主要有人民调解、行政调解、仲裁调解、法院调解和专业机构调解等。

(一)人民调解

《人民调解法》规定,人民调解是指人民调解委员会通过说服、疏导等方式,促使当事人在平等协商基础上自愿达成调解协议,解决民间纠纷的活动。人民调解制度作为一种司法辅助制度,是人民群众自己解决纠纷的法律制度,也是一种具有中国特色的司法制度。

1. 人民调解的原则和人员机构

人民调解的基本原则是:当事人自愿原则;当事人平等原则;合法原则;尊重当事人权利原则。

人民调解的组织形式是人民调解委员会。《人民调解法》规定,人民调解委员会是村民委员会和居民委员会下设的调解民间纠纷的群众性自治组织,在人民政府和基层人民法院指导下进行工作。人民调解委员会由3至9人组成,设主任1人,必要时可以设副主任若干人。

人民调解员由人民调解委员会委员和人民调解委员会聘任的人员担任。人民调解员应当具备的基本条件是:(1)公道正派;(2)热心人民调解工作;(3)具有一定文化水平;(4)有一定的法律知识和政策水平;(5)成年公民。

2. 人民调解的程序和调解协议

人民调解应当遵循的程序主要是:(1)当事人申请调解;(2)人民调解委员会主动调解;(3)指定调解员或由当事人选定调解员进行调解;(4)达成协议;(5)调解结束。

经人民调解委员会调解达成调解协议的,可以制作调解协议书。当事人认为无需制作调解协议的,可以采取口头协议的方式,人民调解员应当记录协议内容。经人民调解委员会调解达成的调解协议对当事人双方具有法律约束力，当事人应当履行。当事人就调解协议的履行或者调解协议的内容发生争议的，一方当事人可以向法院提起诉讼。

经人民调解委员会调解达成调解协议后，双方当事人认为有必要的，可以按照《民事诉讼法》的规定，自调解协议生效之日起 30 日内共同向调解组织所在地基层人民法院申请司法确认调解协议。人民法院受理申请后，经审查，符合法律规定的，裁定调解协议有效，一方当事人拒绝履行或者未全部履行的，对方当事人可以向人民法院申请强制执行；不符合法律规定的，裁定驳回申请，当事人可以通过调解方式变更原调解协议或者达成新的调解协议，也可以向人民法院起诉。

（二）行政调解

行政调解是指有关国家行政机关应纠纷当事人的请求，依据法律、法规、规章和政策，对属于其职权管辖范围内的纠纷，通过耐心的说服教育，使纠纷的双方互相谅解，在平等协商的基础上达成一致协议，促成当事人解决纠纷。

行政调解可分为：基层人民政府，即乡、镇人民政府对一般民间纠纷的调解；国家行政机关依照法律规定对某些特定民事纠纷、经济纠纷或劳动纠纷等进行的调解。

行政调解达成的协议也不具有强制约束力。

（三）仲裁调解

仲裁调解是仲裁机构对受理的仲裁案件进行的调解。

仲裁庭在作出裁决前，可以先行调解。当事人自愿调解的，仲裁庭应当调解。调解不成的，应当及时作出裁决。调解达成协议的，仲裁庭应当制作调解书或者根据协议的结果制作裁决书。调解书与裁决书具有同等法律效力。调解书经双方当事人签收后，即发生法律效力。在调解书签收前当事人反悔的，仲裁庭应当及时作出裁决。

仲裁与调解相结合是中国仲裁制度的特点。该做法将仲裁和调解各自的优点结合起来，不仅有助于解决当事人之间的争议，还有助于保持当事人的友好合作关系，具有很大的灵活性和便利性。

（四）法院调解

《民事诉讼法》规定，人民法院审理民事案件，根据当事人自愿的原则，在事实清楚的基础上，分清是非，进行调解。法院调解是人民法院对受理的民事案件、经济纠纷案件和轻微刑事案件在双方当事人自愿的基础上进行的调解，是诉讼内调解。法院调解书经双方当事人签收后，即具有法律效力，效力与判决书相同。在民事诉讼中，除适用特别程序的案件和当事人有严重违法行为需给予行政处罚的经济纠纷案件的情形外，其他案件均可适用调解。

1. 调解方法

《民事诉讼法》规定，人民法院进行调解，可以由审判员一人主持，也可以由合议庭主持，并尽可能就地进行。人民法院进行调解，可以邀请有关单位和个人协助。被邀请的单位和个人，应当协助人民法院进行调解。

2. 调解协议

调解达成协议，必须双方自愿，不得强迫。调解协议的内容不得违反法律规定。

调解达成协议,人民法院应当制作调解书。调解书应当写明诉讼请求、案件的事实和调解结果。调解书由审判员、书记员署名,加盖人民法院印章,送达双方当事人。调解书经双方当事人签收后,即具有法律效力。

但是,下列案件调解达成协议,人民法院可以不制作调解书:(1) 调解和好的离婚案件;(2) 调解维持收养关系的案件;(3) 能够即时履行的案件;(4) 其他不需要制作调解书的案件。对不需要制作调解书的协议,应当记入笔录,由双方当事人、审判人员、书记员签名或者盖章后,即具有法律效力。

调解未达成协议或者调解书送达前一方反悔的,人民法院应当及时判决。

(五)专业机构调解

《人民调解法》实施以来,我国出现了一批以处理民商事法律纠纷的专业调解机构,如中国国际商会(中国贸促会)调解中心、北京仲裁委员会调解中心等。专业机构调解是当事人在发生争议前或争议后,协议约定由依法成立的具有独立调解规则的机构按照其调解规则进行调解。所谓调解规则,是指调解机构、调解员以及调解当事人之间在调解过程中所应遵守的程序性规范。

专业调解机构备有调解员名单,供当事人在个案中选定。调解员由专业调解机构聘请经济、贸易、金融、投资、知识产权、工程承包、运输、保险、法律等领域里具有专门知识及实际经验、公道正派的人士担任。专业调解机构进行调解达成的调解协议对当事人双方均有约束力。

二、和解的规定

和解与调解的区别在于:和解是当事人之间自愿协商,达成协议,没有第三人参加,而调解是在第三人主持下进行疏导、劝说,使之相互谅解,自愿达成协议。

(一)和解的类型

和解达成协议,在形式上既可以是口头的,也可以是书面的。和解的应用也很灵活,可以在各个阶段达成和解协议。

1. 诉讼前的和解

诉讼前的和解是指发生诉讼以前,双方当事人互相协商达成协议,自行解决争执。这是当事人依法处分自己民事实体权利的民事法律行为。

和解成立后,当事人所争执的权利即归确定,所抛弃的权利随即消失,当事人不得任意反悔要求撤销。但是,如果事后发现和解所依据的文件是伪造或涂改的,或者当事人在和解时不知道该和解事件已为法院判决所确定,或者当事人对重要的争执有重大误解而达成和解协议的,当事人都可以要求撤销和解协议。

2. 诉讼中的和解

诉讼中的和解是当事人在诉讼进行中互相协商,达成协议,解决双方的争执。《民事诉讼法》规定:"双方当事人可以自行和解。"这种和解在法院作出判决前,当事人都可以进行。当事人可以就全部诉讼请求达成和解协议,也可以就个别诉讼请求达成和解协议。

当事人达成和解协议后,原告既可以撤诉,双方也可以请求人民法院对和解事项制作调解书,经当事人签名盖章产生法律效力。

3. 执行中的和解

执行中的和解,是人民法院在执行已发生法律效力的民事判决、裁定过程中,当事人自行达成协议,自动履行生效和解协议的行为。

《民事诉讼法》规定,在执行中,双方当事人自行和解达成协议的,执行员应当将协议内容记入笔录,由双方当事人签名或者盖章。一方当事人不履行和解协议的或者反悔的,对方当事人可以申请人民法院按照原生效法律文书强制执行。

4. 仲裁中的和解

《仲裁法》规定,当事人申请仲裁后,可以自行和解。

和解是双方当事人的自愿行为,不需要仲裁庭的参与。达成和解协议的,可以请求仲裁庭根据和解协议作出裁决书,也可以撤回仲裁申请。当事人达成和解协议,撤回仲裁申请后又反悔的,可以根据仲裁协议申请仲裁。

（二）和解的效力

和解达成的协议不具有强制执行效力。如果一方当事人不按照和解协议履行,另一方当事人不可以请求人民法院强制履行,但可以向法院提起诉讼,也可以根据约定申请仲裁。

法院或仲裁庭通过对和解协议的审查,对于意思真实而又不违反法律强制性或禁止性规定的和解协议予以支持,也可以支持遵守协议方要求违反协议方就不执行该和解协议承担违约责任的请求。但是,对于一方非自愿作出的或者违反法律强制性或禁止性规定的和解协议,不予支持。

第五节　行政强制、行政复议和行政诉讼制度

一、行政强制的种类和法定程序

《中华人民共和国行政强制法》(以下简称《行政强制法》)规定,行政强制包括行政强制措施,是指行政机关在行政管理过程中,为制止违法行为、防止证据损毁、避免危害发生、控制危险扩大等情形,依法对公民的人身自由实施暂时性限制,或者对公民、法人或者其他组织的财物实施暂时性控制的行为;行政强制执行,是指行政机关或者行政机关申请人民法院,对不履行行政决定的公民、法人或者其他组织,依法强制履行义务的行为。

（一）行政强制的种类

行政强制的种类又包括行政强制措施的种类和行政强制执行的种类

1. 行政强制措施的种类

行政强制措施包括:限制公民人身自由;查封场所、设施或者财物;扣押财物;冻结存款、汇款;其他行政强制措施。

行政强制措施由法律设定;尚未制定法律,且属于国务院行政管理职权事项的,行政法规可以设定除限制公民人身自由、冻结存款、汇款和应当由法律规定的行政强制措施以外的其他行政强制措施;尚未制定法律、行政法规,且属于地方性事务的,地方性法规可以设定查

封场所、设施或财物和扣押财物的行政强制措施。法律、法规以外的其他规范性文件不得设定行政强制措施。

法律对行政强制措施的对象、条件、种类作了规定的,行政法规、地方性法规不得作出扩大规定;法律中未设定行政强制措施的,行政法规、地方性法规不得设定行政强制措施。但是,法律规定特定事项由行政法规规定具体管理措施的,行政法规可以设定除限制公民人身自由,冻结存款、汇款和应当由法律规定的行政强制措施以外的其他行政强制措施。

2. 行政强制执行的种类

行政强制执行包括:加处罚款或者滞纳金;划拨存款、汇款;拍卖或者依法处理查封、扣押的场所、设施或者财物;排除妨碍、恢复原状;代履行;其他强制执行方式。

行政强制执行由法律设定;法律没有规定行政机关强制执行的,作出行政决定的行政机关应当申请人民法院强制执行。

(二)行政强制的法定程序

行政强制的程序包括行政强制措施的实施程序、行政强制执行的实施程序和申请法院强制执行程序。

1. 行政强制措施的实施程序

(1)一般规定

行政机关履行行政管理职责,依照法律、法规的规定,实施行政强制措施。但违法行为情节显著轻微或者没有明显社会危害的,可以不采取行政强制措施。

① 实施主体。行政强制措施由法律、法规规定的行政机关在法定职权范围内实施。行政强制措施权不得委托;依据《行政处罚法》的规定行使相对集中行政处罚权的行政机关,可以实施法律、法规规定的与行政处罚权有关的行政强制措施,此外,行政强制措施应当由行政机关具备资格的行政执法人员实施,其他人员不得实施。

② 实施程序。行政机关实施行政强制措施应当遵守下列规定:a. 实施前须向行政机关负责人报告并经批准;b. 由两名以上行政执法人员实施;c. 出示执法身份证件;d. 通知当事人到场;e. 当场告知当事人采取行政强制措施的理由、依据以及当事人依法享有的权利、救济途径;f. 听取当事人的陈述和申辩;g. 制作现场笔录;h. 现场笔录由当事人和行政执法人员签名或者盖章,当事人拒绝的,在笔录中予以注明;i. 当事人不到场的,邀请见证人到场,由见证人和行政执法人员在现场笔录上签名或者盖章;j. 法律、法规规定的其他程序。此外,依照法律规定实施限制公民人身自由的行政强制措施,还应当当场告知或者实施行政强制措施后立即通知当事人家属实施行政强制措施的行政机关、地点和期限;在紧急情况下当场实施行政强制措施的,在返回行政机关后,立即向行政机关负责人报告并补办批准手续;履行法律规定的其他程序。

(2)查封、扣押的实施

① 查封、扣押主体及对象。查封、扣押由法律、法规规定的行政机关实施,其他任何行政机关或者组织不得实施。

查封、扣押限于涉案的场所、设施或者财物,不得查封、扣押与违法行为无关的场所、设施或者财物,以及公民个人及其所扶养家属的生活必需品。当事人的场所、设施或者财物已被其他国家机关依法查封的,不得重复查封。

② 查封、扣押程序及期限。行政机关决定实施查封、扣押的,应当遵守前述有关行政强制措施程序规定,制作并当场交付查封、扣押决定书和清单。

查封、扣押的期限不得超过 30 日;情况复杂的,经行政机关负责人批准,可以延长,但是延长期限不得超过 30 日。法律、行政法规另有规定的除外。

③ 查封、扣押对象的保管。对查封、扣押的场所、设施或者财物,行政机关应当妥善保管,不得使用或者损毁;造成损失的,应当承担赔偿责任;对查封的场所、设施或者财物,行政机关可以委托第三人保管,第三人不得损毁或者擅自转移、处置。因第三人的原因造成的损失,行政机关先行赔付后,有权向第三人追偿。因查封、扣押发生的保管费用由行政机关承担。

④ 实施查封、扣押后的处理。行政机关采取查封、扣押措施后,应当及时查清事实,在规定期限内作出处理决定:对违法事实清楚,依法应当没收的非法财物予以没收;法律、行政法规规定应当销毁的,依法销毁;应当解除查封、扣押的,作出解除查封、扣押的决定。

(3)冻结的实施

① 实施冻结的主体。冻结存款、汇款应当由法律规定的行政机关实施,不得委托给其他行政机关或者组织;其他任何行政机关或者组织不得冻结存款、汇款。

② 冻结程序。行政机关依照法律规定决定实施冻结存款、汇款的,应当履行下列程序:a. 实施前须向行政机关负责人报告并经批准;b. 由两名以上行政执法人员实施;c. 出示执法身份证件;d. 制作现场笔录。此外,还应当向金融机构交付冻结通知书。

金融机构在接到行政机关依法作出的冻结通知书后,应当立即予以冻结,不得拖延,不得在冻结前向当事人泄露信息;法律规定以外的行政机关或者组织要求冻结当事人存款、汇款的,金融机构应当拒绝。

③ 实施冻结后的处理。自冻结存款、汇款之日起 30 日内,行政机关应当作出处理决定或者作出解除冻结决定;情况复杂的,经行政机关负责人批准,可以延长,但是延长期限不得超过 30 日。法律另有规定的除外。延长冻结的决定应当及时书面告知当事人,并说明理由。

2. 行政强制执行的实施程序

(1)一般程序。行政机关依法作出行政决定后,当事人在行政机关决定的期限内不履行义务的,具有行政强制执行权的行政机关依照《行政强制法》规定强制执行。

行政机关作出强制执行决定前,应当事先催告当事人履行义务。经催告,当事人逾期仍不履行行政决定,且无正当理由的,行政机关可以作出强制执行决定。催告期间,对有证据证明有转移或者隐匿财物迹象的,行政机关可以作出立即强制执行决定。

(2)金钱给付义务的执行。行政机关依法作出金钱给付义务的行政决定,当事人逾期不履行的,行政机关可以依法加处罚款或者滞纳金,加处罚款或者滞纳金的标准应当告知当事人。依法实施加处罚款或者滞纳金超过 30 日,经催告当事人仍不履行的,具有行政强制执行权的行政机关可以强制执行。

此外,划拨存款、汇款应当由法律规定的行政机关决定,并书面通知金融机构。金融机构接到行政机关依法作出划拨存款、汇款的决定后,应当立即划拨。

(3)代履行的执行。行政机关依法作出要求当事人履行排除妨碍、恢复原状等义务的行政决定,当事人逾期不履行,经催告仍不履行,其后果已经或者将危害交通安全、造成环境污染或者破坏自然资源的,行政机关可以代履行,或者委托没有利害关系的第三人代履行。

代履行应当遵守下列规定:① 代履行前送达决定书,代履行决定书应当载明当事人姓名或者名称、地址,代履行的理由和依据、方式和时间、标的、费用预算以及代履行人;② 代履行 3 日前,催告当事人履行,当事人履行的,停止代履行;③ 代履行时,作出决定的行政机关应当派员到场监督;④ 代履行完毕,行政机关到场监督的工作人员、代履行人和当事人或者见证人应当在执行文书上签名或者盖章。代履行不得采用暴力、胁迫以及其他非法方式。

3. 申请人民法院强制执行程序

当事人在法定期限内不申请行政复议或者提起行政诉讼,又不履行行政决定的,没有行政强制执行权的行政机关可以自期限届满之日起 3 个月内,按照《行政强制法》有关规定申请人民法院强制执行。

行政机关申请人民法院强制执行前,应当催告当事人履行义务。催告书送达 10 日后当事人仍未履行义务的,行政机关可以向所在地有管辖权的人民法院申请强制执行;执行对象是不动产的,向不动产所在地有管辖权的人民法院申请强制执行。

人民法院接到行政机关强制执行的申请,应当在 5 日内受理。人民法院对行政机关强制执行的申请进行书面审查,对符合强制执行规定,且行政决定具备法定执行效力的,除依法可以听取被执行人和行政机关意见的情形外,应当自受理之日起 7 日内作出执行裁定。此外,因情况紧急,为保障公共安全,行政机关可以申请人民法院立即执行。

二、行政复议的范围、受理和复议决定

行政复议,是指行政机关根据上级行政机关对下级行政机关的监督权,在当事人的申请和参加下,按照行政复议程序对具体行政行为进行合法性和适当性审查,并作出决定以解决行政侵权争议的活动。

(一)行政复议范围

行政复议的目的,是为了防止和纠正违法的或者不当的具体行政行为,保护公民、法人和其他组织的合法权益,保障和监督行政机关依法行使职权。因此,只要是公民、法人或者其他组织认为行政机关的具体行政行为侵犯其合法权益,就有权向行政机关提出行政复议申请。

根据《行政复议法》的规定,有 11 项可申请行政复议的情形,结合建设工程实践,其中7 种尤为重要:

(1)对行政机关作出的警告、罚款、没收违法所得、没收非法财物、责令停产停业、暂扣或者吊销许可证、暂扣或者吊销执照、行政拘留等行政处罚决定不服的;

(2)对行政机关作出的限制人身自由或者查封、扣押、冻结财产等行政强制措施决定不服的;

(3)对行政机关作出的有关许可证、执照、资质证、资格证等证书变更、中止、撤销的决定不服的;

(4)认为行政机关侵犯合法的经营自主权的;

(5)认为行政机关违法集资、征收财物、摊派费用或者违法要求履行其他义务的;

(6)认为符合法定条件,申请行政机关颁发许可证、执照、资质证、资格证等证书,或者申请行政机关审批、登记有关事项,行政机关没有依法办理的;

(7) 认为行政机关的其他具体行政行为侵犯其合法权益的。

此外,公民、法人或者其他组织认为行政机关的具体行政行为所依据的下列规定不合法,在对具体行政行为申请行政复议时,可以一并向行政复议机关提出对该规定的审查申请:① 国务院部门的规定;② 县级以上地方各级人民政府及其工作部门的规定;③ 乡、镇人民政府的规定。但以上规定不含国务院部、委员会规章和地方人民政府规章。规章的审查依照法律、行政法规办理。

下列事项应按规定的纠纷处理方式解决,不能提起行政复议:① 不服行政机关作出的行政处分或者其他人事处理决定的,应当依照有关法律、行政法规的规定提起申诉;② 不服行政机关对民事纠纷作出的调解或者其他处理,应当依法申请仲裁或者向法院提起诉讼。

公民、法人或者其他组织认为具体行政行为侵犯其合法权益的,可以自知道该具体行政行为之日起 60 日内提出行政复议申请;但法律规定的申请期限超过 60 日的除外。因不可抗力或者其他正当理由耽误法定申请期限的,申请期限自障碍消除之日起继续计算。

依法申请行政复议的公民、法人或者其他组织是申请人。作出具体行政行为的行政机关是被申请人。申请人可以委托代理人代为参加行政复议。申请人申请行政复议,可以书面申请,也可以口头申请。

对于行政复议,应当按照《行政复议法》的规定向有权受理的行政机关申请,如"对县级以上地方各级人民政府工作部门的具体行政行为不服的,由申请人选择,可以向该部门的本级人民政府申请行政复议,也可以向上一级主管部门申请行政复议"。

申请行政复议,凡行政复议机关已经依法受理的,或者法律、法规规定应当先向行政复议机关申请行政复议、对行政复议决定不服再向人民法院提起行政诉讼的,在法定行政复议期限内不得向人民法院提起行政诉讼。公民、法人或者其他组织向人民法院提起行政诉讼,人民法院已经依法受理的,不得申请行政复议。

(二)行政复议受理

行政复议机关收到行政复议申请后,应当在 5 日内进行审查,依法决定是否受理,并书面告知申请人;对符合行政复议申请条件,但不属于本机关受理范围的,应当告知申请人向有关行政复议机关提出。

在行政复议期间,行政机关不停止执行具体行政行为,但有下列情形之一的,可以停止执行:(1) 被申请人认为需要停止执行的;(2) 行政复议机关认为需要停止执行的;(3) 申请人申请停止执行,行政复议机关认为其要求合理,决定停止执行的;(4) 法律规定停止执行的。

(三)行政复议决定

行政复议原则上采取书面审查的办法,但申请人提出要求或者行政复议机关负责法制工作的机构认为有必要时,可以向有关组织和人员调查情况,听取申请人、被申请人和第三人的意见。行政复议决定做出前,申请人要求撤回行政复议申请的,经说明理由,可以撤回;撤回行政复议申请的,行政复议终止。

申请人、第三人可以查阅被申请人提出的书面答复、作出具体行政行为的证据、依据和其他有关材料,除涉及国家秘密、商业秘密或者个人隐私外,行政复议机关不得拒绝。在行政复议过程中,被申请人不得自行向申请人和其他有关组织或者个人搜集证据。

行政复议机关应当在受理行政复议申请之日起 60 日内作出行政复议决定,其主要类型有:

(1) 对于具体行政行为认定事实清楚,证据确凿,适用依据正确,程序合法,内容适当的,决定维持。

(2) 对于被申请人不履行法定职责的,决定其在一定期限内履行。

(3) 对于具体行政行为有下列情形之一的,决定撤销、变更或者确认该具体行政行为违法:① 主要事实不清、证据不足的;② 适用依据错误的;③ 违反法定程序的;④ 超越或者滥用职权的;⑤ 具体行政行为明显不当的。对于决定撤销或者确认该具体行政行为违法的,可以责令被申请人在一定期限内重新作出具体行政行为。

(4) 被申请人不按照法律规定提出书面答复、提交当初作出具体行政行为的证据、依据和其他材料的,视为该具体行政行为没有证据、依据,决定撤销该具体行政行为。

申请人在申请行政复议时可以一并提出行政赔偿请求,行政复议机关对符合国家赔偿法有关规定应当给予赔偿的,在决定撤销、变更具体行政行为或者确认具体行政行为违法时,应同时决定被申请人依法给予赔偿。

三、行政诉讼的受案范围、审理程序和判决执行

行政诉讼,是指人民法院应当事人的请求,通过审查具体行政行为合法性的方式,解决特定范围内行政争议的活动。

(一) 行政诉讼受案范围

行政诉讼受案范围确定了行政机关具体行政行为受司法监督的限度,以及公民、法人或其他组织获得司法救济的范围。

《行政诉讼法》规定,人民法院受理公民、法人和其他组织对下列具体行政行为不服提起的诉讼:(1) 对拘留、罚款、吊销许可证和执照、责令停产停业、没收财物等行政处罚不服的;(2) 对限制人身自由(如强制隔离、强制约束)或者对财产的查封、扣押、冻结等行政强制措施不服的;(3) 认为行政机关侵犯法律规定的经营自主权的;(4) 认为符合法定条件申请行政机关颁发许可证和执照,行政机关拒绝颁发或者不予答复的;(5) 申请行政机关履行保护人身权、财产权的法定职责,行政机关拒绝履行或者不予答复的;(6) 认为行政机关没有依法发给抚恤金的(如伤残抚恤金、遗属抚恤金、福利金、救济金等);(7) 认为行政机关违法要求履行义务的(如财产义务、行为义务,典型表现为乱收费、乱摊派);(8) 认为行政机关侵犯其他人身权、财产权的;(9) 法律、法规规定可以提起行政诉讼的其他行政案件。

但是,人民法院不受理公民、法人或者其他组织对下列事项提起的诉讼:(1) 国防、外交等国家行为;(2) 行政法规、规章或者行政机关制定、发布的具有普遍约束力的决定、命令;(3) 行政机关对行政机关工作人员的奖惩、任免等决定;(4) 法律规定由行政机关最终裁决的具体行政行为。

行政诉讼主要适用于一般地域管辖。行政案件由最初作出具体行政行为的行政机关

所在地人民法院管辖。经复议的案件,复议机关改变原具体行政行为的,也可以由复议机关所在地人民法院管辖。对限制人身自由的行政强制措施不服提起的诉讼,由被告所在地或者原告所在地人民法院管辖。因不动产提起的行政诉讼,由不动产所在地人民法院管辖。

两个以上人民法院都有管辖权的案件,原告可以选择其中一个人民法院提起诉讼。原告向两个以上有管辖权的人民法院提起诉讼的,由最先收到起诉状的人民法院管辖。

(二)行政案件的审理程序

1. 起诉与受理

提起行政诉讼应当符合下列条件:(1)原告是认为具体行政行为侵犯其合法权益的公民、法人或者其他组织;(2)有明确的被告;(3)有具体的诉讼请求和事实根据;(4)属于人民法院受案范围和受诉人民法院管辖。

行政争议未经行政复议,由当事人直接向法院提起行政诉讼的,除法律另有规定的外。应当在知道作出具体行政行为之日起3个月内起诉。经过行政复议但对行政复议决定不服而依法提起行政诉讼的,应当在收到行政复议决定书之日起15日内起诉;若行政复议机关逾期不作复议决定的,除法律另有规定的外,应当在行政复议期满之日起15日内起诉。

人民法院接到起诉状后应当在7日内审查立案或者裁定不予受理。原告对裁定不服的,可以提起上诉。

2. 审理

《行政诉讼法》规定,行政诉讼期间,除该法规定的情形外,不停止具体行政行为的执行。除涉及国家秘密、个人隐私和法律另有规定的外,人民法院应当公开审理行政案件。人民法院审理行政案件,不适用调解。

人民法院审理行政诉讼案件,以法律和行政法规、地方性法规为依据。地方性法规适用于本行政区域内发生的行政案件;审理民族自治地方的行政案件,并以该民族自治地方的自治条例和单行条例为依据。人民法院审理行政案件,参照国务院部、委根据法律和国务院的行政法规、决定、命令制定、发布的规章以及省、自治区、直辖市和省、自治区的人民政府所在地的市和经国务院批准的较大的市的人民政府根据法律和国务院的行政法规制定、发布的规章。

经人民法院两次合法传唤,原告无正当理由拒不到庭的,视为申请撤诉;被告无正当理由拒不到庭的,可以缺席判决。

3. 判决

法院经过审理,根据不同情况,分别就行政案件作出如下判决:

(1)认为具体行政行为证据确凿,适用法律、法规正确,符合法定程序的,判决维持。

(2)认为具体行政行为有下列情形之一,判决撤销或者部分撤销,并可以判决被告重新作出具体行政行为:① 主要证据不足的;② 适用法律、法规错误的;③ 违反法定程序的;④ 超越职权的;⑤ 滥用职权的。

(3)认为被告不履行或拖延履行法定职责,判决其在一定限期内履行。

(4)认定行政处罚显失公正(即同类型的行政处罚畸轻畸重,明显的不公正)的,可以判决变更。

（5）认为原告的诉讼请求依法不能成立，直接判决驳回原告的诉讼请求。

（6）通过对被诉具体行政行为的审查，确认被诉具体行政行为合法或违法的判决。

当事人不服人民法院第一审判决的，有权在判决书送达之日起 15 日内提起上诉；不服人民法院第一审裁定的，有权在裁定书送达之日起 10 日内提起上诉。逾期不提起上诉的，人民法院的第一审判决或者裁定发生法律效力。

第二审判决、裁定，是终审判决、裁定。当事人对已经发生法律效力的行政判决、裁定，认为确有错误的，可以向原审人民法院或者上一级人民法院提出申诉，但判决、裁定不停止执行。

4. 执行

当事人必须履行人民法院发生法律效力的行政判决、裁定。公民、法人或者其他组织拒绝履行判决、裁定的，行政机关可以向第一审人民法院申请强制执行，或者依法强制执行。

行政机关拒绝履行判决、裁定的，第一审人民法院可以采取以下措施：（1）对应当归还的罚款或者应当给付的赔偿金，通知银行从该行政机关的账户内划拨；（2）在规定期限内不执行的，从期满之日起，对该行政机关按日处 50 元至 100 元的罚款；（3）向该行政机关的上一级行政机关或者监察、人事机关提出司法建议。接受司法建议的机关，根据有关规定进行处理，并将处理情况告知人民法院；（4）拒不执行判决、裁定，情节严重构成犯罪的，依法追究主管人员和直接责任人员的刑事责任。

四、侵权的赔偿责任

公民、法人或者其他组织的合法权益受到行政机关或者行政机关工作人员作出的具体行政行为侵犯造成损害的，有权请求赔偿。公民、法人或者其他组织单独就损害赔偿提出请求，应当先由行政机关解决。对行政机关的处理不服，可以向人民法院提起诉讼。赔偿诉讼可以适用调解。

按照《国家赔偿法》的规定，行政机关及其工作人员在行使行政职权时有下列侵犯人身权情形之一的，受害人有取得赔偿的权利：（1）违法拘留或者违法采取限制公民人身自由的行政强制措施的；（2）非法拘禁或者以其他方法非法剥夺公民人身自由的；（3）以殴打、虐待等行为或者唆使、放纵他人以殴打、虐待等行为造成公民身体伤害或者死亡的；（4）违法使用武器、警械造成公民身体伤害或者死亡的；（5）造成公民身体伤害或者死亡的其他违法行为。

行政机关及其工作人员在行使行政职权时有下列侵犯财产权情形之一的，受害人有取得赔偿的权利：（1）违法实施罚款、吊销许可证和执照、责令停产停业、没收财物等行政处罚的；（2）违法对财产采取查封、扣押、冻结等行政强制措施的；（3）违法征收、征用财产的；（4）造成财产损害的其他违法行为。

但是，属于下列情形之一的，国家不承担赔偿责任：（1）行政机关工作人员与行使职权无关的个人行为；（2）因公民、法人或其他组织自己的行为致使损害发生的；（3）法律规定的其他情形。

第六节 工程案例分析

【案例54】

（一）背景

某建筑企业与建设单位在施工合同中约定：发生争议提交有管辖权的人民法院解决。后双方因工程价款的拨付发生争议又协商不成，拟向人民法院提起诉讼以解决争议。

（二）问题

本案中应当是哪一地、哪一级的人民法院具有管辖权？

（三）分析

（1）按照《最高人民法院关于审理建设工程施工合同纠纷案件适用法律问题的解释》的规定，建设工程施工合同纠纷不适用专属管辖。本案合同中又未明确约定管辖法院，对协议管辖也不适用。所以，本案应当适用特殊地域管辖的规定，即合同履行地或者被告住所地的人民法院均有管辖权。

（2）根据双方争议金额（即诉讼标的额），按照最高人民法院关于《全国各省、自治区、直辖市高级人民法院和中级人民法院管辖第一审民商事案件标准》的规定，可以确定有管辖权的第一审人民法院管辖。也就是说，当事人可根据双方争议金额在该合同履行地或者被告住所地的相应级别的人民法院中任选其一提起诉讼。

【案例55】

（一）背景

某建筑公司与发包人在施工合同中约定：双方若发生争议，提交发包人住所地人民法院管辖。后双方因工程价款的支付时间发生争议，建筑公司向合同履行地的人民法院起诉，法院受理了此案，并向发包人送达了应诉通知书。

（二）问题

发包人可否提出管辖权异议，受诉人民法院应当作出移送管辖还是管辖权转移？

（三）分析

本案合同中约定了争议由发包人住所地人民法院管辖，符合协议管辖的规定，所以本案有管辖权的法院应为发包人住所地法院。但是，建筑企业却向合同履行地人民法院提起诉讼，违反了协议管辖的约定，所以发包人可以据此提出管辖权异议。由于受诉人民法院对本案不具有管辖权，本案应当依法移送发包人住所地的人民法院管辖。

【案例56】

（一）背景

A建筑公司的资质等级较低。但经A建筑公司的介绍，B建筑公司最终承接了某建筑工程，并将该工程的部分非主体工程施工分包给了A建筑公司。由于发包人拖欠B建筑公司工程款，导致B建筑公司也拖欠A建筑公司的工程款项。为此，A建筑公司背着B建筑公司，以实际施工人名义单独起诉发包人，要求发包人直接向其支付工程价款。在法院审理过程中，发包人与A建筑公司双方达成调解协议，约定由发包人直接向A建筑公司支付工程款，然后在工程竣工结算时从给付B建筑公司的工程价款中扣除。法院根据该调解协议制作了调解书，经双方签字后生效。由于A建筑公司高估冒算工程量，导致发包人实际确认并支付的工程款远远超过A建筑公司应得款额，后在工程决算时B建筑公司发现了此事。

（二）问题

B建筑公司应如何维护自己的权益？

（三）分析

近年来，在民事诉讼的司法实践中，一些当事人通过恶意诉讼或者利用调解进行诉讼欺诈，损害第三人合法权益的事项日益突出。我国《民事诉讼法》虽然确立了第三人参加诉讼的制度，但该制度的前提是第三人在本诉进行中知道该诉的存在，才可以参加诉讼以保护自己的权益；无论是有独立请求权的第三人还是无独立请求权的第三人，在很多情况下往往不知道诉讼的存在，尤其是当事人以恶意串通、虚假自认等方式损害第三人权益的，第三人更是无从知道，也就无法参加诉讼以维护自己的权益。在本案中，由于发包人与A建筑公司双方串通进行调解，且在调解书生效后又自行履行，B建筑公司不知晓亦无法提出异议，导致自身利益受损。

新修订的《民事诉讼法》规定了第三人撤销之诉，即：第三人因不能归责于本人的事由未参加诉讼，但有证据证明发生法律效力的判决、裁定、调解书的部分或者全部内容错误，损害其民事权益的，可以自知道或者应当知道其民事权益受到损害之日起6个月内，向作出该判决、裁定、调解书的人民法院提起诉讼。据此，B建筑公司可以自知道或者应当知道该调解书事由之日起6个月内，向作出调解书的人民法院提出撤销该调解书的诉讼，以维护自己的权益。

【案例57】

（一）背景

某工程发包人长期拖欠工程款，施工单位因多种原因在诉讼时效期限内未行使请求权。后双方发生争议，施工单位将发包人诉至法院。

（二）问题

（1）法院是否应受理此案？

（2）法院是否可以直接驳回诉讼请求？

（3）如果施工合同中约定工程价款请求权的诉讼时效为 1 年，应当如何处理？

（三）分析

（1）法院应当受理此案。对于超过诉讼时效但符合《民事诉讼法》规定的起诉条件的案件，法院仍然应当受理。但是，如果法院经受理后查明无中止、中断、延长事由的，可判决驳回诉讼请求。

（2）没有当事人的诉讼时效抗辩，法院不可以直接或者依职权驳回原告的诉讼请求。依照《最高人民法院关于审理民事案件适用诉讼时效制度若干问题的规定》，当事人未提出诉讼时效抗辩，法院不应对诉讼时效问题进行释明及主动适用诉讼时效的规定进行裁判。

（3）如果施工合同中约定工程价款的请求权诉讼时效为 1 年，法院将不予认可。根据《最高人民法院关于审理民事案件适用诉讼时效制度若干问题的规定》，当事人违反法律规定，约定延长或者缩短诉讼时效期间、预先放弃诉讼时效利益的，法院不予认可。

【案例 58】

（一）背景

某房地产公司为担保工程价款的支付，将自己的一栋办公楼抵押给承包该工程施工的某建筑公司，双方签订抵押合同并办理了抵押登记。在工程竣工验收合格并签订了结算协议后，房地产公司一直拖延支付工程价款，引发了双方的争议。

（二）问题

（1）该建筑公司能否申请人民法院直接拍卖、变卖抵押财产？

（2）该建筑公司应当如何实现担保物权？

（三）分析

（1）该建筑公司不能申请人民法院直接拍卖、变卖抵押财产。虽然《物权法》规定："抵押权人与抵押人未就抵押权实现方式达成协议的，抵押人可以请求人民法院拍卖、变卖抵押财产。"这属于实体法对担保物权的实现作出的规定，但《民事诉讼法》规定的作为人民法院执行依据的法律文书中并不包括债权人享有的担保物权本身，也就是说，债权人享有的担保物权不能直接申请人民法院执行。

（2）为更好地保护担保物权人的合法权益，《民事诉讼法》特别规定，实现担保物权案件适用特别程序审理，实行一审终审，并且应当在立案之日起 30 日内或者公告期满后 30 日内审结。该法第 196 条规定："申请实现担保物权，由担保物权人以及其他有权请求实现担保物权的人依照物权法等法律，向担保财产所在地或者担保物权登记地基层人民法院提出。"第 197 条规定："人民法院受理申请后，经审查，符合法律规定的，裁定拍卖、变卖担保财产，当事人依据该裁定可以向人民法院申请执行;不符合法律规定的,裁定驳回申请,当事人可以向人民法院提起诉讼。"本案中的建筑公司可以向抵押物抵押登记地的人民法院提出申请,由人民法院适用特别程序审理,作出拍卖裁定。

【案例59】

（一）背景

某建设工程施工合同纠纷案件经人民法院判决生效8个月后,当事人一方的建筑公司又发现了新的证据,认为足以推翻原判决、裁定。

（二）问题

该建筑公司能否向上一级人民法院申请再审?

（三）分析

根据新修订的《民事诉讼法》第205条的规定,"当事人申请再审,应当在判决、裁定发生法律效力后6个月内提出;有本法第200条第1项、第3项、第12项、第13项规定情形的,自知道或者应当知道之日起六个月内提出。"该建筑公司可以在发现新证据后的6个月内,向上一级人民法院申请再审。

【案例60】

（一）背景

甲房地产开发公司(以下简称甲公司)与乙房地产开发公司(以下简称乙公司)签订的《H项目合作开发合同》中约定:双方合作开发H项目,乙公司在取得市发改委项目建议书批复文件10日内向甲公司支付补偿金700万元,如乙公司不能按时付款,本合同即作废,乙公司应向甲公司支付300万元违约金。合同还约定:"因本合同引起的或与本合同有关的任何争议,均提请B仲裁委员会仲裁。仲裁裁决是终局的,对双方均有约束力。"因乙公司在取得H项目批复文件后未支付补偿金,甲公司通知解除合同并向B仲裁委员会申请仲裁。乙公司在收到B仲裁委员会的仲裁通知及相关资料后提出了管辖异议,称合同中虽有仲裁条款,但合同已经解除,B仲裁委员会没有管辖权。甲公司认为乙公司的抗辩理由不能成立。B仲裁委员会根据合同中的仲裁条款作出了裁决。为此,乙公司以B仲裁委员会对本案无管辖权为由向E人民法院提出撤销该裁决的申请。

（二）问题

本案中的B仲裁委员会对此案是否具有管辖权?

（三）分析

《仲裁法》第19条规定:"仲裁协议独立存在,合同的变更、解除、终止或者无效,不影响仲裁协议的效力。"因此,虽然双方已终止合同履行,但并不影响合同中仲裁条款的效力。

E 人民法院在《民事裁定书》中认定：B 仲裁委员会有权根据该仲裁条款对所涉双方争议进行仲裁,乙公司的该项主张不能成立。E 人民法院最终裁定驳回乙公司申请撤销 B 仲裁委员会裁决的请求。

【案例 61】

（一）背景

某建筑公司按照与某房地产开发公司签订的建设工程施工合同中的仲裁条款,向某仲裁委员会申请仲裁。开庭时,建筑公司请来了几家媒体记者要求旁听,开发公司对此坚决反对。

（二）问题

建筑公司请来的媒体记者是否有权要求旁听?

（三）分析

《仲裁法》第 40 条规定:"仲裁不公开进行。当事人协议公开的,可以公开进行,但涉及国家秘密的除外。"本案中,由于开发公司反对公开审理,除双方当事人或者当事人的法定代表人及其仲裁代理人有权参加外,其他未经授权的人员包括媒体记者在内均无权申请旁听。

【案例 62】

（一）背景

某施工企业承接某高校实验楼的改造工程,因双方对实际工程量发生争执,导致工程竣工后长期不能结算。施工企业按照约定提起仲裁,要求据实结算工程款。仲裁期间,该实验楼因实施规划要求已被拆除,不能再通过现场测量的方法进行造价鉴定。在仲裁庭主持下,双方互谅互让达成调解协议。仲裁庭据此制作了调解书。后因高校拒绝付款,施工企业向人民法院申请强制执行。高校则以调解书不具有强制执行效力为由提出执行异议。

（二）问题

仲裁调解书是否具有强制执行的法律效力?

（三）分析

生效的调解书具有强制执行法律效力。《仲裁法》第 51 条规定:"调解达成协议的,仲裁庭应当制作调解书或者根据协议的结果制作裁决书。调解书与裁决书具有同等法律效力。"《民事诉讼法》第 237 条规定:"对依法设立的仲裁机构的裁决,一方当事人不履行的,对方当事人可以向有管辖权的人民法院申请执行。受申请的人民法院应当执行。"

【案例 63】

（一）背景

某施工企业承接某开发商的住宅工程项目。在工程竣工验收合格并结算完毕后，因开发商拒绝支付工程尾款，施工企业向人民法院提起诉讼。在诉讼过程中，当事人双方在庭下就所有诉讼事宜达成和解协议，于是施工企业撤诉。此后，开发商以双方私下达成的和解协议不具有法律效力为由，拒绝履行付款义务。

（二）问题

双方达成的和解协议是否具有法律效力？

（三）分析

《民事诉讼法》第 13 条第 2 款规定："当事人有权在法律规定范围内处分自己的民事权利和诉讼权利"；第 50 条规定："双方当事人可以自行和解"。因此，双方当事人在诉讼中自行达成和解协议，属于依法处理自己的民事权利和诉讼权利，除非具有《合同法》第 52 条、第 53 条规定的无效情形，否则该和解协议有效，对双方均有法律约束力，应当遵照履行，但其不具有强制执行的效力。在开发商拒绝履行和解协议的情况下，施工企业可以根据和解协议向人民法院提起诉讼。

【案例 64】

（一）背景

某工地的施工企业夜间施工扰民，区环保局接到群众举报并进行查实后，依法对施工企业作出停工整改和处以 2 万元罚款的行政处罚决定。施工企业认为该处罚金额过高，欲提起行政复议。

（二）问题

施工企业可以向哪些部门申请行政复议？

（三）分析

《行政复议法》第 12 条第 1 款规定："对县级以上地方各级人民政府工作部门的具体行政行为不服的，由申请人选择，可以向该部门的本级人民政府申请行政复议，也可以向上一级主管部门申请行政复议。"据此，施工企业可以向区人民政府申请行政复议，也可以向市环保局申请行政复议。

【案例 65】

（一）背景

某区规划局的工作人员范某在项目审批过程中存在着工作失职行为，区规划局经查实后对其作出记大过处理,但范某不服。

(二)问题

范某可否申请行政诉讼?

(三)分析

区规划局对其工作人员范某作出的记大过处理属行政处分,不属于行政处罚措施。因此,范某不能通过行政诉讼解决,但可以依据《公务员法》第 90 条的规定,自知道该人事处理之日起 30 日内向原处理机关申请复核;对复核结果不服的,可以自接到复核决定之日起15 日内,按照规定向同级公务员主管部门或者作出该人事处理的机关的上一级机关提出申诉;也可以不经复核,自知道该人事处理之日起 30 日内直接提出申诉。对省级以下机关作出的申诉处理决定不服的,可以向作出处理决定的上一级机关提出再申诉。行政机关公务员对处分不服向行政监察机关申诉的,按照《中华人民共和国行政监察法》的规定办理。

【案例 66】

(一)背景

某工商局工作人员李某驾车下班途中不慎与骑自行车人张某发生剐蹭,双方因责任归属发生争执。情急中,李某推搡张某致使其摔伤,后送至医院治疗,发生治疗费、护理费等6 000 余元。为此,张某向李某所在单位的工商局提出了国家赔偿的要求。

(二)问题

张某可否要求工商局承担赔偿责任?

(三)分析

尽管李某属于国家机关(即工商局)工作人员,但其因交通肇事并推搡张某致其摔伤的行为不是发生在工作期间,不属于履行职务的行为,而属于个人行为,因此应由其个人承担赔偿责任。

第十章
建设工程其他相关法律制度

第一节　施工现场环境保护制度

《建筑法》规定,建筑施工企业应当遵守有关环境保护和安全生产的法律、法规的规定,采取控制和处理施工现场的各种噪声、振动、粉尘、废气、废水、固体废物以及对环境的污染和危害的措施。

《建设工程安全生产管理条例》进一步规定,施工单位应当遵守有关环境保护法律、法规的规定,在施工现场采取措施,防止或者减少噪声、振动、粉尘、废气、废水、固体废物和施工照明对人和环境的危害和污染。

一、施工现场噪声污染防治的规定

环境噪声,是指在工业生产、建筑施工、交通运输和社会生活中所产生的干扰周围生活环境的声音。环境噪声污染,则是指产生的环境噪声超过国家规定的环境噪声排放标准,并干扰他人正常生活、工作和学习的现象。

在工程建设领域,环境噪声污染的防治主要包括两个方面:一是施工现场环境噪声污染的防治;二是建设项目环境噪声污染的防治。前者主要解决建设工程施工过程中产生的施工噪声污染问题,后者则是要解决建设项目建成后使用过程中可能产生的环境噪声污染问题。

(一)施工现场环境噪声污染的防治

施工噪声,是指在建设工程施工过程中产生的干扰周围生活环境的声音。随着城市化的持续发展和大规模的工程建设,施工噪声污染问题日益突出,尤其是在城市中心地区施工所产生的噪声污染,不仅影响周围居民的正常生活,还损害城市的环境形象。施工单位与周边居民因噪声引发的纠纷时有发生,群众投诉也日渐增多。因此,依法加强施工现场噪声管理、有效防治施工噪声污染是非常必要的。

1. 建筑施工场界环境噪声排放标准的规定

《环境噪声污染防治法》规定,在城市市区范围内向周围生活环境排放建筑施工噪声的,应当符合国家规定的建筑施工场界环境噪声排放标准。

所谓建筑施工噪声,是指建筑施工过程中产生的干扰周围生活环境的声音。建筑施工场界,是指由有关主管部门批准的建筑施工场地边界或建筑施工过程中实际使用的施工场地边界。按照《建筑施工场界环境噪声排放标准》(GB 12523—2011)的规定,建筑施工过程中场界环境噪声不得超过规定的排放限值。建筑施工场界环境噪声排放限值,昼间 70 dB(A),夜间 55 dB(A)。夜间噪声最大声级超过限值的幅度不得高于 15 dB(A)。"昼间"是指 6:00 至 22:00 之间的时段;"夜间"是指 22:00 至次日 6:00 之间的时段。县级以上人民政府为环境噪声污染防治的需要(如考虑时差、作息习惯差异等)而对昼间、夜间的划分另有规定的,应按其规定执行。

dB 是英文 Decibel(分贝)的缩写,是噪声强度的单位。(A)是指频率加权特性为 A,A 计权声级是目前世界上噪声测量中应用最广泛的一种。

2. 使用机械设备可能产生环境噪声污染须申报的规定

《环境噪声污染防治法》规定,在城市市区范围内,建筑施工过程中使用机械设备,可能产生环境噪声污染的,施工单位必须在工程开工 15 日以前向工程所在地县级以上地方人民政府环境保护行政主管部门申报该工程的项目名称、施工场所和期限、可能产生的环境噪声值以及所采取的环境噪声污染防治措施的情况。

国家对环境噪声污染严重的落后设备实行淘汰制度。国务院经济综合主管部门应当会同国务院有关部门公布限期禁止生产、禁止销售、禁止进口的环境噪声污染严重的设备名录。

3. 禁止夜间进行产生环境噪声污染施工作业的规定

《环境噪声污染防治法》规定,在城市市区噪声敏感建筑物集中区域内,禁止夜间进行产生环境噪声污染的建筑施工作业,但抢修、抢险作业和因生产工艺上要求或者特殊需要必须连续作业的除外。因特殊需要必须连续作业的,必须有县级以上人民政府或者其有关主管部门的证明。以上规定的夜间作业,必须公告附近居民。

所谓噪声敏感建筑物集中区域,是指医疗区、文教科研区和以机关或者居民住宅为主的区域。所谓噪声敏感建筑物,是指医院、学校、机关、科研单位、住宅等需要保持安静的建筑物。

4. 政府监管部门现场检查的规定

《环境噪声污染防治法》规定,县级以上人民政府环境保护行政主管部门和其他环境噪声污染防治工作的监督管理部门、机构,有权依据各自的职责对管辖范围内排放环境噪声的单位进行现场检查。

被检查的单位必须如实反映情况,并提供必要的资料。检查部门、机构应当为被检查的单位保守技术秘密和业务秘密。检查人员进行现场检查,应当出示证件。

(二)建设项目环境噪声污染的防治

城市道桥、铁路(包括轻轨)、工业厂房等建设项目,在建成后的使用过程中可能会对周围环境产生噪声污染。因此,建设单位在建设前期就须依法规定防治措施,并同步建设环境噪声污染防治设施。

《环境噪声污染防治法》规定,新建、改建、扩建的建设项目,必须遵守国家有关建设项目环境保护管理的规定。

建设项目可能产生环境噪声污染的,建设单位必须提出环境影响报告书,规定环境噪声污染的防治措施,并按照国家规定的程序报环境保护行政主管部门批准。环境影响报告书中,应当有该建设项目所在地单位和居民的意见。

建设项目的环境噪声污染防治设施必须与主体工程同时设计、同时施工、同时投产使用。例如,建设经过已有的噪声敏感建筑物集中区域的高速公路和城市高架、轻轨道路,有可能造成环境噪声污染的,应当设置声屏障或者采取其他有效的控制环境噪声污染的措施;在已有的城市交通干线的两侧建设噪声敏感建筑物的,建设单位应当按照国家规定间隔一定距离,并采取减轻、避免交通噪声影响的措施等。

建设项目在投入生产或者使用之前,其环境噪声污染防治设施必须经原审批环境影响报告书的环境保护行政主管部门验收;达不到国家规定要求的,该建设项目不得投入生产或者使用。

（三）交通运输噪声污染的防治

所谓交通运输噪声,是指机动车辆、铁路机车、机动船舶、航空器等交通运输工具在运行时所产生的干扰周围生活环境的声音。由于建设工程施工有着大量的运输任务,不可避免地还会产生交通运输噪声。

《环境噪声污染防治法》规定,在城市市区范围内行驶的机动车辆的消声器和喇叭必须符合国家规定的要求。机动车辆必须加强维修和保养,保持技术性能良好,防治环境噪声污染。

警车、消防车、工程抢险车、救护车等机动车辆安装、使用警报器,必须符合国务院公安部门的规定;在执行非紧急任务时,禁止使用警报器。

（四）对产生环境噪声污染企业事业单位的规定

《环境噪声污染防治法》规定,产生环境噪声污染的企业事业单位,必须保持防治环境噪声污染的设施的正常使用;拆除或者闲置环境噪声污染防治设施的,必须事先报经所在地的县级以上地方人民政府环境保护行政主管部门批准。

产生环境噪声污染的单位,应当采取措施进行治理,并按照国家规定缴纳超标准排污费。征收的超标准排污费必须用于污染的防治,不得挪作他用。

对于在噪声敏感建筑物集中区域内造成严重环境噪声污染的企业事业单位,限期治理。被限期治理的单位必须按期完成治理任务。

二、施工现场废气、废水污染防治的规定

在工程建设领域,对于废气、废水污染的防治,也包括施工现场和建设项目两大方面。

（一）大气污染的防治

按照国际标准化组织(ISO)的定义,大气污染通常是指由于人类活动或自然过程引起某些物质进入大气中,呈现出足够的浓度,达到足够的时间,并因此危害了人体的舒适、健康和福利或环境污染的现象。为此,如果人类不对大气污染物的排放总量加以有效控制和防治,将会严重破坏生态系统和人类生存条件。

1. 施工现场大气污染的防治

《大气污染防治法》规定,城市人民政府应当采取绿化责任制、加强建设施工管理、扩大地面铺装面积、控制渣土堆放和清洁运输等措施,提高人均占有绿地面积,减少市区裸露地

面和地面尘土,防治城市扬尘污染。

在城市市区进行建设施工或者从事其他产生扬尘污染活动的单位,必须按照当地环境保护的规定,采取防治扬尘污染的措施。运输、装卸、贮存能够散发有毒有害气体或者粉尘物质的,必须采取密闭措施或者其他防护措施。

在人口集中地区存放煤炭、煤矸石、煤渣、煤灰、砂石、灰土等物料,必须采取防燃、防尘措施,防止污染大气。严格限制向大气排放含有毒物质的废气和粉尘;确需排放的,必须经过净化处理,不超过规定的排放标准。

对于施工现场的大气污染防治,重点是防治扬尘污染。原建设部颁布的《绿色施工导则》中规定:

(1) 运送土方、垃圾、设备及建筑材料等,不污损场外道路。运输容易散落、飞扬、流漏的物料的车辆,必须采取措施封闭严密,保证车辆清洁。施工现场出口应设置洗车槽。

(2) 土方作业阶段,采取洒水、覆盖等措施,达到作业区目测扬尘高度小于 1.5 m,不扩散到场区外。

(3) 结构施工、安装装饰装修阶段,作业区目测扬尘高度小于 0.5 m。对易产生扬尘的堆放材料应采取覆盖措施;对粉末状材料应封闭存放;场区内可能引起扬尘的材料及建筑垃圾搬运应有降尘措施,如覆盖、洒水等;浇筑混凝土前清理灰尘和垃圾时尽量使用吸尘器,避免使用吹风器等易产生扬尘的设备;机械剔凿作业时可用局部遮挡、掩盖、水淋等防护措施;高层或多层建筑清理垃圾应搭设封闭性临时专用道或采用容器吊运。

(4) 施工现场非作业区达到目测无扬尘的要求。对现场易飞扬物质采取有效措施,如洒水、地面硬化、围挡、密网覆盖、封闭等,防止扬尘产生。

(5) 构筑物机械拆除前,做好扬尘控制计划。可采取清理积尘、拆除体洒水、设置隔挡等措施。

(6) 构筑物爆破拆除前,做好扬尘控制计划。可采用清理积尘、淋湿地面、预湿墙体、屋面敷水袋、楼面蓄水、建筑外设高压喷雾状水系统、搭设防尘排栅和直升机投水弹等综合降尘。选择风力小的天气进行爆破作业。

(7) 在场界四周隔挡高度位置测得的大气总悬浮颗粒物(TSP)月平均浓度与城市背景值的差值不大于 0.08 mg/m³。

2. 建设项目大气污染的防治

《大气污染防治法》规定,新建、扩建、改建向大气排放污染物的项目,必须遵守国家有关建设项目环境保护管理的规定。

建设项目的环境影响报告书,必须对建设项目可能产生的大气污染和对生态环境的影响作出评价,规定防治措施,并按照规定的程序报环境保护行政主管部门审查批准。例如,新建、扩建排放二氧化硫的火电厂和其他大中型企业,超过规定的污染物排放标准或者总量控制指标的,必须建设配套脱硫、除尘装置或者采取其他控制二氧化硫排放、除尘的措施;炼制石油、生产合成氨、煤气和燃煤焦化、有色金属冶炼过程中排放含有硫化物气体的,应当配备脱硫装置或者采取其他脱硫措施等。

建设项目投入生产或者使用之前,其大气污染防治设施必须经过环境保护行政主管部门验收,达不到国家有关建设项目环境保护管理规定的要求的建设项目,不得投入生产或者使用。

3. 对向大气排放污染物单位的监管

《大气污染防治法》规定，向大气排放污染物的单位，必须按照国务院环境保护行政主管部门的规定向所在地的环境保护行政主管部门申报拥有的污染物排放设施、处理设施和在正常作业条件下排放污染物的种类、数量、浓度，并提供防治大气污染方面的有关技术资料。

排污单位排放大气污染物的种类、数量、浓度有重大改变的，应当及时申报；其大气污染物处理设施必须保持正常使用，拆除或者闲置大气污染物处理设施的，必须事先报经所在地的县级以上地方人民政府环境保护行政主管部门批准。

向大气排放污染物的，其污染物排放浓度不得超过国家和地方规定的排放标准。在人口集中地区和其他依法需要特殊保护的区域内，禁止焚烧沥青、油毡、橡胶、塑料、皮革、垃圾以及其他产生有毒有害烟尘和恶臭气体的物质。

（二）水污染的防治

水污染，是指水体因某种物质的介入，而导致其化学、物理、生物或者放射性等方面特性的改变，从而影响水的有效利用，危害人体健康或者破坏生态环境，造成水质恶化的现象。水污染防治包括江河、湖泊、运河、渠道、水库等地表水体以及地下水体的污染防治。

《水污染防治法》规定，水污染防治应当坚持预防为主、防治结合、综合治理的原则，优先保护饮用水水源，严格控制工业污染、城镇生活污染，防治农业面源污染，积极推进生态治理工程建设，预防、控制和减少水环境污染和生态破坏。

1. 施工现场水污染的防治

《水污染防治法》规定，排放水污染物，不得超过国家或者地方规定的水污染物排放标准和重点水污染物排放总量控制指标。

直接或者间接向水体排放污染物的企业事业单位和个体工商户，应当按照国务院环境保护主管部门的规定，向县级以上地方人民政府环境保护主管部门申报登记拥有的水污染物排放设施、处理设施和在正常作业条件下排放水污染物的种类、数量和浓度，并提供防治水污染方面的有关技术资料。

（1）禁止向水体排放油类、酸液、碱液或者剧毒废液。禁止在水体清洗装贮过油类或者有毒污染物的车辆和容器。禁止向水体排放、倾倒放射性固体废物或者含有高放射性和中放射性物质的废水。向水体排放含低放射性物质的废水，应当符合国家有关放射性污染防治的规定和标准。

（2）禁止向水体排放、倾倒工业废渣、城镇垃圾和其他废弃物，禁止将含有汞、镉、砷、铬、铅、氰化物、黄磷等的可溶性剧毒废渣向水体排放、倾倒或者直接埋入地下。存放可溶性剧毒废渣的场所，应当采取防水、防渗漏、防流失的措施。禁止在江河、湖泊、运河、渠道、水库最高水位线以下的滩地和岸坡堆放、存贮固体废弃物和其他污染物。

（3）在饮用水水源保护区内，禁止设置排污口。在风景名胜区水体、重要渔业水体和其他具有特殊经济文化价值的水体的保护区内，不得新建排污口。在保护区附近新建排污口，应当保证保护区水体不受污染。

（4）禁止利用渗井、渗坑、裂隙和溶洞排放、倾倒含有毒污染物的废水、含病原体的污水和其他废弃物。禁止利用无防渗漏措施的沟渠、坑塘等输送或者存贮含有毒污染物的废水、含病原体的污水和其他废弃物。

（5）兴建地下工程设施或者进行地下勘探、采矿等活动,应当采取防护性措施,防止地下水污染。人工回灌补给地下水,不得恶化地下水质。

2. 建设项目水污染的防治

《水污染防治法》规定,新建、改建、扩建直接或者间接向水体排放污染物的建设项目和其他水上设施,应当依法进行环境影响评价。

建设单位在江河、湖泊新建、改建、扩建排污口的,应当取得水行政主管部门或者流域管理机构同意;涉及通航、渔业水域的,环境保护主管部门在审批环境影响评价文件时,应当征求交通、渔业主管部门的意见。

建设项目的水污染防治设施,应当与主体工程同时设计、同时施工、同时投入使用。水污染防治设施应当经过环境保护主管部门验收,验收不合格的,该建设项目不得投入生产或者使用。

禁止在饮用水水源一级保护区内新建、改建、扩建与供水设施和保护水源无关的建设项目;已建成的与供水设施和保护水源无关的建设项目,由县级以上人民政府责令拆除或者关闭。禁止在饮用水水源二级保护区内新建、改建、扩建排放污染物的建设项目;已建成的排放污染物的建设项目,由县级以上人民政府责令拆除或者关闭。

禁止在饮用水水源准保护区内新建、扩建对水体污染严重的建设项目;改建建设项目,不得增加排污量。

3. 发生事故或者其他突发性事件的规定

《水污染防治法》规定,企业事业单位发生事故或者其他突发性事件,造成或者可能造成水污染事故的,应当立即启动本单位的应急方案,采取应急措施,并向事故发生地的县级以上地方人民政府或者环境保护主管部门报告。

三、施工现场固体废物污染防治的规定

固体废物,是指在生产、生活和其他活动中产生的丧失原有利用价值或者虽未丧失利用价值但被抛弃或者放弃的固态、半固态和置于容器中的气态的物品、物质以及法律、行政法规规定纳入固体废物管理的物品、物质。固体废物污染环境,是指固体废物在产生、收集、贮存、运输、利用、处置的过程中产生的危害环境的现象。

《固体废物污染环境防治法》规定,国家对固体废物污染环境的防治,实行减少固体废物的产生量和危害性、充分合理利用固体废物和无害化处置固体废物的原则,促进清洁生产和循环经济发展。

（一）施工现场固体废物污染环境的防治

施工现场的固体废物主要是建筑垃圾和生活垃圾。固体废物又分为一般固体废物和危险废物。所谓危险废物,是指列入国家危险废物名录或者根据国家规定的危险废物鉴别标准和鉴别方法认定的具有危险特性的固体废物。

1. 一般固体废物污染环境的防治

《固体废物污染环境防治法》规定,产生固体废物的单位和个人,应当采取措施,防止或者减少固体废物对环境的污染。

收集、贮存、运输、利用、处置固体废物的单位和个人,必须采取防扬散、防流失、防渗漏

或者其他防止污染环境的措施；不得擅自倾倒、堆放、丢弃、遗撒固体废物。禁止任何单位或者个人向江河、湖泊、运河、渠道、水库及其最高水位线以下的滩地和岸坡等法律、法规规定禁止倾倒、堆放废弃物的地点倾倒、堆放固体废物。

转移固体废物出省、自治区、直辖市行政区域贮存、处置的，应当向固体废物移出地的省、自治区、直辖市人民政府环境保护行政主管部门提出申请。移出地的省、自治区、直辖市人民政府环境保护行政主管部门应当商经接受地的省、自治区、直辖市人民政府环境保护行政主管部门同意后，方可批准转移该固体废物出省、自治区、直辖市行政区域。未经批准的，不得转移。

工程施工单位应当及时清运工程施工过程中产生的固体废物，并按照环境卫生行政主管部门的规定进行利用或者处置。

2. 危险废物污染环境防治的特别规定

对危险废物的容器和包装物以及收集、贮存、运输、处置危险废物的设施、场所，必须设置危险废物识别标志。以填埋方式处置危险废物不符合国务院环境保护行政主管部门规定的，应当缴纳危险废物排污费。危险废物排污费用于污染环境的防治，不得挪作他用。

禁止将危险废物提供或者委托给无经营许可证的单位从事收集、贮存、利用、处置的经营活动。运输危险废物，必须采取防止污染环境的措施，并遵守国家有关危险货物运输管理的规定。禁止将危险废物与旅客在同一运输工具上载运。

收集、贮存、运输、处置危险废物的场所、设施、设备和容器、包装物及其他物品转作他用时，必须经过消除污染的处理，方可使用。

产生、收集、贮存、运输、利用、处置危险废物的单位，应当制定意外事故的防范措施和应急预案，并向所在地县级以上地方人民政府环境保护行政主管部门备案；环境保护行政主管部门应当进行检查。因发生事故或者其他突发性事件，造成危险废物严重污染环境的单位，必须立即采取措施消除或者减轻对环境的污染危害，及时通报可能受到污染危害的单位和居民，并向所在地县级以上地方人民政府环境保护行政主管部门和有关部门报告，接受调查处理。

3. 施工现场固体废物的减量化和回收再利用

《绿色施工导则》规定，制定建筑垃圾减量化计划，如住宅建筑，每万平方米的建筑垃圾不宜超过400t。

加强建筑垃圾的回收再利用，力争建筑垃圾的再利用和回收率达到30%，建筑物拆除产生的废弃物的再利用和回收率大于40%。对于碎石类、土石方类建筑垃圾，可采用地基填埋、铺路等方式提高再利用率，力争再利用率大于50%。

施工现场生活区设置封闭式垃圾容器，施工场地生活垃圾实行袋装化，及时清运。对建筑垃圾进行分类，并收集到现场封闭式垃圾站，集中运出。

（二）建设项目固体废物污染环境的防治

《固体废物污染环境防治法》规定，建设产生固体废物的项目以及建设贮存、利用、处置固体废物的项目，必须依法进行环境影响评价，并遵守国家有关建设项目环境保护管理的规定。

建设项目的环境影响评价文件确定需要配套建设的固体废物污染环境防治设施，必须与主体工程同时设计、同时施工、同时投入使用。固体废物污染环境防治设施必须经原审批环境影响评价文件的环境保护行政主管部门验收合格后，该建设项目方可投入生产或者使用。对固体废物污染环境防治设施的验收应当与对主体工程的验收同时进行。

在国务院和国务院有关主管部门及省、自治区、直辖市人民政府划定的自然保护区、风景名胜区、饮用水水源保护区、基本农田保护区和其他需要特别保护的区域内，禁止建设工业固体废物集中贮存、处置的设施、场所和生活垃圾填埋场。

违法行为应承担的法律责任

第二节　施工节约能源制度

能源是指煤炭、石油、天然气、生物质能和电力、热力以及其他直接或者通过加工、转换而取得有用能的各种资源。节约能源是指加强用能管理，采取技术上可行、经济上合理以及环境和社会可以承受的措施，从能源生产到消费的各个环节，降低消耗、减少损失和污染物排放、制止浪费，有效、合理地利用能源。

节约资源是我国的基本国策。国家实施节约与开发并举、把节约放在首位的能源发展战略。

一、施工合理使用与节约能源的规定

在工程建设领域，节约能源主要包括建筑节能和施工节能两个方面。

建筑节能是解决建设项目建成后使用过程中的节能问题，如《民用建筑节能条例》规定，"民用建筑节能，是指在保证民用建筑使用功能和室内热环境质量的前提下，降低其使用过程中能源消耗的活动。"施工节能则是要解决施工过程中的节约能源问题，如《绿色施工导则》规定，"绿色施工是指工程建设中，在保证质量、安全等基本要求的前提下，通过科学管理和技术进步，最大限度地节约资源与减少对环境负面影响的施工活动，实现四节一环保（节能、节地、节水、节材和环境保护）。"

（一）合理使用与节约能源的一般规定

1. 节能的产业政策

《节约能源法》规定，国家实行有利于节能和环境保护的产业政策，限制发展高耗能、高污染行业，发展节能环保型产业。

国家对落后的耗能过高的用能产品、设备和生产工艺实行淘汰制度。禁止使用国家明令淘汰的用能设备、生产工艺。国家鼓励企业制定严于国家标准、行业标准的企业节能标准。

2. 用能单位的法定义务

用能单位应当按照合理用能的原则，加强节能管理，制定并实施节能计划和节能技术措施，降低能源消耗。用能单位应当建立节能目标责任制，对节能工作取得成绩的集体、个人给予奖励。用能单位应当定期开展节能教育和岗位节能培训。

用能单位应当加强能源计量管理，按照规定配备和使用经依法检定合格的能源计量器具。用能单位应当建立能源消费统计和能源利用状况分析制度，对各类能源的消费实行分类计量和统计,并确保能源消费统计数据真实、完整。任何单位不得对能源消费实行包费制。

3. 循环经济的法律要求

循环经济是指在生产、流通和消费等过程中进行的减量化、再利用、资源化活动的总称。减量化,是指在生产、流通和消费等过程中减少资源消耗和废物产生。再利用,是指将废物直接作为产品或者经修复、翻新、再制造后继续作为产品使用,或者将废物的全部或者部分作为其他产品的部件予以使用。资源化,是指将废物直接作为原料进行利用或者对废物进行再生利用。

《循环经济促进法》规定,发展循环经济应当在技术可行、经济合理和有利于节约资源、保护环境的前提下,按照减量化优先的原则实施。在废物再利用和资源化过程中,应当保障生产安全,保证产品质量符合国家规定的标准,并防止产生再次污染。

企业事业单位应当建立健全管理制度,采取措施,降低资源消耗,减少废物的产生量和排放量,提高废物的再利用和资源化水平。

国务院循环经济发展综合管理部门会同国务院环境保护等有关主管部门,定期发布鼓励、限制和淘汰的技术、工艺、设备、材料和产品名录。禁止生产、进口、销售列入淘汰名录的设备、材料和产品,禁止使用列入淘汰名录的技术、工艺、设备和材料。

(二)建筑节能的规定

《节约能源法》规定,国家实行固定资产投资项目节能评估和审查制度。不符合强制性节能标准的项目,依法负责项目审批或者核准的机关不得批准或者核准建设;建设单位不得开工建设;已经建成的,不得投入生产、使用。

国家鼓励在新建建筑和既有建筑节能改造中使用新型墙体材料等节能建筑材料和节能设备,安装和使用太阳能等可再生能源利用系统。

建筑工程的建设、设计、施工和监理单位应当遵守建筑节能标准。

1. 采用太阳能、地热能等可再生能源

《民用建筑节能条例》规定,国家鼓励和扶持在新建建筑和既有建筑节能改造中采用太阳能、地热能等可再生能源。

在具备太阳能利用条件的地区,有关地方人民政府及其部门应当采取有效措施,鼓励和扶持单位、个人安装使用太阳能热水系统、照明系统、供热系统、采暖制冷系统等太阳能利用系统。

2. 新建建筑节能的规定

国家推广使用民用建筑节能的新技术、新工艺、新材料和新设备,限制使用或者禁止使用能源消耗高的技术、工艺、材料和设备。国家限制进口或者禁止进口能源消耗高的技术、材料和设备。

建设单位、设计单位、施工单位不得在建筑活动中使用列入禁止使用目录的技术、工艺、材料和设备。

(1)施工图审查机构的节能义务

施工图设计文件审查机构应当按照民用建筑节能强制性标准对施工图设计文件进行审查;经审查不符合民用建筑节能强制性标准的,县级以上地方人民政府建设主管部门不得颁发施工许可证。

（2）建设单位的节能义务

建设单位不得明示或者暗示设计单位、施工单位违反民用建筑节能强制性标准进行设计、施工，不得明示或者暗示施工单位使用不符合施工图设计文件要求的墙体材料、保温材料、门窗、采暖制冷系统和照明设备。

按照合同约定由建设单位采购墙体材料、保温材料、门窗、采暖制冷系统和照明设备的，建设单位组织竣工验收，应当对民用建筑是否符合民用建筑节能强制性标准进行查验；对不符合民用建筑节能强制性标准的，不得出具竣工验收合格报告。

（3）设计单位、施工单位、工程监理单位的节能义务

设计单位、施工单位、工程监理单位及其注册执业人员，应当按照民用建筑节能强制性标准进行设计、施工、监理。

施工单位应当对进入施工现场的墙体材料、保温材料、门窗、采暖制冷系统和照明设备进行查验；不符合施工图设计文件要求的，不得使用。

工程监理单位发现施工单位不按照民用建筑节能强制性标准施工的，应当要求施工单位改正；施工单位拒不改正的，工程监理单位应当及时报告建设单位，并向有关主管部门报告。

墙体、屋面的保温工程施工时，监理工程师应当按照工程监理规范的要求，采取旁站、巡视和平行检验等形式实施监理。未经监理工程师签字，墙体材料、保温材料、门窗、采暖制冷系统和照明设备不得在建筑上使用或者安装，施工单位不得进行下一道工序的施工。

3. 既有建筑节能的规定

既有建筑节能改造，是指对不符合民用建筑节能强制性标准的既有建筑的围护结构、供热系统、采暖制冷系统、照明设备和热水供应设施等实施节能改造的活动。

实施既有建筑节能改造，应当符合民用建筑节能强制性标准，优先采用遮阳、改善通风等低成本改造措施。既有建筑围护结构的改造和供热系统的改造应当同步进行。

（三）施工节能的规定

《循环经济促进法》规定，建筑设计、建设、施工等单位应当按照国家有关规定和标准，对其设计、建设、施工的建筑物及构筑物采用节能、节水、节地、节材的技术工艺和小型、轻型、再生产品。有条件的地区，应当充分利用太阳能、地热能、风能等可再生能源。

1. 节材与材料资源利用

《循环经济促进法》规定，国家鼓励利用无毒无害的固体废物生产建筑材料，鼓励使用散装水泥，推广使用预拌混凝土和预拌砂浆。禁止损毁耕地烧砖。在国务院或者省、自治区、直辖市人民政府规定的期限和区域内，禁止生产、销售和使用黏土砖。

《绿色施工导则》进一步规定，图纸会审时，应审核节材与材料资源利用的相关内容，达到材料损耗率比定额损耗率降低30%；根据施工进度、库存情况等合理安排材料的采购、进场时间和批次，减少库存；现场材料堆放有序；储存环境适宜，措施得当；保管制度健全，责任落实；材料运输工具适宜，装卸方法得当，防止损坏和遗洒；根据现场平面布置情况就近卸载，避免和减少二次搬运；采取技术和管理措施提高模板、脚手架等的周转次数；优化安装工程的预留、预埋、管线路径等方案；应就地取材，施工现场500km以内生产的建筑材料用量

占建筑材料总重量的70%以上。

此外,还分别就结构材料、围护材料、装饰装修材料、周转材料提出了明确要求。例如,结构材料节材与材料资源利用的技术要点是:(1)推广使用预拌混凝土和商品砂浆。准确计算采购数量、供应频率、施工速度等,在施工过程中动态控制。结构工程使用散装水泥。(2)推广使用高强钢筋和高性能混凝土,减少资源消耗。(3)推广钢筋专业化加工和配送。(4)优化钢筋配料和钢构件下料方案。钢筋及钢结构制作前应对下料单及样品进行复核,无误后方可批量下料。(5)优化钢结构制作和安装方法。大型钢结构宜采用工厂制作,现场拼装;宜采用分段吊装、整体提升、滑移、顶升等安装方法,减少方案的措施用材量。(6)采取数字化技术,对大体积混凝土、大跨度结构等专项施工方案进行优化。

2. 节水与水资源利用

《循环经济促进法》规定,国家鼓励和支持使用再生水。企业应当发展串联用水系统和循环用水系统,提高水的重复利用率。企业应当采用先进技术、工艺和设备,对生产过程中产生的废水进行再生利用。

《绿色施工导则》进一步对提高用水效率、非传统水源利用和安全用水作出规定。

(1)提高用水效率:① 施工中采用先进的节水施工工艺。② 施工现场喷洒路面、绿化浇灌不宜使用市政自来水。现场搅拌用水、养护用水应采取有效的节水措施,严禁无措施浇水养护混凝土。③ 施工现场供水管网应根据用水量设计布置,管径合理、管路简捷,采取有效措施减少管网和用水器具的漏损。④ 现场机具、设备、车辆冲洗用水必须设立循环用水装置。施工现场办公区、生活区的生活用水采用节水系统和节水器具,提高节水器具配置比率。项目临时用水应使用节水型产品,安装计量装置,采取针对性的节水措施。⑤ 施工现场建立可再利用水的收集处理系统,使水资源得到梯级循环利用。⑥ 施工现场分别对生活用水与工程用水确定用水定额指标,并分别计量管理。⑦ 大型工程的不同单项工程、不同标段、不同分包生活区,凡具备条件的应分别计量用水量。在签订不同标段分包或劳务合同时,将节水定额指标纳入合同条款,进行计量考核。⑧ 对混凝土搅拌站点等用水集中的区域和工艺点进行专项计量考核。施工现场建立雨水、中水或可再利用水的搜集利用系统。

(2)非传统水源利用:① 优先采用中水搅拌、中水养护,有条件的地区和工程应收集雨水养护。② 处于基坑降水阶段的工地,宜优先采用地下水作为混凝土搅拌用水、养护用水、冲洗用水和部分生活用水。③ 现场机具、设备、车辆冲洗、喷洒路面、绿化浇灌等用水,优先采用非传统水源,尽量不使用市政自来水。④ 大型施工现场,尤其是雨量充沛地区的大型施工现场建立雨水收集利用系统,充分收集自然降水用于施工和生活中适宜的部位。⑤ 力争施工中非传统水源和循环水的再利用量大于30%。

(3)安全用水:在非传统水源和现场循环再利用水的使用过程中,应制定有效的水质检测与卫生保障措施,确保避免对人体健康、工程质量以及周围环境产生不良影响。

3. 节能与能源利用

《绿色施工导则》对节能措施,机械设备与机具,生产、生活及办公临时设施,施工用电及照明分别作出规定。

(1)节能措施:① 制订合理施工能耗指标,提高施工能源利用率。② 优先使用国家、行业推荐的节能、高效、环保的施工设备和机具,如选用变频技术的节能施工设备等。③ 施工现场分别设定生产、生活、办公和施工设备的用电控制指标,定期进行计量、核算、对比分析,并有预防与纠正措施。④ 在施工组织设计中,合理安排施工顺序、工作面,以减少作业区域的机具数量,相邻作业区充分利用共有的机具资源。安排施工工艺时,应优先考虑耗用电能的或其他能耗较少的施工工艺。避免设备额定功率远大于使用功率或超负荷使用设备的现象。⑤ 根据当地气候和自然资源条件,充分利用太阳能、地热等可再生能源。

(2)机械设备与机具:① 建立施工机械设备管理制度,开展用电、用油计量,完善设备档案,及时做好维修保养工作,使机械设备保持低耗、高效的状态。② 选择功率与负载相匹配的施工机械设备,避免大功率施工机械设备低负载长时间运行。机电安装可采用节电型机械设备,如逆变式电焊机和能耗低、效率高的手持电动工具等,以利节电。机械设备宜使用节能型油料添加剂,在可能的情况下,考虑回收利用,节约油量。③ 合理安排工序,提高各种机械的使用率和满载率,降低各种设备的单位耗能。

(3)生产、生活及办公临时设施:① 利用场地自然条件,合理设计生产、生活及办公临时设施的体形、朝向、间距和窗墙面积比,使其获得良好的日照、通风和采光。南方地区可根据需要在其外墙窗设遮阳设施。② 临时设施宜采用节能材料,墙体、屋面使用隔热性能好的材料,减少夏天空调、冬天取暖设备的使用时间及耗能量。③ 合理配置采暖、空调、风扇数量,规定使用时间,实行分段分时使用,节约用电。

(4)施工用电及照明:① 临时用电优先选用节能电线和节能灯具,临电线路合理设计、布置,临电设备宜采用自动控制装置。采用声控、光控等节能照明灯具。② 照明设计以满足最低照度为原则,照度不应超过最低照度的 20%。

4. 节地与施工用地保护

《绿色施工导则》对临时用地指标、临时用地保护、施工总平面布置分别作出规定。

(1)临时用地指标:① 根据施工规模及现场条件等因素合理确定临时设施,如临时加工厂、现场作业棚及材料堆场、办公生活设施等的占地指标。临时设施的占地面积应按用地指标所需的最低面积设计。② 要求平面布置合理、紧凑,在满足环境、职业健康与安全及文明施工要求的前提下尽可能减少废弃地和死角,临时设施占地面积有效利用率大于 90%。

(2)临时用地保护:① 应对深基坑施工方案进行优化,减少土方开挖和回填量,最大限度地减少对土地的扰动,保护周边自然生态环境。② 红线外临时占地应尽量使用荒地、废地,少占用农田和耕地。工程完工后,及时对红线外占地恢复原地形、地貌,使施工活动对周边环境的影响降至最低。③ 利用和保护施工用地范围内原有绿色植被。对于施工周期较长的现场,可按建筑永久绿化的要求,安排场地新建绿化。

(3)施工总平面布置:① 施工总平面布置应做到科学、合理,充分利用原有建筑物、构筑物、道路、管线为施工服务。② 施工现场搅拌站、仓库、加工厂、作业棚、材料堆场等布置应尽量靠近已有交通线路或即将修建的正式或临时交通线路,缩短运输距离。③ 临时办公和生活用房应采用经济、美观、占地面积小、对周边地貌环境影响较小,且适合于施工平面布置动态调整的多层轻钢活动板房、钢骨架水泥活动板房等标准化装配式结构。生活区与生产区应分开布置,并设置标准的分隔设施。④ 施工现场围墙可采用连续封闭的轻钢结构预制装配式活动围挡,减少建筑垃圾,保护土地。⑤ 施工现场道路按照永久道路和临时道路相结合的原则布置。施工现场内形成环形通路,减少道路占用土地。⑥ 临时设施布置应注意远近结合(本期工程与下期工程),努力减少和避免大量临时建筑拆迁和场地搬迁。

二、施工节能技术进步和激励措施的规定

（一）节能技术进步

《节约能源法》规定，国家鼓励、支持节能科学技术的研究、开发、示范和推广，促进节能技术创新与进步。

1. 政府政策引导

国务院管理节能工作的部门会同国务院科技主管部门发布节能技术政策大纲，指导节能技术研究、开发和推广应用。县级以上各级人民政府应当把节能技术研究开发作为政府科技投入的重点领域，支持科研单位和企业开展节能技术应用研究，制定节能标准，开发节能共性和关键技术，促进节能技术创新与成果转化。

国务院管理节能工作的部门会同国务院有关部门制定并公布节能技术、节能产品的推广目录，引导用能单位和个人使用先进的节能技术、节能产品。

国务院管理节能工作的部门会同国务院有关部门组织实施重大节能科研项目、节能示范项目、重点节能工程。

2. 政府资金扶持

《循环经济促进法》规定，国务院和省、自治区、直辖市人民政府设立发展循环经济的有关专项资金，支持循环经济的科技研究开发、循环经济技术和产品的示范与推广、重大循环经济项目的实施、发展循环经济的信息服务等。

国务院和省、自治区、直辖市人民政府及其有关部门应当将循环经济重大科技攻关项目的自主创新研究、应用示范和产业化发展列入国家或者省级科技发展规划和高技术产业发展规划，并安排财政性资金予以支持。

利用财政性资金引进循环经济重大技术、装备的，应当制定消化、吸收和创新方案，报有关主管部门审批并由其监督实施；有关主管部门应当根据实际需要建立协调机制，对重大技术、装备的引进和消化、吸收、创新实行统筹协调，并给予资金支持。

（二）节能激励措施

按照《节约能源法》、《循环经济促进法》的规定，主要有如下相关的节能激励措施：

1. 财政安排节能专项资金

中央财政和省级地方财政安排节能专项资金，支持节能技术研究开发、节能技术和产品的示范与推广、重点节能工程的实施、节能宣传培训、信息服务和表彰奖励等。

国家通过财政补贴支持节能照明器具等节能产品的推广和使用。

2. 税收优惠

国家对生产、使用列入国务院管理节能工作的部门会同国务院有关部门制定并公布的节能技术、节能产品推广目录的需要支持的节能技术、节能产品，实行税收优惠等扶持政策。

国家运用税收等政策，鼓励先进节能技术、设备的进口，控制在生产过程中耗能高、污染重的产品的出口。

国家对促进循环经济发展的产业活动给予税收优惠，并运用税收等措施鼓励进口先进的节能、节水、节材等技术、设备和产品，限制在生产过程中耗能高、污染重的产品的出口。

企业使用或者生产列入国家清洁生产、资源综合利用等鼓励名录的技术、工艺、设备或者产品的,按照国家有关规定享受税收优惠。

3. 信贷支持

国家引导金融机构增加对节能项目的信贷支持,为符合条件的节能技术研究开发、节能产品生产以及节能技术改造等项目提供优惠贷款。国家推动和引导社会有关方面加大对节能的资金投入,加快节能技术改造。

对符合国家产业政策的节能、节水、节地、节材、资源综合利用等项目,金融机构应当给予优先贷款等信贷支持,并积极提供配套金融服务。

对生产、进口、销售或者使用列入淘汰名录的技术、工艺、设备、材料或者产品的企业,金融机构不得提供任何形式的授信支持。

4. 价格政策

国家实行有利于节能的价格政策,引导施工单位和个人节能。国家运用财税、价格等政策,支持推广电力需求侧管理、合同能源管理、节能自愿协议等节能办法。

国家实行有利于资源节约和合理利用的价格政策,引导单位和个人节约和合理使用水、电、气等资源性产品。

5. 表彰奖励

各级人民政府对在节能管理、节能科学技术研究和推广应用中有显著成绩以及检举严重浪费能源行为的单位和个人,给予表彰和奖励。

企业事业单位应当对在循环经济发展中作出突出贡献的集体和个人给予表彰和奖励。

三、违法行为应承担的法律责任

施工节约能源违法行为应承担的主要法律责任如下:

(一)违反建筑节能标准违法行为应承担的法律责任

《节约能源法》规定,设计单位、施工单位、监理单位违反建筑节能标准的,由建设主管部门责令改正,处 10 万元以上 50 万元以下罚款;情节严重的,由颁发资质证书的部门降低资质等级或者吊销资质证书;造成损失的,依法承担赔偿责任。

《民用建筑节能条例》规定,施工单位未按照民用建筑节能强制性标准进行施工的,由县级以上地方人民政府建设主管部门责令改正,处民用建筑项目合同价款 2% 以上 4% 以下的罚款;情节严重的,由颁发资质证书的部门责令停业整顿,降低资质等级或者吊销资质证书;造成损失的,依法承担赔偿责任。

注册执业人员未执行民用建筑节能强制性标准的,由县级以上人民政府建设主管部门责令停止执业 3 个月以上 1 年以下;情节严重的,由颁发资格证书的部门吊销执业资格证书,5 年内不予注册。

(二)使用黏土砖及其他施工节能违法行为应承担的法律责任

《循环经济促进法》规定,在国务院或者省、自治区、直辖市人民政府规定禁止生产、销售、使用黏土砖的期限或者区域内生产、销售或者使用黏土砖的,由县级以上地方人民政府指定的部门责令限期改正;有违法所得的,没收违法所得;逾期继续生产、销售的,由地方人民政府工商行政管理部门依法吊销营业执照。

《民用建筑节能条例》规定，施工单位有下列行为之一的，由县级以上地方人民政府建设主管部门责令改正，处 10 万元以上 20 万元以下的罚款；情节严重的，由颁发资质证书的部门责令停业整顿，降低资质等级或者吊销资质证书；造成损失的，依法承担赔偿责任：（1）未对进入施工现场的墙体材料、保温材料、门窗、采暖制冷系统和照明设备进行查验的；（2）使用不符合施工图设计文件要求的墙体材料、保温材料、门窗、采暖制冷系统和照明设备的；（3）使用列入禁止使用目录的技术、工艺、材料和设备的。

（三）用能单位其他违法行为应承担的法律责任

《节约能源法》规定，用能单位未按照规定配备、使用能源计量器具的，由产品质量监督部门责令限期改正；逾期不改正的，处 1 万元以上 5 万元以下罚款。

瞒报、伪造、篡改能源统计资料或者编造虚假能源统计数据的，依照《中华人民共和国统计法》的规定处罚。

无偿向本单位职工提供能源或者对能源消费实行包费制的，由管理节能工作的部门责令限期改正；逾期不改正的，处 5 万元以上 20 万元以下罚款。

第三节　施工文物保护制度

我国地域辽阔，历史悠久，是世界上文化传统不曾中断的多民族统一国家。历史遗存至今的大量文物古迹，形象地记载着中华民族形成发展的进程，不但是认识历史的证据，也是增强民族凝聚力、促进民族文化可持续发展的基础。中国优秀的文物古迹，不但是中国各族人民的，也是全人类共同的财富。切实加强对文物的保护、有效管理和合理利用，对于传承和弘扬优秀传统文化，满足广大人民群众精神文化需求，增强民族自尊心和自豪感，对于巩固民族团结，维护祖国统一，捍卫国家主权和领土完整，都具有十分重要的意义。

为此，我国相继颁布了《文物保护法》、《水下文物保护管理条例》、《文物保护法实施条例》、《历史文化名城名镇名村保护条例》等法律、行政法规，并参照《国际古迹保护与修复宪章》（《威尼斯宪章》）为代表的国际原则，制定了《中国文物古迹保护准则》。

一、受国家保护的文物范围

（一）国家保护文物的范围

《文物保护法》规定，在中华人民共和国境内，下列文物受国家保护：（1）具有历史、艺术、科学价值的古文化遗址、古墓葬、古建筑、石窟寺和石刻、壁画；（2）与重大历史事件、革命运动或者著名人物有关的以及具有重要纪念意义、教育意义或者史料价值的近代现代重要史迹、实物、代表性建筑；（3）历史上各时代珍贵的艺术品、工艺美术品；（4）历史上各时代重要的文献资料以及具有历史、艺术、科学价值的手稿和图书资料等；（5）反映历史上各时代、各民族社会制度、社会生产、社会生活的代表性实物。

具有科学价值的古脊椎动物化石和古人类化石同文物一样受国家保护。

（二）水下文物的保护范围

《水下文物保护管理条例》规定，水下文物是指遗存于下列水域的具有历史、艺术和科学价值的人类文化遗产：（1）遗存于中国内水、领海内的一切起源于中国的、起源国不明的和起源于外国的文物；（2）遗存于中国领海以外依照中国法律由中国管辖的其他海域内的起源于中国的和起源国不明的文物；（3）遗存于外国领海以外的其他管辖海域以及公海区域内的起源于中国的文物。

以上规定内容不包括1911年以后的与重大历史事件、革命运动以及著名人物无关的水下遗存。

（三）属于国家所有的文物范围

中华人民共和国境内地下、内水和领海中遗存的一切文物，属于国家所有。国有文物所有权受法律保护，不容侵犯。

1. 属于国家所有的不可移动文物范围

古文化遗址、古墓葬、石窟寺属于国家所有。国家指定保护的纪念建筑物、古建筑、石刻、壁画、近代现代代表性建筑等不可移动文物，除国家另有规定的以外，属于国家所有。

国有不可移动文物的所有权不因其所依附的土地所有权或者使用权的改变而改变。

2. 属于国家所有的可移动文物范围

下列可移动文物，属于国家所有：（1）中国境内出土的文物，国家另有规定的除外；（2）国有文物收藏单位以及其他国家机关、部队和国有企业、事业组织等收藏、保管的文物；（3）国家征集、购买的文物；（4）公民、法人和其他组织捐赠给国家的文物；（5）法律规定属于国家所有的其他文物。

属于国家所有的可移动文物的所有权不因其保管、收藏单位的终止或者变更而改变。

3. 属于国家所有的水下文物范围

《水下文物保护管理条例》规定，遗存于中国内水、领海内的一切起源于中国的、起源国不明的和起源于外国的文物，以及遗存于中国领海以外依照中国法律由中国管辖的其他海域内的起源于中国的和起源国不明的文物，属于国家所有，国家对其行使管辖权。

遗存于外国领海以外的其他管辖海域以及公海区域内的起源于中国的文物，国家享有辨认器物物主的权利。

（四）属于集体所有和私人所有的文物保护范围

《文物保护法》规定，属于集体所有和私人所有的纪念建筑物、古建筑和祖传文物以及依法取得的其他文物，其所有权受法律保护。文物的所有者必须遵守国家有关文物保护的法律、法规的规定。

（五）文物保护单位和文物的分级

《文物保护法》规定，古文化遗址、古墓葬、古建筑、石窟寺、石刻、壁画、近代现代重要史迹和代表性建筑等不可移动文物，根据它们的历史、艺术、科学价值，可以分别确定为全国重点文物保护单位，省级文物保护单位，市、县级文物保护单位。

历史上各时代重要实物、艺术品、文献、手稿、图书资料、代表性实物等可移动文物,分为珍贵文物和一般文物;珍贵文物分为一级文物、二级文物、三级文物。

二、在文物保护单位保护范围和建设控制地带施工的规定

《文物保护法》规定,一切机关、组织和个人都有依法保护文物的义务。

(一)文物保护单位的保护范围

《文物保护法实施条例》规定,文物保护单位的保护范围,是指对文物保护单位本体及周围一定范围实施重点保护的区域。文物保护单位的保护范围,应当根据文物保护单位的类别、规模、内容以及周围环境的历史和现实情况合理划定,并在文物保护单位本体之外保持一定的安全距离,确保文物保护单位的真实性和完整性。

全国重点文物保护单位和省级文物保护单位自核定公布之日起1年内,由省、自治区、直辖市人民政府划定必要的保护范围,作出标志说明,建立记录档案,设置专门机构或者指定专人负责管理。

设区的市、自治州级和县级文物保护单位自核定公布之日起1年内,由核定公布该文物保护单位的人民政府划定保护范围,作出标志说明,建立记录档案,设置专门机构或者指定专人负责管理。

文物保护单位的标志说明,应当包括文物保护单位的级别、名称、公布机关、公布日期、立标机关、立标日期等内容。民族自治地区的文物保护单位的标志说明,应当同时用规范汉字和当地通用的少数民族文字书写。

(二)文物保护单位的建设控制地带

《文物保护法实施条例》规定,文物保护单位的建设控制地带,是指在文物保护单位的保护范围外,为保护文物保护单位的安全、环境、历史风貌对建设项目加以限制的区域。文物保护单位的建设控制地带,应当根据文物保护单位的类别、规模、内容以及周围环境的历史和现实情况合理划定。

全国重点文物保护单位的建设控制地带,经省、自治区、直辖市人民政府批准,由省、自治区、直辖市人民政府的文物行政主管部门会同城乡规划行政主管部门划定并公布。

省级、设区的市、自治州级和县级文物保护单位的建设控制地带,经省、自治区、直辖市人民政府批准,由核定公布该文物保护单位的人民政府的文物行政主管部门会同城乡规划行政主管部门划定并公布。

(三)历史文化名城名镇名村的保护

《文物保护法》规定,保存文物特别丰富并且具有重大历史价值或者革命纪念意义的城市,由国务院核定公布为历史文化名城。

保存文物特别丰富并且具有重大历史价值或者革命纪念意义的城镇、街道、村庄,由省、自治区、直辖市人民政府核定公布为历史文化街区、村镇,并报国务院备案。

《历史文化名城名镇名村保护条例》进一步规定,具备下列条件的城市、镇、村庄,可以申报历史文化名城、名镇、名村:(1)保存文物特别丰富;(2)历史建筑集中成片;(3)保留着传

统格局和历史风貌;(4)历史上曾经作为政治、经济、文化、交通中心或者军事要地,或者发生过重要历史事件,或者其传统产业、历史上建设的重大工程对本地区的发展产生过重要影响,或者能够集中反映本地区建筑的文化特色、民族特色。

(四)在文物保护单位保护范围和建设控制地带施工的规定

《文物保护法》规定,在文物保护单位的保护范围和建设控制地带内,不得建设污染文物保护单位及其环境的设施,不得进行可能影响文物保护单位安全及其环境的活动。对已有的污染文物保护单位及其环境的设施,应当限期治理。

1. 承担文物保护单位的修缮、迁移、重建工程的单位应当具有相应的资质证书

《文物保护法实施条例》规定,承担文物保护单位的修缮、迁移、重建工程的单位,应当同时取得文物行政主管部门发给的相应等级的文物保护工程资质证书和建设行政主管部门发给的相应等级的资质证书。其中,不涉及建筑活动的文物保护单位的修缮、迁移、重建,应当由取得文物行政主管部门发给的相应等级的文物保护工程资质证书的单位承担。

申领文物保护工程资质证书,应当具备下列条件:(1)有取得文物博物专业技术职务的人员;(2)有从事文物保护工程所需的技术设备;(3)法律、行政法规规定的其他条件。

申领文物保护工程资质证书,应当向省、自治区、直辖市人民政府文物行政主管部门或者国务院文物行政主管部门提出申请。省、自治区、直辖市人民政府文物行政主管部门或者国务院文物行政主管部门应当自收到申请之日起 30 个工作日内作出批准或者不批准的决定。决定批准的,发给相应等级的文物保护工程资质证书;决定不批准的,应当书面通知当事人并说明理由。

2. 在历史文化名城名镇名村保护范围内从事建设活动的相关规定

《历史文化名城名镇名村保护条例》规定,在历史文化名城、名镇、名村保护范围内禁止进行下列活动:(1)开山、采石、开矿等破坏传统格局和历史风貌的活动;(2)占用保护规划确定保留的园林绿地、河湖水系、道路等;(3)修建生产、储存爆炸性、易燃性、放射性、毒害性、腐蚀性物品的工厂、仓库等;(4)在历史建筑上刻划、涂污。

在历史文化名城、名镇、名村保护范围内进行下列活动,应当保护其传统格局、历史风貌和历史建筑;制订保护方案,经城市、县人民政府城乡规划主管部门会同同级文物主管部门批准,并依照有关法律、法规的规定办理相关手续:(1)改变园林绿地、河湖水系等自然状态的活动;(2)在核心保护范围内进行影视摄制、举办大型群众性活动;(3)其他影响传统格局、历史风貌或者历史建筑的活动。

在历史文化街区、名镇、名村核心保护范围内,不得进行新建、扩建活动。但是,新建、扩建必要的基础设施和公共服务设施除外。

在历史文化街区、名镇、名村核心保护范围内,拆除历史建筑以外的建筑物、构筑物或者其他设施的,应当经城市、县人民政府城乡规划主管部门会同同级文物主管部门批准。

任何单位或者个人不得损坏或者擅自迁移、拆除历史建筑。

3. 在文物保护单位保护范围和建设控制地带内从事建设活动的相关规定

《文物保护法》规定,文物保护单位的保护范围内不得进行其他建设工程或者爆破、钻探、挖掘等作业。但是,因特殊情况需要在文物保护单位的保护范围内进行其他建设工程或者爆破、钻探、挖掘等作业的,必须保证文物保护单位的安全,并经核定公布该文物保护单位

的人民政府批准,在批准前应当征得上一级人民政府文物行政部门同意;在全国重点文物保护单位的保护范围内进行其他建设工程或者爆破、钻探、挖掘等作业的,必须经省、自治区、直辖市人民政府批准,在批准前应当征得国务院文物行政部门同意。

在文物保护单位的建设控制地带内进行建设工程,不得破坏文物保护单位的历史风貌;工程设计方案应当根据文物保护单位的级别,经相应的文物行政部门同意后,报城乡建设规划部门批准。

三、施工发现文物报告和保护的规定

《文物保护法》规定,地下埋藏的文物,任何单位或者个人都不得私自发掘。考古发掘的文物,任何单位或者个人不得侵占。

（一）配合建设工程进行考古发掘工作的规定

进行大型基本建设工程,建设单位应当事先报请省、自治区、直辖市人民政府文物行政部门组织从事考古发掘的单位在工程范围内有可能埋藏文物的地方进行考古调查、勘探。

确因建设工期紧迫或者有自然破坏危险,对古文化遗址、古墓葬急需进行抢救发掘的,由省、自治区、直辖市人民政府文物行政部门组织发掘,并同时补办审批手续。

（二）施工发现文物的报告和保护

《文物保护法》规定,在进行建设工程或者在农业生产中,任何单位或者个人发现文物,应当保护现场,立即报告当地文物行政部门,文物行政部门接到报告后,如无特殊情况,应当在24小时内赶赴现场,并在7日内提出处理意见。

依照以上规定发现的文物属于国家所有,任何单位或者个人不得哄抢、私分、藏匿。

（三）水下文物的报告和保护

《水下文物保护管理条例》规定,任何单位或者个人以任何方式发现遗存于中国内水、领海内的一切起源于中国的、起源国不明的和起源于外国的文物,以及遗存于中国领海以外依照中国法律由中国管辖的其他海域内的起源于中国的和起源国不明的文物,应当及时报告国家文物局或者地方文物行政管理部门;已打捞出水的,应当及时上缴国家文物局或者地方文物行政管理部门处理。

任何单位或者个人以任何方式发现遗存于外国领海以外的其他管辖海域以及公海区域内的起源于中国的文物,应当及时报告国家文物局或者地方文物行政管理部门;已打捞出水的,应当及时提供国家文物局或者地方文物行政管理部门辨认、鉴定。

四、违法行为应承担的法律责任

对施工中文物保护违法行为应承担的主要法律责任如下:

（一）哄抢、私分国有文物等违法行为应承担的法律责任

《文物保护法》规定,有下列行为之一,构成犯罪的,依法追究刑事责任:(1)盗掘古文化遗址、古墓葬的;(2)故意或者过失损毁国家保护的珍贵文物的……(4)将国家禁止出境的

珍贵文物私自出售或者送给外国人的;(5)以牟利为目的倒卖国家禁止经营的文物的;(6)走私文物的;(7)盗窃、哄抢、私分或者非法侵占国有文物的;(8)应当追究刑事责任的其他妨害文物管理行为。

造成文物灭失、损毁的,依法承担民事责任。构成违反治安管理行为的,由公安机关依法给予治安管理处罚。构成走私行为,尚不构成犯罪的,由海关依照有关法律、行政法规的规定给予处罚。

有下列行为之一,尚不构成犯罪的,由县级以上人民政府文物主管部门会同公安机关追缴文物;情节严重的,处5 000元以上5万元以下的罚款:(1)发现文物隐匿不报或者拒不上交的;(2)未按照规定移交拣选文物的。

(二)在文物保护单位的保护范围和建设控制地带内进行建设工程违法行为应承担的法律责任

《文物保护法》规定,有下列行为之一,尚不构成犯罪的,由县级以上人民政府文物主管部门责令改正,造成严重后果的,处5万元以上50万元以下的罚款;情节严重的,由原发证机关吊销资质证书:(1)擅自在文物保护单位的保护范围内进行建设工程或者爆破、钻探、挖掘等作业的;(2)在文物保护单位的建设控制地带内进行建设工程,其工程设计方案未经文物行政部门同意、报城乡建设规划部门批准,对文物保护单位的历史风貌造成破坏的;(3)擅自迁移、拆除不可移动文物的;(4)擅自修缮不可移动文物,明显改变文物原状的;(5)擅自在原址重建已全部毁坏的不可移动文物,造成文物破坏的;(6)施工单位未取得文物保护工程资质证书,擅自从事文物修缮、迁移、重建的。

刻划、涂污或者损坏文物尚不严重的,或者损毁依法设立的文物保护单位标志的,由公安机关或者文物所在单位给予警告,可以并处罚款。

在文物保护单位的保护范围内或者建设控制地带内建设污染文物保护单位及其环境的设施的,或者对已有的污染文物保护单位及其环境的设施未在规定的期限内完成治理的,由环境保护行政部门依照有关法律、法规的规定给予处罚。

(三)未取得相应资质证书擅自承担文物保护单位修缮、迁移、重建工程违法行为应承担的法律责任

《文物保护法实施条例》规定,未取得相应等级的文物保护工程资质证书,擅自承担文物保护单位的修缮、迁移、重建工程的。由文物行政主管部门责令限期改正;逾期不改正,或者造成严重后果的,处5万元以上50万元以下的罚款;构成犯罪的,依法追究刑事责任。

未取得建设行政主管部门发给的相应等级的资质证书,擅自承担含有建筑活动的文物保护单位的修缮、迁移、重建工程的,由建设行政主管部门依照有关法律、行政法规的规定予以处罚。

(四)历史文化名城名镇名村保护范围内违法行为应承担的法律责任

《历史文化名城名镇名村保护条例》规定,在历史文化名城、名镇、名村保护范围内有下列行为之一的,由城市、县人民政府城乡规划主管部门责令停止违法行为、限期恢复原状或者采取其他补救措施;有违法所得的,没收违法所得;逾期不恢复原状或者不采取其他补救措施的,城乡规划主管部门可以指定有能力的单位代为恢复原状或者采取其他补救措施,所需费用由违法者承担;造成严重后果的,对单位并处 50 万元以上 100 万元以下的罚款,对个人并处 5 万元以上 10 万元以下的罚款;造成损失的,依法承担赔偿责任:(1) 开山、采石、开矿等破坏传统格局和历史风貌的;(2) 占用保护规划确定保留的园林绿地、河湖水系、道路等的;(3) 修建生产、储存爆炸性、易燃性、放射性、毒害性、腐蚀性物品的工厂、仓库等的。

未经城乡规划主管部门会同同级文物主管部门批准,有下列行为之一的,由城市、县人民政府城乡规划主管部门责令停止违法行为、限期恢复原状或者采取其他补救措施;有违法所得的,没收违法所得;逾期不恢复原状或者不采取其他补救措施的;城乡规划主管部门可以指定有能力的单位代为恢复原状或者采取其他补救措施,所需费用由违法者承担;造成严重后果的,对单位并处 5 万元以上 10 万元以下的罚款,对个人并处 1 万元以上 5 万元以下的罚款;造成损失的,依法承担赔偿责任:(1) 改变园林绿地、河湖水系等自然状态的……(3) 拆除历史建筑以外的建筑物、构筑物或者其他设施的;(4) 对历史建筑进行外部修缮装饰、添加设施以及改变历史建筑的结构或者使用性质的;(5) 其他影响传统格局、历史风貌或者历史建筑的。有关单位或者个人经批准进行上述活动,但是在活动过程中对传统格局、历史风貌或者历史建筑构成破坏性影响的,依照以上规定予以处罚。

损坏或者擅自迁移、拆除历史建筑的,由城市、县人民政府城乡规划主管部门责令停止违法行为、限期恢复原状或者采取其他补救措施;有违法所得的,没收违法所得;逾期不恢复原状或者不采取其他补救措施的,城乡规划主管部门可以指定有能力的单位代为恢复原状或者采取其他补救措施,所需费用由违法者承担;造成严重后果的,对单位并处 20 万元以上 50 万元以下的罚款,对个人并处 10 万元以上 20 万元以下的罚款;造成损失的,依法承担赔偿责任。

擅自设置、移动、涂改或者损毁历史文化街区、名镇、名村标志牌的,由城市、县人民政府城乡规划主管部门责令限期改正;逾期不改正的,对单位处 1 万元以上 5 万元以下的罚款,对个人处 1 000 元以上 1 万元以下的罚款。

(五) 水下文物保护违法行为应承担的法律责任

《水下文物保护管理条例》规定,破坏水下文物,私自勘探、发掘、打捞水下文物,或者隐匿、私分、贩运、非法出售、非法出口水下文物,依法给予行政处罚或者追究刑事责任。

第四节　建设工程法人制度

一、法人的法定条件及其在建设工程中的地位和作用

《民法通则》规定,法人是具有民事权利能力和民事行为能力,依法独立享有民事权利和承担民事义务的组织。

法人是与自然人相对应的概念,是法律赋予社会组织具有法律人格的一项制度。这一制度为确立社会组织的权利、义务,便于社会组织独立承担责任提供了基础。

（一）法人应当具备的条件

1. 依法成立

法人不能自然产生，它的产生必须经过法定的程序。法人的设立目的和方式必须符合法律的规定，设立法人必须经过政府主管机关的批准或者核准登记。

2. 应当有自己的名称、组织机构、住所、财产或者经费

法人的名称是法人相互区别的标志和法人进行活动时使用的代号。法人的组织机构是指对内管理法人事务、对外代表法人进行民事活动的机构。法人的场所则是法人进行业务活动的所在地，也是确定法律管辖的依据。法人以其主要办事机构所在地为住所。依法需要办理法人登记的，应当将主要办事机构所在地登记为住所。有必要的财产和经费是法人进行民事活动的物质基础。它要求法人的财产或者经费必须与法人的经营范围或者设立目的相适应，否则将不能被批准设立或者核准登记。

3. 能够独立承担民事责任

法人必须能够以自己的财产或者经费承担在民事活动中的债务，在民事活动中给其他主体造成损失时能够承担赔偿责任。法人以其全部财产独立承担民事责任。

4. 有法定代表人

依照法律或者法人章程的规定，代表法人从事民事活动的负责人，为法人的法定代表人。法定代表人以法人名义从事的民事活动，其法律后果由法人承受。法人章程或者法人权力机构对法定代表人代表权的限制，不得对抗善意相对人。法定代表人因执行职务造成他人损害的，由法人承担民事责任。法人承担民事责任后，依照法律或者法人章程的规定，可以向有过错的法定代表人追偿。

（二）法人的分类

法人分为营利法人、非营利法人和特别法人三大类。

1. 营利法人

以取得利润并分配给股东等出资人为目的成立的法人，为营利法人。营利法人包括有限责任公司、股份有限公司和其他企业法人等。营利法人经依法登记成立。依法设立的营利法人，由登记机关发给营利法人营业执照。营业执照签发日期为营利法人的成立日期。

2. 非营利法人

为公益目的或者其他非营利目的成立，不向出资人、设立人或者会员分配所取得利润的法人，为非营利法人。非营利法人包括事业单位、社会团体、基金会、社会服务机构等。具备法人条件，为适应经济社会发展需要，提供公益服务设立的事业单位，经依法登记成立，取得事业单位法人资格；依法不需要办理法人登记的，从成立之日起，具有事业单位法人资格。

3. 特别法人

机关法人、农村集体经济组织法人、城镇农村的合作经济组织法人、基层群众性自治组织法人，为特别法人。有独立经费的机关和承担行政职能的法定机构从成立之日起，具有机关法人资格，可以从事为履行职能所需要的民事活动。

（三）法人在建设工程中的地位

在建设工程中，大多数建设活动主体都是法人。施工单位、勘察设计单位、监理单位通

常是具有法人资格的组织。建设单位一般也应当具有法人资格。但有时候,建设单位也可能是没有法人资格的其他组织。

法人在建设工程中的地位,表现在其具有民事权利能力和民事行为能力。依法独立享有民事权利和承担民事义务,方能承担民事责任。在法人制度产生以前,只有自然人才具有民事权利能力和民事行为能力。随着社会生产活动的扩大和专业化水平的提高,许多社会活动必须由自然人合作完成。因此,法人是出于需要,由法律将其拟制为自然人以确定团体利益的归属,即所谓"拟制人"。法人是社会组织在法律上的人格化,是法律意义上的"人",而不是实实在在的生命体。建设工程规模浩大,需要众多的自然人合作完成。

法人制度的产生,使这种合作成为常态。这是建设工程发展到当今的规模和专业程度的基础。

（四）法人在建设工程中的作用

1. 法人是建设工程中的基本主体

在计划经济时期,从事建设活动的各企事业单位实际上是行政机关的附属,是不独立的。但在市场经济中,每个法人都是独立的,可以独立开展建设活动。

法人制度有利于企业或者事业单位根据市场经济的客观要求,打破地区、部门和所有制的界限,发展各种形式的横向经济联合,在平等、自愿、互利的基础上建立起新的经济实体。实行法人制度,一方面可以保证企业在民事活动中以独立的"人格"享有平等的法律地位,不再受来自行政主管部门的不适当干涉;另一方面使作为法人的企业也不得以自己的某种势去干涉其他法人的经济活动,或者进行不等价的交换。这样,可以使企业发挥各自优势,进行正当竞争,按照社会化大生产的要求,加快市场经济的发展。

2. 确立了建设领域国有企业的所有权和经营权的分离

建设领域曾经是以国有企业为主体的。确认企业的法人地位,明确法人的独立财产责任并建立起相应的法人破产制度,这就真正在法律上使企业由国家行政部门的"附属物"变成了自主经营、自负盈亏的商品生产者和经营者,从而进一步促进企业加强经济核算和科学管理,增强企业在市场竞争中的活力与动力,为我国市场经济的发展和工程建设的顺利实施创造更好的条件。

二、企业法人与项目经理部的法律关系

从项目管理的理论上说,各类企业都可以设立项目经理部,但施工企业设立的项目经理部具有典型意义,是建造师需要掌握的知识。

（一）项目经理部的概念和设立

项目经理部是施工企业为了完成某项建设工程施工任务而设立的组织。项目经理部是由一个项目经理与技术、生产、材料、成本等管理人员组成的项目管理班子,是一次性的具有弹性的现场生产组织机构。对于大中型施工项目,施工企业应当在施工现场设立项目经理部;小型施工项目,可以由施工企业根据实际情况选择适当的管理方式。施工企业应当明确项目经理部的职责、任务和组织形式。

项目经理部不具备法人资格,而是施工企业根据建设工程施工项目而组建的非常设的

下属机构。项目经理根据企业法人的授权,组织和领导本项目经理部的全面工作。

(二)项目经理是企业法人授权在建设工程施工项目上的管理者

企业法人的法定代表人,其职务行为可以代表企业法人。由于施工企业同时会有数个、数十个甚至更多的建设工程施工项目在组级实施,导致企业法定代表人不可能成为所有施工项目的直接负责人。因此,在每个施工项目上必须有一个经企业法人授权的项目经理。施工企业的项目经理,是受企业法人的委派,对建设工程施工项目全面负责的项目管理者,是一种施工企业内部的岗位职务。

建设工程项目上的生产经营活动,必须在企业制度的制约下运行;其质量、安全、技术等活动,须接受企业相关职能部门的指导和监督。推行项目经理责任制,绝不意味着可以搞"以包代管"。过分强调建设工程项目承包的自主权,过度下放管理权限,将会削弱施工企业的整体管理能力,给施工企业带来诸多经营风险。

(三)项目经理部行为的法律后果由企业法人承担

由于项目经理部不具备独立的法人资格,无法独立承担民事责任。所以,项目经理部行为的法律后果将由企业法人承担。例如:项目经理部没有按照合同约定完成施工任务,则应由施工企业承担违约责任;项目经理签字的材料款,如果不按时支付,材料供应商应当以施工企业为被告提起诉讼。

第五节　建设工程代理制度

在建设工程活动中,通过委托代理实施民事法律行为的情形较为常见。因此,了解和熟悉有关代理的基本法律知识是十分必要的。

一、代理的法律特征和主要种类

《民法总则》规定,民事主体可以通过代理人实施民事法律行为。依照法律规定、当事人约定或者民事法律行为的性质,应当由本人亲自实施的民事法律行为,不得代理。代理人在代理权限内,以被代理人名义实施的民事法律行为,对被代理人发生效力。代理人不履行或者不完全履行职责,造成被代理人损害的,应当承担民事责任。代理人和相对人恶意串通,损害被代理人合法权益的,代理人和相对人应当承担连带责任。

(一)代理的法律特征

代理具有如下的法律特征:
1. 代理人必须在代理权限范围内实施代理行为

代理人实施代理活动的直接依据是代理权。因此,代理人必须在代理权限范围内与第三人或相对人实施代理行为。

代理人实施代理行为时有独立进行意思表示的权利。代理制度的存在,正是为了弥补一些民事主体没有资格、精力和能力去处理有关事务的缺陷。如果仅是代为传达当事人的意思表示或接受意思表示,而没有任何独立决定意思表示的权利,则不是代理,只能视为传达意思表示的使者。

2. 代理人应该以被代理人的名义实施代理行为

《民法通则》规定，代理人应以被代理人的名义对外实施代理行为。

代理人如果以自己的名义实施代理行为，则该代理行为产生的法律后果只能由代理人自行承担。那么，这种行为是自己的行为而非代理行为。

3. 代理行为必须是具有法律意义的行为

代理人为被代理人实施的是能够产生法律上的权利义务关系，产生法律后果的行为。如果是代理人请朋友吃饭、聚会等，不能产生权利义务关系，就不是代理行为。

4. 代理行为的法律后果归属于被代理人

代理人在代理权限内，以被代理人的名义同第三人进行的具有法律意义的行为，在法律上产生与被代理人自己的行为同样的后果。因而，被代理人对代理人的代理行为承担民事责任。

（二）代理的主要种类

代理包括委托代理、法定代理。

1. 委托代理

委托代理按照被代理人的委托行使代理权。因委托代理中，被代理人是以意思表示的方法将代理权授予代理人的，故又称"意定代理"或"任意代理"。

2. 法定代理

法定代理是指根据法律的规定而发生的代理。例如，《民法通则》规定，无民事行为能力人、限制民事行为能力人的监护人是他的法定代理人。

二、建设工程代理行为及其法律关系

建设工程活动中涉及的代理行为比较多，如工程招标代理、材料设备采购代理以及诉讼代理等。

（一）建设工程代理行为的设立

建设工程活动不同于一般的经济活动，其代理行为不仅要依法实施，有些还要受到法律的限制。

1. 不得委托代理的建设工程活动

《民法通则》规定，依照法律规定或者按照双方当事人约定，应当由本人实施的民事法律行为，不得代理。

建设工程的承包活动不得委托代理。《建筑法》规定，禁止承包单位将其承包的全部建筑工程转包给他人，禁止承包单位将其承包的全部建筑工程肢解以后以分包的名义分别转包给他人。施工总承包的，建筑工程主体结构的施工必须由总承包单位自行完成。

2. 一般代理行为无法定的资格要求

一般的代理行为可以由自然人、法人担任代理人，对其资格并无法定的严格要求。即使是诉讼代理人，也不要求必须由具有律师资格的人担任。如《民事诉讼法》第58条规定："下列人员可以被委托为诉讼代理人：(1) 律师、基层法律服务工作者；(2) 当事人的近亲属或者工作人员;(3)当事人所在社区、单位以及有关社会团体推荐的公民。"

但是,某些建设工程代理行为必须由具有法定资格的组织方可实施。如《招标投标法》规定,招标代理机构是依法设立、从事招标代理业务并提供相关服务的社会中介组织。招标代理机构应当具备下列条件:(1)有从事招标代理业务的营业场所和相应资金;(2)有能够编制招标文件和组织评标的相应专业力量;(3)有符合本法规定条件、可以作为评标委员会成员人选的技术、经济等方面的专家库。《招标投标法》还规定,从事工程建设项目招标代理业务的招标代理机构,其资格由国务院或者省、自治区、直辖市人民政府的建设行政主管部门认定。

3. 民事法律行为的委托代理

建设工程代理行为多为民事法律行为的委托代理。民事法律行为的委托代理,可以用书面形式,也可以用口头形式。但是,法律规定用书面形式的,应当用书面形式。

书面委托代理的授权委托书应当载明代理人的姓名或者名称、代理事项、权限和期间,并由委托人签名或者盖章。委托书授权不明的,被代理人应当向第三人承担民事责任,代理人负连带责任。

(二)建设工程代理行为的终止

《民法通则》规定,有下列情形之一的,委托代理终止:(1)代理期间届满或者代理事务完成;(2)被代理人取消委托或者代理人辞去委托;(3)代理人或者被代理人死亡;(4)代理人丧失民事行为能力;(5)作为被代理人或者代理人的法人、非法人组织终止。

(三)建设工程代理法律关系

建设工程代理法律关系与其他代理关系一样,存在着两个法律关系:一是代理人与被代理人之间的委托关系;二是被代理人与相对人的合同关系。

1. 代理人在代理权限内以被代理人的名义实施代理行为

《民法通则》规定,代理人在代理权限内,以被代理人的名义实施民事法律行为。被代理人对代理人的代理行为,承担民事责任。

这是代理人与被代理人基本权利和义务的规定。代理人必须取得代理权,并依据代理权限,以被代理人的名义实施民事法律行为。被代理人要对代理人的代理行为承担民事责任。

2. 转托他人代理应当事先取得被代理人的同意

《民法通则》规定,委托代理人为被代理人的利益需要转托他人代理的,应当事先取得被代理人的同意。事先没有取得被代理人同意的,应当在事后及时告诉被代理人,如果被代理人不同意,由代理人对自己所转托的人的行为负民事责任,但在紧急情况下,为了保护被代理人的利益而转托他人代理的除外。

代理人为处理代理事务,为被代理人选任其他人进行代理被称为复代理。复代理所基于的代理称为本代理,由本代理中的代理人转托的代理人称为复代理人。

3. 无权代理与表见代理

《民法通则》规定,没有代理权、超越代理权或者代理权终止后的行为,只有经过被代理人的追认,被代理人才承担民事责任。未经追认的行为,由行为人承担民事责任。本人知道他人以本人名义实施民事行为而不作否认表示的,视为同意。

（1）无权代理

无权代理是指行为人不具有代理权,但以他人的名义与第三人进行法律行为。无权代理一般存在三种表现形式:① 自始未经授权。如果行为人自始至终没有被授予代理权,就以他人的名义进行民事行为,属于无权代理。② 超越代理权。代理权限是有范围的,超越了代理权限,依然属于无权代理。③ 代理权已终止。行为人虽曾得到被代理人的授权,但该代理权已经终止的,行为人如果仍以被代理人的名义进行民事行为,则属无权代理。

被代理人对无权代理人实施的行为如果予以追认,则无权代理可转化为有权代理,产生与有权代理相同的法律效力,并不会发生代理人的赔偿责任。如果被代理人不予追认的,对被代理人不发生效力,则无权代理人需承担因无权代理行为给被代理人和善意第三人造成的损失。

（2）表见代理

表见代理是指行为人虽无权代理,但由于行为人的某些行为,造成了足以使善意第三人相信其有代理权的表象,而与善意第三人进行的、由本人承担法律后果的代理行为。《合同法》规定,行为人没有代理权、超越代理权或者代理权终止后以被代理人名义订立合同,相对人有理由相信行为人有代理权的,该代理行为有效。

表见代理除需符合代理的一般条件外,还需具备以下特别构成要件:① 须存在足以使相对人相信行为人具有代理权的事实或理由。这是构成表见代理的客观要件。它要求行为人与本人之间应存在某些事实上或法律上的联系,如行为人持有本人发出的委任状、已加盖公章的空白合同书或者有显示本人向行为人授予代理权的通知函告等证明类文件。② 须本人存在过失。其过失表现为本人表达了足以使第三人相信有授权意思的表示,或者实施了足以使第三人相信有授权意义的行为,发生了外表授权的事实。③ 须相对人为善意。这是构成表见代理的主观要件。如果相对人明知行为人无代理权而仍与之实施民事行为,则相对人为主观恶意,不构成表见代理。

表见代理对本人产生有权代理的效力,即在相对人与本人之间产生民事法律关系。本人受表见代理人与相对人之间实施的法律行为的约束,享有该行为设定的权利和履行该行为约定的义务。本人不能以无权代理为抗辩。本人在承担表见代理行为所产生的责任后,可以向无权代理人追偿因代理行为而遭受的损失。

（3）知道他人以本人名义实施民事行为不作否认表示的视为同意

本人知道他人以本人名义实施民事行为而不作否认表示的,视为同意。这是一种被称为默示方式的特殊授权。就是说,即使本人没有授予他人代理权,但事后并未作否认的意思表示,应视为授予了代理权。由此,他人以其名义实施法律行为的后果应由本人承担。

4. 不当或违法行为应承担的法律责任

（1）损害被代理人利益应承担的法律责任

代理人不履行职责而给被代理人造成损害的,应当承担民事责任。代理人和相对人串通,损害被代理人的利益的,由代理人和相对人负连带责任。

（2）相对人故意行为应承担的法律责任

相对人知道行为人没有代理权、超越代理权或者代理权已终止还与行为人实施民事行为给他人造成损害的,由相对人和行为人负连带责任。

(3) 违法代理行为应承担的法律责任

代理人知道被委托代理的事项违法仍然进行代理活动的,或者被代理人知道代理人的代理行为违法不表示反对的,由被代理人和代理人负连带责任。

第六节　建设工程物权制度

《物权法》是规范财产关系的民事基本法律。其立法目的是为了维护国家基本经济制度,维护社会主义市场经济秩序,明确物的归属,发挥物的效用,保护权利人的物权。

物权是一项基本民事权利.也是大多数经济活动的基础和目的。在建设工程活动中涉及的许多权利都是源于物权。建设单位对建设工程项目的权利来自于物权中最基本的权利——所有权,施工单位的施工活动是为了形成《物权法》意义上的物——建设工程。

一、物权的主要种类和与土地相关的物权

(一) 物权的种类

物权包括所有权、用益物权和担保物权。

1. 所有权

所有权是所有人依法对自己财产(包括不动产和动产)所享有的占有、使用、收益和处分的权利。它是一种财产权,又称财产所有权。所有权是物权中最重要也最完全的一种权利。当然,所有权在法律上也受到一定的限制。最主要的限制是,为了公共利益的需要,依照法律规定的权限和程序可以征收集体所有的土地和单位、个人的房屋及其他不动产。

财产所有权的权能,是指所有人对其所有的财产依法享有的权利,包括占有权、使用权、收益权、处分权。

(1) 占有权

占有权是指对财产实际掌握、控制的权能。占有权是行使物的使用权的前提条件,是所有人行使财产所有权的一种方式。占有权可以根据所有人的意志和利益分离出去,由非所有人享有。例如,根据货物运输合同,承运人对托运人的财产享有占有权。

(2) 使用权

使用权是指对财产的实际利用和运用的权能。通过对财产实际利用和运用满足所有人的需要,是实现财产使用价值的基本渠道。使用权是所有人所享有的一项独立权能。所有人可以在法律规定的范围内,以自己的意志使用其所有物。

(3) 收益权

收益权是指收取由原物产生出来的新增经济价值的权能。原物新增的经济价值,包括由原物直接派生出来的果实、由原物所产生出来的租金和利息、对原物直接利用而产生的利润等。收益往往是因为使用而产生的,因而收益权也往往与使用权联系在一起。但是,收益权本身是一项独立的权能,而使用权并不能包括收益权。有时,所有人并不行使对物的使用权,仍可以享有对物的收益权。

（4）处分权

处分权是指依法对财产进行处置,决定财产在事实上或法律上命运的权能。处分权的行使决定着物的归属。处分权是所有人的最基本的权利,是所有权内容的核心。

2. 用益物权

用益物权是权利人对他人所有的不动产或者动产,依法享有占有、使用和收益的权利。用益物权包括土地承包经营权、建设用地使用权、宅基地使用权和地役权。

国家所有或者国家所有由集体使用以及法律规定属于集体所有的自然资源,单位、个人依法可以占有、使用和收益。此时,单位或者个人就成为用益物权人。因不动产或者动产被征收、征用,致使用益物权消灭或者影响用益物权行使的,用益物权人有权获得相应补偿。

3. 担保物权

担保物权是权利人在债务人不履行到期债务或者发生当事人约定的实现担保物权的情形,依法享有就担保财产优先受偿的权利。债权人在借贷、买卖等民事活动中,为保障实现其债权,需要担保的,可以依照《物权法》和其他法律的规定设立担保物权。

（二）与土地相关的物权

建设工程与土地关系密切。

1. 土地所有权

土地所有权是国家或农民集体依法对归其所有的土地所享有的具有支配性和绝对性的权利。我国实行土地的社会主义公有制,即全民所有制和劳动群众集体所有制。

全民所有即国家所有土地的所有权由国务院代表国家行使。农民集体所有的土地由本集体经济组织的成员承包经营,从事种植业、林业、畜牧业、渔业生产。耕地承包经营期限为30年。发包方和承包方应当订立承包合同,约定双方的权利和义务。承包经营土地的农民有保护和按照承包合同约定的用途合理利用土地的义务。农民的土地承包经营权受法律保护。在土地承包经营期限内,对个别承包经营者之间承包的土地进行适当调整的,必须经村民会议三分之二以上成员或者三分之二以上村民代表的同意,并报乡（镇）人民政府和县级人民政府农业行政主管部门批准。

国家实行土地用途管制制度。国家编制土地利用总体规划,规定土地用途,将土地分为农用地、建设用地和未利用地。严格限制农用地转为建设用地,控制建设用地总量,对耕地实行特殊保护。

城市市区的土地属于国家所有。农村和城市郊区的土地,除由法律规定属于国家所有的以外,属于农民集体所有;宅基地和自留地、自留山,属于农民集体所有。

2. 建设用地使用权

（1）建设用地使用权的概念

建设用地使用权是因建造建筑物、构筑物及其附属设施而使用国家所有的土地的权利。建设用地使用权只能存在于国家所有的土地上,不包括集体所有的农村土地。

取得建设用地使用权后,建设用地使用权人依法对国家所有的土地享有占有、使用和收益的权利,有权利用该土地建造建筑物、构筑物及其附属设施。

（2）建设用地使用权的设立

建设用地使用权可以在土地的地表、地上或者地下分别设立。新设立的建设用地使用权,不得损害已设立的用益物权。

设立建设用地使用权,可以采取出让或者划拨等方式。工业、商业、旅游、娱乐和商品住宅等经营性用地以及同一土地有两个以上意向用地者的,应当采取招标、拍卖等公开竞价的方式出让。国家严格限制以划拨方式设立建设用地使用权。采取划拨方式的,应当遵守法律、行政法规关于土地用途的规定。

设立建设用地使用权的,应当向登记机构申请建设用地使用权登记。建设用地使用权自登记时设立。登记机构应当向建设用地使用权人发放建设用地使用权证书。建设用地使用权人应当合理利用土地,不得改变土地用途;需要改变土地用途的,应当依法经有关行政主管部门批准。

(3) 建设用地使用权的流转、续期和消灭

建设用地使用权人有权将建设用地使用权转让、互换、出资、赠与或者抵押,但法律另有规定的除外。建设用地使用权人将建设用地使用权转让、互换、出资、赠与或者抵押,应当符合以下规定:① 当事人应当采取书面形式订立相应的合同。使用期限由当事人约定,但不得超过建设用地使用权的剩余期限。② 应当向登记机构申请变更登记。③ 附着于该土地上的建筑物、构筑物及其附属设施一并处分。

住宅建设用地使用权期间届满的,自动续期。非住宅建设用地使用权期间届满后的续期,依照法律规定办理。该土地上的房屋及其他不动产的归属,有约定的,按照约定;没有约定或者约定不明确的,依照法律、行政法规的规定办理。

建设用地使用权消灭的,出让人应当及时办理注销登记。登记机构应当收回建设用地使用权证书。

3. 地役权

(1) 地役权的概念

地役权,是指为使用自己不动产的便利或提高其效益而按照合同约定利用他人不动产的权利。他人的不动产为供役地,自己的不动产为需役地。从性质上说,地役权是按照当事人的约定设立的用益物权。

(2) 地役权的设立

设立地役权,当事人应当采取书面形式订立地役权合同。地役权合同一般包括下列条款:① 当事人的姓名或者名称和住所;② 供役地和需役地的位置;③ 利用目的和方法;④ 利用期限;⑤ 费用及其支付方式;⑥ 解决争议的方法。地役权自地役权合同生效时设立。当事人要求登记的,可以向登记机构申请地役权登记;未经登记,不得对抗善意第三人。

土地上已设立土地承包经营权、建设用地使用权、宅基地使用权等权利的,未经用益物权人同意,土地所有权人不得设立地役权。

(3) 地役权的变动

需役地以及需役地上的土地承包经营权、建设用地使用权、宅基地使用权部分转让时,转让部分涉及地役权的,受让人同时享有地役权。供役地以及供役地上的土地承包经营权、建设用地使用权、宅基地使用权部分转让时,转让部分涉及地役权的,地役权对受让人具有约束力。

二、物权的设立、变更、转让、消灭和保护

（一）不动产物权的设立、变更、转让、消灭

不动产物权的设立、变更、转让和消灭，应当依照法律规定登记，自记载于不动产登记簿时发生效力。经依法登记，发生效力；未经登记，不发生效力，但法律另有规定的除外。依法属于国家所有的自然资源，所有权可以不登记。不动产登记，由不动产所在地的登记机构办理。

物权变动的基础往往是合同关系，如买卖合同导致物权的转让。需要注意的是，当事人之间订立有关设立、变更、转让和消灭不动产物权的合同，除法律另有规定或者合同另有约定外，自合同成立时生效；未办理物权登记的，不影响合同效力。

（二）动产物权的设立和转让

动产物权以占有和交付为公示手段。动产物权的设立和转让，应当依照法律规定交付。动产物权的设立和转让，自交付时发生效力，但法律另有规定的除外。船舶、航空器和机动车等物权的设立、变更、转让和消灭，未经登记，不得对抗善意第三人。

（三）物权的保护

物权的保护，是指通过法律规定的方法和程序保障物权人在法律许可的范围内对其财产行使占有、使用、收益、处分权利的制度。物权受到侵害的，权利人可以通过和解、调解、仲裁、诉讼等途径解决。

因物权的归属、内容发生争议的，利害关系人可以请求确认权利。无权占有不动产或者动产的，权利人可以请求返还原物。妨害物权或者可能妨害物权的，权利人可以请求排除妨害或者消除危险。造成不动产或者动产毁损的，权利人可以请求修理、重作、更换或者恢复原状。侵害物权，造成权利人损害的，权利人可以请求损害赔偿，也可以请求承担其他民事责任。对于物权保护方式，可以单独适用，也可以根据权利被侵害的情形合并适用。

侵害物权，除承担民事责任外，违反行政管理规定的，依法承担行政责任；构成犯罪的，依法追究刑事责任。

第七节　建设工程债权制度

在建设工程活动中，经常会遇到一些债权债务的问题。因此，学习有关债权的基本法律知识，有助于在实践中防范债务风险。

一、债的基本法律关系

（一）债的概念

《民法通则》规定，债是按照合同的约定或者按照法律规定，在当事人之间产生的特定的

权利和义务关系,享有权利的人是债权人,负有义务的人是债务人。债权人有权要求债务人按照合同的约定或者依照法律的规定履行义务。

债是特定当事人之间的法律关系。债权人只能向特定的人主张自己的权利,债务人也只需向享有该项权利的特定人履行义务,即债的相对性。

（二）债的内容

债的内容,是指债的主体双方间的权利与义务,即债权人享有的权利和债务人负担的义务,即债权与债务。债权为请求特定人为特定行为作为或不作为的权利。

债权与物权不同,物权是绝对权,而债权是相对权。债权相对性理论的内涵,可以归纳为以下三个方面:(1)债权主体的相对性;(2)债权内容的相对性;(3)债权责任的相对性。债务是根据当事人的约定或者法律规定,债务人所负担的应为特定行为的义务。

二、建设工程债的产生和常见种类

（一）建设工程债的产生

建设工程债的产生,是指特定当事人之间债权债务关系的产生。引起债产生的一定的法律事实,就是债产生的根据。建设工程债产生的根据有合同、侵权、无因管理和不当得利。

1. 合同

在当事人之间因产生了合同法律关系,也就是产生了权利义务关系,便设立了债的关系。任何合同关系的设立,都会在当事人之间发生债权债务的关系。合同引起债的关系,是债发生的最主要、最普遍的依据。合同产生的债被称为合同之债。

建设工程债的产生,最主要的也是合同。施工合同的订立,会在施工单位与建设单位之间产生债;材料设备买卖合同的订立,会在施工单位与材料设备供应商之间产生债的关系。

2. 侵权

侵权,是指公民或法人没有法律依据而侵害他人的财产权利或人身权利的行为。侵权行为一经发生,即在侵权行为人和被侵权人之间形成债的关系。侵权行为产生的债被称为侵权之债。在建设工程活动中,也常会产生侵权之债。如施工现场的施工噪声,有可能产生侵权之债。

《侵权责任法》规定,建筑物、构筑物或者其他设施及其搁置物、悬挂物发生脱落、坠落造成他人损害,所有人、管理人或者使用人不能证明自己没有过错的,应当承担侵权责任。所有人、管理人或者使用人赔偿后,有其他责任人的,有权向其他责任人追偿。

建筑物、构筑物或者其他设施倒塌造成他人损害的,由建设单位与施工单位承担连带责任。建设单位、施工单位赔偿后,有其他责任人的,有权向其他责任人追偿。因其他责任人的原因,建筑物、构筑物或者其他设施倒塌造成他人损害的,由其他责任人承担侵权责任。

从建筑物中抛掷物品或者从建筑物上坠落的物品造成他人损害,难以确定具体侵权人的,除能够证明自己不是侵权人的外,由可能加害的建筑物使用人给予补偿。

3. 无因管理

无因管理,是指管理人员和服务人员没有法律上的特定义务,也没有受到他人委托,自觉为他人管理事务或提供服务。无因管理在管理人员或服务人员与受益人之间形成了债的关系。无因管理产生的债被称为无因管理之债。

4. 不当得利

不当得利,是指没有法律上或者合同上的依据,有损于他人利益而自身取得利益的行为。由于不当得利造成他人利益的损害,因此在得利者与受害者之间形成债的关系。得利者应当将所得的不当利益返还给受损失的人。不当得利产生的债被称为不当得利之债。

(二)建设工程债的常见种类

1. 施工合同债

施工合同债是发生在建设单位和施工单位之间的债。施工合同的义务主要是完成施工任务和支付工程款。对于完成施工任务,建设单位是债权人,施工单位是债务人;对于支付工程款,则相反。

2. 买卖合同债

在建设工程活动中,会产生大量的买卖合同,主要是材料设备买卖合同。材料设备的买方有可能是建设单位,也可能是施工单位。他们会与材料设备供应商产生债。

3. 侵权之债

在侵权之债中,最常见的是施工单位的施工活动产生的侵权。如施工噪声或者废水、废弃物排放等扰民,可能对工地附近的居民构成侵权。此时,居民是债权人,施工单位或者建设单位是债务人。

第八节　建设工程知识产权制度

当今,我们所处的时代也被称为知识时代,其突出的表现就是知识在经济活动和日常生活中有着重要的作用。在建设工程活动中也是如此,知识产权引领着工程建设领域的技术进步,知识产权法律制度保护着相关权利人的利益。

一、知识产权的法律特征

知识产权是权利人对其创造的智力成果依法享有的权利。按照《民法通则》的规定,知识产权是权利人依法就下列客体享有的专有的权利:(1)作品;(2)发明、实用新型、外观设计;(3)商标;(4)地理标志;(5)商业秘密;(6)集成电路布图设计;(7)植物新品种;(8)法律规定的其他客体。

知识产权作为一种无形财产权,对其进行法律保护不同于有形财产,从而也就具有了不同于有形财产的法律特征。

(一)财产权和人身权的双重属性

在《民法通则》对民事权利的分类中,其他的民事权利都只有财产权或人身权的单一属性,只有知识产权具有财产权和人身权的双重属性。

（二）专有性

知识产权同其他财产所有权一样,具有绝对的排他性。权利人对智力成果享有专有权,其他人若要利用这一成果必须经过权利人同意,否则构成侵权。

（三）地域性

知识产权在空间上的效力并不是无限的,而要受到地域的限制,其效力只及于确认和保护知识产权的一国法律所能及的地域内。对于有形财产则不存在这一问题,无论财产转移到哪个国家,都不会发生财产所有人自动丧失所有权的情形。

（四）期限性

知识产权仅在法律规定的期限内受到法律的保护,一旦超过法定期限,这一权利就自行消灭。该智力成果就成为整个社会的共同财富,为全人类共同所有。有形财产权没有时间限制,只要财产存在,权利就必然存在。

二、建设工程知识产权的常见种类、保护和侵权责任

（一）建设工程知识产权的常见种类

在建设工程中常见的知识产权主要是专利权、商标权、著作权、发明权和其他科技成果。计算机软件也是工程建设中经常使用的,计算机软件属于著作权保护的客体。

1. 专利权

（1）专利权的概念

专利权是指权利人在法律规定的期限内,对其发明创造所享有的制造、使用和销售的专有权。国家授予权利人对其发明创造享有专有权,能保护权利人的利益,使其公开其发明创造的技术内容,有利于发明创造的应用。在建设工程活动中,不断有新技术产生,有许多新技术是取得了专利权的。

（2）专利法保护的对象

专利法保护的对象就是专利权的客体,各国规定各不相同。我国《专利法》保护的是发明创造专利权,并规定发明创造是指发明、实用新型和外观设计。

发明是指产品、方法或者其改进所提出的新的技术方案。实用新型是指对产品的形状、构造或者其结合所提出的适于实用的新的技术方案。外观设计,是指对产品的形状、图案或者其结合以及色彩与形状、图案的结合所作出的富有美感并适于工业应用的新设计。

（3）授予专利权的条件

① 授予发明和实用新型专利权的条件

授予专利权的发明和实用新型,应当具备新颖性、创造性和实用性。新颖性是指该发明或者实用新型不属于现有技术,也没有任何单位或者个人就同样的发明或者实用新型在申请日以前向国务院专利行政主管部门提出过申请,并记载在申请日以后公布的专利申请文件或者公告的专利文件中。创造性是指与现有技术相比,该发明或者该实用新型具有突出

的实质性特点和显著的进步。所谓现有技术,是指申请日以前在国内外为公众所知的技术。实用性是指该发明或者实用新型能够制造或者使用,并且能够产生积极效果。取得专利权的发明或者实用新型必须是能够应用于生产领域的,而不能是纯理论的。

② 授予外观设计专利权的条件

授予专利权的外观设计,应当同申请日以前在国内外出版物上公开发表过或者国内公开使用过的外观设计不相同和不相近似,并不得与他人在先取得的合法权利相冲突。除了新颖性外,外观设计还应当具备富有美感和适于工业应用两个条件。

(4)专利权人的权利和期限

① 专利权人的权利。发明和实用新型专利权被授予后,除《专利法》另有规定的以外,任何单位或者个人未经专利权人许可,都不得实施其专利,即不得为生产经营目的制造、使用、许诺销售、销售、进口其专利产品,或者使用其专利方法以及使用、许诺销售、销售、进口依照该专利方法直接获得的产品。外观设计专利权被授予后,任何单位或者个人未经专利权人许可,都不得实施其专利,即不得为生产经营目的制造、销售、进口其外观设计专利产品。

② 专利权的期限。发明专利权的期限为 20 年,实用新型专利权和外观设计专利权的期限为 10 年,均自申请日起计算。

2. 商标权

(1)商标与商标专用权的概念

商标是指企业、事业单位和个体工商业者,为了使其生产经营的商品或者提供的服务项目有别于他人的商品或者服务项目,用具有显著特征的文字、图形、字母、数字、三维标志和颜色组合,以及上述要素的组合来表示的标志。商标可以分为商品商标和服务商标两大类。

商标专用权是指企业、事业单位和个体工商业者对其注册的商标依法享有的专用权。由于商标有表示质量和信誉的作用,他人使用商标所有人的商标,有可能对商标所有人的信誉造成损害,必须严格禁止。

《中华人民共和国商标法》(以下简称《商标法》)规定,自然人、法人或者其他组织对其生产、制造、加工、拣选或者经销的商品,需要取得商标专用权的,应当向商标局申请商品商标注册。自然人、法人或者其他组织对其提供的服务项目,需要取得商标专用权的,应当向商标局申请服务商标注册。

(2)商标专用权的内容以及保护对象

商标专用权是指商标所有人对注册商标所享有的具体权利。同其他知识产权不同,商标专用权的内容只包括财产权,商标设计者的人身权受著作权法保护。

商标专用权包括使用权和禁止权两个方面。使用权是商标注册人对其注册商标充分支配和完全使用的权利,权利人也有权将商标使用权转让给他人或通过合同许可他人使用其注册商标。禁止权是商标注册人禁止他人未经其许可而使用注册商标的权利。

商标专用权的保护对象是经过国家商标管理机关核准注册的商标,未经核准注册的商标不受商标法保护。使用注册商标应当标明"注册商标"或者注册标记。商标必须使用文字,图形或者其组合作为表现形式,并应当具备显著特征,便于人们识别。

(3)注册商标的续展、转让和使用许可

注册商标的有效期为 10 年,自核准注册之日起计算。但是,商标与其他知识产权的客体不同,往往使用时间越长越有价值。商标的知名度较高往往也是长期使用的结果。因此,注册商标可以无数次提出续展申请,其理论上的有效期是无限的。注册商标有效期满,需要继续使用的,应当在期满前12个月内申请续展注册;在此期间未能提出申请的,可以给予6个月的宽展期。宽展期满仍未提出申请的,注销其注册商标。每次续展注册的有效期为10年。

注册商标的转让是指商标专用人将其所有的注册商标依法转移给他人所有并由其专用的法律行为。转让注册商标的,转让人和受让人应当共同向商标局提出申请。受让人应当保证使用该注册商标的商品或服务的质量。商标专用权人可以将商标连同企业或者商誉同时转让,也可以将商标单独转让。

注册商标的使用许可是指商标注册人通过签订商标使用许可合同,许可他人使用其注册商标的法律行为。许可人应当监督被许可人使用其注册商标的商品或者服务的质量。被许可人应当保证使用注册商标的商品或服务的质量。经许可使用他人注册商标的,必须在使用该注册商标的商品上标明被许可人的名称和商品产地。

3. 著作权

(1)著作权的概念

著作权,是指作者及其他著作权人依法对文学、艺术和科学作品所享有的专有权。在我国,著作权等同于版权。

(2)建设工程活动中常见的著作权作品

著作权保护的客体是作品,在建设工程活动中,会产生许多具有著作权的作品。

① 文字作品。对于施工单位而言,施工单位编制的投标文件等文字作品、项目经理完成的工作报告等,都会享有著作权。建设单位编制的招标文件等文字作品也享有著作权。

② 建筑作品。建筑作品,是指以建筑物或者构筑物形式表现的有审美意义的作品。

③ 图形作品。图形作品,是指为施工、生产绘制的工程设计图、产品设计图,以及反映地理现象、说明事物原理或者结构的地图、示意图等作品。

(3)著作权主体

著作权的主体是指从事文学、艺术、科学等领域的创作出作品的作者及其他享有著作权的公民、法人或者其他组织。在特定情况下,国家也可以成为著作权的主体。

在建设工程活动中,有许多作品属于单位作品。由法人或者其他组织主持,代表法人或者其他组织意志创作,并由法人或者其他组织承担责任的作品,法人或者其他组织视为作者。如招标文件、投标文件,往往就是单位作品。单位作品的著作权完全归单位所有。

在建设工程活动中,有些作品属于职务作品。公民为完成法人或者其他组织工作任务所创作的作品是职务作品。职务作品与单位作品在形式上的区别在于,单位作品的作者是单位,而职务作品的作者是公民个人。一般情况下,职务作品的著作权由作者享有,但法人或者其他组织有权在其业务范围内优先使用。作品完成两年内,未经单位同意,作者不得许可第三人以与单位使用的相同方式使用该作品。《中华人民共和国著作权法》(以下简称《著作权法》)规定,有下列情形之一的职务作品,作者享有署名权,著作权的其他权利由法人或者其他组织享有,法人或者其他组织可以给予作者奖励:① 主要是利用法人或者其他组织的物质技术条件创作,并由法人或者其他组织承担责任的工程设计图、产品设计图、地图、计算机软件等职务作品;② 法律、行政法规规定或者合同约定著作权由法人或者其他组织享有的职务作品。

在建设工程活动中,有些作品属于委托作品。一般情况下,勘察设计文件都是勘察设计单位接受建设单位委托创作的委托作品。受委托创作的作品,著作权的归属由委托人和受托人通过合同约定。合同未作明确约定或者没有订立合同的,著作权属于受托人。

(4)著作权的保护期

著作权的保护期由于权利内容以及主体的不同而有所不同:① 作者的署名权、修改权、保护作品完整权的保护期不受限制。② 公民的作品,其发表权、使用权和获得报酬权的保护期,为作者终生及其死后 50 年。如果是合作作品,截止于最后死亡的作者死亡后第 50 年的 12 月 31 日。③ 法人或者其他组织的作品、著作权(署名权除外)由法人或者其他组织享有的职务作品,其发表权、使用权和获得报酬权的保护期为 50 年,截止于作品首次发表后第 50 年的 12 月 31 日,但作品自创作完成后 50 年内未发表的,不再受著作权法保护。

4.计算机软件的法律保护

(1)计算机软件的概念

《计算机软件保护条例》规定,计算机软件,是指计算机程序及其有关文档。

计算机程序,是指为了得到某种结果而可以由计算机等具有信息处理能力的装置执行的代码化指令序列,或者可以被自动转换成代码化指令序列的符号化指令序列或者符号化语句序列。同一计算机程序的源程序和目标程序为同一作品。文档,是指用来描述程序的内容、组成、设计、功能规格、开发情况、测试结果及使用方法的文字资料和图表等,如程序设计说明书、流程图、用户手册等。

(2)软件著作权的归属

软件著作权属于软件开发者,《计算机软件保护条例》另有规定的除外。如无相反证明,在软件上署名的自然人、法人或者其他组织为开发者。

由两个以上的自然人、法人或者其他组织合作开发的软件,其著作权的归属由合作开发者签订书面合同约定。接受他人委托开发的软件,其著作权的归属由委托人与受托人签订书面合同约定;无书面合同或者合同未作明确约定的,其著作权由受托人享有。由国家机关下达任务开发的软件,著作权的归属与行使由项目任务书或者合同规定;项目任务书或者合同中未作明确规定的,软件著作权由接受任务的法人或者其他组织享有。

自然人在法人或者其他组织中任职期间所开发的软件有下列情形之一的,该软件著作权由该法人或者其他组织享有,该法人或者其他组织可以对开发软件的自然人进行奖励:① 针对本职工作中明确指定的开发目标所开发的软件;② 开发的软件是从事本职工作活动所预见的结果或者自然的结果;③ 主要使用了法人或者其他组织的资金、专用设备、未公开的专门信息等物质技术条件所开发并由法人或者其他组织承担责任的软件。

(3)软件著作权的限制

软件的合法复制品所有人享有下列权利:① 根据使用的需要把该软件装入计算机等具有信息处理能力的装置内。② 为了防止复制品损坏而制作备份复制品。这些备份复制品不得通过任何方式提供给他人使用,并在所有人丧失该合法复制品的所有权时,负责将备份复制品销毁。③ 为了把该软件用于实际的计算机应用环境或者改进其功能、性能而进行必要的修改;但是,除合同另有约定外,未经该软件著作权人许可,不得向任何第三方提供修改后的软件。

软件著作权制度也存在合理使用,即为了学习和研究软件内含的设计思想和原理,通过安装、显示、传输或者存储软件等方式使用软件的,可以不经软件著作权人许可,不向其支付报酬。

（4）计算机软件著作权的保护期限　·

自然人的软件著作权，保护期为自然人终生及其死亡后 50 年，截止于自然人死亡后第 50 年的 12 月 31 日；软件是合作开发的，截止于最后死亡的自然人死亡后第 50 年的 12 月 31 日。法人或者其他组织的软件著作权，保护期为 50 年，截止于软件首次发表后第 50 年的 12 月 31 日，但软件自开发完成之日起 50 年内未发表的，不再受到《计算机软件保护条例》的保护。

（二）建设工程知识产权的保护

建设工程知识产权权利人的权益受到损害的情况包括违约和侵权两种情况，当事人可以寻求的保护途径包括民法保护、行政法保护和刑法保护。

建设工程知识产权发生纠纷后，由当事人协商解决；不愿协商或者协商不成的，权利人或者利害关系人可以依照《民事诉讼法》向人民法院起诉，也可以请求知识产权行政主管部门处理。

1. 建设工程专利权的保护

《专利法》规定，建设工程发明或者实用新型专利权的保护范围以其权利要求的内容为准，说明书及附图可以用于解释权利要求的内容。外观设计专利权的保护范围以表示在图片或者照片中的该产品的外观设计为准，简要说明可以用于解释图片或者照片所表示的该产品的外观设计。

专利权人或者利害关系人有证据证明他人正在实施或者即将实施侵犯专利权的行为，如不及时制止将会使其合法权益受到难以弥补的损害的，可以在起诉前向人民法院申请采取责令停止有关行为的措施。申请人提出申请时，应当提供担保；不提供担保的，驳回申请。

人民法院应当自接受申请之时起 48 小时内作出裁定；有特殊情况需要延长的，可以延长 48 小时。裁定责令停止有关行为的，应当立即执行。当事人对裁定不服的，可以申请复议一次；复议期间不停止裁定的执行。

2. 建设工程商标权的保护

《商标法》规定，注册商标的专用权，以核准注册的商标和核定使用的商品为限。有下列行为之一的，均属侵犯注册商标专用权：（1）未经商标注册人的许可，在同一种商品或者类似商品上使用与其注册商标相同或者近似的商标的；（2）销售侵犯注册商标专用权的商品的；（3）伪造、擅自制造他人注册商标标识或者销售伪造、擅自制造的注册商标标识的；（4）未经商标注册人同意，更换其注册商标并将该更换商标的商品又投入市场的；（5）给他人的注册商标专用权造成其他损害的。

县级以上工商行政管理部门根据已经取得的违法嫌疑证据或者举报，对涉嫌侵犯他人注册商标专用权的行为进行查处时，可以行使下列职权：（1）询问有关当事人，调查与侵犯他人注册商标专用权有关的情况。（2）查阅、复制当事人与侵权活动有关的合同、发票、账簿以及其他有关资料。（3）对当事人涉嫌从事侵犯他人注册商标专用权活动的场所实施现场检查。（4）检查与侵权活动有关的物品；对有证据证明是侵犯他人注册商标专用权的物品，可以查封或者扣押。

3. 建设工程著作权的保护

对于著作权的保护,主要是民法保护。如果侵权行为同时损害公共利益的,可以由著作权行政管理部门责令停止侵权行为,没收违法所得,没收、销毁侵权复制品,并可处以罚款;情节严重的,著作权行政管理部门还可以没收主要用于制作侵权复制品的材料、工具、设备等;构成犯罪的,依法追究刑事责任。

(三)建设工程知识产权侵权的法律责任

1. 建设工程知识产权侵权的民事责任

《侵权责任法》规定,承担侵权责任的方式主要有:(1)停止侵害;(2)排除妨碍;(3)消除危险;(4)返还财产;(5)恢复原状;(6)赔偿损失;(7)赔礼道歉;(8)消除影响、恢复名誉。以上承担侵权责任的方式,可以单独适用,也可以合并适用。

在建设工程知识产权侵权的民事责任中,最主要的还是赔偿损失。赔偿损失的数额有4种确定方法:(1)侵权的赔偿数额按照权利人因被侵权所受到的实际损失确定;(2)实际损失难以确定的,可以按照侵权人因侵权所获得的利益确定;(3)权利人的损失或者侵权人获得的利益难以确定的,参照该知识产权许可使用费的倍数合理确定;(4)权利人的损失、侵权人获得的利益和专利许可使用费均难以确定的,人民法院可以根据专利权的类型、侵权行为的性质和情节等因素,确定给予一定数额的赔偿。如侵犯的是建设工程专利权,应当为1万元以上100万元以下的赔偿;侵犯的是建设工程著作权和商标权,应当是50万元以下的赔偿。赔偿数额还应当包括权利人为制止侵权行为所支付的合理开支。

2. 建设工程知识产权侵权的行政责任

(1)侵犯建设工程专利权的行政责任

在侵犯建设工程专利权的行为中,需要承担行政责任的主要是假冒专利,除依法承担民事责任外,应当由专利主管部门责令改正并予公告,没收违法所得,可以并处违法所得4倍以下的罚款;没有违法所得的,可以处20万元以下的罚款。

对于未经专利权人许可,实施其专利这一侵权行为,引起纠纷的,专利权人或者利害关系人可以请求专利主管部门处理;专利主管部门处理时,认定侵权行为成立的,可以责令侵权人立即停止侵权行为。

(2)侵犯建设工程商标权的行政责任

① 使用注册商标违法的行政责任。《商标法》规定,使用注册商标,有下列行为之一的,由商标局责令限期改正或者撤销其注册商标:a. 自行改变注册商标的;b. 自行改变注册商标的注册人名称、地址或者其他注册事项的;c. 自行转让注册商标的;d. 连续3年停止使用的。

② 使用注册商标的商品生产或者销售有违法行为的行政责任。使用注册商标,其商品粗制滥造,以次充好,欺骗消费者的,由各级工商行政管理部门分别不同情况,责令限期改正,并可以予以通报或者处以罚款,或者由商标局撤销其注册商标。

③ 使用未注册商标违法的行政责任。使用未注册商标,有下列行为之一的,由地方工商行政管理部门予以制止,限期改正,并可以予以通报或者处以罚款:a. 冒充注册商标的;b. 使用不得作为商标使用标志的;c. 粗制滥造,以次充好,欺骗消费者的。

(3) 侵犯建设工程著作权的行政责任

按照《著作权法》的规定,有下列侵权行为的,如果同时损害公共利益的,可以由著作权行政管理部门责令停止侵权行为,没收违法所得,没收、销毁侵权复制品,并可处以罚款;情节严重的,著作权行政管理部门还可以没收主要用于制作侵权复制品的材料、工具、设备等:① 未经著作权人许可,复制、发行、表演、放映、广播、汇编、通过信息网络向公众传播其作品的;② 出版他人享有专有出版权的图书的;③ 未经表演者许可,复制、发行录有其表演的录音录像制品,或者通过信息网络向公众传播其表演的;④ 未经录音录像制作者许可,复制、发行、通过信息网络向公众传播其制作的录音录像制品的;⑤ 未经许可,播放或者复制广播、电视的;⑥ 未经著作权人或者与著作权有关的权利人许可,故意避开或者破坏权利人为其作品、录音录像制品等采取的保护著作权或者与著作权有关的权利的技术措施的;⑦ 未经著作权人或者与著作权有关的权利人许可,故意删除或者改变作品、录音录像制品等的权利管理电子信息的;⑧ 制作、出售假冒他人署名的作品的。

3. 建设工程知识产权侵权的刑事责任

建设工程知识产权侵权行为中,可能构成犯罪的是,违反知识产权保护法规,未经知识产权所有人许可,非法利用其知识产权,侵犯国家对知识产权的管理秩序和知识产权所有人的合法权益,违法所得数额较大或者情节严重的行为。

(1) 侵犯商标权的刑事责任

① 假冒注册商标罪。《刑法》规定,未经注册商标所有人许可,在同一种商品上使用与其注册商标相同的商标,情节严重的,处3年以下有期徒刑或者拘役,并处或者单处罚金;情节特别严重的,处3年以上7年以下有期徒刑,并处罚金。

② 销售假冒注册商标的商品罪。销售明知是假冒注册商标的商品,销售金额数额较大的,处3年以下有期徒刑或者拘役,并处或者单处罚金;销售金额数额巨大的,处3年以上7年以下有期徒刑,并处罚金。

③ 非法制造、销售非法制造的注册商标标识罪。伪造、擅自制造他人注册商标标识或者销售伪造、擅自制造的注册商标标识,情节严重的,处3年以下有期徒刑、拘役或者管制,并处或者单处罚金;情节特别严重的,处3年以上7年以下有期徒刑,并处罚金。

(2) 侵犯专利权的刑事责任

假冒他人专利,情节严重的,处3年以下有期徒刑或者拘役,并处或者单处罚金。

(3) 侵犯著作权的刑事责任

① 侵犯著作权罪。以营利为目的,有下列侵犯著作权情形之一,违法所得数额较大或者有其他严重情节的,处3年以下有期徒刑或者拘役,并处或者单处罚金;违法所得数额巨大或者有其他特别严重情节的,处3年以上7年以下有期徒刑,并处罚金:a. 未经著作权人许可,复制发行其文字作品,音乐、电影、电视、录像作品,计算机软件及其他作品的;b. 出版他人享有专有出版权的图书的;c. 未经录音录像制作者许可,复制发行其制作的录音录像的;d. 制作、出售假冒他人署名的美术作品的。

② 销售侵权复制品罪。以营利为目的,销售明知是侵权复制品,违法所得数额巨大的,处3年以下有期徒刑或者拘役,并处或者单处罚金。

第九节 建设工程担保制度

一、担保与担保合同的规定

担保是指当事人根据法律规定或者双方约定,为促使债务人履行债务实现债权人的权利的法律制度。

《中华人民共和国担保法》(以下简称《担保法》)规定,在借贷、买卖、货物运输、加工承揽等经济活动中,债权人需要以担保方式保障其债权实现的,可以依照本法规定设定担保。担保方式为保证、抵押、质押、留置和定金。

第三人为债务人向债权人提供担保时,可以要求债务人提供反担保。反担保适用《担保法》担保的规定。

担保合同是主合同的从合同,主合同无效,担保合同无效。担保合同另有约定的,按照约定。担保合同被确认无效后,债务人、担保人、债权人有过错的,应当根据其过错各自承担相应的民事责任。

二、建设工程保证担保的方式和责任

在建设工程活动中,保证是最为常用的一种担保方式。所谓保证,是指保证人和债权人约定,当债务人不履行债务时,保证人按照约定履行债务或者承担责任的行为。具有代为清偿债务能力的法人、其他组织或者公民,可以作保证人。但在建设工程活动中,由于担保的标的额较大,保证人往往是银行,也有信用较高的其他担保人,如担保公司。银行出具的保证通常称为保函,其他保证人出具的书面保证一般称为保证书。

(一)保证的基本法律规定

1. 保证合同

保证人与债权人应当以书面形式订立保证合同。保证人与债权人可以就单个主合同分别订立保证合同,也可以协议在最高债权额限度内就一定期间连续发生的借款合同或者某项商品交易合同订立一个保证合同。

保证合同应当包括以下内容:(1)被保证的主债权种类、数额;(2)债务人履行债务的期限;(3)保证的方式;(4)保证担保的范围;(5)保证的期间;(6)双方认为需要约定的其他事项。保证合同不完全具备以上规定内容的,可以补正。

2. 保证方式

保证的方式有两种:(1)一般保证;(2)连带责任保证。

当事人在保证合同中约定,债务人不能履行债务时,由保证人承担保证责任的,为一般保证。当事人在保证合同中约定保证人与债务人对债务承担连带责任的,为连带责任保证。连带责任保证的债务人在主合同规定的债务履行期届满没有履行债务的,债权人可以要求债务人履行债务,也可以要求保证人在其保证范围内承担保证责任。

当事人对保证方式没有约定或者约定不明确的,按照连带责任保证承担保证责任。

3. 保证人资格

具有代为清偿债务能力的法人、其他组织或者公民,可以作为保证人。但是,以下组织不能作为保证人:

(1)国家机关不得为保证人,但经国务院批准为使用外国政府或者国际经济组织贷款进行转贷的除外。

(2)学校、幼儿园、医院等以公益为目的的事业单位、社会团体不得为保证人。

(3)企业法人的分支机构、职能部门不得为保证人。企业法人的分支机构有法人书面授权的,可以在授权范围内提供保证。

任何单位和个人不得强令银行等金融机构或者企业为他人提供保证;银行等金融机构或者企业对强令其为他人提供保证的保证行为,有权拒绝。

4. 保证责任

保证合同生效后,保证人就应当在合同约定的保证范围及保证期间承担保证责任。

保证担保的范围包括主债权及利息、违约金、损害赔偿金和实现债权的费用。保证合同另有约定的,按照约定。当事人对保证担保的范围没有约定或者约定不明确的,保证人应当对全部债务承担责任。

保证期间,债权人依法将主债权转让给第三人的,保证人在原保证担保的范围内继续承担保证责任。保证合同另有约定的,按照约定。保证期间,债权人许可债务人转让债务的,应当取得保证人书面同意,保证人对未经其同意转让的债务,不再承担保证责任。债权人与债务人协议变更主合同的,应当取得保证人书面同意,未经保证人书面同意的,保证人不再承担保证责任。保证合同另有约定的,按照约定。

一般保证的保证人未约定保证期间的,保证期间为主债务履行期届满之日起6个月。连带责任保证的保证人与债权人未约定保证期间的,债权人有权自主债务履行期届满之日起6个月内要求保证人承担保证责任。

(二)建设工程施工常用的担保种类

1. 施工投标保证金

投标保证金是指投标人按照招标文件的要求向招标人出具的,以一定金额表示的投标责任担保。其实质是为了避免因投标人在投标有效期内随意撤销投标或中标后不能提交履约保证金和签署合同等行为而给招标人造成损失。

投标保证金除现金外,可以是银行出具的银行保函、保兑支票、银行汇票或现金支票。

2. 施工合同履约保证金

《招标投标法》规定,招标文件要求中标人提交履约保证金的,中标人应当提供。

施工合同履约保证金,是为了保证施工合同的顺利履行而要求承包人提供的担保。施工合同履约保证金多为提供第三人的信用担保(保证),一般是由银行或者担保公司向招标人出具履约保函或者保证书。

3. 工程款支付担保

《工程建设项目施工招标投标办法》规定,招标人要求中标人提供履约保证金或其他形式履约担保的,招标人应当同时向中标人提供工程款支付担保。

工程款支付担保,是发包人向承包人提交的、保证按照合同约定支付工程款的担保,通常采用由银行出具保函的方式。

4. 预付款担保

是指承包人向发包人提供的用于实现承包人按合同规定进行施工,偿还发包人已支付的全部预付金额的担保。如果承包人违约,使发包人不能在规定期限内从应付工程款中扣除全部预付款,则发包人有权行使预付款担保权利作为补偿。

三、抵押权、质权、留置权、定金的规定

(一)抵押权

1. 抵押的法律概念

按照《担保法》、《物权法》的规定,抵押是指债务人或者第三人不转移对财产的占有,将该财产作为债权的担保。债务人不履行债务时,债权人有权依照法律规定以该财产折价或者以拍卖、变卖该财产的价款优先受偿。其中,债务人或者第三人称为抵押人,债权人称为抵押权人。

2. 抵押物

债务人或者第三人提供担保的财产为抵押物。由于抵押物是不转移其占有的,因此能够成为抵押物的财产必须具备一定的条件。这类财产轻易不会灭失,其所有权的转移应当经过一定的程序。

债务人或者第三人有权处分的下列财产可以抵押:(1)建筑物和其他土地附着物;(2)建设用地使用权;(3)以招标、拍卖、公开协商等方式取得的荒地等土地承包经营权;(4)生产设备、原材料、半成品、产品;(5)正在建造的建筑物、船舶、航空器;(6)交通运输工具;(7)法律、行政法规未禁止抵押的其他财产。

下列财产不得抵押:(1)土地所有权;(2)耕地、宅基地、自留地、自留山等集体所有的土地使用权;(3)学校、幼儿园、医院等以公益为目的的事业单位、社会团体的教育设施、医疗卫生设施和其他社会公益设施;(4)所有权、使用权不明或者有争议的财产;(5)依法被查封、扣押、监管的财产;(6)依法不得抵押的其他财产。

当事人以下列财产抵押的,应当办理抵押登记,抵押权自登记时设立:(1)建筑物和其他土地附着物;(2)建设用地使用权;(3)以招标、拍卖、公开协商等方式取得的荒地等土地承包经营权;(4)正在建造的建筑物。

当事人以下列财产抵押的,抵押权自抵押合同生效时设立,未经登记,不得对抗善意第三人:(1)生产设备、原材料、半成品、产品;(2)交通运输工具;(3)正在建造的船舶、航空器。

办理抵押物登记,应当向登记部门提供主合同、抵押合同、抵押物的所有权或者使用权证书。

3. 抵押的效力

抵押担保的范围包括主债权及利息、违约金、损害赔偿金和实现抵押权的费用。当事人也可以在抵押合同中约定抵押担保的范围。

抵押人有义务妥善保管抵押物并保证其价值。抵押期间,抵押人转让已办理登记的抵押物,应当通知抵押权人并告知受让人转让物已经抵押的情况;否则,该转让行为无效。抵押人转让抵押物的价款,应当向抵押权人提前清偿所担保的债权或者向与抵押权人约定的

第三人提存。超过债权的部分归抵押人所有,不足部分由债务人清偿。转让抵押物的价款不得明显低于其价值。抵押人的行为足以使抵押物价值减少的,抵押权人有权要求抵押人停止其行为。

抵押权与其担保的债权同时存在。抵押权不得与债权分离而单独转让或者作为其他债权的担保。

4. 抵押权的实现

债务履行期届满抵押权人未受清偿的,可以与抵押人协议以抵押物折价或者以拍卖、变卖该抵押物所得的价款受偿;协议不成的,抵押权人可以向人民法院提起诉讼。抵押物折价或者拍卖、变卖后,其价款超过债权数额的部分归抵押人所有,不足部分由债务人清偿。

同一财产向两个以上债权人抵押的,拍卖、变卖抵押物所得的价款按照以下规定清偿:(1) 抵押合同以登记生效的,按抵押物登记的先后顺序清偿;顺序相同的,按照债权比例清偿。(2) 抵押合同自签订之日起生效的,如果抵押物未登记的,按照合同生效的先后顺序清偿,顺序相同的,按照债权比例清偿。抵押物已登记的先于未登记的受偿。

(二) 质权

1. 质押的法律概念

按照《担保法》、《物权法》的规定,质押是指债务人或者第三人将其动产或权利移交债权人占有,将该动产或权利作为债权的担保。债务人不履行债务时,债权人有权依照法律规定以该动产或权利折价或者以拍卖、变卖该动产或权利的价款优先受偿。

质权是一种约定的担保物权,以转移占有为特征。债务人或者第三人为出质人,债权人为质权人,移交的动产或权利为质物。

2. 质押的分类

质押分为动产质押和权利质押。

动产质押是指债务人或者第三人将其动产移交债权人占有,将该动产作为债权的担保。能够用作质押的动产没有限制。

权利质押一般是将权利凭证交付质押人的担保。可以质押的权利包括:(1) 汇票、支票、本票、债券、存款单、仓单、提单;(2) 依法可以转让的股份、股票;(3) 依法可以转让的商标专用权、专利权、著作权中的财产权;(4) 依法可以质押的其他权利。

(三) 留置

按照《担保法》、《物权法》的规定,留置是指债权人按照合同约定占有债务人的动产,债务人不按照合同约定的期限履行债务的,债权人有权依照法律规定留置该财产,以该财产折价或者以拍卖、变卖该财产的价款优先受偿。

《担保法》规定,因保管合同、运输合同、加工承揽合同发生的债权,债务人不履行债务的,债权人有留置权。法律规定可以留置的其他合同,适用以上规定。当事人可以在合同中约定不得留置的物。

留置权人负有妥善保管留置物的义务。因保管不善致使留置物灭失或者毁损的,留置权人应当承担民事责任。

(四) 定金

《担保法》规定,当事人可以约定一方向对方给付定金作为债权的担保。债务人履行债务后,定金应当抵作价款或者收回。给付定金的一方不履行约定的债务的,无权要求返还定金;收受定金的一方不履行约定的债务的,应当双倍返还定金。

定金应当以书面形式约定。当事人在定金合同中应当约定交付定金的期限。定金合同从实际交付定金之日起生效。定金的数额由当事人约定,但不得超过主合同标的额的 20%。

第十节 建设工程保险制度

一、保险与保险索赔的规定

(一)保险概述

1. 保险的法律概念

《中华人民共和国保险法》(以下简称《保险法》)规定,保险是指投保人根据合同约定,向保险人支付保险费,保险人对于合同约定的可能发生的事故因其发生所造成的财产损失承担赔偿保险金责任,或者当被保险人死亡、伤残、疾病或者达到合同约定的年龄、期限时承担给付保险金责任的商业保险行为。

保险是一种受法律保护的分散危险、消化损失的法律制度。因此,危险的存在是保险产生的前提。但保险制度上的危险具有损失发生的不确定性,包括发生与否的不确定性、发生时间的不确定性和发生后果的不确定性。

2. 保险合同

保险合同是指投保人与保险人约定保险权利义务关系的协议。投保人是指与保险人订立保险合同,并按照保险合同负有支付保险费义务的人。保险人是指与投保人订立保险合同,并承担赔偿或者给付保险金责任的保险公司。

保险合同在履行中还会涉及被保险人和受益人。被保险人是指其财产或者人身受保险合同保障,享有保险金请求权的人,投保人可以为被保险人。受益人是指人身保险合同中由被保险人或者投保人指定的享有保险金请求权的人,投保人、被保险人可以为受益人。

保险合同一般是以保险单的形式订立的。保险合同分为财产保险合同、人身保险合同。

(1)财产保险合同

财产保险合同是以财产及其有关利益为保险标的的保险合同。在财产保险合同中,保险合同的转让应当通知保险人,经保险人同意继续承保后,依法转让合同。

在合同的有效期内,保险标的的危险程度显著增加的,被保险人应当按照合同约定及时通知保险人,保险人可以按照合同约定增加保险费或者解除合同。建筑工程一切险和安装工程一切险即为财产保险合同。

(2)人身保险合同

人身保险合同是以人的寿命和身体为保险标的的保险合同。投保人应向保险人如实申报被保险人的年龄、身体状况。投保人于合同成立后,可以向保险人一次支付全部保险费,也可以按照合同规定分期支付保险费。人身保险的受益人由被保险人或者投保人指定。保险人对人身保险的保险费,不得用诉讼方式要求投保人支付。

（二）保险索赔

对于投保人而言，保险的根本目的是发生灾难事件时能够得到补偿，而这一目的必须通过索赔来实现。

1. 投保人进行保险索赔须提供必要的有效的证明

保险事故发生后，依照保险合同请求保险人赔偿或者给付保险金时，投保人、被保险人或者受益人应当向保险人提供其所能提供的与确认保险事故的性质、原因、损失程度等有关的证明和资料。

这就要求投保人在日常管理中应当注意证据的收集和保存。当保险事件发生后，更应注意证据收集，有时还需要有关部门的证明。索赔的证据一般包括保单、建设工程合同、事故照片、鉴定报告以及保单中规定的证明文件。

2. 投保人等应当及时提出保险索赔

投保人、被保险人或者受益人知道保险事故发生后，应当及时通知保险人。这与索赔的成功与否密切相关。因为，资金有时间价值，如果保险事件发生后很长时间才能取得索赔，即使是全额赔偿也不足以补偿自己的全部损失。而且，时间过长还会给索赔人的取证或保险人的理赔增加很大的难度。

3. 计算损失大小

保险单上载明的保险财产全部损失，应当按照全损进行保险索赔。保险单上载明的保险财产没有全部损失，应当按照部分损失进行保险索赔。但是，财产虽然没有全部毁损或者灭失，但其损坏程度已达到无法修理，或者虽然能够修理但修理费将超过赔偿金额的，也应当按照全损进行索赔。如果一个建设工程项目同时由多家保险公司承保，则应当按照约定的比例分别向不同的保险公司提出索赔要求。

二、建设工程保险的主要种类和投保权益

建设工程活动涉及的法律关系较为复杂，风险较为多样。因此，建设工程活动涉及的险种也较多。主要包括：建筑工程一切险（及第三者责任险）、安装工程一切险（及第三者责任险）、机器损坏险、机动车辆险、建筑职工意外伤害险、勘察设计责任保险、工程监理责任保险等。

（一）建筑工程一切险（及第三者责任险）

建筑工程一切险是承保各类民用、工业和公用事业建筑工程项目，包括道路、桥梁、水坝、港口等，在建造过程中因自然灾害或意外事故而引起的一切损失的险种。因在建工程抗灾能力差，危险程度高，一旦发生损失，不仅会对工程本身造成巨大的物质财富损失，甚至可能殃及邻近人员与财物。因此，随着各种新建、扩建、改建的建设工程项目日渐增多，许多保险公司已经开设这一险种。

建筑工程一切险往往还加保第三者责任险。第三者责任险是指在保险有效期内因在施工工地上发生意外事故造成在施工工地及邻近地区的第三者人身伤亡或财产损失，依法应由被保险人承担的经济赔偿责任。

1. 投保人与被保险人

2013年4月住房和城乡建设部、工商总局经修订后联合颁布的《建设工程施工合同（示范文本）》中规定，除专用合同条款另有约定外，发包人应投保建筑工程一切险或安装工程一切险；发包人委托承包人投保的，因投保产生的保险费和其他相关费用由发包人承担。

建筑工程一切险的被保险人范围较宽，所有在工程进行期间，对该项工程承担一定风险的有关各方（即具有可保利益的各方），均可作为被保险人。如果被保险人不止一家，则各家接受赔偿的权利以不超过其对保险标的的可保利益为限。被保险人具体包括：（1）业主或工程所有人；（2）承包商或者分包商；（3）技术顾问，包括业主聘用的建筑师、工程师及其他专业顾问。

2. 保险责任范围

保险人对下列原因造成的损失和费用，负责赔偿：（1）自然事件，指地震、海啸、雷电、飓风、台风、龙卷风、风暴、暴雨、洪水、水灾、冻灾、冰雹、地崩、山崩、雪崩、火山爆发、地面下陷下沉及其他人力不可抗拒的破坏力强大的自然现象；（2）意外事故，指不可预料的以及被保险人无法控制并造成物质损失或人身伤亡的突发性事件，包括火灾和爆炸。

3. 除外责任

保险人对下列各项原因造成的损失不负责赔偿：（1）设计错误引起的损失和费用；（2）自然磨损、内在或潜在缺陷、物质本身变化、自燃、自热、氧化、锈蚀、渗漏、鼠咬、虫蛀、大气（气候或气温）变化、正常水位变化或其他渐变原因造成的保险财产自身的损失和费用；（3）因原材料缺陷或工艺不善引起的保险财产本身的损失以及为换置、修理或矫正这些缺点错误所支付的费用；（4）非外力引起的机械或电气装置的本身损失、施工用机具、设备、机械装置失灵造成的本身损失；（5）维修保养或正常检修的费用；（6）档案、文件、账簿、票据、现金、各种有价证券、图表资料及包装物料的损失；（7）盘点时发现的短缺；（8）领有公共运输行驶执照的，或已由其他保险予以保障的车辆、船舶和飞机的损失；（9）除非另有约定，在保险工程开始以前已经存在或形成的位于工地范围内或其周围的属于被保险人的财产的损失；（10）除非另有约定，在本保险单保险期限终止以前，保险财产中已由工程所有人签发完工验收证书或验收合格或实际占有或使用或接收的部分。

4. 第三者责任险

建筑工程一切险如果加保第三者责任险，保险人对下列原因造成的损失和费用，负责赔偿：（1）在保险期限内，因发生与所保工程直接相关的意外事故引起工地内及邻近区域的第三者人身伤亡、疾病或财产损失；（2）被保险人因上述原因支付的诉讼费用以及事先经保险人书面同意而支付的其他费用。

5. 赔偿金额

保险人对每次事故引起的赔偿金额以法院或政府有关部门根据现行法律裁定的应由被保险人偿付的金额为准，但在任何情况下，均不得超过保险单明细表中对应列明的每次事故赔偿限额。在保险期限内，保险人经济赔偿的最高赔偿责任不得超过本保险单明细表中列明的累计赔偿限额。

6. 保险期限

建筑工程一切险的保险责任自保险工程在工地动工或用于保险工程的材料、设备运抵工地之时起始,至工程所有人对部分或全部工程签发完工验收证书或验收合格,或工程所有人实际占用或使用或接收该部分或全部工程之时终止,以先发生者为准。但在任何情况下,保险期限的起始或终止不得超出保险单明细表中列明的保险生效日或终止日。

(二)安装工程一切险(及第三者责任险)

安装工程一切险是承保安装机器、设备、储油罐、钢结构工程、起重机、吊车以及包含机械工程因素的各种安装工程的险种。由于科学技术日益进步,现代工业的机器设备已进入电子计算机操控的时代,工艺精密、构造复杂,技术高度密集,价格十分昂贵。在安装、调试机器设备的过程中遇到自然灾害和意外事故的发生都会造成巨大的经济损失。安装工程一切险可以保障机器设备在安装、调试过程中,被保险人可能遭受的损失能够得到经济补偿。安装工程一切险往往还加保第三者责任险。安装工程一切险的第三者责任险,负责被保险人在保险期限内,因发生意外事故,造成在工地及邻近地区的第三者人身伤亡、疾病或财产损失,依法应由被保险人赔偿的经济损失,以及因此而支付的诉讼费用和经保险人书面同意支付的其他费用。

1. 保险责任范围

保险人对因自然灾害、意外事故(具体内容与建筑工程一切险基本相同)造成的损失和费用,负责赔偿。

2. 除外责任

其除外责任与建筑工程一切险的第(2)、(5)、(6)、(7)、(8)、(9)、(10)相同,不同之处主要是:(1)因设计错误、铸造或原材料缺陷或工艺不善引起的保险财产本身的损失以及为换置、修理或矫正这些缺点错误所支付的费用;(2)由于超负荷、超电压、碰线、电弧、漏电、短路、大气放电及其他电气原因造成电气设备或电气用具本身的损失;(3)施工用机具、设备、机械装置失灵造成的本身损失。

3. 保险期限

安装工程一切险的保险责任自保险工程在工地动工或用于保险工程的材料、设备运抵工地之时起始,至工程所有人对部分或全部工程签发完工验收证书或验收合格,或工程所有人实际占有或使用接收该部分或全部工程之时终止,以先发生者为准。但在任何情况下,安装期保险期限的起始或终止不得超出保险单明细表中列明的安装期保险生效日或终止日。

安装工程一切险的保险期内,一般应包括一个试车考核期。试车考核期的长短一般根据安装工程合同中的约定进行确定,但不得超出安装工程保险单明细表中列明的试车和考核期限。安装工程一切险对考核期的保险责任一般不超过 3 个月,若超过 3 个月,应另行加收保险费。安装工程一切险对于旧机器设备不负考核期的保险责任,也不承担其维修期的保险责任。

(三)工伤保险和建筑职工意外伤害险

《建筑法》规定,建筑施工企业应当依法为职工参加工伤保险缴纳工伤保险费。鼓励企业为从事危险作业的职工办理意外伤害保险,支付保险费。

（四）保险代理人和保险经纪人

《保险法》规定,保险代理人是根据保险人的委托,向保险人收取佣金,并在保险人授权的范围内代为办理保险业务的机构或者个人。保险经纪人是基于投保人的利益,为投保人与保险人订立保险合同提供中介服务,并依法收取佣金的机构。

保险代理人与保险经纪人的最大区别是:保险代理人是受保险公司的委托,为该保险公司推销保险产品。保险经纪人则是受投保人（保险客户）的委托,根据客户的风险情况,为其设计保险方案、制定保险计划,横向比较各保险公司的保险条款优劣,帮助投保人选择适当的保险公司。形象一些说,如果保险业是销售柜台的话,保险代理人就像是站在一个特定产品前的专职推销员,而保险经纪人则是帮助顾客选购产品的秘书或顾问。他不偏向于任何一个产品,而是完全根据顾客需求,选择同类产品中最适合消费者的那一款。

有关资料表明,60%的风险是通过保险方式进行规避的,其余风险则需要通过非保险的方式进行管理。保险经纪公司作为衔接保险公司与保险客户的中间环节,可以为客户提供专业的、全方位的保险咨询服务,代表客户与保险公司谈判,协助客户办理投保与索赔工作,最大限度地保障投保人的利益。

第十一节　建设工程法律责任制度

法律责任是指行为人由于违法行为、违约行为或者由于法律规定而应承受的某种不利的法律后果。法律责任不同于其他社会责任,法律责任的范围、性质、大小、期限等均在法律上有明确规定。

一、法律责任的基本种类和特征

按照违法行为的性质和危害程度,可以将法律责任分为:违宪法律责任、刑事法律责任、民事法律责任、行政法律责任和国家赔偿责任。

法律责任的特征为:(1) 法律责任是因违反法律上的义务(包括违约等)而形成的法律后果,以法律义务的存在为前提;(2) 法律责任即承担不利的后果;(3) 法律责任的认定和追究,由国家专门机关依照法定程序进行;(4) 法律责任的实现由国家强制力作保障。

二、建设工程民事责任的种类及承担方式

民事责任是指民事主体在民事活动中,因实施了民事违法行为,根据民法所应承担的对其不利的民事法律后果或者基于法律特别规定而应承担的民事法律后果。民事责任的功能主要是一种民事救济手段,使受害人被侵犯的权益得以恢复。

民事责任主要是财产责任,如《合同法》规定的损害赔偿、支付违约金等;但也不限于财产责任,还有恢复名誉、赔礼道歉等。

（一）民事责任的种类

民事责任可以分为违约责任和侵权责任两类。

违约责任是指合同当事人违反法律规定或合同约定的义务而应承担的责任。侵权责任是指行为人因过错侵害他人财产、人身而依法应当承担的责任,以及虽没有过错,但在造成损害以后,依法应当承担的责任。

(二)民事责任的承担方式

《民法通则》规定,承担民事责任的方式主要有:(1) 停止侵害;(2) 排除妨碍;(3) 消除危险;(4) 返还财产;(5) 恢复原状;(6) 修理、重作、更换;(7) 继续履行;(8) 赔偿损失;(9) 支付违约金;(10) 消除影响、恢复名誉;(11) 赔礼道歉。

以上承担民事责任的方式,可以单独适用,也可以合并适用。

(三)建设工程民事责任的主要承担方式

1. 返还财产

建设工程施工合同无效、被撤销后,应当返还财产。执行返还财产的方式是折价返还,即承包人已经施工完成的工程,发包人按照"折价返还"的规则支付工程价款。主要是两种方式:一是参照无效合同中的约定价款;二是按当地市场价、定额定量据实结算。

2. 修理

施工合同的承包人对施工中出现质量问题的建设工程或者竣工验收不合格的建设工程,应当负责返修。

3. 赔偿损失

赔偿损失,是指合同当事人由于不履行合同义务或者履行合同义务不符合约定,给对方造成财产上的损失时,由违约方依法或依照合同约定应承担的损害赔偿责任。

4. 支付违约金

违约金是指按照当事人的约定或者法律规定,一方当事人违约的,应向另一方支付的金钱。

三、建设工程行政责任的种类及承担方式

行政责任是指违反有关行政管理的法律法规规定,但尚未构成犯罪的行为,依法应承担的行政法律后果,包括行政处罚和行政处分。

(一)行政处罚

《行政处罚法》规定,行政处罚的种类:(1) 警告;(2) 罚款;(3) 没收违法所得,没收非法财物;(4) 责令停产停业;(5) 暂扣或者吊销许可证,暂扣或者吊销执照;(6) 行政拘留;(7) 法律、行政法规规定的其他行政处罚。

在建设工程领域,法律、行政法规所设定的行政处罚主要有:警告、罚款、没收违法所得、责令限期改正、责令停业整顿、取消一定期限内参加依法必须进行招标的项目的投标资格、责令停止施工、降低资质等级、吊销资质证书(同时吊销营业执照)、责令停止执业、吊销执业资格证书或其他许可证等。

(二)行政处分

行政处分是指国家机关、企事业单位对所属的国家工作人员违法失职行为尚不构成犯

罪,依据法律、法规所规定的权限而给予的一种惩戒。行政处分种类有:警告、记过、记大过、降级、撤职、开除。如《建设工程质量管理条例》规定,国家机关工作人员在建设工程质量监督管理工作中玩忽职守、滥用职权、徇私舞弊,构成犯罪的,依法追究刑事责任;尚不构成犯罪的,依法给予行政处分。

四、建设工程刑事责任的种类及承担方式

刑事责任,是指犯罪主体因违反刑法,实施了犯罪行为所应承担的法律责任。刑事责任是法律责任中最强烈的一种,其承担方式主要是刑罚,也包括一些非刑罚的处罚方法。

《中华人民共和国刑法》(以下简称《刑法》)规定,刑罚分为主刑和附加刑。主刑包括:(1) 管制;(2) 拘役;(3) 有期徒刑;(4) 无期徒刑;(5) 死刑。附加刑包括:(1) 罚金;(2) 剥夺政治权利;(3) 没收财产;(4) 驱逐出境。

在建设工程领域,常见的刑事法律责任如下:

(一) 工程重大安全事故罪

《刑法》第137条规定,建设单位、设计单位、施工单位、工程监理单位违反国家规定,降低工程质量标准,造成重大安全事故的,对直接责任人员处5年以下有期徒刑或者拘役,并处罚金;后果特别严重的,处5年以上10年以下有期徒刑,并处罚金。

(二) 重大责任事故罪

《刑法》第134条规定,在生产、作业中违反有关安全管理的规定,因而发生重大伤亡事故或者造成其他严重后果的,处3年以下有期徒刑或者拘役;情节特别恶劣的,处3年以上7年以下有期徒刑。强令他人违章冒险作业,因而发生重大伤亡事故或者造成其他严重后果的,处5年以下有期徒刑或者拘役;情节特别恶劣的,处5年以上有期徒刑。

根据《最高人民法院、最高人民检察院关于办理危害矿山生产安全刑事案件具体应用法律若干问题的解释》,具有下列情形之一的,属于重大伤亡事故或者其他严重后果:(1) 造成死亡1人以上,或者重伤3人以上的;(2) 造成直接经济损失100万元以上的;(3) 造成其他严重后果的情形。

(三) 重大劳动安全事故罪

《刑法》第135条规定,安全生产设施或者安全生产条件不符合国家规定,因而发生重大伤亡事故或者造成其他严重后果的,对直接负责的主管人员和其他直接责任人员,处3年以下有期徒刑或者拘役;情节特别恶劣的,处3年以上7年以下有期徒刑。

(四) 串通投标罪

《刑法》第223条规定,投标人相互串通投标报价,损害招标人或者其他投标人利益,情节严重的,处3年以下有期徒刑或者拘役,并处或者单处罚金。投标人与招标人串通投标,损害国家、集体、公民的合法利益的,依照以上规定处罚。

第十二节 工程案例分析

【案例 67】

（一）背景

某日 22：00 以后，某市城管执法队员接群众举报，在某工地内有产生噪声污染的建筑施工作业，严重影响了周围居民的休息。城管执法队员经调查取证后了解到，噪声源为混凝土施工，施工场界噪声经测试为 72.4dB，该施工单位未办理过任何夜间施工手续并公告附近居民，也非抢险、抢修等特殊作业。

（二）问题

（1）本案中，施工单位的夜间施工作业有无违法行为？
（2）本案中的施工单位应当接受哪些行政处罚？

（三）分析

（1）本案中的施工单位违反了有关夜间施工作业的法律规定。《环境噪声污染防治法》第 30 条规定，"在城市市区噪声敏感建筑物集中区域内，禁止夜间进行产生环境噪声污染的建筑施工作业，但抢修、抢险作业和因生产工艺上要求或者特殊需要必须连续作业的除外。因特殊需要必须连续作业的，必须有县级以上人民政府或者其有关主管部门的证明。以上规定的夜间作业，必须公告附近居民。"该施工单位的夜间作业不属于抢修、抢险作业，也没有县级以上人民政府或有关主管部门出具的因生产工艺上要求或特殊需要而必须连续作业的证明，并且未向附近居民进行公告。此外，《环境噪声污染防治法》第 28 条规定，"在城市市区范围内向周围生活环境排放建筑施工噪声的，应当符合国家规定的建筑施工场界环境噪声排放标准。"经检测，该施工场界噪声为 72.4 dB，超过了《建筑施工场界环境噪声排放标准》（GB 12523—2011）关于建筑施工场界环境噪声排放限值夜间 55 dB，且夜间噪声最大声级超过限值的幅度不得高于 15dB 的规定。据此，其夜间施工作业构成了环境噪声污染的违法行为。

（2）《环境噪声污染防治法》第 56 条规定，"在城市市区噪声敏感建筑物集中区域内，夜间进行禁止进行的产生环境噪声污染的建筑施工作业的，由工程所在地县级以上地方人民政府环境保护行政主管部门责令改正，可以并处罚款。"据此，该施工单位应当接受市环境保护行政主管部门责令改正，可以并处罚款的行政处罚。

【案例 68】

（一）背景

某小区居民向市环保局投诉，反映其居住的住宅小区旁有一处建筑工地正在施工，尘土飞扬，已严重影响了当地居民的正常生活。市环保局立即派人对该工地进行检查，发现该工地正处于建筑工程主体施工阶段,其密目式安全网绑扎不牢固,随风飘荡,且多处出现较大破损,不能有效防止和减少施工中的灰尘外逸,造成工地周边尘土飞扬,对临近住宅小区居民的日常生活造成了严重影响。市环保局当即要求该施工单位进行限期整改。但是,该施工单位迟迟不采取任何整改措施,依然照常进行施工作业。

（二）问题

（1）施工单位有何违法行为?

（2）市环保局应当对其作何行政处罚?

（三）分析

（1）《大气污染防治法》第36条规定,"向大气排放粉尘的排污单位,必须采取除尘措施。严格限制向大气排放含有毒物质的废气和粉尘;确需排放的,必须经过净化处理,不超过规定的排放标准。"本案中的施工单位违反了此项法律规定,外脚手架使用的密目式安全网未能实现有效封闭,导致产生了大量粉尘外泄污染环境。

（2）依据《大气污染防治法》第56条、第57条规定,市环保局应当责令施工单位停止违法行为,限期改正,可以处5万元以下罚款。另,依据该法第58条规定,对于该施工单位违反限期改正的要求,逾期仍未达到当地环境保护规定要求的违法行为,市环保局可以责令其停工整顿。

【案例69】

（一）背景

某环保局接到村民投诉,称某高速公路建设项目给村民的稻田造成了大面积污染。该环保局执法人员迅速赶到现场。经了解,是施工单位在混凝土搅拌场处私设排污口,将生产过程中产生的废水直接排入水沟,经水沟进入稻田,形成了板结,使村里几十亩水稻受损严重,还有几十亩水稻及经济作物轻微受损。

（二）问题

（1）本案中,施工单位向水沟直接排放施工废水的行为构成了何种水污染违法行为?

（2）施工单位直接向水沟排放施工废水的行为应受到何种处罚?

（三）分析

（1）《水污染防治法》第21条规定,"直接或者间接向水体排放污染物的企业事业单位和个体工商户,应当按照国务院环境保护主管部门的规定,向县级以上地方人民政府环境保护主管部门申报登记拥有的水污染物排放设施、处理设施和在正常作业条件下排放水污染物的种类、数量和浓度,并提供防治水污染方面的有关技术资料。企业事业单位和个体工商户排放水污染物的种类、数量和浓度有重大改变的,应当及时申报登记;其水污染物处理设施应当保持正常使用;拆除或者闲置水污染物处理设施的,应当事先报县级以上地方人民政府环境保护主管部门批准。"本案中的施工单位,没有依法申报登记水污染物的情况和提供防治水污染方面的有关技术资料。

《水污染防治法》第 22 条规定,"向水体排放污染物的企业事业单位和个体工商户,应当按照法律、行政法规和国务院环境保护主管部门的规定设置排污口;在江河、湖泊设置排污口的,还应当遵守国务院水行政主管部门的规定。禁止私设暗管或者采取其他规避监管的方式排放水污染物。"本案中的施工单位违法私自设置排水口排放水污染物,没有办理相应的审批手续。

《水污染防治法》第 33 条第 1 款规定,"禁止向水体排放、倾倒工业废渣、城镇垃圾和其他废弃物。"本案中的施工单位违法直接向水沟排放了施工废水。

(2) 依据《水污染防治法》第 72 条、第 75 条第 2 款的规定,市环保局应当责令该施工单位限期改正,限期拆除私自设置的排污口,并可对该施工单位处 2 万元以上 10 万元以下的罚款;逾期不拆除的,强制拆除,所需费用由违法者承担,处 10 万元以上 50 万元以下的罚款。

【案例 70】

(一)背景

某市的一立交桥下,在路两侧堆起了两三米高的木板、水泥块、砖头等建筑垃圾,附近居民每天回家都得穿过这个巨型的垃圾堆。市环卫处派人清理过 10 多次,仍不断发现有新的建筑垃圾,无奈之下建议环保执法部门派人查处。经市环保局执法人员调查,这些建筑垃圾均是由附近一在建的某小区工地运出,该工地的施工单位未办理渣土消纳许可证,常在半夜用车偷偷将建筑垃圾运到桥下,倾倒后开车就跑。

(二)问题

(1) 该施工单位倾倒垃圾的行为违反了何项法律?
(2) 该施工单位的行为应受到何种行政处罚?

(三)分析

(1)《固体废物污染环境防治法》第 17 条第 1 款规定,"收集、贮存、运输、利用、处置固体废物的单位和个人,必须采取防扬散、防流失、防渗漏或者其他防止污染环境的措施;不得擅自倾倒、堆放、丢弃、遗撒固体废物。"《城市建筑垃圾管理规定》第 14 条规定,"处置建筑垃圾的单位在运输建筑垃圾时,应当随车携带建筑垃圾处置核准文件,按照城市人民政府有关部门规定的运输路线、时间运行,不得丢弃、遗撒建筑垃圾,不得超出核准范围承运建筑垃圾。"本案中,该施工单位作为建筑垃圾的产生单位,没有依法办理建筑垃圾处置核准文件,并多次擅自将建筑垃圾倾倒于道路两侧,是触犯上述法律和规章规定的违法行为。

(2)《固体废物污染环境防治法》第 74 条规定,"违反本法有关城市生活垃圾污染环境防治的规定,有下列行为之一的,由县级以上地方人民政府环境卫生行政主管部门责令停止违法行为,限期改正,处以罚款……① 随意倾倒、抛撒或者堆放生活垃圾的……④ 工程施工单位不按照环境卫生行政主管部门的规定对施工过程中产生的固体废物进行利用或者处置的……处 5 000 元以上 5 万元以下的罚款……"。据此,该市的环境卫生行政主管部门应当责令该施工单位限期改正,给予警告,处以罚款。

【案例 71】

（一）背景

某小区 1 号、2 号楼工程完成设计并开始施工。在施工过程中,建设单位按设计图纸规定的规格、数量要求采购了墙体材料、保温材料、采暖制冷系统等,并声称是优质产品;施工单位在以上材料设备进入施工现场后,便直接用于该项目的施工并形成工程实体,导致 1 号、2 号楼工程验收不合格。经有关部门检验,建设单位购买的墙体材料、保温材料、采暖制冷系统存在严重质量问题,用保温材料所作的墙体出现了结露、发霉等现象,不符合该项目设计图纸规定的质量要求。

（二）问题

（1）施工单位有何违法行为?
（2）施工单位应承担哪些法律责任?

（三）分析

（1）《民用建筑节能条例》第 16 条规定,"施工单位应当对进入施工现场的墙体材料、保温材料、门窗、采暖制冷系统和照明设备进行查验;不符合施工图设计文件要求的,不得使用。"本案中,施工单位未对进入施工现场的墙体材料、保温材料、采暖制冷系统等进行查验,导致不符合施工图设计文件要求的墙体材料等用于该项目的施工,构成了违法行为。此外,建设单位也有违法行为。《民用建筑节能条例》第 14 争第 2 款规定,"按照合同约定由建设单位采购墙体材料、保温材料、门窗、采暖制冷系统和照明设备的,建设单位应当保证其符合施工图设计文件要求。"

（2）《民用建筑节能条例》第 41 条规定:"施工单位有下列行为之一的,由县级以上地方人民政府建设主管部门责令改正,处 10 万元以上 20 万元以下的罚款;情节严重的,由颁发资质证书的部门责令停业整顿,降低资质等级或者吊销资质证书;造成损失的,依法承担赔偿责任:① 未对进入施工现场的墙体材料、保温材料、门窗、采暖制冷系统和照明设备进行查验的;② 使用不符合施工图设计文件要求的墙体材料、保温材料、门窗、采暖制冷系统和照明设备的……。"据此,当地建设主管部门应当依法责令该施工单位改正,处 10 万元以上 20 万元以下的罚款。

【案例 72】

（一）背景

在某市的火车站南广场地下车库工程施工中,挖掘机司机挖到一个古墓,非但没有及时上报,而是将其重新掩埋,在晚上带人将古墓里的文物盗走,后经公安部门的努力,追回玉带 18 片,但其他出土文物不知去向。文保专家表示,该处工地发现的是明朝某位皇亲的墓。

（二）问题

（1）本案中哪些行为违反了《文物保护法》的规定？

（2）施工过程中发现文物时施工单位应该采取什么措施？

（3）对文物保护违法行为应如何处理？

（三）分析

（1）根据《文物保护法》第 32 条规定，"在进行建设工程或者在农业生产中，任何单位或者个人发现文物，应当保护现场，立即报告当地文物行政部门。""任何单位或者个人不得哄抢、私分、藏匿。"本案中，挖掘机司机发现古墓之后，不仅没有依法及时报告，还伙同他人将古墓里的文物盗走，违反了《文物保护法》的上述规定。

（2）根据《文物保护法》第 32 条规定和《文物保护法实施细则》第 22 条、第 23 条规定，在施工过程中发现文物时，施工单位应当保护现场，停止施工，立即报告当地文物行政部门，并应当配合考古发掘单位，保护出土文物或者遗迹的安全，在发掘未结束前不得继续施工。

（3）依据《文物保护法》第 64 条、第 65 条规定，对于盗窃、哄抢、私分或者非法侵占国有文物的，构成犯罪的，依法追究刑事责任；造成文物灭失、损毁的，依法承担民事责任；构成违反治安管理行为的，由公安机关依法给予治安管理处罚。

【案例 73】

（一）背景

地处 A 市的某设计院承担了坐落在 B 市的某项"设计—采购—施工"承包任务。该设计院将工程的施工任务分包给 B 市的某施工单位。设计院在施工现场派驻了包括甲在内的项目管理班子，施工单位则以乙为项目经理组成了项目经理部。施工任务完成后，施工单位以设计院尚欠工程款为由向仲裁委员会申请仲裁，主要依据是有甲签字确认的所增加的工程量。设计院认为甲并不是该项目的设计院方的项目经理，不承认甲签字的效力。经查实，甲既不是合同中约定的设计院的授权负责人，也没有设计院的授权委托书。但合同中约定的授权负责人基本没有去过该项目现场。事实上，该项目一直由甲实际负责，且有设计院曾经认可甲签字付款的情形。

（二）问题

设计院是否应当承担付款责任，为什么？

（三）分析

设计院应当承担付款责任。因为，由于设计院方面的管理原因，让施工单位认为甲具有签字付款的权力，致使本案付款纠纷出现。《民法通则》第 43 条规定："企业法人对它的法定代表人和其他工作人员的经营活动，承担民事责任。"由于种种原因，我国目前经常存在着名义上的项目负责人经常不在现场的情况。本案的真实背景是设计院认为甲被施工单位买通而拒绝付款。本案对施工单位的教训是：施工单位需要让发包或总包单位签字时，一定要找其授权人；如果发包或总包单位变更授权人的，应当要求发包单位完成变更的手续。

【案例74】

（一）背景

甲施工企业在某条公路的施工过程中，需要购买一批水泥。甲施工企业的采购员张某持介绍信到乙建材公司要求购买一批B强度等级的水泥。由于双方有长期的业务关系，未签订书面的水泥买卖合同，乙建材公司很快就发货了。但乙建材公司发货后，甲施工企业拒绝支付货款。甲施工企业提出的理由是，公司让张某购买的水泥是A强度等级而非B强度等级。双方由此发生纠纷。

（二）问题：

（1）水泥买卖合同是否有效？
（2）合同纠纷应当如何处理？

（三）分析

（1）本案中的纠纷处理，首先要判明水泥买卖合同是否有效，而对于合同效力判断的重要依据是甲施工企业的介绍信是如何写的。《民法通则》第65条规定："民事法律行为的委托代理，可以用书面形式，也可以用口头形式。……书面委托代理的授权委托书应当载明代理人的姓名或者名称、代理事项、权限和期间，并由委托人签名或者盖章。"据此，甲施工企业的介绍信可以视为授权委托书，张某则是甲施工企业的代理人。如果甲施工企业开出的介绍信是"介绍张某购买水泥"，则张某的行为是合法代理行为，其购买B强度等级水泥的行为在代理权限范围内；双方的口头合同也是有效的，应当继续履行，即甲施工企业应当付款。如果甲施工企业开出的介绍信是"介绍张某购买A强度等级水泥"，则张某买B强度等级水泥的行为就超越了代理权限，双方的口头合同是无效的。

（2）如果合同被确认无效后，其首要的法律后果是返还财产，即甲施工企业可以退货、拒付货款。乙建材公司的损失，按照《民法通则》第66条关于"没有代理权、超越代理权或者代理权终止后的行为，只有经过被代理人的追认，被代理人才承担民事责任。未经追认的行为，由行为人承担民事责任"的规定，应当向张某主张。但在司法实践中，乙建材公司的难点是应当如何证明张某要求购要的是B强度等级水泥。

【案例75】

（一）背景

2011年7月，甲建筑公司（以下简称甲公司）中标某大厦工程，负责施工总承包。2012年5月，甲公司将该大厦装饰工程施工分包给乙装饰公司（以下简称乙公司），甲公司驻该项目的项目经理为李某；乙公司驻该项目的项目经理为王某。李某与王某是多年的老朋友。2012年6月，甲公司在该项目上需租赁部分架管、扣件，但资金紧张。李某听说王某与丙材料租赁公司（以下简称丙租赁公司）关系密切，便找到王某帮忙赊租架管、扣件。王某答应了李某的请求。随后,李某将盖有甲公司合同专用章的空白合同书及该单位的空白介绍信交给王某。同年 7 月 10 日,王某找到丙租赁站,出具了甲公司的介绍信(没有注明租赁的财产)和空白合同书,要求租赁脚手架。丙租赁公司经过审查,认为王某出具的介绍信与空白合同书均盖有公章,真实无误,确信其有授权,于是签订了租赁合同。丙租赁公司依约将脚手架交给王某,但王某将脚手架用到了由他负责的其他工程上。后丙租赁公司多次向甲公司催要价款无果后,将甲公司诉至人民法院。

(二)问题

(1)王某的行为属无权代理还是表见代理,为什么?
(2)表见代理的法律后果是什么?

(三)分析

(1)王某的行为构成表见代理。因为,王某虽然是乙公司的项目经理,向丙租赁公司租赁脚手架也超出了甲公司对其授权范围,但他向丙租赁公司出具了甲公司的介绍信及空白合同书,使丙租赁公司相信其有权代表甲公司租赁脚手架。

(2)根据《合同法》第 49 条规定:"行为人没有代理权、超越代理权或代理权终止后以被代理人名义订立合同,相对人有理由相信行为人有代理权的,该代理行为有效。"表见代理的后果是由被表见代理人来承担的。因此,甲公司对丙租赁会司请求的租赁费用应承担给付义务。当然,对于自己的损失,甲公司可以追究王某的侵权责任。

【案例76】

(一)背景

某实业有限公司与某县土地管理局于 2008 年 3 月 18 日订立《工业开发及用地出让合同》,约定该实业有限公司在取得土地使用证后 1 个月内将进行工业项目开工建设等相关事项。之后,县土地管理局依合同约定将土地交付给该实业有限公司使用。该实业有限公司对土地进行平整等工作,支付相关费用 78 万。2008 年 6 月 16 日,县土地管理局以改变土地规划为由,要求该实业有限公司退回土地使用权。此时,尚未完成土地使用权登记。县土地管理局认为由于尚未进行土地使用权登记,合同还没有生效。该实业有限公司则向法院提起诉讼,要求继续履行合同,办理建设用地使用权登记手续。

(二)问题

(1)双方订立的合同是否生效?
(2)原告的建设用地使用权是否已经设立?
(3)纠纷应当如何解决?

(三)分析

(1)双方订立的《工业开发及用地出让合同》应当已经生效。因为,办理建设用地使用权登记,并不是合同生效的前提。一般情况下,书面合同自当事人签字或者盖章时生效,除非当事人另行约定了生效条件。

(2)该实业有限公司(以下简称原告)的建设用地使用权尚未设立。因为,按照《物权法》的规定,建设用地使用权自登记时设立。由于双方尚未完成土地使用权登记,因此原告的建设用地使用权尚未设立。

(3)如果土地规划确实改变,县土地管理局(以下简称被告)可以要求原告按照新的规划要求使用土地。如果原告不能按照新规划要求使用土地,原告有权要求解除合同,被告应当赔偿原告的损失。如果原告可以按照新规划要求使用土地,原告有权要求继续履行合同,被告应当为其办理建设用地使用权登记手续。

【案例 77】

(一)背景

某施工项目在施工过程中,施工单位与 A 材料供应商订立了材料买卖合同,但施工单位误将应支付给 A 材料供应商的货款支付给了 B 材料供应商。

(二)问题

(1)B 材料供应商是否应当返还材料款,应当返还给谁,为什么?

(2)如果 B 材料供应商拒绝返还材料款,A 材料供应商应当如何保护自己的权利,为什么?

(三)分析

(1)B 材料供应商应当返还材料款,其材料款应当返还给施工单位。因为,B 材料供应商获得的这一材料款,没有法律上或者合同上的依据,且有损于他人利益而自身取得利益,属于债的一种,即不当得利之债,应当返还。这一债是建立在施工单位与 B 材料供应商之间的,故应当返还给施工单位。

(2)A 材料供应商应当向施工单位要求支付材料款来保护自己的权利。因为,由于施工单位误将应支付给 A 材料供应商的货款支付给了 B 材料供应商,意味着施工单位没有完成应当向 A 材料供应商付款的义务。但是,B 材料供应商与 A 材料供应商之间并无债权债务关系。因此,A 材料供应商无权向 B 材料供应商主张权利。

【案例 78】

(一)背景

某建设单位委托某设计院进行一个建设工程项目的设计工作,合同中没有约定工程设计图的归属。设计院委派张某等完成了这一设计任务。该项目完成后,建设单位没有经过设计院同意,将该设计图纸用于另一类似项目。但由于地质条件的差别,工程出现质量问题,给建设单位造成了一定的损失。

(二)问题

(1)建设单位未经设计院同意,能否将该设计图纸用于另一类似项目,为什么?

（2）建设单位应当向设计院还是向张某等设计人员主张赔偿,这一赔偿请求能否获得支持,为什么?

（三）分析

（1）建设单位未经设计院同意,不得将该设计图纸用于另一类似项目。该设计图纸对于设计院和建设单位而言,属于委托作品,建设单位是委托人,设计院是受托人。如果双方合同未作明确约定的,著作权属于受托人,即设计院。因此,如果建设单位要再次使用该设计图纸,应当经过设计院同意。

（2）建设单位应当向设计院主张赔偿。因为,虽然这一设计任务是张某等设计人员完成的,但这一职务作品属于"主要是利用法人或者其他组织的物质技术条件创作,并由法人或者其他组织承担责任的工程设计图"。张某等设计人员只享有署名权,著作权的其他权利由法人或者其他组织享有。因此,建设单位应当向设计院主张赔偿。但这一赔偿请求不能获得支持。因为,建设单位将图纸使用于另一工程没有经过设计院的同意,设计院不但不用承担责任,反而有权向建设单位要求赔偿。

【案例 79】

（一）背景

A 房地产开发公司与 B 公司共同出资设立了注册资本为 80 万元人民币的 C 有限责任公司。A 的协议出资额为 70 万元,但未到位;B 的出资额为 10 万元人民币,已经到位。C公司成立后与 D 银行订立了一个借款合同,借款额为 50 万元人民币,期限为 1 年,利息 5 万元。该借款合同由 E 公司作为担保人,E 公司将其一处评估价为 80 万元的土地使用权抵押给了 D 银行。C 公司在经营中亏损,借款到期后无力还款。

（二）问题

（1）D 银行能否要求 A 公司承担还款责任,为什么?
（2）D 银行能否要求 B 公司承担还款责任,为什么?
（3）D 银行能否要求 C 公司承担还款责任,为什么?
（4）D 银行能否要求 E 公司承担还款责任,为什么?

（三）分析

（1）可以要求 A 公司承担还款责任。因为,A 公司的注册资金没有到位,应当在认缴出资额的范围内对 C 公司的债务承担连带责任。按照《公司法》第 3 条规定,"有限责任公司的股东以其认缴的出资额为限对公司承担责任。"A 公司是 C 公司的股东,认缴的出资额为 70 万,但没有到位,D 银行有权要求 A 公司在 70 万元限额内承担还款责任。

（2）不能要求 B 公司承担还款责任。因为,按照《公司法》第 3 条规定,"有限责任公司的股东以其认缴的出资额为限对公司承担责任。"B 公司认缴的出资已经到位,B 公司以其认缴的出资额为限对 C 公司的债务承担责任。

（3）可以要求 C 公司承担还款责任。因为,D 银行与 C 公司存在合同关系,C 公司是债务人。《民法通则》第 84 条规定,"债权人有权要求债务人按照合同的约定或者依照法律的规定履行义务。"

(4) 不能要求 E 公司承担还款责任。E 公司作为抵押人而不是债务人,D 银行只能要求处分抵押物,无权要求 E 公司承担连带责任。《担保法》第 33 条规定,"债务人不履行债务时,债权人有权依照本法规定以该财产折价或者以拍卖、变卖该财产的价款优先受偿。"第 53 条规定,"抵押物折价或者拍卖、变卖后,其价款超过债权数额的部分归抵押人所有,不足部分由债务人清偿。"因此,当抵押物价款低于担保的数额时,债权人只能向债务人主张债权。

【案例 80】

(一) 背景

2006 年 3 月 7 日,某养殖公司与某财产保险公司签订了《建筑工程一切险保险合同》,保险项目为该养殖公司的围埝工程,投保金额为 3 485 000 元,事故绝对免赔额为 50 000 元;保险期限自 2006 年 3 月 16 日中午 12 时起至 2006 年 5 月 5 日中午 12 时止。双方在合同第 13 条还特别约定:物质损失部分每次事故赔偿限额为 500 000 元。2006 年 3 月 11 日,该养殖公司交付保险公司保险费 12 455 元。

在保险期间,该围埝工程施工于 2006 年 4 月 15 日、4 月 30 日因海上出现大风天气,导致两次海损事故发生,造成一定经济损失。在理赔过程中,双方就损失赔偿问题未达成一致意见。该养殖公司起诉到人民法院。2007 年 6 月 15 日,一审法院依法委托某工程咨询管理公司对两次海损工程量进行了司法鉴定,同年 7 月 31 日得出鉴定结论:两次海损损毁的工程量合计 26 525.25 m³。若按照双方提供的工程承包合同单价 41/元/m³ 计算,则海损部分的工程造价为 1 087 535.25 元。原告支付了鉴定费 80 000 元。

(二) 问题

被告是否应当赔偿损失,赔偿额应当是多少?

(三) 分析

一审法院认为,市气象预警中心的气象资料证实,2006 年 4 月 15 日、4 月 30 日的最大风速为 8 级。按照双方所签订的保险条款的规定,两次海损均属人力不可抗拒的破坏力强大的自然现象所致,属于保险责任的范围,被告应按照保险合同的约定承担保险赔偿责任。同时,法院对两次海损工程量司法鉴定报告书认定程序合法,对该鉴定报告予以采信。根据鉴定结论,2006 年 4 月 15 日第一次海损给原告造成的损失为 266 336 元,减去绝对免赔额 50 000 元,被告应赔偿 216 336 元;2006 年 4 月 30 日,第二次海损造成的损失为 821 199.25 元,因双方约定了物质损失部分每次事故赔偿限额为 500 000 元,故被告应赔偿损失 500 000 元。2007 年 12 月 16 日,法院依法判决:被告赔偿原告 2006 年 4 月 15 日海损损失 216 336 元;被告赔偿原告 2006 年 4 月 30 日海损损失 500 000 元;案件受理费 18 118 元,其他费用 4 670 元,共计 22 788 元,由原告担负 11 394 元,被告担负 11 394 元;鉴定费 80 000 元,由被告担负。

【案例81】

(一)背景

2008年10月10日,某单位与某保险公司签订了《建筑工程一切险及第三者责任险》,保险项目为建筑工程(包括永久和临时工程及材料),投保金额为3.07亿元。保险期限自2008年10月10日0时起至2011年4月22日24时止。双方在保险合同中将各种自然灾害引起的物质损失绝对免赔额分别作了限定,并特别约定:物质损失部分每次事故赔偿限额人民币300万元。2008年10月15日施工单位一次性缴纳了保险费130余万元。

2009年7月29日,该地区遭遇特大暴雨,山洪暴发,致使施工区域内山体塌方,施工便道被冲毁,大量桩基被埋,抗滑桩垮塌,部分施工材料被冲走,工地受损严重。该单位经估算,预计损失金额为256万余元。保险公司接到报案后,聘请了某保险公估公司对事故现场进行了实地勘察,先后出具了两次损失统计表,其定损金额均与该单位实际受损情况存在很大差异。该单位提出异议,对受损金额不予认可,故全权委托某保险经纪公司为其保险顾问。

(二)问题

保险经纪公司如何发挥保险顾问作用?

(三)分析

保险经纪公司对损失勘查记录进行了分析,经核算后,认为公估公司出具的损失统计表中对计算单价均作了20%的折扣,此做法是没有依据的。根据保险公司所出示的保险条款第12条第2款的规定:"全部损失或推定全损以保险财产损失前的实际价值考虑。"第13条第1款规定:"保险金额等于或高于应保险金额时,按实际损失计算赔偿,最高不超过应保险金额。"由于计算单价在工程承包合同的工程量清单中是固定的,因此应以实际价值进行估算。最终,保险公司按照保险合同的约定,在扣除不足额投保率、免赔额等因素后,共计支付赔款139万余元。

【案例82】

(一)背景

某市1栋在建住宅楼发生楼体倒覆事故,造成1名工人身亡。经调查分析,事故调查组认定是1起重大责任事故。其直接原因是:紧贴该楼北侧,在短时间内堆土过高,最高处达10m左右;紧邻该楼南侧的地下车库基坑正在开挖,开挖深度4.6m。大楼两侧的压力差使土体产生水平位移,过大的水平力超过了桩基的抗侧能力,导致房屋倾倒。此外,还主要存在6个方面的间接原因:一是土方堆放不当。在未对天然地基进行承载力计算的情况下,开发商随意指定将开挖土方短时间内集中堆放于该楼北侧。二是开挖基坑违反相关规定。土方开挖单位,在未经监理方同意、未进行有效监测,不具备相应资质的情况下,没有按照相关技术要求开挖基坑。三是监理不到位。监理方对开发商、施工方的违法违规行为未进行有效处置,对施工现场的事故隐患未及时报告。四是管理不到位。开发商管理混乱,违章指挥,违法指定施工单位,压缩施工工期。五是安全措施不到位。施工方对基坑开挖及土方处置未采取专项防护措施。六是围护桩施工不规范。施工方未严格按照相关要求组织施工,施工速度快于规定的技术标准要求。

事故发生后,该楼所在地的副区长和镇长、副镇长等公职人员,因对辖区内建设工程安全生产工作负有领导责任,分别被给予行政警告、行政记过、行政记大过处分;开发商、总包单位对事故发生负有主要责任,土方开挖单位对事故发生负有直接责任,基坑围护及桩基工程施工单位对事故发生负有一定责任,分别给予了经济罚款,其中对开发商、总包单位均处以法定最高限额罚款50万元,并吊销总包单位的建筑施工企业资质证书及安全生产许可证,待事故善后处理工作完成后吊销开发商的房地产开发企业资质证书;监理单位对事故发生负有重要责任,吊销其工程监理资质证书;工程监测单位对事故发生负有一定责任,予以通报批评处理。监理单位、土方开挖单位的法定代表人等8名责任人员,对事故发生负有相关责任,被处以吊销执业证书、罚款、解除劳动合同等处罚。秦某、张某、夏某、陆某、张某、乔某等6人,犯重大责任事故罪,被追究刑事责任,分别被判处有期徒刑3~5年。

该楼的21户购房户,有11户业主退房,10户置换,分别获得相应的赔偿费。

（二）问题

（1）本案中的民事责任有哪些?
（2）本案中的行政责任有哪些?
（3）本案中的刑事责任有哪些?

（三）分析

本案中所涉及的法律关系复杂,产生了多个法律责任:

（1）本案中存在着多个合同关系。这些合同关系都会产生民事责任。首先是开发商与购房者存在商品房买卖合同,由于发生楼体倒覆事故,开发商无法交付房屋,应当承担违约责任。在本案中,违约责任最主要的就是赔偿损失。开发商与其他责任主体也有合同关系,也会出现违约责任问题,但这些单位之间没有产生民事诉讼。

（2）本案中的行政责任包括了行政处分和行政处罚。副区长和镇长、副镇长等公职人员,对辖区内建设工程安全生产工作负有领导责任,分别被给予行政警告、行政记过、行政记大过处分,即属于行政处分。对开发商、总包单位等处以罚款、吊销资质证书等,对责任人处以吊销执业证书、罚款等,都属于行政处罚。

（3）本案中的被告人秦某、张某、夏某、陆某、张某、乔某在该楼工程项目中,分别作为建设方、施工方、监理方的工作人员以及土方施工的具体实施者,在工程施工的不同岗位和环节中,本应上下衔接、互相制约,但却违反安全管理规定,不履行或者不能正确履行或者消极履行各自的职责与义务,最终导致该楼房整体倾倒的重大工程安全事故,致1人死亡,并造成重大经济损失,6名被告人均已构成重大责任事故罪,且属情节特别恶劣,依法应予惩处,承担相应的刑事责任。

参考文献

[1] 全国二级建造师执业资格考试用书编写委员会. 建设工程法规及相关知识[M]. 北京：中国建筑工业出版社，2018

[2] 中国建设监理协会组织. 建设工程监理相关法规汇编[M]. 北京：中国建筑工业出版社，2018

[3] 全国造价工程师执业资格考试用书编写委员会. 建设工程造价管理[M]. 北京：中国计划出版社，2018

[4] 中国法制出版社. 中华人民共和国建筑法[M]. 北京：中国法制出版社，2015

[5] 中华人民共和国国务院. 建设工程安全生产管理条例[M]. 北京：中国法制出版社，2011

[6] 中国法制出版社. 生产安全事故报告和调查处理条例[M]. 北京：中国法制出版社，2011

[7] 中华人民共和国住房和城乡建设部. GB/T 50319—2013 建设工程监理规范[S]. 北京：中国法制出版社，2013

[8] 中华人民共和国住房和城乡建设部. GB 50500—2013 建设工程工程量清单计价规范[S]. 北京：中国法制出版社，2013

[9] 中华人民共和国住房和城乡建设部. GF—2012—0202 建设工程监理合同（示范文本）[M]. 北京：中国法制出版社，2012

[10] 中华人民共和国住房和城乡建设部. GF—2017—0201 建设工程施工合同（示范文本）[M]. 北京：中国建筑工业出版社，2013